新闻学与传播学"十三五"规划教材·案例型系列教材

市场调查与预测

贾 平 / 主 编 董 智 孟凡芹 / 副主编

中国传媒大学出版社
·北京·

图书在版编目（CIP）数据

市场调查与预测/贾平主编. --北京：中国传媒大学出版社，2020.11
新闻学与传播学“十三五”规划教材. 案例型系列教材
ISBN 978-7-5657-2732-0

Ⅰ.①市… Ⅱ.①贾… Ⅲ.①市场调查—高等学校—教材 ②市场预测—高等学校—教材
Ⅳ.①F713.52

中国版本图书馆CIP数据核字（2020）第122362号

新闻学与传播学“十三五”规划教材·案例型系列教材
市场调查与预测
SHICHANG DIAOCHA YU YUCE

主　　编　贾　平
副 主 编　董　智　孟凡芹
责任编辑　曾婧娴　张莉莉
特约编辑　裴向敏
封面设计　拓美设计
责任印制　李志鹏

出版发行　中国传媒大学出版社
社　　址　北京市朝阳区定福庄东街1号　　邮　　编　100024
电　　话　010-65450532　65450528　　传　　真　65779405
网　　址　http://cucp.cuc.edu.cn
经　　销　全国新华书店

印　　刷　三河市东方印刷有限公司
开　　本　787mm×1092mm　1/16
印　　张　21.75
字　　数　529千字
版　　次　2020年11月第1版
印　　次　2020年11月第1次印刷

书　　号　ISBN 978-7-5657-2732-0 / F·2732　　定　　价　69.00元

本社法律顾问：北京李伟斌律师事务所　郭建平

目 录

前 言

随着我国经济的高速发展，准确地分析市场、预测市场发展的趋势越发显得重要。本教材设计需要满足高校广告、营销、经济管理等专业教育教学改革和教材建设要求，突出系统性和实用性，贴合高等院校教学实际，以便提高教学质量。

市场调查与预测是一门建立在经济学、管理学、市场营销学、统计学等学科基础上的实用性很强的应用型学科，其方法应用于生产领域、流通领域、消费领域，几乎涵盖了国民经济的各个行业。本教材从市场调查的系统出发，保证教材章节的逻辑性和结构的合理性，同时突出了理论与实践相结合的实用性。本教材的内容涵盖了市场调查与预测的基本理论、市场调查方案的设计、抽样调查、文案调查、量表与问卷设计技术、实地调查、定性预测、时间序列预测、聚类分析、回归分析预测、主成分分析与因子分析、市场调查资料的整理与分析、市场调查应用等多个方面。通过系统地学习市场调查的基本理论和方法，学生能够掌握市场调查方案设计、市场调查的实施及市场预测方法的应用等技能。

本教材体现现代教育理念，对市场调查与预测的教学内容和教学方法精心策划，立足基础，重视提升学生能力，以应用型教育为特色，突出理论与实践结合的理念。根据加强教学环节的实践性要求，编者对理论讲解部分和实践教学部分的内容比例进行了合理安排。教材结合实例介绍理论，以问题或案例引出和据此阐述概念与知识，便于学生理解与记忆。

本书由贾平任主编，负责本书结构和内容的确定，并统稿；董智、孟凡芹任副主编。本教材的编写分工（按章节先后顺序）是：江苏师范大学马汝银编写第一章；江苏师范大学贾平编写第二章、第三章、第五章；江苏师范大学徐纯华编写第四章、第六章、第七章；空军勤务学院孟凡芹编写第八章、第十章；江苏师范大学王世进编写第九章、第十一章；江苏师范大学董智编写第十二章、第十三章。

在编写过程中，编者翻阅和参考了大量国内外专家学者的最新著述及网络资料，收集了大量市场调查与预测的案例。为此编者特别说明，对相关作者表示感谢！由于本书内容涉及的范围比较广、编写时间仓促，书中有不妥之处，敬请社会各界专家学者和广大读者给予批评指正，不吝赐教。

编者

2019 年 4 月

Chapter 1
第一章　市场调查与预测概论

本章概要

人类社会已进入信息社会，信息已成为一种重要资源。人们需要根据掌握的信息，通过市场调查与预测来把握经济发展或未来市场的有关动态，为科学决策提供依据。本章内容主要介绍市场调查与预测的概念、特点、类别；市场调查与预测的产生和发展；市场调查与预测的功能和作用以及市场调查与预测过程。

学习目的

通过对本章的学习，要求掌握市场调查与预测的概念；了解市场调查与预测的产生和发展；理解市场调查与预测的功能和作用；掌握市场调查与预测过程。

基本概念

市场调查　市场预测

引导案例

日清食品公司的市场调查

日本一家食品产销企业集团——日清食品公司，始终坚持“只要口味好，众口也能调”的独特经营宗旨，从人们的口感差异性出发，不惜人力、物力、财力在食品的口味上下功夫，终于改变了美国人“不吃热汤面”的饮食习惯，使日清公司的方便面成为美国人的首选快餐食品。

日本日清食品公司在将营销触角伸向美国食品市场之前，为了能够确定海外扩张的最佳切入点，曾不惜高薪聘请美国食品行业的市场调查权威机构，对方便面的市场前景和发展趋势进行全面细致的调查和评估。可是，美国食品行业的市场调查权威机构所得出的调查评估结论，却令日清食品公司大失所望——美国人没有吃热汤面的饮食习惯，而是喜好“吃面条时干吃面，喝热汤时只喝汤”，绝不会把面条和热汤混在一起食用，由此可以断定，汤面合一的方便面，是很难进入美国食品市场的，更不会成为美国人一日三餐必不可少的快餐食品。日清食品公司并没有盲目迷信这种结论，而是持着“求人不如求己”的自强自立的信念，派出自己的专家调查组前往美国进行实地调研。经过千辛万苦的商场问卷和家庭访问后，专家调查组最后得出了与美国食品行业的市场调查权威机构完全相反的调查评估结论——美国人的饮食习惯虽呈现出“汤面分食，决不混用”的特点，但是随着世界各地不同种族移民的大量增加，这种饮食习惯在悄悄地发生着变化。再者，美国人在饮食中越来越注重口感和营养，只要在口味上和营养上投其所好，方便面有可能迅速占领美国食品市场，成为美国人的饮食“新宠”。

日清食品公司基于市场调查的结论，从美国食品市场动态和消费者饮食需求出发，确定了“四脚灵蛇舞翩跹”的营销策略，全力以赴地向美国食品市场大举挺进。“第一脚”——他们针对美国人热衷于减肥运动的生理需求和心理需求，巧妙地把自己生产的方便面定位为“最佳减肥食品”，在声势浩大的公关广告宣传中，刻意渲染方便面“高蛋白，低热量，去脂肪，剔肥胖”等种种食疗功效；针对美国人好面子、重仪表的特点，公司精心制作出“每天一包方便面，轻轻松松把肥减”“瘦身最佳绿色天然食品，非方便面莫属”等具煽情色彩的广告语，挑起美国人的购买欲望，获得了“四两拨千斤”的营销奇效。“第二脚”——他们为了满足美国人以叉子用餐的习惯，果断地将适合用筷子夹食的长面条加工成了短面条，为美国人提供饮食之便；他们还从美国人爱吃硬面条的饮食习惯出发，一改方便面适合东方人口味的柔软特性，精心加工出稍硬又有劲道的美式方便面，以便美国人吃起来更有嚼头。“第三脚”———由于美国人“爱用杯不爱用碗”，于是日清公司别出心裁地把方便面命名为“杯面”，并给它起了一个地地道道的美国式副名——“装在杯子里的热牛奶”，期望方便面能像牛奶一样，让美国人难以割舍；他们根据美国人“爱喝口味很重的浓汤”的特点，不仅在面条制作上精益求精，在汤味上也力调众口，使方便面成了“既能吃又能喝”的二合一方便食品。

案例来源：胡羽、日清：《智取美国快食市场》，《销售与市场》2000年第11期，第56页。

第一节　市场调查与预测的基本概念

一、市场调查的概念、特点及类别

（一）市场调查的概念

美国市场营销协会对市场调查的定义为：市场调查是一种通过信息识别和明确市场营销的机会和问题，优化和评估市场营销活动，监督市场营销运作的活动。这些信息用于识别和定义市场营销问题与机遇，制定、完善和评估营销活动，检测营销绩效，改进人们对营销过程的理解。

本书编者对市场调查的定义为：市场调查是指个人或组织为了达到特定的目标，而运用科学的方法，系统地收集、整理和分析有关市场营销的信息，了解市场现状及其发展趋势，为市场预测和营销决策提供客观的、正确的资料的活动。

（二）市场调查的特点

1. 广泛性

市场调查的内容既有对消费者的类型、结构、消费需求、消费水平、购买动机、购买行为、对产品的要求和意见等的调研，也有对政治、经济、文化、宗教、风俗习惯、国民收入等的市场环境的调研，同时市场调查还要进行市场需求分析、产品调查、产品生命周期分析、竞争环境分析、价格和渠道分析、广告效果研究、企业形象调查、服务和大众传媒调查等。

2. 全过程性

市场调查不是单一的市场信息搜集过程，它是由有计划有步骤进行的一系列活动所构成的一个完整过程。这一系列活动包含对信息的判断、收集、记录、整理、分析、研究和传播等，这些活动互相联系、互相依存、互相作用，组成一个复杂完整的工作过程。

3. 目的性

每个市场调查项目都必须是有的放矢的，同一主题的调查往往因为调查请求的提出者不同而有不同的目的，有不同目的的调查项目调查的具体内容、侧重点和调查的深度、广度、方法可能就有很大差异。

4. 不确定性

市场随时处于动态变化的环境当中，市场调查不可能调查到市场的方方面面，调查的结论也不可能完全真实、客观地反映市场的本来面目。市场调查结论对市场的反映可能出现滞后，或者调查结论不能跨地区推广，这些都造成了市场调查的不确定性。

（三）市场调查的类别

1. 按市场调查的范围分类

（1）专题性市场调查：简称专题调查，是指市场调查主体为解决某个具体问题而进行的对市场中的某个方面进行的调查。

（2）综合性市场调查：简称综合调查，是指市场调查主体为全面了解市场的状况而对市场的各个方面进行的全面调查。

2. 按市场调查的功能分类

（1）探测性调查

探测性调查是为了掌握和理解调查者所面临的市场调查问题的特征和与此相联系的各种变量而进行的市场调查。探测性调查是为了界定问题的性质以及更好地理解问题的环境而进行的小规模的调查活动。探测性调查特别有助于把一个大而模糊的问题表达为小而精确的子问题以使问题更明确，并识别出需要进一步调查的信息（通常以具体的假设形式出现）。

探测性调查一般采用的调查方法是：第二手资料收集；小规模的试点调查；案例分析；对专家或相关人员意见进行集合等。

探测性调查的作用主要体现为：初始研究，以澄清现状和确定所要解决的问题的性质；甄别情况，选择研究方案，发现新的研究方向；不一定为问题的解决提供确切的方案，主要提供解决问题的思路；是进一步深入研究的前奏；以二手资料收集和定性研究为主，也可以采用一些省时省力的定量研究方法。

（2）描述性调查

描述性调查寻求对“谁”“什么”“什么时候”“哪里”和“怎样”这样一些问题的回答。其通常对市场的特征和功能、调查问题的各种变量等做尽可能的描述。例如描述某类群体的特点，决定不同消费群体之间在需要、态度、行为、意见等方面的差异，识别行业的市场份额和市场潜力等。

描述性调查的主要内容有：描述有关群体的特征（例如，给出某些名牌商店的“重度使用者”的轮廓）；估算显示某种行为的人群在总体中所占的比例（例如，估算既是某些名牌商店的“重度使用者”，同时又光顾减价商店的顾客比例）；确定产品特征的概念（例如，不同家庭是如何按照选择准则的一些重要因子来认识各百货商店的）；确定变量间的联系程度（例如，在百货商店购物与外出就餐之间有多大程度的关联）；进行具体预测（例如，某地区的时装，某特定类别的产品的零售量会是多少）。

常见的描述性调查有：市场分析研究；销售分析研究；产品分析研究；销售渠道研究；价格分析研究；产品使用研究；形象分析研究；广告分析研究。

（3）因果性调查

因果性调查是旨在确定有关事物的因果联系的一类市场调查。因果性调查的直接目的有两个，一是了解哪些变量是原因性因素，即自变量；哪些变量是结果性因素，即因变量。二是确定原因和结果（即自变量和因变量）之间相互联系的特征。例如，一个典型的因果性调查是改变一个自变量（例如快餐连锁店展示土豆条和调味汁），然后观察因变量受到的影响（土豆条和调味汁的销售额）。

3. 从其他角度进行分类

按市场调查的主体进行分类，可分为：企业的市场调查、政府部门的市场调查、社会组织的市场调查、个人的市场调查等。

按市场调查的区域范围分类，可分为：地方性市场调查、地区性市场调查、全国性市场调查、国际市场调查等。

按调查的对象分类，可分为：消费者市场调查、生产者市场调查、消费者及其购买行为调查、广告调查、形象调查、产品调查、价格调查、销售渠道调查等。

按调查的时间分类，可分为：一次性、突击性的市场调查和连续性、经常性的市场调查等。

二、市场预测的概念、特点及类别

（一）市场预测的概念

市场预测就是在市场调查的基础上，运用科学的方法对影响市场供求变化的诸多因素进行分析和预见其发展趋势，掌握市场供求变化的规律，为经营决策提供可靠依据。

预测为决策服务，预测的目的是提高管理的科学水平，减少决策的盲目性。我们需要通过预测来把握经济发展或者未来市场变化的有关动态，降低决策可能遇到的风险，使决策目标得以顺利实现。

（二）市场预测的特点

1. 预测对象具有不确定性

市场预测是研究市场不确定性事件的，如果未知的未来市场具有确定性，那就用不着预测了。由于市场存在着不确定性，为了趋利避害，决定行动的取舍，增强生产经营的预见性和主动性，企业有必要开展市场预测。

2. 市场预测具有目的性

市场预测是为生产经营决策或市场营销决策服务的。决策者应以科学的预测结果为基础，通过分析比较，选取最优方案。因此，预测是决策的先导，是决策科学化的前提，没有准确、科学的预测要想取得决策的成功是不可能的。因此，市场预测应从决策的需要出发，有目的地进行有关市场问题的预测。

3. 市场预测具有科学性

市场预测绝不是毫无根据的随心所欲的臆测，预测者要依据收集的大量历史资料和现实资料，运用科学的预测方法，通过分析研究，在探求事物演变的过程、特点、趋势和规律的基础上有效地预测未来的发展变化。因此，市场预测是一门科学，也是一门艺术。

4. 市场预测具有综合性

市场预测不是简单的估计和推测，要求预测者运用多种定性分析和定量分析的方法，对大量的预测资料进行综合分析，在把握市场运行趋势和规律的基础上，对市场未来的变化做出综合性的推断，并对预测结果进行多方面的评价和论证，如此才能确保预测结果的准确性和科学性。

5. 预测误差具有不可避免性

市场未来的发展变化总是具有某种程度的不确定性，未来的发展趋向怎样，规模、水平、结构、速度会发生什么样的变动，往往是不确定的，预先难以准确判断，更难以十分精确地给出定量描述。因此，市场预测的结果与未来的实际情况很难完全吻合，总是存在一定误差。

（三）市场预测的类别

1. 按预测时间的长短分类

（1）短期预测。短期预测一般是指以日、周、旬、月为单位，对一个年度以下的需求前景的预测。因短期预测目标明确，资料齐全，不确定因素少，预测结果准确，所以市场预测中人们大量采用的是短期预测。短期预测是调整生产能力、采购，安排生产作业计划等具体生产经营活动的依据。

（2）中期预测。中期预测一般是指 1 年以上 5 年以下时间长度的市场预测。中期预测由于不确定因素不是很多，数据资料比较齐全，预测的准确性虽然较短期预测稍差，但仍属于较好之列。中期预测常用于市场潜力、价格变化、商品供求变动趋势等的预测，为企业的中期经营决策提供依据。

（3）长期预测。长期预测一般是指 5 年或更长时间的市场预测，又称远景预测。其为市场预测中时间最长的一类。由于时间越长，不可控因素越多，预测中难以把握和预计各种可能的变化因素，所以，长期预测的精确度较中期预测和短期预测低。长期预测要通过中期预测和短期预测加以具体化并付诸实施。长期预测是企业长期发展规划、产品开发研究计划、投资计划、市场能力扩充计划的依据。

三种预测间的相互联系：长期预测为中期预测和短期预测提供方向和依据；中期预测是长期预测的具体化和短期预测的依据；短期预测则是中期预测的进一步具体化。

2. 按预测的商品层次进行分类

（1）单项商品预测。单项商品预测是对某种品牌、质量、规格、花色、款式等具体商品需求的预测。比如对 51 英寸彩电各种品牌的需求预测。

（2）分类别商品预测。分类别商品预测是对某一类商品按其不同特征进行的市场需求预测。比如对某市家电产品需求预测、对绿色食品需求预测等。

（3）商品总量预测。商品总量预测是对各种商品总量和消费需求总量进行预测。这类预测的目的是实现社会有支付能力的货币需求与商品供应做到总量上的平衡，为调节供求关系决策提供依据。比如，一定时间、地点和条件下的购买力总量预测、国内生产总值预测等。

3. 按市场预测的空间区域分类

（1）国际市场预测。国际市场预测是指以世界范围内国际市场的发展趋势为对象的市场预测。国际市场预测预测面广、涉及范围大、变量和不可控因素多、收集资料困难，预测的难度很大，且范围越大，难度越大，显然，世界性的市场预测的难度最大。这些是在实施国际市场预测时必须充分考虑的。

（2）国内市场预测。国内市场预测是以全国范围内的市场状况为预测对象的市场预测。国内市场预测可以是全国市场预测、城市市场预测、农村市场预测，其同样具有预测面广、涉及范围大、变量和不可控因素多、收集资料困难，预测的难度大等特点。

4. 按市场预测范围分类

（1）宏观市场预测。宏观市场预测是从国民经济全局出发，对商品的生产和流通总体的发展方向做出综合性的经济预测和市场预测。其预测的空间范围通常是全国性市场，以合理配置各种资源为主要目的，为国民经济宏观决策提供必要的、可靠的依据。

（2）中观市场预测。中观市场预测是涉及国民经济各行业的市场预测。其预测的空间范围通常是以省级区域为总体的市场。比如，国民经济中某个行业可以将向整个市场提供的产品总量、某类产品数量或某种商品数量，与其需求量进行对比分析，以此研究供给与需求之间是否适应，预测某省的购买力总量的发展变化情况。中观市场预测主要用于满足地区或行业组织生产和市场营销决策的需要。

（3）微观市场预测。微观市场预测是企业从生产经营环境出发，对生产和经营的商品及市场占有率等方面进行预测。其预测的空间范围通常为当地市场与企业产品所涉及的地区。微观市场预测的范围比较小，其预测的过程及内容可以比较具体细致，它可以具体预测市场商品的数量、品种、规格及质量等，为企业根据市场变化合理安排生产和营销活动提供准确、具体的市场信息。

5. 按市场预测采用的方法分类

（1）定性市场预测。定性市场预测是指预测者个人或群体凭借自己的直觉、主观经验和综合判断能力，对某种市场现象未来发展趋势进行预见和判断。经验判断预测法、专家意见综合法、德尔菲法、调研判断预测、主观概率预测法、变异因素分析法等都属于定性市场预测。

（2）定量市场预测。定量市场预测是指依据历史和现实的数据资料，利用统计方法和数学模型近似地提出预测对象的数量变动关系，并据此对预测对象做出定量测算的预测方法。时间序列预测法、回归分析预测法、马尔柯夫预测法等都属于定量市场预测。

三、市场调查与市场预测的关系

（一）市场调查与市场预测的联系

1. 市场调查是市场预测的基础和依据

市场调查可以为市场预测提供研究方向，提供资料。市场调查方法可以丰富和充实市场预测技术。

2. 市场预测是市场调查的延伸和深化

市场预测是市场调查的继续，根据市场调查得到的资料，调查者对市场需求状态进行深入细致的分析和研究。

（二）市场调查与市场预测的区别

1. 研究的侧重点不同

市场调查的对象是过去与现在已经存在的市场，市场调查侧重于调查市场的现状和历史。因此，市场调查是了解市场客观情况，获取市场信息，对市场现状和历史进行研究的活动。市场预测是对未来市场做出推断和估计，是对未来进行研究。

2. 研究的结果不同

市场调查的结果是关于市场的各种数据和资料。市场预测的结果是关于未来市场发展的预测报告。

3. 研究的方法不同

市场调查的方法有访问法、观察法、实验法等。市场预测的方法有时间序列分析法、因果分析法等。

第二节　市场调查与预测的产生和发展

一、市场调查与预测的产生

市场调查作为一种获取市场信息的手段，是随着市场经济的产生而产生的，并随着市场经济的发展而发展。

市场调查与预测作为一门应用科学，是从 20 世纪初到 20 世纪 30 年代在美国产生和发展起来的。市场调查的历史可以追溯到 1824 年，当时美国进行了第一次民意测验。大约在 1895 年，学院的研究者开始从事市场调查。当时明尼苏达大学的心理学教授 H. 盖尔将邮寄调查引入广告研究，西北大学的 W.D. 斯考特将实验法和心理测量法引入广告实践中。1907—1912 年，美国存在着数家类似市场调查的公司，同时哈佛商务学校创立了商务调查所。首批关于市场调查问题及过程的书刊也在此时发表。1923 年，美国人尼尔逊开始创建专业的市场调查公司，市场调查工作即成为市场营销活动的有机组成部分。1929 年世界经济危机爆发，以生产为中心的传统营销观念发生变化，企业开始重视生产之前的市场调查活动，这进一步推动了市场调查的快速发展。1929—1939 年，美国政府和有关地方工商团体共同配合，对全美国进行了一次商业普查，这次普查被称为是美国市场调查工作的里程碑。这次调查，收集和分析了各类商品从生产者到消费者手中的过程，各种类型的中间商和分销渠道的作用及中间商的营销成本，提供了关于各种营销机构和商品大类的详细销售数据，也提供了改进市场营销活动和减少浪费的依据，从而揭示了美国全国市场结构的全部情况。与此同时，市场调查理论得到了快速发展。

二、市场调查与预测的发展

20 世纪 30 年代末，随着心理学和统计学的发展，市场调查方法更加丰富，调查结果更加科学可信，调查范围扩大到有关市场营销问题的各个方面。研究人员将新的方法应用到市场调查中，比如将试验设计、意见调查等运用于研究家庭的消费行为上。心理学家将心理学的研究方法引入到产品的消费测试领域，这些研究进一步促进了市场调查技术的发展。市场调查与预测的发展过程大致可以分为三个阶段。

（一）建立阶段

20 世纪初至 20 世纪 30 年代是这门学科的建立阶段。1911 年，美国当时最大的出版商柯蒂斯（Curtis）出版公司聘请派林担任该公司商业调查部经理。1919 年，该公司商业调查部应用市场调查技术，收集、记录、分析各种资料，为公司出版业务提供发展建议，公司因此获得很大成功。

（二）发展阶段

20 世纪 30 年代末至 20 世纪 50 年代初是这门学科的发展阶段。1929 年的世界经济大危机，改变了企业以产定销的生产观念，推动了市场调查大发展。20 世纪 30 年代末 40 年代初，市场调查方法逐渐丰富，随机抽样、配额抽样、统计推断、相关分析、回归分析等都有所应用。

（三）完善阶段

20 世纪 50 年代至今，这门学科进入完善阶段。1950 年以来，随着电子计算机在市场调查中的广泛应用，市场调查学科进入快速发展阶段。通过计算机进行的大量抽样调查和统计软件的应用，使市场调查工作得以完善。当时产生了兰德公司、斯坦福德公司等一批著名的市场调查公司。市场调查的理论、方法、技术越来越科学化、系统化、实用化。

三、市场调查与预测在我国的发展

市场调查与预测在我国的发展经历了一个曲折过程。1979 年以前，由于受到“左”的思想影响，市场经济被否定，市场调查工作几乎没有开展。1979 年以后，随着改革开放的深入，特别是社会主义市场经济体制的确立，企业确立以市场为导向的经营理念，越来越重视市场信息，市场调查由此进入大发展阶段。到 1998 年，我国已有专业化的市场研究公司 800 多家。2001 年 4 月，中国信息协会市场研究业分会在广州成立。2003 年 12 月，中国市场学会在北京召开第三届会员代表大会，会议分析了我国经济体制改革与政策问题以及我国营销理论与实践中的重要问题，重申了市场营销调查的紧迫性。2002 年我国市场调查业年营业额近 25 亿元，增幅约为 30%。随着中国经济的快速增长，我国的市场调查咨询行业一直起着积极作用。越来越多的高校开设市场调查这门课程，各类市场调查公司纷纷建立，企业也建立市场调查机构，配备相关人员。更令人高兴的是，我国已经形成了具有中国特色的市场调查与预测的理论、方法和技术。

第三节　市场调查与预测的功能和作用

一、市场调查与预测的功能

（一）信息功能

市场调查主体为了一定目的，采用科学的方法和手段，收集、加工、提供各种市场信息以及相关的市场营销环境信息。企业从事市场营销等活动，必须掌握相关的各种市场信息和环境信息，作为营销决策和营销活动的依据。市场调查与预测是企业获取信息的基本手段和途径。

（二）认识功能

正确认识客观事物的前提是充分占有并正确理解有关信息。由于市场及环境的复杂性和多变性，人们对其的认识或多或少地带有模糊性和不确定性，这将影响市场营销活动正常开展，而市场调查所提供的信息，将有效地消除营销主体对市场和环境认识的模糊性和不确定性，使其正确认识开展营销活动所面临的条件。

（三）沟通功能

市场调查主体不断地向被调查者传输信息，同时又获取信息。事实上，在市场调查与预测过程中，调查和预测主体不断向被调查者传输各种信息，同时又获得各种信息，这是一种交互式信息沟通过程，实现了市场营销各方的相互了解、相互协调、相互沟通。

（四）反馈功能

市场调查本身不是目的，获取信息并不意味着市场调查工作的结束。调查主体还必须对信息进行必要的加工处理，形成有用的信息。而市场调查与预测的真正价值在于对信息的反馈，使各类信息成为企业决策的依据。

二、市场调查与预测的作用

市场调查与预测通过信息把营销者和消费者、顾客及公众联系起来，辨别和界定市场营销机会和问题，产生、改善和评估市场营销方案，监控市场营销行为，帮助企业管理者有效地进行市场营销决策。

（一）市场调查的作用

1. 通过市场调查，企业了解市场供求状况，确定自身发展方向

市场供求是由商品可供量和购买力构成的，对商品的生产、库存进行调查，可以了解商品的可供量；对消费者的购买力、消费商品构成进行调查，可以了解商品需求量与需求构成，从而，企业可以确定其发展方向。

2. 通过市场调查，企业可以进行正确的市场定位

消费者的需求是多种多样的，企业只有通过市场调查，才能了解消费者的需求变化，从而，进行正确的市场定位。

3. 通过市场调查，企业不断提高经营水平、竞争能力

企业通过收集市场信息，为企业正确的经营决策提供依据，从而提高企业经营水平、竞争能力。

（二）市场预测的作用

1. 市场预测是引导企业生产，满足消费者需求的重要手段

通过市场预测，企业可以根据已有的市场信息资料和其他影响因素，对未来市场需求做出预测，最大限度地满足消费者的需求。

2. 市场预测是企业制定科学决策的重要依据

通过市场预测，企业根据消费者对其生产经营的商品的具体要求，制定合理的生产经营计划，保证企业产销良性循环。

3. 市场预测是增强企业在市场中的应变能力和竞争能力的重要途径

通过市场预测，企业可以预见市场新动向，开发新产品，提高产品性能，从而提高产品竞争能力。

阅读参考 1–1

台湾顶新食品公司打算进入大陆方便食品市场，但不知道大陆市场究竟需要哪一种方便食品。当时大陆的方便面食品工厂已有上千家，竞争比较激烈。顶新公司没有贸然投资，而是委托大陆市场调查机构进行方便食品需求调查。调查分两部分：一部分是调查消费者对方便面的需求情况；一部分是调查其他生产者生产的方便面的品种、规格和口味情况。结果发现，消费者对方便面食品除非不得已才食用，并不感兴趣。主要原因是方便面口味较差，而且食用不很方便，而其他生产者生产的方便面大多是低档的，调料基本上是味精、食盐和辣椒面等原料。根据这些情况，该公司大胆预测，大陆下一个方便面食品市场将是高档、注重口味、更为方便的产品的市场。于是顶新公司在天津经济开发区投资 500 万美元，成立了顶益食品公司，生产高档方便面，结果一炮打响。从此人们食用方便面不再是一种权宜之计，顶益公司的方便面成了快餐食品中被优先选择的品种。小小的方便面硬是卖出了大市场。

资料来源：《康师傅成功之道》，http://www.docin.com/p-1814004879.html。

第四节　市场调查与预测过程

一、市场调查过程

市场调查是一项复杂细致的工作，各环节相互关联。为保证调查结果的有效性，市场调查活动必须尊重调查规律，把握调查关键环节。调查过程是调查所涉及的一系列活动的时空结构，表现为如下的工作过程。

（一）确定研究主题

确定研究主题是市场调查过程中极为重要的步骤。只有研究主题正确，研究人员才能把握好研究方向，确保后续的工作有价值。明确研究主题的目的和具体目标，研究结果才能真正为管理决策提供有用信息。

（二）设计市场调查方案

确定调研主题后，调研进入设计市场调查方案阶段。市场调查方案是关于数据收集、样本选择、数据分析、费用预算及时间进度安排等方面的计划方案。

（三）数据收集方法设计

数据收集方法主要有定性和定量两类。定性方法有：焦点小组座谈、个人深度访谈等。定量方法有：访问法、观察法、实验法。

（四）调查问卷设计

调查问卷是收集调查数据的重要工具之一。设计调查问卷的工作有：确定问卷的类型、结构、问句编排等。

（五）调查样本设计

样本设计主要步骤为：首先，确定研究总体；其次，决定样本元素；最后，确定样本容量。

（六）现场调查，收集数据

现场调查工作主要由调查主管、访问员和督导员去完成。调查人员对现场调查中的每一个细节都应该进行严格控制，必须严格执行规定的程序。

（七）分析数据，解释结果

数据分析工作包括数据的编辑、编码、录入和变量统计分析等。分析的目的就是检验相关变量之间的关系，解释分析结果并提出结论和建议。

（八）书写市场调查报告

市场调查报告是一项调查项目最终成果的主要表现形式。市场调查报告编写原则是坚持客户导向、实事求是、突出重点。市场调查报告编写要求是：充分准备、精心安排、认真编写。

二、市场预测过程

（一）确定市场预测目标

要保证预测目标准确、清楚和具体。预测目标规定了预测的内容、范围、要求，这些是预测的主题，直接影响预测结果。

（二）拟定市场预测方案

拟定市场预测方案即拟定市场预测可行性方案。其主要任务是编制预测计划和确定参加人员，为全面开展预测工作做好准备。

（三）收集整理资料

调查人员通过各种调查形式，收集、整理、筛选、分析与主题有关的各种资料，包括直接获取的第一手资料和间接获取的第二手资料。

（四）建立预测模型

在获得数据资料基础上，调查人员选择适当的预测和评估方法，确定经济参数，分析各种变量间的关系，建立预测模型。

（五）进行分析评价

利用选定的预测模型和方法，调查人员对各种变量数据进行计算，并将获得的结果进行分析、检验和评价。

（六）书写市场预测报告

市场预测报告书写要全面、完整、系统。其内容包括：预测目标、具体方法、预测时间、参加人员、实行结果及分析评价。

本章小结

市场调查是指个人或组织为了达到特定的目标，而运用科学的方法，系统地收集、整理和分析有关市场营销的信息，了解市场现状及其发展趋势，为市场预测和营销决策提供客观的、正确的资料的活动。市场预测就是在市场调查的基础上，运用科学的方法对影响市场供求变化的诸多因素进行分析和预见其发展趋势，掌握市场供求变化的规律，为经营决策提供可靠的依据。

市场调查是随着市场经济的产生而产生，并随着市场经济的发展而发展的。市场调查与预测的发展过程大致可以分为三个阶段：1. 建立阶段；2. 发展阶段；3. 完善阶段。

市场调查与预测的功能：1. 信息功能；2. 认识功能；3. 沟通功能；4. 反馈功能。

市场调查过程：1. 确定研究主题；2. 设计市场调查方案；3. 数据收集方法设计；4. 调查问卷设计；5. 调查样本设计；6. 现场调查，收集数据；7. 分析数据，解释结果；8. 书写市场调查报告。市场预测过程：1. 确定市场预测目标；2. 拟定市场预测方案；3. 收集整理资料；4. 建立预测模型；5. 进行分析评价；6. 书写市场预测报告。

思考题

1. 市场调查与市场预测的概念、特点及类别。
2. 市场调查与市场预测的关系。
3. 市场调查与预测的发展阶段。
4. 市场调查与预测的功能。
5. 市场调查与预测的过程。

案例分析

海尔在美国成功的奥秘

1999 年 4 月 30 日，美国南卡罗来纳州中部的一个人口为 8 000 人的小镇坎姆登，举行了海尔投资 3 000 万美元建立的海尔生产中心的奠基仪式。一年多以后，第一台带有“美国制造”标签的海尔冰箱成功出产，海尔从此开始了在美国制造冰箱的历史。海尔成了中国第一家在美国制造和销售产品的公司。

一、下棋找高手

在海尔首席执行官张瑞敏眼中，海尔国际化就像下一盘棋，而要提高棋艺，最好的办法就是找高手下棋，张瑞敏找的高手是欧洲和美国。

海尔决定用自己的品牌进军欧美市场，其榜样是日本的索尼。20 世纪 60 年代，索尼在国际市场上还默默无闻，索尼每一个新产品上市，都首先投放到欧美地区，打出影响后再到日本和其他国家销售，索尼由此成为世界性名牌。

美国家电市场名牌荟萃，竞争激烈，这里几乎是所有世界名牌的竞技场，而且美国本土的家用电器也早已是处于成熟期的产品。通用（GE）、惠而浦（Whirlpool）和美泰克（Maytag）这三大美国电器生产商虎视眈眈，对海尔的进入自然不会坐视不管，一场商业激战在所难免。那么，海尔靠什么来同这些美国著名企业叫板呢？

二、美国市场调研

1. 需求能力

1998 年、1999 年中国出口美国冰箱的总额分别为 4 718 万美元、6 081 万美元，其中海尔冰箱分别占 1 700 多万美元、3 100 多万美元。据统计，在美国建一个冰箱厂的盈亏平衡点是 28 万台，海尔现在的冰箱出口台数已经远远超过这个数字。

据统计，目前在美国 180L 以上小冰箱市场中，海尔已占有超过 30% 的市场份额，2002 年有望达到 50%；但海尔大规格冰箱长期因远隔重洋而无法批量进军美国市场。项目见效后，海尔公司在美国市场的产品结构将更加合理，市场占有率将进一步提高。

2. 消费者的需求结构

目前，在美国，200L 以上的大型冰箱市场被 GE、惠而浦等企业所垄断，160L 以下的冰箱销量较少，GE 厂商认为这块市场的需求量不大，没有投入多少精力去开发。然而海尔发现美国的家庭人口正在变少，小型冰箱将会越来越受欢迎，独身者和留学生就很喜欢小型冰箱。

美国营销专家科特勒说：“海尔战略的另一个部分是对消费者群体的定位，它很正确，它针对的是年轻人。老一代习惯于像 GE 这样的老品牌，年轻人对家店还没有形成任何习惯性的购买行为，因为他们刚有自己的公寓或者正在建立自己的第一个家，买自己的第一台电冰箱。所以，我认为定位于年轻人是明智的决策。”

根据以上的调查分析，海尔决定在美国市场开发从 60L 到 160L 的各种类型的小型冰箱，这些冰箱的需求潜力很大。

三、经营成果

海尔冰箱已成功在美国市场建立了自己的品牌。2003 年沃尔玛连锁店开始销售海尔的两种小型电冰箱和两种小型冷柜，并同海尔签订了再购买 100 000 台冰箱的协议。海尔在美国最受欢迎的产品是学生宿舍和办公场所使用的小型电冰箱，目前，这类产品的市场占有率是该型号冰箱的 25%，在赢得新的连锁店客户之后可望增至 40%。海尔在卧室冷柜方面也取得了成功，该产品在美国同类型号产品中占有三分之一市场。海尔的窗式空调机也有广阔的市场前景，该产品已占美国市场的 3%，2004 年的销售量有望翻番。

四、成功分析

营销大师菲利普·科特勒曾说过："要管理好一个企业，就必须管理好它的未来，而管理未来就是管理信息。"

在现代市场营销观念的指引下，企业要想在市场中获得竞争优势，取得合理的利润，发现自身产品的不足及营销中的缺点，便于及时加以纠正，修改经营策略，使自己在竞争中保持清醒的头脑，永远立于不败之地，就必须从研究市场出发，掌握及时、准确、可靠的市场信息。而要得到可靠的市场信息就必须进行全方位、多侧面的市场调研。

问题讨论

根据以上案例总结海尔在美国成功的奥秘有哪些。

Chapter 2

第二章　市场调查方案的设计

本章概要

本章主要阐述如下几个方面的内容：市场调查方案的概念、作用和设计原则；市场调查课题的概念、类型、立题标准、研究假设；确定调查课题的程序；市场调查方案的内容、市场调查方案的撰写、市场调查方案的可行性分析与评价；市场调查数据质量的影响因素，市场调查质量控制原则、控制标准，误差对调查质量的影响，市场调查各阶段的质量控制等。

学习目的

通过对本章的学习，不仅要求学生了解市场调查方案的作用和设计原则、调查课题的确定和研究假设等有关问题，还要求学生掌握调查课题的概念和类型以及市场调查方案的含义、内容和撰写，学会设计市场调查方案，编写出合格的市场调查方案，以便为顺利地开展市场调查提供指导性文件。

基本概念

市场调查方案　市场调查课题　市场调查方案设计　可行性分析　市场调查质量控制

引导案例

某果汁饮料生产企业为了更准确地进行市场定位，希望能进一步了解目标市场的情况，主要包括：（1）果汁饮料消费者多由哪些人构成；（2）果汁饮料消费者的购买习惯，比如购买频率、购买数量、购买地点；（3）消费者为什么会购买果汁饮料，大多在什么情况下饮用果汁饮料；（4）针对饮料销售额提高的问题，采用何种促销方案更为有效。如果你是这家企业的市场总监，你如何设计合理的市场调查方案来得到这些信息？

第一节　市场调查方案的概念和作用

市场调查方案设计是对调查工作各个方面和全部过程的通盘考虑，包括整个调查工作的全部内容。调查方案是否科学、可行，是整个调查成败的关键，客观上不存在唯一的调查方案，调查人员往往有很多的选择，每一种选择都会有其优缺点，这就需要调查人员进行综合考虑和权衡。一般来说，主要需要权衡的是调查成本和调查信息的质量之间的关系，通常所获得信息越精确，错误越少，成本就越高。另外需要权衡的还有时间限制和调查类型。调查人员必须在很多条件的约束下，向客户提供尽可能科学的调查方案。市场调查是一项复杂的、严肃的、技术性较强的工作，一项全国性的市场调查往往要组织成千上万人参加，为了在调查过程中统一认识、统一内容、统一方法、统一步调，圆满完成调查任务，就必须事先做出一个科学、严密、可行的工作计划和组织措施，以使所有参加调查工作的人员都依此执行。

一、市场调查方案的概念

市场调查方案也称市场调查计划书、市场调查策划书，是指方案设计者根据调查研究的目的和调查对象的性质，在进行实际调查之前，对调查工作总任务的各个方面和各个阶段进行的通盘考虑和安排，以提出相应的调查实施方案，制定出合理的工作程序。市场调查方案设计包括确定调查课题、调查内容、调查时间，选择恰当的调查方式、方法和进行经费预算等。

市场调查方案是市场调查活动的指导性文件，必须对整个调查项目进行统一考虑和安排，才能保证调查工作有秩序、有步骤地顺利进行。

二、市场调查方案的作用

市场调查是一项复杂的、严肃的、技术性较强的工作，为了圆满完成调查任务，事先制订一个科学、严密、可行的调查方案是十分重要和必要的，具体体现在以下几个方面。

（一）调查方案的设计过程是一个完整的工作过程

调查方案设计是对市场调查问卷设计、资料收集、资料整理和资料分析的一个完整工作过程的设计，因此调查方案设计是完成市场调查全过程的必不可少的前期工作。

（二）调查方案起着统筹兼顾、统一协调的作用

现代市场调查可以说是一项复杂的系统工程，对于大规模的市场调查来讲，尤为如此。在调查中调查人员会遇到很多复杂的矛盾和问题，其中许多问题是属于调查本身的技术性问题，也有不少问题是与调查相关的问题。

（三）调查方案是调查项目委托人与承担者之间的合同或协议中的重要部分

由于调查方案涉及的一些主要方面已明确写入报告，如调查目的、范围、方法等，有关的各方面都能有一致的看法，从而有利于避免或减少后期出现误解的可能性。

（四）调查方案是第三方调查公司在竞标中取胜的关键

调查方案在争取项目经费，或是在与其他调查机构竞争某个项目，或是在投标时，可能直接影响项目能否被批准或者是否能中标。

三、市场调查方案的设计原则

（一）可行性原则

可行性原则是指在调查的基础上，调查研究人员通过市场分析、技术分析、财务分析和国民经济分析，对各种市场调查方案的可行性与经济合理性进行综合评价，提出可行的调查方案。可行性研究的基本任务是针对市场调查方案的可行性问题，调查研究人员从技术、经济角度进行全面分析研究，并对市场调查方案实施后的经济效果进行预测，在既定的范围内进行方案论证的选择，以便最合理地利用资源，达到预期的社会效益和经济效益。

（二）经济性原则

经济性原则是指市场调查方案中包括资金的使用、人力时间的损耗都是优选方案，必

要时可以预测一下实际产出和投入的比值，这个比值越大越好。

（三）灵活性原则

灵活性原则是市场调查方案制订工作执行中最主要的原则，它主要针对市场调查方案的制订过程，使方案本身具有适应性、适度性，要求调查方案的制订“量力而行，留有余地”。而对于调查方案的执行，则必须严格准确，要“尽力而为，不留余地”。

阅读参考 2-1

专业术语

1. 市场：市场是以商品交换为内容的经济联系形式，它是社会分工和商品生产的产物。市场是商品交换的场所，市场是某种商品或某类商品的需求量，市场是买方和卖方的结合，是商品供求双方相互作用的总和，市场是商品流通领域反映商品交换关系的总和。

2. 市场调研：市场调研也称市场调查，它是调查员应用各种科学的调查方式方法，搜集、整理、分析市场资料，对市场的状况进行反映或描述，以认识市场发展变化规律的过程。从时间的角度看，市场调研着重分析市场的过去和现在的表现，并在长期的研究中认识市场规律。

3. 市场普查：市场普查也称市场全面调查或市场整体调查，它是对市场现象总体的全部单位逐个进行调查。市场普查的目的是了解市场的一些至关重要的基本情况，对市场状况做出全面、准确描述，从而为市场有关政策、计划的推出提供可靠的依据。

4. 市场典型调查：市场典型调查是在对市场现象总体进行分析的基础上，从市场调查对象中选择具有代表性的部分单位作为典型，进行深入、系统调查，并通过典型单位的调查结果来认识同类市场现象的本质及其规律性。

5. 市场重点调查：市场重点调查是从市场调查对象总体中选择少数重点单位进行调查，并用调查结果反映市场总体的基本情况。

6. 市场预测：市场预测是根据市场过去和现在的表现，应用科学的预测方法对市场未来的发展变化进行预计或估计，为科学决策提供依据。

7. 市场调查与预测专业机构：市场调查与预测专业机构是专业的市场调查与预测主体，是专业从事市场调查与预测业务的独立的组织与机构。市场调查与预测专业机构可以认为是企业以外受托的市场调查与预测主体。

第二节 市场调查课题的立题

一、市场调查课题的概念和类型

（一）调查课题的概念

调查课题是一项调查研究所要解决的具体问题的概括，一般应包括主要问题和主要问题下的分支问题，具有层次性。一般来说，企业提出的课题可能针对性不强，比较抽象或过于宽泛。这可能是由于其认识水平或者其是在没有经过专业性思考的情况下提出的。在这种情况下，调查主体就要将调查问题进行逐层分解，即将调查问题分为若干个分支问题来支撑核心问题，从而确定调查课题。调查课题必须被清晰地确定，否则就无法制定市场调查方案。

（二）调查课题的类型

按照不同的划分标准，可以将市场调查课题分为不同的类型。

1. 按调查课题的性质划分

按照市场调查课题的性质，可以将市场调查的课题划分为理论性调查课题和应用型调查课题。理论性调查课题一般和实际工作的联系不是十分密切，但应用范围比较广。比如，对数据分析模型的研究、对消费者心理倾向的研究等理论性调查课题尽管对营销工作没有直接的作用，但是其研究成果可以被广泛地应用到很多相关领域。相对而言，应用型市场调查课题和社会经济联系十分紧密，可以直接为企业提供现实问题的解决方案，比如产品市场占有率调查、市场需求调查和广告效果调查等。

2. 按调查课题的作用划分

按照市场调查课题的作用，可将调查课题分为探索预测性调查课题、描述性调查课题和解释性调查课题。企业需要对新的市场领域或者新时期的市场某领域的情况进行了解时，提出的课题一般为探索预测性课题。由于倾向于探索的特点，这种课题一般不需要采用较大的样本数量，而且研究方法的选择比较灵活，比如消费者网络购物趋势调查。而描述性课题则不同，倾向于对事物的总体特征进行客观真实的反映，所以采用的样本数量一般比较大，比如对产品市场占有率的调查。解释性市场调查课题是在结论已经形成的情况下，通过对事物总体特征的不同方面进行研究、分析，对结论进行有依据的解释，比如对产品销售额连续下降的原因的调查。

二、确定调查课题的标准

（一）课题的价值

课题的价值是指调查课题所具有的用途或用处。其可以是理论价值，又可以是应用价值，还可以是理论价值和应用价值兼而有之。

（二）课题的创造性

课题的创造性又称创新性，是指调查课题具有某种新的东西，具有某种与众不同的地方，具有开拓性和自己独特的特点。

（三）课题的可行性

课题的可行性是指市场调查主体是否具备进行或完成某一市场调查课题的主、客观条件。

（四）课题的合适性

课题的合适性是指所选择的课题最适合调查主体的个人特点。

三、调查课题的研究假设

调查课题的研究假设是指调查主体对调查对象的特征及有关现象之间的相互关系所做的推测性判断和设想。

建立调查课题研究假设的方法主要有：一是根据已有的理论和实践经验或研究论证演绎产生；二是通过对市场现象之间联系的观察和分析形成。

四、确定调查课题的程序

市场调查课题的确定仅是整个调查工作的开始。课题的确定和后面工作的每一个步骤都紧密地联系在一起，所以市场调查课题的确定也要分析很多相关因素，否则，一个不适当的市场调查课题将导致整个调查计划失败。市场调查课题的确定可以按照如下程序进行。

（一）市场调查课题的背景分析

对调查课题的确定涉及多方面的因素，所以调查主体在确定市场调查课题的过程中要对所有相关因素有所了解，如，调查所属行业背景、决策目标、消费者行为、法律环境等。对相关背景进行分析是十分必要的。从宏观的角度来看，调查主体要了解和课题相关的背景，另外要考虑营销能力、科学技术水平和其他一些资源的情况，比如资金和时间。

（二）确定课题的相关工作

为了准确地确定市场调查课题，在了解了相关背景信息后调查主体还需要做进一步的筹备工作。

首先，与市场调查的需求者也就是决策者进行交流。通过与决策者进行交流，调查主体可以更好地了解他们想通过调查获得什么。市场调查主体可以就对课题的理解和决策者进行沟通，避免理解误差。

其次，由于市场调查主体不可能是各行各业的专家，对很多行业或领域的了解也很有限，所以调查主体向相关行业的专家请教是十分必要的。但应注意一点，调查主体向专家请教的是针对课题确定的相关问题而不是寻找调查课题相关的结论。一般情况下，对技术含量比较高或专业性较强的行业，调查主体向专家请教的必要性更高。

还有一个重要问题是，任何课题的确定过程都要有对二手资料进行分析这一过程。分析二手资料（如政府、企业、专业机构的数据和报告等），能帮助我们更好地确定市场调查课题。但是在进行二手资料分析的时候要注意时效性，因为二手资料提供的信息和数据可能由于时间关系已经失去了意义。

（三）市场调查课题的确定

在确定调查课题的时候，需要注意区分管理决策课题与市场调查课题。如上文提到的，由于企业认识水平等原因，课题在初级阶段可能针对性不强，比较抽象或过于宽泛，这时候我们需要把管理决策问题转化为市场调查课题。例如，管理决策问题：需要改变促销方式吗？市场调查课题：现有促销方式的效果如何？确定调查课题时，还要注意调查课题不能过于空泛，也不能过于狭窄。至于如何把握，市场调查方案的制定者需要根据具体情况具体分析。

以上是确定市场调查课题的程序。在确定了市场调查课题以后，调查方案制定者就可以进行具体的市场调查方案的制定了。

第三节　市场调查方案的内容

一、市场调查方案的内容

调查方案是执行调查活动全过程的一套整体框架，它应详细地描述出该调查获取信息和分析信息所必须遵循的程序，这一程序是顺利和高效地完成调查课题的前提和保障。市场调查方案应具有可操作性、全面性、最优性和规划性等特点。

（一）确定调查目的与任务

确定调查目的，就是要明确在调查中应解决哪些问题，通过调查要获得哪些资料，并说明用什么方法取得这些资料等。

调查目的的设定来自调查者对课题背景的认识和理解，其中包括问题由来及背景分析。根据这些因素确定调查目的，就是在调查课题中解决为何要调查、调查结果有何必要性等问题。

调查目的的指向和量化要求就是调查任务，调查任务就是指在调查目的既定的条件下，市场调查应获取哪些方面的信息才能满足调查的要求。

阅读参考 2-2

日本卡西欧公司市场调查目标设计

日本卡西欧公司，自成立起一直以产品的新、优而闻名世界，而其采取新、优特点主要得力于市场调查。卡西欧公司的市场调查主要采用销售调查卡进行，其卡只有明信片一般大小，但设计细致，调查栏目中各类内容应有尽有。第一栏是对购买者的调查，其中包括性别、年龄、职业等分类，十分细致。第二栏是对使用者的调查，使用者包括购买者本人、家庭成员，还有其他人。每一类人员中又分年龄、性别。第三栏是对购买方式的调查，分个人购买、团体购买、赠送。第四栏是调查知晓产品信息的渠道，包括商店橱窗布置、报纸杂志广告、电视台广告，和朋友告知、看见他人使用等。第五栏是调查为什么选中了该产品，所拟答案有操作方便、音色优美、功能齐全、价格便宜、商店的介绍、朋友的推荐、孩子的要求等。第六栏是调查使用后的感受，分非常满意、一般满意、普通和不满意。另外几栏分别对机器的性能、购买者所拥有的乐器获得的方法和时间、所喜爱的音乐、希望有哪些功能等方面做了详尽的设计。这些为企业提高产品质量、改进经营策略、开拓新的市场提供了可靠依据。

资料来源：王秀娥、夏冬主编《市场调查与预测》，清华大学出版社，2012。

（二）确定调查对象和调查单位

调查对象就是根据调查目的、任务确定的调查的范围及所要调查的总体，它是由客观存在的具有某一共同性质的许多个体单位所组成的整体。调查对象可能是实体事物，也可能是一项不可存储的服务，但是，其对调查结果的评价标准往往具有相似性。

调查单位则是调查总体中的各个个体单位，即调查对象中的具体单位，它是调查项目的承担者或信息源。

例如，为了研究某市各广告公司的经营情况及存在的问题，调查人员需要对全市广告公司进行全面调查，那么，该市所有广告公司就是调查对象，每一个广告公司就是调查单位。又如，在某市职工家庭基本情况一次性调查中，该市全部职工家庭就是这一调查的调查对象，每一户职工家庭就是调查单位。

在以消费者为调查对象时，要注意到有时某一产品的购买者和使用者不一致，如对婴儿食品的调查，其调查对象应为孩子的母亲。此外，还应注意到一些产品的消费对象是某一特定消费群体或侧重于某一消费群体，这时应注意选择产品的主要消费群体作为调查对象。如对于化妆品，调查对象主要选择女性；对于酒类产品，调查对象主要为男性。

确定调查对象和调查单位时应注意以下几个问题。

（1）必须严格规定调查对象的含义和范围。由于调查的时间、成本以及精力的限制，调查人员不能没有边界和限制地对市场所有方面进行调查，必须确定调查对象范围和含义，以此约束调查行为，以免造成调查登记时由于界限不清而发生的差错。

例如，以城市职工为调查对象，就应明确职工的含义，划清城市职工与非城市职工、职工与居民等概念的界限，按被调查者具备的特征进行分组调查。

（2）调查单位的确定应根据调查目的和调查对象而定。调查单位是在调查中要进行调查研究的各个调查项目的具体的承载个体，其自身能力的高低直接决定调查结果的效度与信度。目前，许多有调查意向的企业都将调查活动委托给第三方专业调查服务机构，在业内专家的实施下，保证调查质量。

（3）调查单位和填报单位是两个不同的概念。调查单位是调查项目的承担者，填报单位是负责填写和报送调查资料的单位，两者有时一致，有时不一致。例如，对某地区工业企业设备进行普查，调查单位为该地区工业企业的每台设备，而填报单位是该地区的每个工业企业。但在有的情况下，两者又是一致的。例如，在进行职工基本情况调查时，调查单位和填报单位都是每一个职工。在调查方案设计中，当两者不一致时，应当明确从何处取得资料并防止调查单位的重复和遗漏。填报单位的体量也间接决定调查活动的成效。体量过大的填报单位可以采取分层抽样调查，降低调查难度，提高调查效率。

（三）确定调查项目

调查项目是指对调查单位所要调查的主要内容。确定调查项目就是要明确向被调查者了解些什么问题。调查项目一般就是调查单位的各个标志的名称。调查项目是收集资料的依据，是为实现调查目的服务的，可根据市场调查目的确定具体的调查项目。如调查消费者行为时，可按消费者购买、使用、使用后评价三个方面列出调查的具体项目。调查项目的确定要全面、具体，条理清晰、简练，避免面面俱到、内容过多、过于烦琐，避免把与调查项目无关的内容列入其中。例如，在消费者需求调查中，消费者的性别、民族、文化程度、年龄、收入，消费者喜爱的商品品牌、规格、款式、价格，消费者对服务的满意程度等都属于调查项目。

在确定调查项目时，调查项目制定者除了要考虑调查目的和调查对象的特点外，还要注意以下几个问题。

（1）调查项目的确定既要满足调查目的和任务的要求，又要能够取得足够的数据，包括在何处取得数据和如何取得数据，凡是不能取得数据的调查项目都应舍去。

（2）调查项目的表达必须明确，要使答案具有确定的表示形式，以便规范统一被调查者填写的形式，便于调查数据的处理和汇总，否则，会使被调查者产生不同理解而做出不同的答案，造成汇总时的困难。

（3）确定调查项目应尽可能地做到项目之间相互关联，使取得的资料相互对应，具有一定的逻辑关系，以便调查者了解现象发生变化的原因、条件和后果，便于检查答案的准确性。

（4）调查项目应包括调查对象的基本特征项目、调查课题的主体项目（回答是什么）、调查课题的相关项目（回答为什么）。

例如，消费者需求调查。

基本项目：年龄、性别、职业、行业、文化程度、家庭人口、居住地等。

主体项目：为何买、买什么、买多少、在哪里买、由谁买、何时买等。

相关项目：消费者收入、消费结构、储蓄、就业、产品价格等。

（5）调查项目的含义要明确、肯定，必要时可附加调查项目或指标解释及填写要求。

（四）设计调查提纲和调查表

调查表又称调查问卷，是市场调查的基本工具。调查表将调查内容具体化，是收集一手数据资料时最常用的手段。当调查项目确定后，可将调查项目科学地分类、排列，构成调查提纲或调查表，方便调查数据的登记和汇总。调查表的设计质量直接影响市场调查的质量。

设计调查表要注意以下几点。

（1）调查表的设计要与调查主题密切相关，重点突出，避免可有可无的问题。

（2）调查表中的问题要容易让被调查者接受，避免出现被调查者不愿回答，或令被调查者难堪的问题。

（3）调查表中的问题次序要条理清楚、顺理成章、符合逻辑顺序，一般可遵循容易回答的问题放在前面，较难回答的问题放在中间，敏感性问题放在最后；封闭式问题在前，开放式问题在后等原则。

（4）调查表的内容要简明，尽量使用简单、直接、无偏见的词汇，以保证被调查者能在较短的时间内完成调查表。

阅读参考 2-3

农村市场调查的适用方法

调查对象是农民，调查员必须根据农民的特点来选择合适的调查方法。中国农村的农民大多文化水平不高，特别是30岁以上的家庭妇女，她们大多文化程度很低，理解力很有限，因此，采取通常的问卷调查显然难以沟通。调查过程是：设计好问卷—调查员按顺序用大白话问问题—受访对象作答—调查员记录。大多数农民面对“城里人”有一种天然的自卑感，为了拉近与农民之间的心理距离，调查员穿着打扮得非常朴素，这样能很快地和他们融合在一起，听到他们最真实的声音。并且农民相信眼见为实，A公司在进行发面剂农村市场调查时，每到一个村庄，该公司都会组织1～2场馒头演示会，用农民的面粉和A公司的发面剂现场演示制作馒头，并让农民做现场评论，听取他们对产品效果、使用技巧等方面的意见。总之一点，调查采取的个别问卷访问（一问一答再记录）和现场演示（焦点小组访谈的一种变体）方法，起到了很好的效果。

资料来源：王秀娥、夏冬主编《市场调查与预测》，清华大学出版社，2012。

（五）确定调查时间和调查工作期限

调查时间是指调查资料所属的时间。如果所要调查的是时期现象，就要明确规定资料反映的是调查对象从何时起到何时止。如果所要调查的是时点现象，就要明确规定统一的标准调查时点。调查工作期限规定的是调查工作的开始时间和结束时间。在市场调查方案的设计过程中，调查方案制定者需要制定整个调查工作完成的期限，以及各阶段的日程安排，即必须有详细的调查日程进度计划，以便督促或检查各阶段的工作，保证按时完成整个市场调查工作。调查方案制定者要详细地列出完成每一步骤所需的天数以及起始、终止时间。计划要稍稍留有余地，但也不能把时间拖得太长。为了提高信息资料的时效性，在可能的情况下，调查期限应适当缩短，目的是使调查工作及时开展、按时完成。通常，一项普通的定量调查，仅仅从问卷的印制到整个活动的完成，就需要45～60个工作日，一些大规模的调查会持续半年到一年。规模小的定性调查，所需时间可以做弹性浓缩。也有对时间要求较强的调查，如收视率调查等。在可能的情况下，调查期限应尽可能地缩短。

（六）确定调查地点

在调查方案中还要明确规定调查地点，即市场调查在什么地方进行、在多大范围内进行。确定调查地点要从市场调查的范围出发，如果是调查一个城市的市场情况，首先，要考虑是在一个区调查还是在几个区调查；其次，要考虑调查对象的居住地点，是平均分布在不同地区，还是可以集中在某些地区。调查地点与调查单位通常是一致的，但也有不一致的情况，当不一致时，有必要规定调查地点。例如，人口普查规定调查登记常住人口，即人口的常住地点。若有些人登记时不在常住地点，或有些人是不在本地常住的流动人口，均须明确规定处理办法，以免调查资料出现遗漏和重复。但由于调查样本数量有限，调查范围不可能遍及城市的每一个地方。一般可根据城市的人口分布情况，主要考虑人口特征中收入、文化程度等因素，在城市中划定若干个小范围调查区域。划分原则是各区域内的综合情况与城市的总体情况分布一致，然后调查人员将样本按比例分配到各个区域，在各个区域内实施访问调查。这样可相对缩小调查范围，减少实地访问工作量，提高调查工作效率，减少调查费用。

（七）确定调查方式和方法

在调查方案中，还要规定采用什么调查方式和方法取得调查资料。收集调查资料的方式有普查、重点调查、典型调查、抽样调查等。具体调查方法有文案法、访问法、观察法和实验法等。例如，进行消费者固定样本调查，可考虑用访谈法、邮寄法等；而调查电视收视率，可使用日记法或电话访问法等。只有调查方法使用得当，才能获得较准确的信息。

在调查时，采用何种方式、方法不是固定和统一的，而是取决于调查对象和调查任务。在市场经济条件下，为准确、及时、全面地取得市场信息，调查人员尤其应注意多种调查方法的结合运用。目前，在大多数市场调查中，调查人员往往会采用两种以上的调查方法收集市场信息。

（八）确定调查资料整理和分析方法

实地调查方法收集的原始资料大多是零散的、不系统的，只能反映事物的表象，无法深入研究事物的本质和规律性，这就要求调查人员对大量原始资料进行加工汇总，使之系统化、条理化。实地调查结束后，即进入调查资料的整理和分析阶段，调查人员会对调查表进行逐份检查，剔除不合格的调查表，然后将合格的调查表统一编号，以便于调查数据的统计。随着经济理论的发展和计算机的运用，越来越多的现代统计分析手段可供我们在分析时选择，如回归分析、相关分析、聚类分析等，而每种分析技术都有其自身的特点和适用性。因此，调查人员应根据调查的要求，选择最佳的分析方法，并在方案中加以规定，然后按照调查目的的要求，针对调查内容进行全面的分析工作。

（九）确定提交调查报告的方式

撰写调查报告是市场调查的最后一项工作内容，市场调查工作的成果将体现在最后的调查报告中，调查报告将提交给企业决策者，作为企业制定市场营销策略的依据。调查报告主要以书面报告书或电子报告书等形式表现，不同的调查决定了报告书的基本内容、报告书中图表量大小等的不同。

（十）制订调查的组织计划

调查的组织计划是指确保实施调查的具体工作计划，内容主要包括调查的组织领导、调查机构的设置、人员的选择和培训、工作步骤及善后处理等。首先，建立市场调查项目的组织领导机构，可由企业的市场部或企划部来负责调查项目的组织领导工作，针对调查项目成立市场调查小组，负责项目的具体组织实施工作。其次，确定调查人员，主要是确定参加市场调查人员的条件和人数，包括对调查人员的必要培训。可以根据调查项目中完成全部问卷及实地调查的时间来确定每个调查员每天可完成的问卷数量，以此核定需招聘调查员的人数，并对调查员进行必要的培训。

（十一）进行市场调查的费用预算

每次市场调查活动都需要支出一定的费用，在制定调查方案时，应编制调查费用预算，合理估计调查的各项开支。市场调查费用的多少通常视调查的目的、调查的范围和调查的难易程度而定。市场调查的费用预算主要有调查表的设计费和印刷费、调查员培训费、调查员劳务费、礼品费、调查表统计处理费等。企业应核定市场调查过程中将要发生的各项费用支出，合理确定市场调查总的费用预算。编制费用预算者需详细列出每一项所需的费用，通过认真估算实事求是地给出每项的预算和总预算。

编制调查费用预算的基本原则是：在坚持调查费用有限的条件下，力求取得调查费用效果，或者是在保证实现调查目标的前提下，力求调查费用支出最少。通常，一次市场调查中调查阶段的费用安排仅占总预算的 40%，而调查前期的计划准备阶段与后期的分析报告阶段的费用安排则分别占总预算的 20% 和 40%。具体费用包括：调查方案设计费与策划费；抽样设计费、实施费；问卷设计费（包括测试费）；问卷印刷、装订费；调查实施费用（包括试调查费用、调查员劳务费、受访对象礼品费、督导员劳务费、异地实施差旅费、交通费及其他杂费）；数据录入费（包括问卷编码、数据录入、整理等产生的费用）；数据统计分析费（包括上机费、统计费、制表费、作图费及必需品花费等）；调查报告撰写费；资料费、复印费等办公费用；管理费、税金等。

市场调查方案是整个市场调查工作的行动纲领，它在保证市场调查工作顺利完成中起着主要作用，因此，应花大力气精心制定好市场调查方案。

二、市场调查方案的撰写

（一）市场调查方案的一般格式

一个完整的市场调查项目规划书通常包括 8 项内容，具体如下：

（1）概要或前言。该部分概述规划书要点，提供项目概况。

（2）背景。该部分描述和市场调查问题相关的背景。

（3）调查目的和意义。该部分描述调查项目要达到的目标，调查项目完成产生的现实意义等。

（4）调查的内容和范围。在该部分，方案制定者给出调查所要采集的信息资料内容，设定的调查对象范围。

（5）调查采用的方式和方法。在该部分，方案制定者给出收集资料的类别与方式，调查采用的方法，问卷的类型、时间长度、平均会见时间，实施问卷的方法等。

（6）资料分析及结果提供形式。该部分包括资料分析的方法，分析结果的表达形式，是否有阶段性成果的报告，最终报告的形式等。

（7）调查进度安排和有关经费开支预算。

（8）附件。它包括设计的问卷、调查表等。

市场调查方案基本上包括上述 8 项内容，有时也允许灵活整合，但不管怎样划分标题，这些内容通常都要包括进来。有的调查方案详细一些，有的可能简单一些，这需要考虑到调查课题的要求。调查方案中，调查目的的陈述有时可以放在前言中，调查范围与调查方法需要明确说明，但也可以合并为一部分进行陈述。

（二）市场调查方案的撰写技巧

（1）调查目标的陈述。这项内容实际上就是对确定后的调查项目与主题的简洁表述，在此部分，可以适当交代调查项目的来龙去脉，说明调查方案的局限性以及需要与委托方协商的内容。有时这部分内容也放在前言部分。

（2）调查范围。为了确保调查范围与调查对象的准确、易于查找，在撰写市场调查方案的时候，调查范围一定要陈述得具体明确，界定准确，能够运用定量的指标来表述的一定要定量化，要说明调查地域、调查对象，解决“在何处”“是何人”的问题。

（3）调查方法。为了顺利地完成市场调查任务，要对调查方法进行精练准确的陈述，解决“以何种方法”进行调查，由此取得什么资料的问题。具体撰写中，对被调查者的数量、调查频率（即是一次性调查还是在一段时间内跟踪调查）、调查的具体方法、样本选取的方法等都要有详细的规定。

（4）调查时间安排。实践中，各阶段所占时间比重可以参照下表的分配办法酌情分配与安排。

表 2-1　各调查阶段所占时间比重

调查阶段	所占时间比重（%）
1. 调查目标的确定	5
2. 调查方案设计	10
3. 调查方法确定	5
4. 调查问卷的制作	10
5. 试调查	5
6. 数据收集整理	40
7. 数据分析	10
8. 市场调查报告的写作	10
9. 市场调查反馈	5
10. 合计	100

（5）经费预算。一般的，市场调查经费大致包括资料费、专家访谈顾问费、专家访谈场地费、交通费、调查费、报告制作费、统计费、杂费、税费和管理费等。比重较大的几项费用为交通费、调查费、报告制作费、统计费，依调查的性质不同而有一定的差异。目前，为保证问卷的回收量及被调查者的配合度，调查机构往往还要支付一定的礼品费，不过礼品的发放不能造成被调查者改变自己的态度，不能影响调查结果的可信度。

（6）研究人员预算。研究人员预算部分要陈述清楚不同类型研究人员的配比问题。市场调查主要需要市场分析人员、财务分析人员、访谈人员等专业人士，可以根据具体的项目适当调配各类人员的配合关系。

（三）撰写调查方案应注意的问题

（1）一份完整的调查方案，上述内容均应涉及，不能有遗漏，否则就是不完整的。

（2）调查方案的制定必须建立在对调查课题的背景的深刻认识上。

（3）调查方案要尽量做到科学性与经济性的结合。

（4）调查方案的格式可以灵活选择，不一定要采用固定格式。

（5）调查方案的书面报告非常重要，一般来说，调查方案的起草与撰写应由课题的负责人来完成。

三、市场调查方案的可行性分析与评价

（一）调查方案可行性分析的方法

市场调查方案需要经过可行性分析和评价，通过以后才能最终使用。尤其是在调查复杂的社会经济现象时，调查方案制定者通常要设计几套调查方案，需要从多个调查方案中选取最优方案。同时，市场调查方案不可能迅速形成，需要经过必要的甚至是反复的可行性研究，并对调查方案进行修改。决策失误是最大的失误，将导致全盘失败。可行性研究是科学决策的必要阶段，是保证市场调查科学性的必要环节，因此，对市场调查策划工作来说，事先对方案进行科学的可行性研究是必不可少的。针对市场调查方案进行的可行性研究的方法有很多，本节介绍常用的三种方法，即逻辑分析法、经验判断法和试点调查法。

1. 逻辑分析法

逻辑分析法是指从逻辑的层面对市场调查方案进行把关，考察其是否符合逻辑和常理。例如，对老年人进行网络问卷调查，有悖于常理和逻辑，也不可能产生理想的效果。假如某高校搞一次学生对教学质量的评价调查，在选取样本时我们应该如何操作？假设该学校有 18 000 人，其中一年级 5 500 人，二年级 5 000 人，三年级 4 500 人，四年级 3 000 人，只准备选取样本 1 000 人进行问卷调查，那么，按各年级学生在总人数中所占比例进行样本的分配，是符合逻辑的。照此思路，我们将有如下样本分配方法：

一年级：$1\,000\times\dfrac{5\,500}{18\,000}=306$（人）

二年级：$1\,000\times\dfrac{5\,000}{18\,000}=277$（人）

三年级：$1\,000\times\dfrac{4\,500}{18\,000}=250$（人）

四年级：$1\,000\times\dfrac{3\,000}{18\,000}=167$（人）

2. 经验判断法

经验判断法是指通过组织一些具有丰富市场调查经验的人士，对设计出来的市场调查方案进行初步研究，以判断调查方案的合理性和可行性。例如，要评估伊利诺伊州的教师对信用卡促销的反应，我们通过对相关领域的研究，凭借经验判断，其不宜采用普查的形式，这样做既没必要也不可能。在对伊利诺伊州的教师这一概念进行量化处理之后，

我们完全可以采用抽样调查的方式。这仅是通过经验判断调查方案可行性的一个假设。这种通过经验判断的方法来进行的调查方案的可行性分析在调查方案策划成员内部也经常发生。

3. 试点调查法

试点调查法是通过在小范围内选择部分单位进行试点调查，对调查方案进行实地检验，以判断调查方案的可行性的方法。

试点调查具备以下两点比较突出的作用。

（1）试点调查的目的在于对调查方案进行实地检验。调查方案是否切实可行，可通过试点进行实地检验，检查调查目标的制定是否恰当、调查指标的设置是否正确、有哪些项目应该增加、哪些项目应该减少、哪些地方应该修改和补充。但是，在试点工作完成后，调查人员要及时地提出具体建议，对原方案进行修订和补充，以便使制定的调查方案科学合理，能更好地适应实际情况。

（2）试点调查还可以理解成实战前的演习。试点调查可以让我们在大规模进行调查之前及时了解我们的调查工作哪些是合理的、哪些是薄弱环节。

运用试点调查方法进行调查方案的可行性研究，还应注意以下几个常见问题。

（1）应选择适当的调查对象，尽量选择规模小、具有代表性的试点单位。必要时可以少数单位先行试点，然后再扩大试点的范围和区域，最后全面铺开。

（2）事先建立一支精干的调查队伍。这是做好调查研究工作的先决条件。团队成员包括有关调查的负责人、调查方案设计者和调查骨干，这将为搞好试点调查工作提供组织保证。

（3）调查方法和调查方式应保持适当的灵活性，不应太死板。事先可以多准备几种调查方式，以便经过对比后从中选择合适的方式。

（4）试点调查工作结束后，应及时做好总结工作，认真分析试点调查的结果，找出影响调查的客观因素并进行分析。试点工作也可理解为，在时间要求并不紧迫的前提下，或者对方案的实施把握性不大、心中没底时我们所做的一种小范围测试。这样，万一失算也不会损失过大，并且，这是一种很好的调试方案的方法。

阅读参考 2-4

红色咖啡杯

美国某公司准备改进咖啡杯的设计，为此进行了市场实验。首先，他们进行咖啡杯选型调查。公司设计了多种咖啡杯，让 500 个家庭主妇进行观摩评选，主妇们研究用手拿杯子时，哪种形状好，用湿手拿杯子时，哪一种不易滑落。评选结果表明，选用四方长腰果杯型的杯子较为理想。然后，公司对产品名称、图案等也同样进行造型调查。接着他们利用各种颜色会使人产生不同感觉的特点进行实验，选择了颜色合适的咖啡杯。公司调查的方法是，首先公司请来了 30 个被调查者，要求他们每人各喝 4 杯相同浓度的咖啡，但是咖啡杯的颜色分别为咖啡色、青色、黄色和红色四种。试饮的结果是：使用咖啡色杯子的人认为咖啡“太苦了”的占 2/3，使用青色杯子的人大多认为咖啡“太淡了”，使用黄色杯子的人主要倾向于“不浓正好”，而使用红色杯子的 10 人中有 9 个说“太浓了”。根据这一调查，公司咖啡店里的杯子一律改成红色。该店借助于杯子颜色，既节约了咖啡原料，又能使绝大多数顾客感到满意。这种咖啡杯投入市场后，与市场上的通用公司的产品展开了激烈竞争，最终以销售量比对方多两倍的优势取得了胜利。

因此，营销者不能凭借对消费者需求的臆想进行营销，为制定真正有效的营销策略，或检验某项营销策略的有效性，企业营销人员需要进行有针对性的调研，而小型实验可以提高收集信息的效率，节约营销成本。

资料来源：闫秀荣主编《市场调查与预测》，上海财经大学出版社，2013。

（二）调查方案的模拟实施

只有那些调查内容很重要，调查规模又很大的调查项目才采用调查方案的模拟实施，并不是所有的调查方案都需要进行模拟调查。模拟调查的形式很多，如客户论证会和专家评审会等。模拟调查结果的分析非常重要，是下一步正式大规模调查工作成败的关键。我国的第五次人口普查，在普查前结合对普查工作人员的培训，负责人口普查的机构就搞过一次模拟调查，以便就发现的问题对方案进行最后的检验和调整。在一些大型的调查中，举行客户论证会也可视作模拟实施中的一个环节。

（三）调查方案的总体评价

调查方案的总体评价可以从不同角度来衡量。但是，一般情况下，对调查方案进行评价应包括四个方面的内容，即：调查方案是否体现调查目的和要求；调查方案是否具有可操作性；调查方案是否科学和完整；调查方案是否能使调查质量高、效果好。

如策划的“评估伊利诺伊州的教师对信用卡促销的反应”的调查方案，对调查的目的、调查内容、调查方法、工作进度、问卷设计、调查费用的预算等要素都做了交代，是一份基本可行的市场调查方案，我们只要按照该方案将工作细化就可以了。在调查方法中，考虑市场调查的效果，并考虑使用有经验的访谈人员，可使访问更易成功。

第四节　市场调查质量控制方案

市场调查质量控制，就是检查和核实所从事的调查活动在质量上是否符合调查要求，指出调查中的缺点和错误，对调查过程中可能产生的各种误差及时给予预防和纠正。

一、市场调查数据质量的影响因素

可以从调查的内容、调查的条件和环境、被调查者的特征、调查员的特征四个方面对影响市场调查数据质量的因素做简要分析。

（一）调查内容对数据质量的影响

（1）调查内容的敏感性是指被调查者对所制定的市场调查内容的细节产生怀疑，如会不会增加税费，对被调查者的名誉是否有负面影响，被调查者单位或个人的隐私或机密是否会被泄露，问卷内容对于被调查者是否回答负担过大等。

（2）问题的难度是指调查问卷的长度和复杂程度、访问时间长度和难易程度、调查的指标用现有的技术能否进行测量等。

（3）被调查者对问题的兴趣。在设计问卷时，应充分考虑被调查者的特点，尽量采用通俗易懂的语言，使问卷对被调查者和调查者都具有友好的界面。要让调查员介绍调查的目的、作用，以引起被调查者的兴趣。

（二）调查的条件和环境对数据质量的影响

1. 调查经费

现场调查的费用主要包括调查员的培训费、交通费、住宿费、调查补助费、通信费、设备租金以及用于数据质量控制的复核费用等。调查经费的使用合理与否对数据质量的影响是非常大的。

2. 调查的人力和设备

人力和设备资源的合理利用也是影响数据质量的重要因素之一。如一名调查员在一个调查周期内最多能走访多少个企业，在一个调查区域内多少个企业需配备一名调查员，电话、手机、传真机、掌上电脑、互联网等通信工具以及交通工具的合理利用等。

3. 调查开展的时间

调查开展的时间、占用的时间、面访的时机对调查数据质量都有影响。如对乡村市场的调查就不应在农忙时进行，应尽量避免在用餐、会客或被调查者特别忙时进行面访。

4. 被调查社区对调查的态度

在现行的行政管理体制下基层社区村（居）委会对调查的支持配合非常重要。要注意加强对被调查社区的宣传，如一封致样本村（居）委会村主任的公开信等。

（三）被调查者对调查数据质量的影响

1. 被调查者的社会特征

如当面访问的对象是企业主、业务主管、会计还是其他人。如果是个体户，面访的是户主还是其家属；如果是消费者，是直接消费者还是间接消费者等。

2. 被调查者对入户访问的态度和合作程度

现场调查很重要的环节就是加大宣传力度，以取得被调查者的信任。调查员可以通过行政手段、熟人介绍、自我介绍等方法，最大限度地争取被调查者的合作，被调查者不愿合作的调查通常是难以成功的。

3. 被调查者对问题的理解能力

被调查者的素质不同，对问题的理解能力也不同。如在调查营业人员时，有的营业人员就可能把营业收入当成纯收入，他们对应付工资等问题包括的范围理解也不同。

4. 被调查者的回答能力及方式

被调查者的回答能力、礼貌偏误、迎合偏误、社会期望偏误、回答问题简单化等均可造成调查误差。

（四）调查员对调查数据质量的影响

1. 调查技术的掌握程度

企业或第三方调查机构需要每年对调查员进行一两次调查技能培训，明确调查员的职责，提高调查员的调查技能。同时，企业或第三方调查机构还要给合格的调查员颁发调查证，并建立调查员激励机制，要对工作负责、调查业务水平高的调查员进行物质和精神奖励；对责任心不强、工作差错多的调查员进行批评教育或者调换。

2. 调查员的主观能动性和工作责任心

抽样调查的数据采集工作主要是通过调查员来完成的，调查员的工作积极性和责任心是保证样本数据质量最重要的基础。

3. 调查员可能产生的误差

调查员本身的原因可能影响调查数据质量。如调查员的选择不符合调查要求，调查员在面访时态度不好、提问不正确或擅自改变原定问题时提出意义双关的问题，对被调查者进行诱导，记录错误、漏记或者字迹不清等。

二、市场调查质量控制原则

调查信息的质量是调查误差的函数，调查误差越小，调查质量越高；调查误差越大，调查质量越低。

（一）客观控制

对调查质量的衡量和评价应当是客观的，应以规定的标准或决策所需要的准确度来衡量，不能因干扰因素而降低标准或者对质量提出更高标准。

（二）全面控制

市场调查方案必须具有全程性、全地域性、全员性。

（三）超前控制

要求所有调查人员不要等到出现问题时才提出解决问题的办法，必须根据情况的发展变化，提出解决问题的预案，对可能出现的调查误差加以预防、控制。

（四）质量控制

应该防止质量控制与其他问题纠结在一起，导致问题的成本增加，特别是要解决好质量控制与调查成本之间的关系。调查团队应对调查结果、质量控制的关系给予有效科学控制，杜绝以降低成本为名，提高调查误差水平。

三、市场调查质量控制标准

市场调查是一个系统工程，一方面是项目、经费、人力和设备的合理利用，另一方面是抽样比例、抽样方法、现场调查方式和人员的有机组成。在有限区域市场进行的抽样调查，其方法已逐渐趋于成熟，抽样框的建立和维护随着周期性的普查也将逐步规范，该抽样调查目前面临的最大问题是现场调查的组织和数据质量的控制。质量控制的目的是要尽量避免与减少误差，使调查结果能反映所调查事物的真实情况。

（一）统计数据质量标准

统计数据质量是指统计信息对用户需求的满足程度。国际公认的标准包括如下几个方面。

（1）适用性。适用性是指收集的统计信息是否有用，是否符合用户的需求。

（2）准确性。准确性是指统计估算值与目标特征值即“真值”之间的差异程度。

（3）及时性。及时性是指调查基准期与统计数据发布时间之间的间隔时间。

（4）可比性。可比性是指同一项目的统计数据在时间上和空间上的可比程度。

（5）可衔接性。可衔接性是指不同统计项目之间即同一统计机构内部不同统计调查项目之间、不同机构之间以及与国际组织之间统计数据的衔接程度。

（6）可取得性。可取得性是指用户从统计部门取得统计信息的容易程度，包括用户从统计机构可以取得的统计信息内容以及应用先进便捷的统计信息服务方式。

（二）统计数据质量控制与质量保证

质量控制指调查员对实际操作性能进行测量并与标准相比较，一旦出现偏差就采取相应措施进行调整。质量保证应包括以保证质量为目标的一切活动。质量保证的目标是防止、减少或限制调查中误差的发生，并在第一时间予以纠正。质量保证是预防问题，而质量控制则是对已经确认的问题进行相应处理。质量保证主要是关注预期的结果，组织或机构必须有效地实施质量控制才能提供质量保证。

四、误差对调查质量的影响

误差泛指原始数据及其统计指标与真实情况之间的差别。凡是调查就一定有误差，误差或大或小总是存在的，不可能完全避免。在抽样调查过程中，误差可分成抽样误差、现场调查误差等。其中抽样误差因抽样而产生，是能够计量和控制的；现场调查误差包括计量误差和无回答误差，它们虽不像抽样误差一样可以估计或测量，但可以使用质量控制技术对这些误差加以控制，尽管难度较大，也要使误差达到最小。

现场调查误差有如下两种主要类型。

（1）计量误差是指对一个问题所做的回答记录与它的真值不同，这可能是由被调查者、调查员、调查问卷、收集数据的形式或测量工具问题造成的。

（2）无回答误差是由于种种原因，调查员没有能够对抽出的样本单元或问卷中的某些项目进行计量。无回答误差包括单元无回答误差和项目无回答误差：单元无回答误差可用权数调整法补救；项目无回答误差可用插补、臆测等方法补救。

五、市场调查的质量控制

市场调查分为现场调查准备阶段，调查实施阶段，调查资料整理、审核与评估三个阶段。我们以此分析各阶段的质量控制。

（一）现场调查准备阶段的质量控制方法

1. 现场调查的组织模式

理想的组织模式应是企业按调查项目管理要求，借鉴政府、社会普查的经验，组成高效灵活的调查队伍，形成相对稳定的调查网络，项目、经费、人员和设备形成一个有机的整体（也称系统工程）。

2. 调查人员的聘用

必须强调的是，企业一定要自己组织现场调查，完全委托别人不是一个完整的抽样调查。调查员的聘用、培训、管理应由企业督导员直接负责，包括经费下发、进度控制、质量管理等。

3. 调查人员的培训

培训的内容主要是职业道德教育和严格的调查技能训练，企业督导员采用讲演、角色扮演、模拟训练等方法对调查员进行培训，经考核合格后，与调查员正式签订聘用合同。

4. 调查问卷设计中的质量控制

根据调查目的，我们可以将原有的调查表设计成专门的面访的调查问卷。问卷中每个问题的意思必须明确，理解一致；尽量使用口语化、通俗化语言使问题易懂，敏感问题要排在后面；有些指标要尽可能分解成可测量值；要有填表说明；要有“访员记录”“初审、复审者签名”等。

5. 质量控制表的设计

设计质量控制表的目的是便于控制、管理和规范操作程序。设计质量控制表一是能保证调查过程中的每一个环节都责任到人，有利于加强管理；二是保留详细记录，有利于发现问题，改进调查；三是保证整个调查过程有一个规范的操作准则。

6. 建立调查质量的核查制度

市场调查要建立严格的调查质量控制与核查制度并严格执行，包括针对调查员和督导员的调查质量核查制度。调查员在现场登记完毕，当场即进行逻辑审核和评估，有疑问现场解决。督导员要对所有的样本进行复核，数据录入时还要利用计算机进行逻辑审核。建立现场调查回访制度，要求调查者在每次上报问卷前，都要抽取一部分样本进行深入回访，以便发现调查中存在的问题并予以解决。

（二）调查实施阶段的质量控制方法

从质量管理的角度看，过程就是“输入 + 活动 + 输出”，输入就是调查数据处理阶段，调查实施阶段包括市场调查数据编码、数据录入、手工纠错等，而调查活动实施的产出可用两种质量观点来看待：输出反映的是单独的产品或服务，这些产品或服务要么达到了标准（合格），要么没有达到标准（不合格），从质量管理角度看，产品就是输出的结果；产出也可看成是在相对稳定的状态下产生的结果，这是一种过程控制的观点。

质量实施过程控制方法一般有两种：调查结果控制、调查过程控制。

（1）调查结果控制。调查结果控制是指通过抽样检查来决定哪个批次的市场调查工作可以接受，哪个批次的市场调查工作不能接受。调查结果控制是矫正性的，被判定为不合格的批次，要么通过返工改进质量，要么被剔除。市场验收抽样是调查结果控制采用的主要方法。

（2）调查过程控制。调查过程控制的目的是从运行良好的过程中进行系统抽样，以判断过程中的情况是否都未发生变化（即是否恶化）。调查过程控制也是一种预防性措施，因为当调查过程出现失控时过程就会中断。调查过程控制可以通过采集样本来实施，如果我们建立了科学有效的市场调查反馈系统，当有证据表明市场调查过程发生重大变化（即过程失控）时，控制系统就会及时报警，调查过程就会中断，直至检查出导致变化的原因后才恢复。

（三）调查资料整理、审核与评估阶段的质量控制方法

这一阶段的质量控制包括调查资料收集结束后的审核评估环节，在这个环节中应该注意以下几个问题。

（1）采用项目管理和指导委员会集体审核方式，以确保调查项目资料科学准确。

（2）采用跨学科的项目小组或项目管理方式进行调查设计和实施，保证在该过程中能够适当考虑到质量要求。

（3）一些新技术和新方法（包括问卷）必须得到严格测试与评估。

（4）在设计或重新设计阶段以及不间断复核的过程中，对推荐的调查方法进行技术评估，对操作效果、费用和性能也应该进行评估。

（5）数据分析不仅可以用来获取调查现象的信息，还可以用来评估或测量调查数据的准确性和一致性。

总之，市场调查工作的质量控制主要做法包括严谨的市场调查计划，进行市场调查可行性研究，对市场调查者、督导员、数据录入人员和编码员等进行培训，进行市场调查细致的练习，改进市场调查抽样框，改进市场调查样本设计，改进市场调查问卷设计，调整市场调查数据收集方法，优化市场调查追踪回访方法，改善市场调查数据处理程序，在处理系统得到实际使用前进行全面测试，对市场调查活动的重要数据进行及时检查等。

本章小结

市场调查方案也称市场调查计划书、市场调查策划书，是指方案设计者根据调查研究的目的和调查对象的性质，在进行实际调查之前，对调查工作总任务的各个方面和各个阶段进行的通盘考虑和安排，以提出相应的调查实施方案，制定出合理的工作程序。其内容包括：确定调查的目的和任务；确定调查对象和调查单位；确定调查项目；设计调查提纲和调查表；确定调查时间和调查工作期限；确定调查地点；确定调查方式和方法；确定调查资料整理和分析方法；确定提交调查报告的方式；制订调查的组织计划；进行市场调查的费用预算等十一个方面的内容。

市场调查方案不可能是迅速形成的，而是需要经过必要的甚至是反复的可行性研究，要对调查方案进行修改使其逐渐完善。

市场调查质量控制，就是检查和核实所从事的调查活动在质量上是否符合调查要求，指出调查中的缺点和错误，对调查过程中可能产生的各种误差及时给予预防和纠正。这部分内容包括市场调查数据质量的影响因素，市场调查质量控制原则、控制标准，误差对调

查质量的影响，市场调查各阶段中的质量控制等。

思考题

1. 何为市场调查方案？市场调查方案设计的作用。
2. 如何理解市场调查方案设计的含义？
3. 市场调查方案设计的原则。
4. 如何正确确定市场调查课题？
5. 市场调查方案设计的内容有哪些？
6. 市场调查方案可行性分析的方法有哪些？
7. 市场调查数据质量的影响因素有哪些？
8. 如何进行市场调查的质量控制？
9. 市场调查质量控制原则。
10. 你认为一份好的市场调查方案设计的关键因素是什么？

案例分析

在线音乐市场调查报告

2015 年，我国个人互联网应用发展迅速，网络娱乐类应用稳步发展，优质 IP 拉动娱乐应用快速增长。2015 年，我国在线音乐用户规模达到 5.0 亿人，增长 4.0%。在所有互联网应用中，在线音乐成为仅次于即时通信、搜索引擎、网络新闻和网络视频的第五大互联网应用，是网民日常使用的重要应用类型。

从在线音乐用户的渗透情况来看，在线音乐用户在网民中的占比已经超过七成，经过多年的发展，在线音乐 PC 端的应用相对比较成熟，未来增长空间有限。2015 年，中国在线音乐市场规模为 40.2 亿元，增长了 67.2%。随着版权市场逐渐规范，特别是 2015 年 7 月以来国家对在线音乐版权市场的监管力度逐渐加大，在线音乐市场发展将更为正规有序。

2015 年，中国在线音乐用户付费市场规模为 10.5 亿元，增速达到 121.8%，之所以这年有如此高增长，主要是因为 2015 年 7 月以来国家对版权音乐的监管力度加大，为了确保音乐作品版权受到保护，国内主流音乐平台开始对部分获得授权的音乐作品进行收费，在一定程度上促进了用户付费行为的产生。

目前，音乐用户虽然规模比较大，在网民中的渗透率很高，但其中为音乐付费的用户还比较少，用户付费习惯仍需培养。随着版权市场逐渐规范化，在线音乐市场未来将快速发展。长期以来，受国内盗版、用户免费使用内容习惯的影响，在线音乐平台一直陷于盈利困难的困境中，影响了上游唱片公司的发展，也阻碍了整体音乐行业的发展。

从 2015 年 7 月以来，在国家对音乐版权监管力度加大的背景下，随着服务提供商支付版权费行为的产生及用户付费意愿的逐渐形成，在线音乐行业将逐渐迎来健康发展时期。

从行业的盈利模式看，各大在线音乐平台在进行版权布局、不断创新商业模式的同时，也开始基于用户挖掘新的价值。

庞大的用户群和粉丝群为企业带来了盈利的可能，目前，在线音乐企业的盈利模式呈现出多元化的特点，不仅有基于用户付费的下载、收听、流量包、会员、数字专辑购买收入等，还有广告、在线直播、游戏联运、O2O、衍生商品售卖收入等。

2015 年、2016 年，用户在数字音乐方面的付费意识不断增强，数字音乐专辑成为在线音乐网站的创新盈利模式，多张专辑在预购期就会产生巨大关注度，销量更是可以与实体唱片鼎盛时期的销量持平，甚至形成了更大的影响力。

2016 年，在线音乐行业大洗牌，2016 年 7 月，QQ 音乐宣布与中国音乐集团 CMC 合并重组，行业格局不仅没有尘埃落定，反而处处生变。更早之前，虾米音乐与天天动听合并组成阿里音乐，然而天天动听却在 2016 年 10 月停止服务。百度音乐在 2015 年被太合音乐集团收入囊中，并不意味着百度在线音乐这个必争之地缺席。

案例来源：刘常宝主编《市场调查与预测》，机械工业出版社，2017 年版。

问题讨论

（1）如果你是数字音乐经销商，这份调查报告的价值体现在哪些方面？

（2）谈谈数字音乐的现状，并结合一个具体数字音乐产品做深度说明。

Chapter 3

第三章 市场调查抽样技术及应用

本章概要

本章阐述了抽样调查的基本概念和特点、抽样调查的作用、随机抽样技术、非随机抽样技术以及抽样调查的一般程序；详细分析了随机抽样技术（包括简单随机抽样、系统抽样、分层随机抽样、整群随机抽样和多阶段随机抽样）和非随机抽样技术（包括任意抽样、判断抽样、配额抽样、固定样本连续调查法）；介绍了抽样误差的测定与控制方法。

学习目的

通过本章的学习，要求学生了解抽样调查的基本概念、特点、作用以及抽样调查的一般程序；理解并掌握随机抽样技术和非随机抽样技术的各种类型及其在市场调查实践中的应用；掌握抽样误差的测定与控制方法，以便为顺利地开展市场调查提供方法指导。

基本概念

抽样调查　随机抽样技术　非随机抽样技术　样本容量　抽样误差　抽样估计

引导案例

国民保健公司的市场调查

国民保健公司（National Healthcare）是美国康涅狄格州的一个保健组织，它为该州用户提供多种健康保险产品。该公司在即将进入树立品牌形象活动的第二年，打算花费 350 万美元在本州内提高知名度，树立其产品的正面形象。该公司之所以实行这一战略，是因为顾客对保险险种的选择性越来越强，而且公司希望越来越多的顾客能够选择“国民保健”。

在开展树立品牌形象活动的第一年，公司花了 300 万美元用于提高知名度和树立品牌形象。为了了解此次活动是否有成效，公司进行了电话跟踪调查，在活动前后分别进行预先测试和事后测试，前后两次调查结果的差异将反映出广告活动的成效大小。在整个活动过程中市场营销战略没有改变。

结果，用户对“国民保健”的无提示认知度（当您需要投团体健康保险时，您能想起的公司有哪些？），在事后测试中这一比例上升至 44%。虽然这两次测量指标都有增长，但两次测试选取的样本容量相对过小，一共只选取了 100 名顾客作为随机样本。

误差在置信度为 95% 的条件下，形象测定为 ±9.9%。其中 P 值用的是事后测试的结果。由于抽样偏差相对较大，认知度和品牌形象前后变化相对较小，公司只能认为事后测试中认知度在 25%±8.7%（即 16.3% ~ 33.7%）范围内的置信度为 95%。而对于企业形象方面，公司只能认为对公司形象持肯定态度的顾客比例在 44%±9.9%（即 34.1%~53.9%）范围内的置信度为 95%。

测量的变化比较小，误差又较高，这使“国民保健”公司无法确定哪一项测量对象确实发生了变化，公司总经理也不能确定广告究竟是否能达到预期的效果，因此她认为需要进行一次更精确的测试，以便对广告到底能产生多大效果做最后的论断。

案例来源：李桂华主编《市场营销调查：理论、方法、案例》，企业管理出版社，2008 年版。

第一节　抽样调查概述

一、抽样调查的基本概念和特点

（一）抽样调查的概念

抽样调查也被简称为抽查，是按照一定的程序，从所研究对象的全体（总体）中抽取一部分（样本）进行调查或观察，并根据抽样所得的结果，运用数理统计的原则和方法，对总体的数量特征进行估计和推断的一种方法。抽样调查技术是一种被广泛使用的有用方法，它包括随机抽样技术和非随机抽样技术。

（二）抽样的概念

抽样指在抽样调查时采用一定的方法抽选具有代表性的样本，以及各种抽样操作技巧和工作程序等的总称。简言之，抽样是指在调查总体中抽取一定数量的样本。为了使抽选的样本具有代表性，调查员必须借助各种抽样技术。抽样技术可以分为随机抽样与非随机抽样两大类。

（三）抽样调查的特点

抽样调查最主要的特点在于其应用科学的方法，在总体中抽取有代表性的调查对象进行调查，克服了普查的组织困难和费用高、时间长的缺点，也克服了传统调查方法（如重点调查、典型调查）的主观随意性和样本代表性不强的弱点，具有较强的代表性和科学性，是比较科学和客观的一种调查方法。

抽样调查具有如下特点。

1. 时间短，收效快

抽样调查涉及面较小，取得调查结果比较快，能在较短的时间内获得同市场普查大致相同的调查效果。我们还可以运用抽样调查技术来检验普查及有关资料的正确性，并给予必要的修正。

2. 质量高，可信程度好

抽样调查是建立在数理统计基础之上的科学调查方法，抽样调查由专门人才主持，严格按照抽样调查的要求进行抽样，以此确保获取的信息资料具有较好的可靠性和准确性，而对那些无法或没有必要进行普查的项目，抽样调查具有很好的适用性。

3. 费用省，易推广

由于抽样调查把调查对象减少到较少的程度，从而保证了调查的有效性，从而可以减少工作量，降低费用开支，提高经济效益。同时，由于抽样调查需较少的人力物力，企业容易承担，容易组织。

4. 抽样误差可控

可以根据市场调查的要求，将抽样误差控制在允许范围之内。

抽样调查也有其不足之处。由于抽样调查所调查的对象是调查对象中的一部分，抽样调查的结果是从抽取的样本中获取的信息资料推断出来的，因此，抽样调查不可避免地存在着抽样误差。抽样误差无疑会影响抽样调查的准确性。所以，对抽样误差的控制是抽样调查的一个课题。只要注意把抽样误差控制在调查项目所允许的范围之内，就不会影响抽样调查的可信度和质量。

阅读参考 3–1

抽样调查相关概念

1. 全及总体和抽样总体

全及总体简称总体或母体，是指所要调查对象的全体。抽样总体简称样本，是从全及总体中抽取的一部分个体的综合。例如，想要展开一次市场调查活动，了解某学校学生的平均月生活费收入和支出，可以按抽样调查理论从全体学生中抽取部分学生进行了解，那么全校学生就是全及总体，抽取的部分学生就是抽样总体。

2. 重复抽样和不重复抽样

从总体单位中抽取若干个组成样本，有两种抽取方法：重复抽样和不重复抽样。

重复抽样，是一种在全及总体中允许多次重复抽取样本单位的抽选方法，即从总体中随机抽出一个样本进行登记后，将它再放回去，使该样本仍有被抽到的可能性。在整个抽样过程中总体单位数不变，样本单位被抽中的概率也是完全相同的。

不重复抽样，即被抽选中的样本单位经调查员登记后，不再放回全及总体中去，也即不会再有第二次被抽中的机会了。在抽样过程中，样本总数逐渐减少。实践证明，不重复抽样误差比重复抽样的小。

3. 抽样框

抽样框一般可以用现成的名单，如户口、企业名录、企事业单位职工的名册等。如果调查活动中缺少抽样框，调查者就难以保证以同等概率抽取样本。在抽样框中，每个抽样单元都应该有自己对应的位置或序号，这常常通过编号来实现。应该注意的是，现实中可以拿来直接使用的抽样框有时并不存在。在没有现成的名单的情况下，调查人员可自己编制。即使在利用现有的名单作为抽样框时，也要先对该名录进行检查，避免有重复、遗漏的情况发生，以提高样本对总体的代表性。

4. 抽样单元

为了便于实现抽样，调查员常常将总体划分为有限个互不重叠的部分，每个部分都叫一个抽样单元。例如，在 ×× 市进行居民消费状况的入户调查时，可以先按区域把该市划分为 A 区、B 区、C 区、D 区和 E 区，作为一级抽样单元，再按街道划分二级抽样单元，还可以再继续按照街道的居民小区划分三级抽样单元，如果有需要，还可以再进一步划分下去。

二、抽样调查的作用

（一）对一些不可能或不必要进行全面调查的社会经济现象，可用抽样调查方式解决。

（二）抽样调查节省开支，能提高时效，可用较少的人力、物力和时间，达到满意的调查结果。

（三）运用抽样调查可以随时了解现象发展变化的情况。

（四）运用抽样调查可以对全面调查进行严整。

（五）抽样调查用于企业管理，尤其是产品质量管理，可以提高管理的科学性。

三、随机抽样技术

（一）随机抽样技术的概念和类别

随机抽样技术又称为概率抽样技术，是调查人员按照随机原则组织抽样调查工作，对总体中每一个个体都给予相等的抽取机会的抽样技术。在随机抽样的条件下，每个个体抽中或抽不中完全凭机遇，排除了人的主观因素的选择。在具体操作过程中，由于采用的技术和调查总体的特征不同，随机抽样技术又可以细分为：简单随机抽样、分层随机抽样、分群随机抽样、系统随机抽样和多阶段随机抽样。

（二）随机抽样技术的优点

（1）随机抽样是调查员按照随机原则从总体中抽取一部分单位进行调查。其调查范围和工作量比较小，又排除了人为的干扰，因此能省时、省力、省费用，又能较快地取得调查结果，同时，抽取的样本可以大致上代表总体。

（2）随机抽样能够计算调查结果的可靠程度。可通过概率计算推算值与实际值的差异，即抽样误差（又称代表性误差），并将误差控制在一定范围内。抽样误差可分为平均误差和成数误差。

（三）随机抽样技术的不足之处

相对于非随机抽样，随机抽样具有以下几点不足。

（1）所有调查样本都有平等的机会被抽取到，难以体现重点。

（2）抽样范围比较广，所需时间较长，参加调查的人员和费用多。

（3）需要具有一定专业技术的人员进行抽样和技术分析。一般调查人员难以胜任。

四、非随机抽样技术

（一）非随机抽样技术的概念和类别

非随机抽样，也称为非概率抽样或非可能率抽样，是指总体中每一个个体不具有被平等抽取的机会，调查人员根据一定主观标准进行抽取样本的抽样技术。由于主观标准的确定和判断力的不同以及采用的具体方法、操作技巧等不同，非随机抽样又可以分为：任意抽样、判断抽样、配额抽样、固定样本连续调查。

（二）非随机抽样技术的优点

（1）非随机抽样是按一定的主观标准抽选样本，这样的抽样方法可以充分利用已知资料，选择较为典型的样本，使样本更好地代表总体。

（2）非随机抽样可以缩小抽样范围，节约调查时间，减少调查人员和调查费用。

（三）非随机抽样技术的不足之处

使用非随机抽样技术进行调查的主要不足是无法判断其误差和调查结果的准确性。这是因为，用非随机抽样技术进行调查的总体中，每一个样本被抽取的概率不一样，概率值的大小不清楚，无法借助概率计算推算值与实际值的差异。随机抽样技术的可靠程度只能由调查人员主观评定，而主观标准不当或主观判断失误均会增大抽样误差，使出现的差错难以核实。

在进行实际市场调查时，调查人员要根据不同的调查要求和目的，选择最合适的抽样技术，才能收到良好的效果。

五、抽样调查的一般程序

抽样调查过程包含 5 个步骤：

（一）确定调查总体

确定调查总体，即明确调查的全部对象及其范围，这是抽样调查的第一个步骤，是抽样调查的前提和基础。只有对象明确，抽样调查才能有的放矢，取得真实、可靠、全面的信息资料。只有明确调查总体，调查人员才能从中进行正确的抽样，并保证抽取的样本符合要求。

如：对某地区居民消费品购买力进行抽样调查，那么，首先要明确居民消费品购买力，即一定时期内城乡居民在零售市场上购买消费品的货币支付能力；还要明确是城市居民，还是城乡居民；进而明确总体的数量是多少，若以户为单位进行调查，就要掌握该地居民总户数。在此基础上，我们还要对总体情况进行必要的分析，如该地区居民购买力是否存在明显的水平差别，存在不同的层次，如果存在，可以考虑用分类随机抽样抽取样本，这样用样本特征推断总体时才更准确。

（二）个体编号

在采用随机抽样的情况下，需要对总体中的每一个个体进行编号，以使抽样选出的个体更具代表性。如果抽样范围过大，总体中的个体过多，则编号的工作量太大，为此，要尽量压缩调查范围，简化编号工作。如果调查总体很大且无法压缩，则可以将随机抽样中的分层和分群抽样方法结合使用以减少编号工作量，当然，也可以采用非随机抽样方法，以减去编号这一环节。

（三）选择调查样本

选择调查样本，即指在调查总体中选定具体的需对其实施调查的样本。选择调查样本，须首先确定抽样技术，即确定采用随机抽样，还是非随机抽样。在总的方法确定后，要确定具体的抽样方法，比如是分层抽样，还是分群抽样等。还要确定样本的数量。在上述问题确定后，调查人员再按预定的要求选择调查的样本。

（四）实施调查

实施调查就是对选定的样本进行调查，即运用不同的调查方法对抽选的样本进行逐个调查，取得第一手信息资料。如果被访问的样本不在或拒绝接待采访，调查员应设法改变访问技巧，再次访问，确实无法访问时，才能改变访问对象。对随机抽样而言，一般不允许随意改变样本或减少样本数，以保证样本资料的准确性与客观性。而对于非随机抽样而言，如遇原定调查对象不在或不愿接待，调查人员可以根据主观标准更换访问对象，以达到样本数的标准。

（五）测算结果

测算结果就是用样本指标推断总体指标的结果。用样本的调查结果推断总体是调查的最后一个步骤，也是调查的目的所在。具体做法可以按照实际的调查项目确定，如按百分比推算法进行推算，或按平均数推算法进行推算等。

第二节　随机抽样技术及其应用

一、简单随机抽样

（一）概念

简单随机抽样又称单纯随机抽样，是指从总体单位中不加任何分组、排队，完全按随机原则抽取调查单位，调查总体中的每个个体被抽中的概率是相等的。这是一种最基本的随机抽样方法，也是理论上最符合随机原则的抽样方法。

（二）分类

简单随机抽样技术分为直接抽取法、抽签法和随机数表法三类。

1. 直接抽取法

直接抽取法是调查人员从调查总体中直接随机抽取样本进行调查。这种方法适合对集中于某个较小空间的总体进行抽样，如对存放于仓库的同类产品，调查人员直接随机抽出若干产品为样本进行质量检查。

2. 抽签法

抽签法是调查人员将总体各单位编上序号并将号码写在外形相同的纸片上掺和均匀后，再从中随机抽取，被抽中的号码所代表的单位，就是随机样本，然后继续抽，直到抽够预先规定的样本数目为止。

【例 3-1】在某城市某街道所管辖的 10 000 户居民中，抽 200 户居民对某种商品的需求量进行调查，就要做 10 000 张纸片，写上 1—10 000 号，然后再从中随机抽取 200 张，被抽中的居民即为样本。一般在随机抽样中，用 N 代表总体单位数，用 n 代表样本单位数。显然这个问题中 N=10 000 个，n=200 个。

3. 随机数表法

随机数表又称为乱数表。它是由摇码机逐个摇出或电子计算机自动生成的按二位（或三位）数排列的数组组成的表。表内的每组数码都是由 0—9 这 10 个自然数随机组成，数字排列完全是随机的，每个自然数的出现都具有等可能性。如表 3-1 是随机数表中的部分摘录。

使用随机数表时，首先要把总体各单位编号，根据编号的最大数即总体单位数确定使用随机数表中若干列或若干行数字，然后查随机数表。查随机数表时，以任意行或任意列的第一个数字作为开始数，接着可以从上而下，或从左至右，或按一定间隔（可以隔行或隔列），顺序取数，凡是属于总体单位编号范围内的号码就定为样本单位，直到抽够预定的样本单位数为止。

【例 3-2】要从 89 家超市门店中抽取 11 家作为调查样本。使用随机数表抽取时，可以先将 89 家公司由 1 至 89 编号，N=89，然后可以任意选定随机数表上任意一行（或一列）中的一个数字作为起点数，从这个数字按上下或左右顺序读起，并每隔几位数字作为抽取数，按此抽出的数字即为被抽中的样本单位。假定本例从第 7 行左边第 6 个数字向右顺序读起，且确定每隔 3 位抽取相应的数字，则所抽取单位是：10 58 45 32 75 35 46 24 52 78 25

在顺序抽取的过程中，遇到比编号大的数字，应该舍去。此例中的 91 这个数字因大于 89 故舍去不用，24 和 45 这两个数字被第二次抽到时，因为重复也应该删去。

表 3-1　二位制随机数表（片段）

1	13	21	96	10	43	46	00	95	62	09	45	43	87	40	08	00	12	35	41
2	12	84	54	72	12	85	32	47	55	77	74	51	21	02	20	40	55	19	98
3	54	14	32	45	48	74	02	10	60	54	25	84	25	23	45	22	36	65	74
4	01	10	54	75	26	47	25	41	32	33	62	58	42	38	14	75	24	00	49
5	67	00	42	92	14	12	39	03	28	84	69	54	25	36	42	21	20	14	09
6	47	84	54	21	23	65	95	74	18	24	10	30	25	84	41	20	31	01	60
7	54	48	97	46	52	10	30	25	48	58	47	16	29	45	74	25	65	32	14
8	01	48	75	95	42	16	35	34	18	73	91	46	62	18	46	97	46	15	24
9	44	51	84	52	32	15	14	78	49	46	65	24	20	01	30	45	62	21	01
10	25	15	64	23	01	91	80	27	46	21	84	51	03	00	84	62	33	14	75
11	14	74	75	82	16	35	49	02	10	36	95	84	12	05	34	61	73	19	64
12	85	12	66	42	35	14	87	46	25	85	94	16	94	32	02	10	30	76	77
13	33	24	47	56	98	42	15	18	38	73	61	43	51	35	20	10	84	71	93
14	28	00	46	75	15	84	66	13	02	94	75	84	68	52	15	35	61	43	81
15	01	25	59	84	51	62	30	75	86	42	13	30	29	24	26	84	86	51	36
16	31	64	97	82	71	93	84	86	62	31	42	75	01	50	94	76	21	64	35
17	44	57	68	35	24	25	84	66	94	52	63	47	10	22	14	75	84	65	32
18	57	64	25	14	62	68	14	15	35	48	74	06	44	34	15	75	84	68	25
19	49	68	79	82	61	32	04	56	32	33	10	46	34	67	38	29	21	45	22
20	98	42	16	35	48	12	30	11	42	66	27	78	34	61	29	37	02	61	43

（三）简单随机抽样的优点和不足

简单随机抽样的优点：方法简单，易于理解，直接从抽样框中抽取样本，抽取概率相同，计算抽样误差及总体指标比较方便。

简单随机抽样的不足之处：

（1）在总体包含的个体数目很大的情况下使用，编号工作繁重；

（2）当总体单位差异程度较大时，必须使样本容量充分大才能保证样本推断总体的可靠程度和准确程度；

（3）所抽取的样本在总体中的分布或过于集中，或过于分散，很不均匀，这就会给实际调查带来困难，在实践应用中有不便之处；

（4）某些事物无法适用该方法，如对连续不断产生的大量产品进行的质量检验。

二、系统抽样

（一）概念

系统抽样又称等距随机抽样或机械随机抽样。它是先将总体中各单位按某一标志顺序排列，编上序号，然后用总体单位数除以样本单位数求得抽样间隔，并在第一个抽样间隔内随机抽取一个单位作为组成样本的单位，最后按计算的抽样间隔做等距抽样，直到抽满n个单位。

N——总体单位数量，n——抽取的样本数量，抽样间隔 =N/n

【例3-3】例3-1的从10 000户居民中抽取200户居民的抽样调查，采用系统抽样方法，具体做法是：

把10 000户居民按一定标志排列，其标志可以采用与调查内容有关的标志（与需求量有关的标志有收入水平、家庭人口数等），也可以采用与调查内容无关的标志（如居住地址等），并编上1—10 000序号。

N=10 000，n=200，则抽样间隔为50。

即间隔50户抽取一户，同时在第一个间隔即1 ~ 50中随机抽一个单位，假设抽中第38号单位，就从38开始，每隔50户抽取1户，即38　88　138　188…… 9 988，共抽取200户组成样本。

（二）注意点

系统抽样，能使样本在总体中的分布比较均匀，从而抽样误差减小，且把总体和样本综合起来或统一起来分析，可以使组建抽样框和抽样同时完成。

但在应用此方法时要特别注意抽样间隔与现象本身规律之间的关系。如果总体单位出现的顺序节奏与选取样本的间隔重合，就可能产生抽样的系统误差，即抽取一个偏态的样本。

如：对城乡集市贸易商品成交量或成交价格有时间间隔地进行调查，抽样的时间间隔不能用7或30这种与周、月周期一致的数。系统抽样最适用于同质性较高的总体，而对于类别比较明显的总体，则应采用类型随机抽样法。

三、分层随机抽样

（一）概念

分层随机抽样，又称类型随机抽样或分类抽样。它是先将总体按一定标志分成多层，然后，根据各层单位数占总体单位数比重，确定从各层中抽取样本单位的数量，最后，按简单随机抽样或系统抽样从各类型中抽取样本的各单位，最终组成调查总体的样本。

（二）分类

分层随机抽样可分为等比例分层抽样和非等比例分层抽样（也称为分层最佳抽样法）两类。

1. 等比例分层抽样

等比例分层抽样要求各层样本单位数的分配比例与总体单位数在各层的分配比例一致。在随机抽样的实际工作中，我们通常采用等比例分层抽样法，因为它比非等比例分层抽样简单，不必考虑各层的标准差。

计算公式如下：

$$n_i = \frac{N_i}{N} n$$

公式中：

n_i ——第 i 层应抽取的样本数；

N_i ——第 i 层总体样本数；

N ——调查总体的样本数；

n——设定的样本数。

【例 3–4】某小城镇所管辖的 40 000 户居民，按家庭收入高低进行分类，其中高收入居民为 8 000 户，占总体的 20%；中等收入家庭为 24 000 户，占总体的 60%；低收入家庭为 8 000 户，占总体的 20%。要从中抽取 400 户对居民的购买力进行调查，试用等比例分层抽样方法确定各层的样本。

对总体分层和样本的组成单位在各层中分布见表 3–2。

家庭收入高的样本数为：$400 \times 20\% = 80$

家庭收入中等的样本数为：$400 \times 60\% =240$

家庭收入低的样本数为：$400 \times 20\% = 80$

表 3–2 等比例分层抽样计算表

按家庭收入分层	各层居民户数（户）N_i	各层居民户比重（%）	各层样本单位数（户）n_i
高	8 000	20	80
中	24 000	60	240
低	8 000	20	80
合 计	40 000	100	400

2. 非等比例分层抽样

非等比例分层抽样又称为分层最佳抽样。当各层单位数相差悬殊，应采用非等比例抽样。它不是按照各层中单位数占总体的比例分配样本单位，而是根据各层的变异数大小抽取样本。有的可多抽些样本，有的可少抽些样本。

计算公式为：

$$n_i = \frac{N_i S_i}{\sum N_i S_i} n$$

式中：S_i——第 i 层的样本标准差。

① 标准差是指样本数据的差异程度。标准差越大，样本数据间的差距越大；标准差越小，样本数据间的差距越小。其计算公式为：

$$S = \sqrt{\frac{1}{n}\sum_{i=1}^{n}(x_i - \bar{x})^2}$$

② 上述标准差的公式计算比较复杂，可以简化为用极差 R 代替的方法，求出各层中最大数和最小数之间的差异，即极差值来代替 S。求极差值公式为：

$$R = X_{\max} - X_{\min}$$

【例 3–5】某小城镇所管辖的 40 000 户居民，按家庭收入高低进行分类，其中高收入居民为 8 000 户，占总体的 20%；中等收入家庭为 24 000 户，占总体的 60%；低收入家庭为 8 000 户，占总体的 20%。假设收入高、中、低三层的标准差分别为 300、200、100，要从中抽取 400 户对居民的购买力进行调查，试用非等比例分层抽样方法确定各层的样本。

为了便于计算，列表计算如表 3–3 所示。

表 3–3 非等比例分层抽样计算表

按家庭收入分类	各层居民户数（户）N_i	各层样本标准差（S_i）	乘积 N_iS_i
高	8 000	300	2 400 000
中	24 000	200	4 800 000
低	8 000	100	800 000
合 计	40 000		8 000 000

高收入样本单位数目为：400 × 2 400 000/8 000 000=120（户）

中收入样本单位数目为：400 × 4 800 000/8 000 000=240（户）

低收入样本单位数目为：400 × 800 000/8 000 000=40（户）

通过上述可见，用非等比例抽样法与等比例抽样法，在各层抽取的样本数是不同的，尤其是高收入与低收入样本标准相差较大。用非等比例抽样法，高收入层抽取的样本数目增加了 40 户，低收入层减少了 40 户，中收入层样本数目不变。由于购买力与家庭收入是关联的，因此要增加高收入层的样本数，相应减少低收入层的样本数。这样所抽选的样本更具有代表性。

（三）注意点

分层随机抽样较之简单随机抽样和系统抽样更精确，当研究者选择的分层标志与其他总值特征标志有较强的相关性时，采用分层抽样的优点就更明显。

如果某个总体是由若干个有着自然界限和区分的类别、层次所组成，同时，不同层次相互之间差很大，而每个层次内部的差异不大，这种情况适合于分层抽样的方法。

分层随机抽样的局限性体现在，分层抽样严格要求抽样之前必须具有完整的抽样框，这使分层抽样的应用范围受到很大限制。

四、整群随机抽样

（一）概念

整群随机抽样是将总体按一定标准划分成同质的群，以群为单位按随机的原则从总体中抽取若干群，作为总体的样本，并对被抽中各群中的每一个单位都进行实际调查。其特点是：群内个体异质；不同群之间分布较同质。

例如，调查某个大学毕业班学生英语四级的平均分，可随机抽取毕业班的 10 个班，对抽中的每个班的所有学生英语分数进行检查，再汇总。

（二）应用

整群随机抽样在具体应用时可以分为三个步骤：

第一步，同质总体被分为相互独立的较小群；

第二步，随机抽取一些群构成样本；

第三步，对每一个被抽中群中的所有个体全部检查。

通常，生产企业或销售企业对商品质量进行抽样调查时，采用整群随机抽样的方法。如：生产企业把产品按生产时间分成群，从中抽取一定时间的产品进行质量检验。对生产周期较短的产品，从每周 48 小时内产出的产品中，抽取 2 小时中生产的产品进行检验，从每月 30 天内产出的产品中抽 3 天中生产的产品进行检验；对生产周期较长的产品，可以从每年 12 个月内产出的产品中抽取一个月中生产的产品进行检验。此外，还可按产品的包装单位分群，如抽取若干箱饮料，对所包括的每瓶饮料进行检验；抽取若干打袜子，对所包括的每双袜子进行检验。

（三）整群随机抽样适用范围

当某个总体是由若干个有着自然界限和区分的子群所组成，同时，不同子群之间差别不大而每个子群内部的异质性比较大时，则特别适合于采用整群随机抽样的方法。整群随机抽样能使样本单位比较集中，方便调查工作的开展。

例如，在拥有几万以至几十万户的城市中以户为单位进行调查，就需要将几万以至于几十万户排列出名单，这显然是非常难做到的。若应用整群随机抽样，以城市中的居委会为群，抽取若干个居委会为样本，对作为样本的居委会所管辖的居民户全部进行调查，这显然比以户为单位抽取样本方便得多，同时由于各居委会所管辖的居民一般并无本质差异，而一个居委会内部的居民户在各方面会有明显差异，因此，采用整群随机抽样方法抽取的样本对总体的代表性不会降低。

（四）整群随机抽样与分层随机抽样的关系

相似之处在于，它们都是首先根据某种标准把总体划分为若干部分（若干群）。

二者的区别如下：

（1）分层随机抽样必须在总体的每一层中，按照比例抽取一定数量的样本单位；而整群随机抽样则是将总体中被抽取的群中的全部单位作为样本单位。

（2）二者在对总体进行划分时，所依据的原则也是不同的。分层随机抽样要求被划分开的总体各层之间具有明显差异，而各层内部的差异要尽可能小；整群随机抽样则要求被划分开的总体各群之间尽可能无差异，群内部各单位允许存在明显差异。

五、多阶段随机抽样

（一）概念

多阶段随机抽样，是把从市场调查总体中抽取样本的过程分成两个或两个以上的阶段进行随机抽样的方法。在复杂的大规模市场调查中，总体层次比较多或层次内单位数目比较多时，就可以采用多阶段随机抽样，以求更加经济实用。

多阶段随机抽样的特点：

（1）对抽样单位的抽选不是一步到位的；

（2）组织调查比较方便。

（二）多阶段随机抽样的具体步骤

首先，我们将调查总体按一定标志分成若干集体，作为抽样的第一级单位，然后将第一级单位再分成若干小集体，作为抽样的第二级单位，依此类推，可按研究问题的需要和现象本身的特点，分出第三级单位、第四级单位等。

其次，依照随机原则，我们先在第一级单位中抽出若干单位作为第一级单位样本，然后在第一级被抽中的单位中再抽出第二级单位样本，依此类推，还可抽出第三级单位样本，第四级单位样本。由此形成两阶段随机抽样、三阶段随机抽样或四阶段随机抽样等。

（三）适用范围

在市场调查工作中，多阶段随机抽样的方法对城乡市场都是适用的。对于城市市场，多阶段随机抽样可分为省、市、自治区、区、街道、居委会等阶段来进行。在各阶段具体抽取样本时，可采取简单随机抽样，也可采用系统抽样或分层随机抽样等方法。对于乡村市场，可分为县、乡、村委会等阶段来进行随机抽样。

阅读参考 3–2

通过抽样框实验来获得可靠的医疗数据

几十年来，世界卫生组织的医疗专家都想尽办法将主要疾病在不同人群中的发病率和决定因素用列表显示出来。他们依赖对抽样框的调研来收集数据，但是这些数据本身的可靠性会受到回复率和抽样框本身质量的影响。2005 年，研究者们采用了一种新的研究方法，他们在一项同欧洲 20 多个国家的 37 个健康中心合作进行、由 64 426 人参加的调研中，试验性地运用了 3 个不同的抽样框。他们的项目名称叫 WHO MONICA 风险因素调研（MONICA 代表“monitoring trends and determinants in cardiovascular disease”，即心血管疾病的发展趋势和决定因素的测量）。

与目标的总体（初始的联合总体规模是 72 789 人）的联系主要是通过邮件进行的（81%），剩下的是通过电话联系的（19%）。受访者年龄从 35 岁到 64 岁，是从每个国家的随机样本组（每 10 岁为一个年龄组，每组由 200 个男性和 200 个女性组成）中选出来的。为了同抽样框更新的协议相匹配，研究者制定了 3 个抽样框：①人口登记册（Population Registers，PR）；②选民登记册（Electoral Registers，ER）；③医疗登记册（Health Registers，HR）。这 3 种抽样框中，选民登记册是最不常进行更新的，因此就可以提供潜在的合格受访者的总量差额。医疗登记册是不完整的，因为它们只登记了享受医疗保障的人。

人口登记抽样框是使用得最广泛的，项目涉及的 37 家医疗中心有 21 家（57%）使用了这种抽样框，接下来就是选民登记册，达到了 30%。通过比较这些抽样框对平均值或中位数的联系率的影响，研究者发现，人口登记抽样框比另外两种“更好地发挥了功效”，是最好的。

同其他两种方式的低接触率和回复率相比，人口登记抽样框在吸引年轻的目标人群的回应，甚至是所有年龄段人的回应上效果显著。事实上，人口登记册得出的平均结果在 3 种抽样框中是最好的：① PR 联系率达到 92%，HR 的为 87%，ER 的为 85%；② PR 有 76% 的登记率，ER 的为 71%，HR 的为 68%；③ PR 样本回复率为 69%，ER 的为 61%，HR 的为 60%。研究者总结说，比起其他两种框架，人口登记抽样框获得了更好的平均值质量分数，并且显示了更小的产生年龄偏见的可能。

资料来源：小卡尔·麦克丹尼尔、罗杰盖茨：《当代市场调研》，李桂花，等译，清华大学出版社，2016。

六、样本容量的确定

随机抽样时必须确定必要的样本数。样本数过多，浪费人力、物力、钱财和时间；样本数过少，则会影响调查结果的精确度，造成较大的误差，所以要确定必要的样本数目。

必要的样本数目是在事先给定的误差范围内所确定的能够反映总体特征的样本单位数。影响样本数目多少的因素主要有以下三方面。

第一，总体各单位之间标志值的变异程度。变异程度越大，需要抽取的样本数目越多；反之，需要抽取的样本数目越少。

第二，调查所允许的抽样误差的大小。允许误差就是最大可能误差又称极限误差，是指抽样误差的范围。允许误差用符号Δ表示，其计算公式为：$\Delta = t\mu$，公式中t表示概率度，是指扩大或缩小抽样误差范围的倍数，μ表示抽样误差。允许误差大，抽样数目可以少一些；允许误差小，抽样数目可以多一些。允许误差的大小要根据调查的目的和条件来确定，一般来说，调查准确度要求高，人力、物力都很强，费用充足，则允许误差要取小一些；反之，可以取大一些。

第三，不同的抽样方法也会影响抽样数目的多少。一般来说，随机抽样比非随机抽样样本数目少一些，不重复抽样比重复抽样样本数目少一些。

抽取样本数目的计算公式有以下 4 个。

1. 平均数指标重复抽样数目的计算公式

$$n = \frac{t^2\sigma^2}{\Delta_{\bar{x}}^{\ 2}}$$

式中：n——样本单位数

t^2——概率度平方

σ^2——总体方差

$\Delta_{\bar{x}}^{\ 2}$——平均数允许误差平方

显然，从这个公式中我们可以看出，样本单位数与总体方差和概率度平方（t^2）呈正方向变化，即总体方差越大，抽样调查的置信度（见阅读参考 3–3）要求越高，样本单位数就越大；样木单位数与调查的误差范围要求呈反方向变化，即误差范围要求越小，样本单位数就越大。

【例 3–6】某地区居民户数为 10 000 户，其年消费水平总体标准差为 200 元。若采取抽样调查了解其年平均消费水平，并要求以（95%）的置信度推断总体，其样本指标与总体指标之间的允许误差范围是 15 元（即置信区间为 15 元），则样本单位数按公式计算为：

$$n=\left(\frac{t\sigma}{\Delta_{\bar{x}}}\right)^2=\left(\frac{1.96\times 200}{15}\right)^2=683\ （户）$$

即根据该调查的置信度和置信区间要求，根据该总体的标准差，必须抽 683 户进行抽样调查，才能满足研究问题的需要。

2. 平均数指标不重复抽样数目的计算公式

$$n = \frac{t^2\sigma_2 N}{N\Delta_{\bar{x}}^{\ 2} + t^2\sigma^2}$$

式中：N——总体单位数

3. 成数指标重复抽样数目的计算公式

$$n=\frac{t^2p(1-p)}{\Delta_p{}^2}$$

4. 成数指标不重复抽样数目的计算公式

$$n=\frac{t^2Np(1-p)}{N\Delta_p{}^2+t^2p(1-p)}$$

式中：t——概率度

p——成数

Δ_p——成数允许误差

n——抽样数目

t 值小，允许误差范围小，把握程度就越大；反之，则允许误差范围大，把握程度小。

第三节　非随机抽样技术及其应用

非随机抽样技术是指抽样时不遵循随机原则，而是按照调查人员主观判断或仅按方便的原则抽选样本的技术。主要有：任意抽样、判断抽样、配额抽样、固定样本连续调查。

一、任意抽样

任意抽样技术，也称偶遇抽样或方便抽样，是完全根据调查人员调查方便性而来确定调查样本的一种方法。

如中央电视台、中国消协和国家技术监督局组织“质量万里行”活动，派人到各地了解市场商品质量，打击假冒伪劣商品。调查人员就是在街头、在市场上向消费者做市场调查的，这种街头拦截式的抽样调查就属于任意抽样调查法。

任意抽样技术的基本假设：被调查的总体中任一个样本都是同质的，随意选择任一样本进行调查，结果都是一样的。然而，实际中并非每一个样本都是同质的，所以，现实市场很难符合这种假设，这是造成任意抽样调查偏差大，结果可信度低，资料价值也低的根本原因。

任意抽样技术的优点是简便易行，能及时取得所需的信息资料，省时、省力，节约经费。其缺点是抽样偏差较大，一般用于非正式的探索性研究。

二、判断抽样

判断抽样法是指由调查人员根据主观经验判断而选择调查样本的一种非随机抽样方法。判断抽样法适用于样本数目不多、各个体构成不同的场合，适用于调查者对调查总体的有关特性比较了解的场合。

判断抽样法具有抽样简便易行、调查回收率高的优点。但这种抽样的代表性完全取决于调查人员对调查总体的熟悉程度、调查人员的工作经验及判断能力。

这种抽样方法注重对抽样偏差的控制，比任意抽样有较高的调查精度，适用于调查总体中各调查单位差异较小，调查单位比较少，选择的样本有较大代表性的情况。

选取样本单位有以下两种方法。

（1）由专家判断选择样本，选择最能代表普遍情况的调查对象，常以“平均型”或“多数型”为标准。

（2）利用调查总体的全面统计资料，按照一定标准，主观选取样本。常用的判断抽样法有典型抽样调查法与重点抽样调查法两种。例如，要调查企业管理水平，调查人员可按个人经验选取若干个管理水平高、一般与较差的三类典型企业作为调查样本进行调查，这种即为典型抽样调查法。而重点抽样调查法是以行业、部门中大型企业为调查对象进行的抽样调查。例如，要调查今年第一季度钢材生产状况，只要重点调查宝钢、首钢、鞍钢、武钢等有限几家大型钢铁公司即可。

三、配额抽样（定额抽样、计划抽样）

（一）概念

配额抽样法是调查人员依据一定标志对总体分层或分类后，从各层或类别中主观地选取一定比例的调查对象的方法。所谓“配额”是指对划分出的总体各类型都分配给定的数量而组成的调查样本。

配额抽样法的基本假设是，分层后调查对象的特征具有同质性。由于调查对象差异不明显，故不必按随机原则抽样，而采用判断抽样。如：同一年龄段、同一收入水平的消费者，他们对市场需求的反应大致相同。因此，他们的消费行为、偏好、习惯、态度与反应都基本一致。采用配额抽样法抽取的样本能反映调查总体的特征。

配额抽样法与分层随机抽样法的区别在于：分层抽样采用随机抽样，而配额抽样则按判断抽样。

配额抽样与判断抽样也有区别。第一，抽取样本的方式不同。配额抽样是分别从总体的各控制特征的层次中抽取若干个样本，而判断抽样是从总体的某一层次中抽取若干个符合条件的典型样本。第二，抽样要求不同。配额抽样注重“量”的分配，而判断抽样注重“质”的分配。第三，抽样方法不同。配额抽样方法复杂精密，判断抽样的方法简单易行。

配额抽样法的优点：方法简便易行，节省时间与费用，经配额后样本在各层分布较合理。只要抽样设计完善，调查员能力强，调查结果的可靠性在非随机抽样中是最好的。一般较小规模的市场调查中大多采取配额抽样方式。

配额抽样法的缺点也是由非随机带来的，容易出现判断上的主观性，由此产生的偏差也无法估计与控制。

（二）分类

为了确保配额抽样的顺利进行，需要事先设计好控制配额抽样表。按确定控制配额抽样表的特征，配额抽样分为独立控制配额抽样和交叉控制配额抽样两大类。

1. 独立控制配额抽样

独立控制配额抽样是根据调查总体的不同特征，对具有某个特征的调查样本分别规定单独分配数额，而不规定必须同时具有两种或两种以上特性的样本数额。

【例 3–7】用独立控制配额抽样法调查某品牌服装的市场需求状况。计划抽取 400 人，按收入、年龄、性别特征分层，如表 3–4 所示。

表 3–4 独立控制配额抽样表

收入水平	人数	年龄段	人数	性别	人数
高收入	80	18—34 岁	80	男	200
中收入	120	35—44 岁	120	女	200
低收入	200	45—60 岁	140		
		60 岁以上	60		
Σ	400	Σ	400	Σ	400

若按收入水平配额，从高、中、低收入人群中抽取人数分别为 80 人、120 人、200 人，对 80 人高收入层，不做年龄段或性别方面的任何规定；同理，在 200 人男性中，收入水平、年龄段也不做具体规定；由此类推……完全由调查人员根据主观判断选取样本，不考虑各控制特性之间的彼此约定，这是独立控制配额抽样的特点。

2. 交叉控制配额抽样

交叉控制配额抽样，又称相互控制配额抽样。它同时对具有两种或两种以上控制特征的每一个样本数目做出具体的规定，也就是对调查对象的各个特征的样本数额交叉进行分配。交叉控制配额抽样法是非随机抽样中应用最广泛、最流行的一种调查方法。

交叉控制配额抽样法的工作程序一般分为四个步骤。

第一步，选择对总体进行分类的标准，即“控制特征”。调查人员可事先根据调查目的和客观情况，确定调查对象的控制特征，并以此作为总体分类的划分标准。控制特征如年龄、性别、收入、文化程度等。

第二步，按控制特征将总体分为若干个群体。

第三步，将总的样本数在各个群体中分配，确定各群体中的样本数。

第四步，按“配额”在各个群体中选定样本。

交叉控制配额抽样法在各个类型的调查对象之间规定了互相的牵制关系，避免了独立控制配额抽样的不足。

【例 3–8】试用交叉控制配额抽样法设定某品牌服装的样本配额。假设抽样数 400 人，其中高、中、低收入的比例为 2 ∶ 3 ∶ 5；四个年龄段的比例为 4 ∶ 6 ∶ 7 ∶ 3；男、女性别的比例为 1 ∶ 1。用交叉控制配额抽样的结果如表 3–5 所示。

表 3-5 交叉控制配额抽样表

	高		中		低		合计
	男	女	男	女	男	女	
18—34 岁	8	8	12	12	20	20	80
35—44 岁	12	12	18	18	30	30	120
45—60 岁	14	14	21	21	35	35	140
60 岁以上	6	6	9	9	15	15	60
小计	40	40	60	60	100	100	400
合计	80		120		200		

依据上述交叉控制配额抽样表，市场调查人员可以在调查过程中按要求抽取样本。

四、固定样本连续调查法

（一）概念

固定样本连续调查法是指把选定的样本单位固定下来，长期进行调查。例如，家计调查、住户调查和用户调查。

这种调查方法的调查对象稳定，可以及时、全面地取得各种可靠的资料，具有费用低、效果好的优点，所以在市场调查中也是普遍采用的一种较好的调查方法。

固定样本连续调查法最大的缺点是，调查户登记、记账的工作量较大，长年累月地记账，负担较重，难以长期坚持。

为了保证样本的代表性和资料的连续性，又能减轻调查户的负担，可采用样本轮换的办法。在连续调查过程中，每隔一定时期（一般半年或一年）部分轮换调查户（轮换对象大约为 1/4）。这样，既可减少因样本的多变而增加的误差，又可保证资料质量的稳定性和减轻部分调查对象的工作负担。

（二）固定样本连续调查法的操作步骤

固定样本连续调查法的具体操作步骤有以下几步。

（1）按调查目的确定固定样本户。对样本户的选择可采用适合的抽样技术。

（2）对固定样本户进行必要的培训，提出要求，发给预先设计好的调查登记表。

（3）各样本户按要求每天将需要调查的内容一一记下。如家计调查的家庭样本户每天要记录收支细分类账；零售企业样本户每天要记录营业日记；其他各样本户按照要求记录产品的使用情况等。

（4）调查人员定期收集样本户的资料，并进行汇总、整理分析，得出有关结论。

（5）对固定样本户每隔一段时间进行指导，了解调查对象记录情况，发现问题及时纠正，保证资料的真实性。访问可以定期也可以不定期。

（6）定期召集样本户代表举行座谈会，听取意见，改进工作。

第四节 抽样误差的测定与控制

抽样调查的最终目的就是用样本指标推断总体指标，而推断的一个重要依据就是抽样误差。因此，抽样误差是抽样调查中的重要概念。在随机抽样中，怎样计算、使用和控制抽样误差是抽样调查的重要问题。

一、基本概念

在市场调查工作中所得出的统计数字与客观实际数量之间存在一定的差别，这一差别被统称为统计误差。造成统计误差的原因不同，可以分为登记误差和代表性误差。登记误差指的是在调查统计工作中，由于主观原因引起的登记、汇总或计算等方面的差错而造成的误差。代表性误差指的是样本指标数值与总体指标数值之间可能存在的误差。这个误差可以反映样本在多大程度上代表总体，所以称为代表性误差。

代表性误差又有两种不同的情况：一种是偏差，它是指在抽样过程中因违反随机原则或抽样方式不妥而产生的误差；另一种是随机误差，它是指在抽样过程中由于按照随机原则从总体中抽取部分单位作为样本具有随机性或偶然性，样本和总体在结构上不可能一致，由此计算的样本指标数值与总体指标数值之间存在的误差。

随机误差又分为两种，即实际误差和抽样平均误差。实际误差是指某一次抽样结果所得的样本指标数值与总体指标数值之间的差别，一般是无法获知的；同时，某一次抽样结果的误差仅是一系列抽样结果可能出现的误差数值之一，不能用来概括一系列抽样结果所产生的所有抽样误差。抽样平均误差是指一系列抽样结果的样本指标的标准差，也可以说是所有样本指标和总体指标的平均离差。在抽样理论和实践中，我们通常说的抽样误差指的就是抽样平均误差。

（一）抽样误差概念

抽样误差是指由于抽样的随机性而产生的样本指标与总体指标之间的平均误差。

（二）影响抽样误差的因素

为了计算和控制抽样误差，需要分析影响抽样误差的因素。影响抽样误差的因素主要有以下几个方面。

1. 全及总体标志变异程度

在其他条件不变的情况下，全及总体标志变异程度越大，抽样误差越大；反之，全及总体标志变异程度越小，抽样误差越小。

2. 样本容量

在其他条件不变的情况下，样本容量越大，抽样误差越小；反之，样本容量越小，抽样误差越大。因为样本容量越大就越能反映总体、接近总体，误差就越小；反之，误差就越大。当样本容量与总体单位数相等时，就不存在抽样误差了。

3. 抽样组织方式

不同的抽样组织方式，如简单随机抽样、分层随机抽样、多阶段随机抽样等一般是不同的。因为不同的抽样方式抽出的样本对于总体的代表性强弱程度不同，因而抽样误差也就不一样。一般来说，简单随机抽样的抽样误差最大，分层随机抽样、多阶段随机抽样的抽样误差就要明显小一些。在统计实践中，为了有效降低抽样误差，提高抽样推断的可靠性，一方面应该根据总体的性质和特点，选择不同抽样方式进行抽样；另一方面还应努力寻求多种抽样方式相结合的复合型抽样组织方式。

4. 抽样方法

无论是随机抽样还是非随机抽样，都有重复抽样和不重复抽样两种方法。在其他条件相同时，不重复抽样的抽样误差一般小于重复抽样的误差。这是因为不重复抽样避免了从总体单位中的重复选择，因而更能反映总体结构，故抽样误差会较小些。

（三）降低调查误差的途径

误差的大小直接影响调查的质量和成败。如果调查误差太大，出现严重的系统性误差，就会导致调查的失败。因此，市场调查应该重视调查误差的控制。但是，市场调查误差的来源是多方面的。最初在市场调查方案设计过程中，调查人员应注意使总误差最小，而不只是注意某种误差。所以，对调查误差的控制必须是全方位的、全程控制的，目的在于防止出现抽样的系统误差，降低各种非随机抽样型误差，使调查总误差尽可能地降低到最小限度。

一些研究表明，非随机抽样误差比随机抽样误差更严重，在总误差中非随机抽样误差占了主要部分，随机抽样误差相对来说误差是较小的。随机抽样误差是可以计算的，而许多形式的非随机抽样误差根本无法估计。因此，市场调查误差控制既要重视随机抽样误差和非随机抽样误差的误差，又要重视事前控制、事中控制和事后控制。主要控制途径有以下几种方式。

（1）提高样本的代表性。

（2）注重样本量的控制。

（3）提高抽样设计的效率。

（4）重视抽样方案的审评。

（5）努力降低调查员的误差。

（6）努力降低被调查者的误差。

（7）注意调查误差的事后控制。

二、抽样误差的测定

抽样误差指抽样估计值与被估计的总体未知参数之差。它是指由于抽样的随机性而产生的误差。

（一）抽样平均误差

抽样平均误差是抽样平均数（或抽样成数）的标准差，它反映抽样平均数（或抽样成数）与总体平均数（或总体成数）的平均差异程度。作为反映抽样误差一般水平的指标，抽样平均误差的实质含义是指抽样平均数（或成数）的标准差。抽样平均误差被用作衡量样本指标对总体指标代表性强弱的尺度。

（二）抽样极限误差

在抽样估计时，要根据研究对象的差异程度和分析任务的需要来确定可允许的误差范围，这种允许的误差范围被称为抽样极限误差，即用绝对值形式表示的样本指标与总体指标偏差的可允许的最大范围。它小于或等于样本指标与总体指标之差的绝对值。

$$\bar{x}-\Delta_{\bar{x}} \leqslant \bar{X} \leqslant \bar{x}+\Delta_{\bar{x}}$$

$$p-\Delta_{p} \leqslant P \leqslant p+\Delta_{p}$$

抽样极限误差可以用抽样平均误差 μ_x 或 μ_p 为标准单位来衡量。用极限误差除以抽样平均误差，得出相对的误差程度 t 倍，t 被称为抽样误差的概率度。

$$\Delta_{\bar{x}}=t\mu_{\bar{x}}；\ \Delta_{p}=t\mu_{p}$$

（三）平均数抽样的平均误差的计算

抽样误差是无法避免的，但是可以通过计算得知误差大小。下面给出在不同抽样条件下的抽样误差计算公式。

（1）在重复抽样的情况下，这时的样本变量 x_1，x_2，…，x_n 是相互独立的，样本变量 x 与总体变量 X 同分布。可以推导出抽样平均误差的计算公式为：

$$\mu_{\bar{x}}=\sqrt{\frac{\sigma^2}{n}}$$

公式中$\mu_{\bar{x}}$为抽样平均误差，σ^2为总体方差，n 为样本单位数。

总体方差σ^2一般要进行换算求得，$\sigma^2=\frac{\sum(x-\bar{x})^2}{n}$，或者以样本标准差代替。

（2）在不重复抽样的条件下，样本变量 x_1，x_2，…，x_n 不是相互独立的，经过推导，得：

$$\mu_{\bar{x}}=\sqrt{\frac{\sigma^2}{n}\cdot\frac{N-n}{N-1}}$$

在总体单位数 N 很大的情况下，$\mu_{\bar{x}}$可以近似地用下式计算：

$$\mu_{\bar{x}}=\sqrt{\frac{\sigma^2}{n}(1-\frac{n}{N})}$$

（四）成数抽样的平均误差

（1）在重复抽样的情况下，成数抽样误差计算公式为：

$$\mu_p=\sqrt{\frac{P(1-P)}{n}}$$

其中 μ_p 为成数抽样误差，p 为抽样成数，n 为样本单位数。

（2）在不重复抽样的情况下，成数抽样的平均误差：

$$\mu_p=\sqrt{\frac{P(1-\mathrm{P})}{n}\cdot\frac{N-n}{N-1}}$$

在总体单位数 N 很大的情况下，可近似用下式计算：

$$\mu_p=\sqrt{\frac{P(1-\mathrm{P})}{n}\cdot\left(1-\frac{n}{N}\right)}$$

抽样误差的大小，由于抽样方法的不同而有所差别。一般来说，重复抽样的误差大于不重复抽样的误差。从理论上对抽样误差进行介绍时，一般以简单随机抽样法为基础，用重复抽样误差公式为例，计算抽样平均误差。

总体的标准差越大，即总体各单位之间客观存在的差异越大，抽样误差也就越大。抽样的单位数越大，抽样误差就越小。因此，在实践中，为了有效地控制样本指标与总体指标之间的误差，更准确地推断总体指标，往往可以通过加大样本单位数（样本容量）的办法，或对总体分层抽样的办法，减小或控制抽样误差。

【例 3-9】假定在某城市某街道办事处所管辖的 10 000 户居民中，调查员用简单随机抽样方法抽取 200 户，对某种商品的月平均需求量和需求倾向进行调查。调查员对 200 户居民采用问卷法搜集资料。调查人员对资料整理、分析计算的结果表明，每户居民对该商品的月平均需求量为 500 克，标准差为 100 克。这表示一年内不选择其他替代商品，继续消费该商品的居民户占 90%。现对平均数抽样和成数抽样的抽样误差进行计算。

解：平均数抽样的抽样误差为：

$$\mu_x=\frac{\sigma}{\sqrt{n}}=\frac{100}{\sqrt{200}}=7.07$$

成数抽样的抽样误差为：

$$\mu_p=\sqrt{\frac{p(1-p)}{n}}=\sqrt{\frac{0.9\times0.1}{200}}=0.02$$

上面所计算出的抽样误差数字，说明了由于随机原因样本指标与总体指标之间的差异。

需要说明的是，在抽样误差计算公式中，要求用总体标准差和总体成数，但上面问题中只有样本标准差和样本成数。抽样调查的理论证明，在大样本情况（n ≥ 30）下，可以采用样本标准差代替总体标准差，用样本成数代替总体成数。

三、抽样估计方法

（一）点估计

点估计是直接以样本统计量的值作为待估计的总体参数的值，不考虑抽样误差，仅做近似的估计。

例如，某城镇有居民 20 万户，据 2016 年年底抽样调查，在 20 000 户样本中购买轿车家庭占 20%，以此作为该城镇居民家庭轿车在 1 月底的保有量，即：

$20\,000 \times 20\% = 4\,000$（辆）

（二）区间估计

区间估计是以一定可靠程度，根据抽样指标和抽样误差范围，对总体指标估计值落入的区间范围做出的估计。区间估计能够提供有科学根据的可信程度和精确程度，能根据样本指标和抽样误差推断总体指标值的可能范围。

1. 区间估计特点

研究员根据样本指标和抽样误差估计总体指标值的区间范围。总体参数区间估计是研究员根据给定的概率保证程度的要求，利用实际抽样资料，指出被估计值的上限和下限，即指出总体参数可能存在的区间范围。

总体参数区间估计必须同时具备估计值、抽样误差范围和概率保证程度三个要素。

以样本统计量（样本指标）为中心，以抽样平均误差为距离单位，可以构造一个区间，并可以一定概率保证待估计的总体参数（总体指标）落在这个区间之中。区间越大，则概率保证程度越高。

2. 区间估计计算公式

$X \pm \Delta\overline{x}$ 即，$\overline{X} \pm \mu_x$；$P \pm \Delta_p$，即，$p \pm t\mu_p$。

式中，$\overline{X}$ 为平均数抽样指标；P 为成数抽样指标。

$\overline{X} + \mu_x$ 为区间的上限，$\overline{X} - \mu_x$ 为区间的下限。上限与下限之间都是正确的区间值，求出样本区间值，乘以总体数就是总体的区间值。这种计算结果比点估计正确、可靠、灵活性强，同时又考虑到多种因素的影响，是比较科学的推断方法。

阅读参考 3-3

抽样估计的置信度

利用样本指标和所计算出的抽样误差，可以对相应的市场总体指标进行区间估计。抽样估计时总体参数落在某个区间的概率保证程度称为抽样估计的置信度。它表明抽样指标和总体指标的误差不超过一定范围的概率有多大。抽样估计的置信度和抽样极限误差有着密切的联系。当抽样极限误差范围增大时，抽样估计的置信度也随之有规律地增大，抽样估计的精确程度则随之有规律地降低，反之亦然。抽样估计的置信度和抽样误差的概率度 t 密切联系，并随 t 的增大而增大。置信度是 t 的函数，用 F（t）表示。

区间估计就是根据样本估计量以一定可靠程度推断总体参数所在的区间范围。区间估计有三项基本要素：估计值、抽样极限误差、参数估计的置信度。这三个要素之间的关系可以表示为：

$$P(|\overline{X} - \mu| \leqslant t\sigma) = F(t)$$

表 3-6　重要的概率度和置信度之间的对应表

概率度 t	置信度 F（t）	概率度 t	置信度 F（t）
1.28	0.80	1	0.6827
1.64	0.90	2	0.9545
1.96	0.95	3	0.9973
2.58	0.99		

四、抽样误差的控制

（一）选择正确的抽样方法

选择正确的抽样方法，有利于抽取的样本能真正代表样本的总体，减少误差。对抽样方法的选择，要根据调查目的和要求，以及调查所面临的主客观、内外部条件进行权衡选择。一般地，随机抽样的方法具有更广泛的适用性。

（二）正确确定样本数目

抽样误差与调查总体单位特征差异有关。总体单位差异越大，在同样样本数的条件下，误差越大；总体单位的差异越小，在同样的样本数的条件下，误差越小。换言之，在确保同样的差异误差的前提下，如果总体单位差异大，则需抽取的样本数应该大一些，反之亦然。而且，抽取的样本数大小又与调查的成本有关，样本数越大，费用越高，反之亦然。所以，确定样本数要综合考虑抽样误差的允许程度、总体单位的差异性和经济效益的要求等因素。

（三）加强组织领导

要切实加强对抽样调查工作的组织领导，提高抽样调查工作的质量。要以科学的态度对待抽样，特别是要由专门人才或经过严格培训的人员承担抽样调查工作。抽样工作要规范，严格按照所选用的抽样方法的要求进行操作，确保整个抽样工作科学合理。

本章小结

抽样调查是一种被广泛使用的调查方法，它运用科学的方法在总体中抽取有代表性的个体作为调查对象，是一种具有科学性的市场调查技术。抽样是指在抽样调查时采用一定的方法抽选具有代表性的样本，以及调查时各种抽样操作技巧和工作程序等的总称。

抽样调查分为随机抽样技术与非随机抽样技术两大类。随机抽样是总体中每一个个体都被给予平等的抽取机会的抽样技术。随机抽样一般分为简单随机抽样、系统抽样、分层随机抽样、整群随机抽样和多阶段随机抽样等 5 种。非随机抽样是总体中每一个个体不具有被平等抽取的机会，调查员根据一定主观标准来抽选样本的抽样技术。非随机抽样技术一般分为任意抽样、判断抽样、配额抽样、固定样本连续调查法 4 种类型。这些抽样技术各有使用范围、操作技术和应用特点。抽样数目的确定和点估计值与区间估计值的计算具有很重要的意义。

为了提高抽样调查的有效性，需要切实控制随机抽样误差和非随机抽样误差，为此，应该注意严格遵循抽样调查的程序，合理选用抽样方法和技术，正确确定样本数目，加强组织领导。

思考题

1. 何谓抽样调查技术？分为几类？各类有何特点？
2. 抽样调查应遵循什么程序？
3. 何谓简单随机抽样技术？如何运用？
4. 何谓系统抽样技术？如何运用？
5. 何谓分层随机抽样技术？如何运用？
6. 何谓整群随机抽样技术？如何运用？
7. 如何运用非随机抽样技术进行抽样？
8. 何谓固定样本连续调查法？如何运用？
9. 何谓抽样误差？影响抽样误差的因素有哪些？
10. 抽样估计方法有哪些？
11. 某公司调查空调器拥有状况。某市 120 万户家庭按收入分层，有高收入家庭 15 万户，中等收入家庭 80 万户，低收入家庭 25 万户，计划抽取样本 10 000 户。若采用等比例分层抽样法，应从各层中抽取多少样本？

案例分析

墨西哥饭店的市场抽样调查

Juan Carlos 墨西哥饭店（JC）的老板 Juan CarLos Garcia，遇到了同其他许多小企业主一样的问题。他想在一个中小型社区成功地经营一家墨西哥饭店，直到 6 个月前这种理想一直是在很成功地实现着。但从那时起，他注意到平均每周顾客数量开始小幅下降，相应的利润也受到了波及。他很重视这件事，曾花费大量时间在高峰时间到饭店观察他的雇员对主顾需要的满足是否够好和有效。

Garcia 请当地大学教授 Gilmore 进行市场调研，以帮他解决利润下降的问题。Gilmore 教授承诺下个星期领着一组学生来开展这项调研工作。Garcia 向学生们讲了饭店的历史和这些时期的所有财务指标。学生们向 Garcia 问了很多有关当地饭店、行业趋势的问题，以及任何可能存在的周期性变化。大部分情况下，Garcia 都能向小组的提问传递信息。不过，有一件事他没有做，就是调查他的顾客以弄清楚他的饭店和菜肴对消费者有哪种吸引力。小组确定了下列目标用来指导针对饭店的调研。

1. 在空气、服务、位置、饭菜质量和数量以及饭菜价格方面确定 JC 墨西哥饭店最有吸引力的特色。

2. 评估顾客在空气、服务、位置、饭菜质量和数量以及饭菜价格方面满意度的重要性。

3. 确定在空气、服务、位置、饭菜质量和数量以及饭菜价格等方面顾客选择 JC 墨西哥饭店时考虑的因素。

4. 确定顾客对于将来在这里就餐的意识和最有可能的反应。

5. 根据地区和顾客人口统计量评估顾客在人口统计和地理方面的特征。

6. 推导结果的战略性含义。

小组在这些研究领域选择一种两步取样法。第一步涉及对一组饭店员工的取样，其信息在设计用于第二步的问卷时对小组有帮助，第二步应用问卷调查对一组随机挑选的饭店顾客进行调查。

这个样本包括了在两个不同的星期天的下午5点到7点随机挑选的顾客，总共收到了91份有效答卷。小组首先总体上对数据进行了分析，接着使用SPSS分析软件对结果进行了交叉制表处理以便分析与人口统计和个人品质相关的具体问题。使用概率、交叉表和百分率对数据进行了系统分析，确定了基于人口统计和个人品质差异的调查对象差异。基于收集的这些信息，小组制定了表3-7、表3-8和表3-9。

表 3-7　消费者对 Juan Carlos 墨西哥饭店的评价

评分	百分率（%）
第一	77
第二	8
第三	5
第四	4

表 3-8　对 Juan Carlos 墨西哥饭店进行改善的建议

改善	百分率（%）
停车场	34.5
油漆	17.2
空气	13.8
儿童食品	10.3
位置	6.9
墨西哥音乐	17.2

表 3-9　不同年龄段的满意度

年龄	很好	好	一般
小于20岁	5	2	1
21—30岁	22	7	1
31—40岁	10	2	2
41—50岁	14	5	2
51岁以上	14	2	2

案例来源：https://wenku.baidu.com/view/8836880ee87101f69e319579.html。

问题讨论

（1）调查小组确定的调查的总体对象是什么？调查小组是如何抽取样本的？

（2）根据案例说明市场调查的具体程序及抽样调查的特点。

Chapter 4

第四章　文案调查法

本章概要

文案调查法是利用企业内部和外部现有的各种数据资料，对调查问题进行分析研究的一种方法，是搜集第二手资料的主要方法。本章介绍了文案调查法的概念、作用、原则和优缺点；介绍了第二手资料的来源和第二手资料的搜集方式和方法。

学习目的

通过对本章的学习，要求了解文案调查法的特点、作用和原则；理解第二手资料的来源和资料搜集方法；掌握文案调查法的概念；学会运用文案调查法进行第二手数据资料的搜集。

基本概念

文案调查法　第二手资料　数据库　辛迪加信息服务

引导案例

根据第二手资料高飞

《金钱》（*Money*）杂志最近一篇文章公布的一项研究，揭示了消费者认为的航空公司最重要的特点。按照重要性顺序，这些特点依次是安全、价格、行李处理、按时起飞、乘客服务、订票和出票的便捷程度、舒适、常客优惠项目以及食品。《金钱》杂志根据这些特点评出了美国前 10 家航空公司。

如果美国某航空公司进行一项市场调查以确定自己应该改进哪些服务，那么这篇文章就是有用的第二手资料。然而，在使用该文章数据之前，航空公司必须根据几项标准对它们进行评价。

首先，用来搜集数据的方法和数据精确性必须经过检验。《金钱》杂志的这篇文章包括了研究方法的详细说明。《金钱》杂志使用了一个由 1 017 名经常乘飞机的旅客组成的样本来决定航空公司的重要特征，调查结果允许有 3% 的误差。该航空公司需要决定这 1 017 个样本个体是否具有代表性，3% 的误差是否可以接受。另外，还应该估计在数据搜集和分析过程中可能出现什么类型的回答误差和拒答误差。

数据的及时性和研究的目的对于该航空公司决定是否采用这篇文章作为第二手资料也很重要。这些数据是《金钱》杂志 1997 年 11 月公布的。这项研究的目的是根据选择的标准对航空公司进行级别鉴定，其结果提供给一家受欢迎的商业杂志。研究结果不会偏袒任何个别的航空公司，因为这家杂志在任何一家航空公司中都没有既得利益。

该航空公司还应该注意数据的性质和可靠性。例如，需要注意那九项选择标准是怎样定义的。至于可靠性，该航空公司还需要调查《金钱》杂志和 ICR 公司（《金钱》杂志聘请的调查公司）的声誉。

第一节　文案调查法概述

一、文案调查法的概念和特点

（一）文案调查法的概念

文案调查法又称为资料查阅寻找法、间接调查法、资料分析法、案头调查法或室内研究法，它是利用企业内部和外部现有的各种数据资料，对调查问题进行分析研究的一种方法。文案调查法的调查对象是各种历史和现实的数据资料，文案调查法是搜集第二手资料的主要方法。

在很多情况下，搜集的第二手资料失去了时效性，文案调查法无法达到调查目标，此时就需要进行实地调查，取得第一手资料和情报，使调查工作有效顺利地开展。所谓实地调查，就是指为了搜集第一手资料而开展的调查活动，是调查人员直接深入现场，进入一定情景中去，用自己的感官或借助观察仪器直接“接触”所研究的对象，调查正在发生、发展，且处于自然状态的社会事物和现象。实地调查搜集到的第一手资料真实、可靠、直观、具体、生动。

（二）文案调查法的特点

（1）文案调查是搜集已经加工过的数据资料，而不是对原始资料的搜集。

（2）文案调查以搜集文献信息为主，具体表现为各种文献资料。

（3）文案调查搜集的数据资料包括动态的和静态的两个方面内容，尤其偏重于搜集动态数据资料，搜集各种反映市场变化的历史与现实的数据资料。

二、文案调查法的作用

一般而言，文案调查法的作用具体表现在以下四个方面。

（1）文案调查可以发现问题并为市场调查提供重要参考依据。根据市场调查的实践经验，文案调查常常作为市场调查的首选方式。几乎所有的市场调查都可始于搜集现有的数据资料，只有当现有的数据资料不足以解决问题时，才进行实地调查。在市场调查的实践中，文案调查是作为一种独立的调查方法使用的。

（2）文案调查可为实地调查创造条件。如有必要进行实地调查，文案调查还可为实地调查提供大量的经验和背景材料，具体表现在：通过文案调查，可以初步了解调查对象的性质、特点、范围和内容等，并能提供实地调查无法取得或难以取得的市场环境等宏观材料；文案调查所搜集的资料还可用来考证各种调查假设，鉴别和估算实地调查结果的准确性和可靠性；利用文案调查并结合实地调查，可以推算所需掌握的数据资料；利用文案调查，可以帮助探讨社会经济现象发生的各种原因并进行说明。

（3）文案调查可用于有关部门和企业进行的经常性的市场调查。实地调查与文案调查相比，更费时、费力，组织起来也比较困难，因此不能或不宜经常使用；而文案调查如果经调查人员精心策划，尤其是在建立企业及外部资料市场调查体系的情况下，具有较强的机动性和灵活性，随时能根据企业经营管理的需要，搜集、整理和分析各种市场信息，定期为决策者提供有关的市场调查报告。

（4）文案调查不受时空限制。从时间上看，文案调查不仅可以帮助调查者掌握现实数据资料，还可使调查者获得实地调查所无法取得的历史数据资料。从空间上看，文案调查既能对企业内部的数据资料进行搜集，还可搜集大量的有关市场环境方面的数据资料。尤其是在做国际市场调查时，由于地域遥远、市场条件各异，采用实地调查，需要更多的时间和经费，加上语言障碍等因素，调查工作将面临许多困难，相比之下，文案调查就显得方便多了。

三、文案调查法的搜集原则

文案调查的特点和功能，决定了调查人员在进行数据资料搜集时，应遵循以下基本原则。

1. 广泛性原则

广泛性，即文案调查对现有数据资料的搜集必须周详，应通过各种信息渠道，利用各种机会，采取各种方式，大量搜集各方面有价值的数据资料。一般说来，既要有宏观资料，又要有微观资料；既要有历史资料，又要有现实资料；既要有综合资料，又要有典型资料。如果可能，对同种资料应从多种信息源取得，以便相互印证、核实。

2. 针对性原则

针对性，即要着重搜集与调查主题紧密相关的数据资料，善于对一般性的数据资料进行摘录、整理、传递和选择，以得到对企业生产经营有参考价值的信息。

3. 时效性原则

时效性，即要考虑所搜集的数据资料在时间上是否能保证调查的需要。现代社会中，知识更新的速度和市场活动的节奏在加快，有些数据资料适用的时间在缩短。文案调查搜集的大多是历史资料，调查人员在搜集过程中，要考虑所搜集的资料是否具有时效性，是否能准确反映市场变化的规律，要放弃过时的、与市场当前变化无关的资料内容。

4. 连续性原则

连续性，即要注意所搜集的数据资料在时间上是否连续。只有连续的数据资料才便于进行动态比较，也便于掌握事物发展变化的特点和规律。

四、文案调查法的优点和局限性

在市场调查实践中，文案调查法有许多优点，因而被广泛采用。当然，文案调查法也不可避免地存在不足。

（一）文案调查法的优点

1. 文案调查有助于明确或重新明确探索性调查中的研究主题和调查项目的总体设计

文案调查在探索性调查中起着比较重要的作用。在绝大多数情况下，探索性调查最终提供定性数据。通常，探索性调查使人们更加了解概念或问题，而不是准确的度量或量化的数据。探索性调查也不涉及严格的数学分析，它不关注数字，而是关注词语和观察。

探索性调查的目的在于清晰、准确地描述问题，明确探索性调查中的研究主题。

通过对第二手资料的阅读和分析，调查员能深刻理解调查项目的背景和特点，从而提出较为切合实际的调查方案，避免设计失误和时间与经费的浪费。

2. 可以切实提供一些解决问题的方法

市场调查人员所接到的调查问题，一般情况下，都可能已经有人调查研究过相类似的问题。可能有人已经搜集了所需的精确的数据资料，只不过可能不是针对当前的问题，但仍然具有参考作用。例如，某家生产电子元器件的企业准备在东北某地发展，需要寻找合作伙伴。那么，它可以利用该地方已有的工商企业名录或招商简介来寻找信息，而不需要到实地去搜集原始资料。通过对这些第二手资料的查阅，企业可以获得许多有用的信息，也有助于其解决不少与调查主题有关的问题。

3. 可以提供搜集原始数据资料的备选方法

原始数据资料的搜集都是针对当前问题的，因此，市场调查人员应该广泛搜集有关这一主题的信息，尽管相关信息的搜集者或提供者可能是针对其他问题或是运用了不同的搜集方法，但这些信息仍起着移植借鉴的作用，可以作为备用的方法或方案。

4. 提醒市场调查人员注意潜在的问题和困难

除了提供有针对性的调查方法外，通过文案调查法所获得的第二手资料还能揭示出潜在的困难，如搜集方法不受欢迎、样本选择有困难，或者被调查者有对立情绪等。

5. 提供必要的背景信息以使调查报告更具说服力

文案调查经常能为市场调查方案的设计提供大量的背景资料，它能够粗略地概括出潜在顾客和非顾客、产量和销量的数据、新产品所需的特别广告、购买者在描述该产品时所使用的语言方式以及新产品和已有产品的优缺点等。了解目标消费者使用语言的方式，有助于问卷设计者更好地设计调查问卷的用语，使被调查者更准确和全面地理解问卷。有时，背景资料还能直接符合调查的主题，从而不需在当前的调查中重复类似的问题。通常，问题越简短，回复率越高。有时，文案调查能提供对调查资料的进一步分析，或者是对当前的发现提供支持，从而丰富调查发现的内涵，同时，文案调查还可以作为以后调查方案修订完善的参照基础。

（二）文案调查法的局限性

1. 信息筛选工作量大

在信息时代，数据资料以几何级数递增，数据资料的数量已超过调查人员的处理能力，由于数据资料的内容参差不齐，企业不仅需要进行长期的数据资料搜集工作，而且数据资料的筛选工作要求高，工作量大，令企业难以承担。因此，采用文案调查时，一定要做好数据资料真实性和可用性的鉴定工作，信息筛选的目的是要保证获得真实、准确、全面、系统的数据资料。

2. 缺乏专业技术人员

企业往往缺乏合适的处理数据资料的技术人员，而文案调查法需要调查人员有丰富的专业知识、实践经验与技巧熟练的数据资料处理能力，否则必将影响调查工作的效率和效果。另外，如何利用互联网寻找载有相关信息的网站，进行网上数据资料的下载、分类存储、信息鉴别等，也需要有专业知识的技术人员。

3. 缺乏相关性和准确性

由于调查目的、信息的搜集者、信息搜集时间及方式不一样，许多信息不能直接为调查人员所用。因为原有调查主题、内容与现有调查主题、内容之间缺乏密切的相关性，所以，在数据资料的使用和取舍上要经过一定的加工处理。由于文案调查的市场信息来源渠道广泛、复杂，有些信息缺乏准确性，让人感到真假难辨，调查人员在搜集、整理、分析和提交数据资料的过程中，也可能会存在一些潜在的错误，因此，在使用文案调查前要评估数据资料的准确性，并有所取舍。

4. 时效性和可获得性较差

文案调查的资料搜集环节遇到的最大困难，是很难获得最新的数据资料，缺乏时效性较强的信息，价值较低，其准确程度和可利用性也就随之下降。另外，由于受各种客观条件限制，调查人员很难获得所需要的全部数据资料，会有信息资源可获得性较差的遗憾。

第二节　第二手资料来源

第二手资料是指按照一定的要求，对第一手资料（原始信息）进行加工处理后所形成的信息资料，也称为现有资料或加工信息。如企业内部报表分析、商情动态报告等。

要获得第二手资料，调查人员应围绕调查目的，搜集一切可以利用的现有资料。第二手资料的来源有企业内部资料和企业外部资料。

一、企业内部资料

内部资料存在于企业内部，是在企业的正常运行过程中被整理、搜集并使用的资料。内部资料对于分析、辨别存在的问题和机会，制定与评价相应的决策行动方案都是必不可少的。对于现代企业管理来说，建立信息管理系统，将企业的内部资料全部放入信息系统的数据库中，有利于企业对内部资料进行查、修、删、改等动态管理。

企业内部资料主要包括企业生产经营方面的资料和企业已经搜集到的市场环境方面的资料。

（一）企业生产经营方面的资料

企业生产经营方面的资料主要是指企业进行经济活动的各种记录，包括以下几种。

（1）业务资料。业务资料是反映企业生产经营业务的一些原始记录方面的数据资料，是企业开展生产经营业务，进行市场分析的重要资料，如订货单、进货单、发货单、购销合同、发票、销售记录、业务员访问报告等。

（2）统计资料。企业的统计资料是对企业各项经济活动的综合反映，是企业生产经营决策的重要依据，也是进行市场调查的重要的第二手资料，包括各类原始记录、统计台账、统计报表和统计分析资料等。

（3）财务资料。财务资料是由各财务部门提供的各种财务、会计核算和分析资料。财务资料是企业加强管理，研究市场，反映经济效益的重要依据，其包括生产成本、销售成本、各种商品价格及经营利润等。

（4）企业积累的其他资料，包括企业积累的各种调查报告、工作总结，整理的各种上级文件资料、政策法规、顾客意见和建议、档案卷宗、照片、录音、录像、剪报等资料，这些资料对企业进行市场调查也有一定的参考作用。

（二）市场环境方面的资料

市场环境方面的资料主要有以下几个方面。

（1）顾客方面，包括购买者行为特点、使用者行为特点、购买动机、购买量等方面的资料。这些都可以从企业的顾客分析报告或顾客档案中获得。

（2）市场容量方面，包括市场大小、增长速度、趋势等。

（3）竞争方面，包括同行业的直接竞争者和替代产品制造企业的产品结构、服务的市场、市场营销策略、企业的优势和劣势等。

（4）分销渠道方面，包括销售成本、运输成本、分销渠道上中间商的情况等。

（5）宏观环境方面，包括经济形势、政府政策、社会环境、行业技术及相关技术的发展、国际环境等。

阅读参考 4-1

如果你看见指针显示油箱已满，你是否会开车去加油？应该不会。然而，我们发现很多公司明明已经知道某个问题的答案却还在进行调研来收集有关这个问题的数据。

一家大型连锁酒店发现它成功地提供干净的浴室的概率为 99.6%。为了监督这一持续的成功，酒店用一个星期的时间调研了 10 000 人，1 000 人给予了反馈，其中有 4 人对浴室进行了投诉。酒店选择在浴室中放一个标签，并在房间的桌子上强调了顾客服务热线。顾客打电话的比例也会告诉酒店服务质量是否有所下降。

另一个情况是，一家银行正在调研它的自动柜员机正常工作时间的顾客满意度。然而，该银行已经有内部指标，自动柜员机正常运营时间已经精确到小数点后 4 位。

我们已经发现，有的部门经常按部就班地运营，没有意识到这个调研已经做过了或者数据已经被其他合作者收集过了。分享现有的调研和内容指标不仅可以快速得到可行性的数据并且可以免去进行调研需要的成本。

二、企业外部资料

外部资料是指存在于企业外部各种信息源（如书籍、报刊、政府文件、名录等）上的资料。直到在线数据库出现以前，进图书馆是获取第二手资料的唯一重要途径。但是现在，调查人员越来越多地借助于国际互联网，进入在线数据库来搜集第二手资料。

企业外部资料大致有如下来源。

（一）传统来源

（1）统计部门与各级各类政府主管部门公布的有关资料。

（2）各种经济信息中心、专业信息咨询机构、专业调查机构、各行业协会和联合会提供的市场信息。

（3）各地电台、电视台提供的有关市场信息。

（4）国内外有关书籍、报纸、杂志所提供的文献资料。

（5）有关生产和经营机构提供的信息和资料，如商品目录、广告说明书、专利资料及商品价目表等。

（6）各种国际组织、外国使馆、商会所提供的市场信息。

（7）各种国内外博览会、展览会、交易会、订货会等会议以及专业性、学术性经验交流会议上所发放的文件和资料。

（8）互联网提供的信息。

（9）图书馆存档的商情资料、技术发展资料等。

（二）计算机数据库信息

数据库是指用来满足特定信息需要的相关信息的集合。随着数字化信息技术的不断发展，多种介质的信息都能被计算机存储、编辑、整理和加工。几十年前，从一大堆印刷出版的书目、名录和索引中搜索信息是件很费时的事，但计算机技术和网络技术的发展提高了人们对公开出版的数据资料进行分类存储和检索的效率。计算机数据库的数量在急剧增加，现在有许多在线数据库可以供商业、科学、法律、教育等各个领域的调查人员和分析人员使用。

数据库根据其来源的不同可分为内部数据库和外部数据库，前者是企业自己建立的数据库，后者则是由企业以外的组织机构建立的并可以提供对外服务的数据库。数据库按其包含的数据的性质可以分为四类，即文献类数据库、数据类数据库、指南类数据库和全文类数据库。

要成功地运用内部数据库，必须首先建立好数据库处理系统。该系统包括在计算机中以图像和文字的形式存储资料、组织数据库资料以便应用、更新和修改，并且保证相关人员在营销决策中便利地从系统中取得信息。将硬件、软件与经验丰富的人员相结合，建立一个实用性强的第二手数据库是一项复杂的工作。数据库的使用者必须要接受用数据库管理软件进行数据存储和数据操作方面的培训，以提高数据库使用的技术水平。而数据库的管理者在使用这类软件时必须具备以下基本能力。

（1）信息输入：向数据库添加新内容。

（2）信息查询：查询特定的信息条，比如两年内不需使用的期望销售对象。

（3）信息分类：将按字母顺序排列的期望销售对象名单按邮政编码分类，以便分发给各地区的销售代表。

（4）信息提炼：调查者可能需要根据现有顾客的情况粗略估计一下新产品的销售潜力。

外部数据库主要由搜集信息的服务机构提供，这些机构将自己整理好的数据库制作成光盘、印刷品或者网络版本，然后向需要使用这些信息的用户提供有偿服务。数据库服务商向客户收费的方式有多种，如按条目、光盘、印刷品、网络密码、网上传输等方式收费。提供数据库的机构有可能是邮局（黄页名录和其他数据名录）、银行（银行卡名录，信贷用户名录等）、电信公司（手机用户数据库）、电话公司（居民和企业电话数据库）、报纸杂志社（订户数据库）、互联网运营商（如新浪的注册用户数据库）和专门搜集数据库信息的服务机构等。

与出版物提供的资料相比，计算机数据库有以下几个优点：（1）信息容量大，并能及时更新；（2）搜索简单，速度快；（3）费用相对较低；（4）方便；通过互联网，用户就能从计算数据库中很容易地得到所需的数据资料。

（三）辛迪加信息服务

辛迪加信息（Syndicated Data）是一种外部的第二手数据的形式，这种信息通过一个普通的数据库提供给预订者，并收取一定的信息服务费。这种信息是特殊的、详尽的信息，它对企业了解市场动态很有价值，但不能通过图书馆、网络或其他场所获得。专门提供这种信息的企业被称为辛迪加信息服务公司。这些企业提供特定行业所需要的常规信息，用预先准备的标准化的市场信息形式出售。因此，只要有可能，用户向辛迪加信息服务公司订购所需信息是较为明智的选择。目前，市场上已有辛迪加标准信息服务公司，这类公司提供标准服务，并把这项服务联合出售给任何愿意订购其产品的企业。

例如，一个辛迪加信息服务公司可提供在每个无线电市场中各种广播站的听众的数量和类型的综合信息，这个标准化的市场信息帮助广告公司获得它们的目标市场的资料；它也提供对听众的规模和特征所做的客观独立的测量结果，从而帮助广播电台确定听众的性质。

辛迪加信息服务的一个最重要优点是它可以分担成本。由于有许多机构要求提供相同的服务，所以，对每个单独的客户来说，成本都可以大大降低。辛迪加信息服务的另一个优点是有搜集和加工资料的常规系统。因为这类公司建立了一套完整的工作运行模式，通过反复实践的数据搜集方法来定期搜集数据资料，所以能够定期提供质量高且标准化的信息。

辛迪加信息服务也有缺点：一是用户无法对其获取过程进行控制和施加影响，因此，所获数据资料常常不能完全达到“量体裁衣”的效果。二是要使用某类信息的企业必须较早地预订这类信息，而到时，这些信息无论有用还是无用都要付费，因此，企业事先必须加以评价，以免承担不必要的损失。三是这类信息是标准化的、大众化的，因此，竞争对手获取的很可能也是同样的信息。在市场调查中，辛迪加信息服务主要被应用于消费者意见调查、确定市场细分、进行市场跟踪以及监督媒体的使用和促销效果等方面。

在国外，辛迪加信息服务主要用来跟踪消费者的态度和意见；为不同的细分市场找到不同的消费者群体并说明他们的概况；跟踪某些市场要素，如品牌产品销售情况、市场份额占有情况；跟踪不同听众、观众和读者的情况，以便进行相关的促销决策。在国内，辛迪加信息服务还处于起步阶段，目前开展较多的是品牌产品追踪服务、消费者固定样本连续调查服务、零售研究服务、媒体检测服务等。

第三节　第二手资料的搜集方式和方法

一、第二手资料的搜集方式

第二手资料的搜集包括有偿搜集和无偿搜集两种方式。

（一）有偿搜集方式

有偿搜集方式，是指通过经济手段获得文献资料，即通过一定的正式渠道实行有偿征集和转让。这种方式实际上实现了信息、情报商品化，能比较有效及时地获得高质量的情报信息。既然是有偿，花钱买情报信息，就要考虑获得情报信息的费用与带来的经济效益，所以，有偿搜集更讲究情报信息的针对性、可靠性、及时性和准确性。

有偿搜集的具体形式有购买（订购）、交换、复制三种。

1. 购买

购买即付出一定的代价，从有关单位获取资料，包括现购、邮购、委托代购等。国内公开发行的书刊文献是向邮局或新华书店采购，内部发行物一般是从内部直接订购。随着信息的商品化，许多专业信息公司储存的信息实行的是有价转让，大多数信息出版物也是有价的，购买将成为搜集资料的重要办法。当然，企业订阅有关信息杂志、报纸等，从本质上说也属于购买一类，只不过这种方式是经常性的。

2. 交换

交换是指一些信息机构或单位之间进行对等的信息交流，主要是通过业务上和隶属关系上的联系以及相互协商的办法，不同企业和部门各自为了得到所需要的情报，通过交换的形式来实现。一般搜集限制发行或内部使用、内部整理的资料时采用交换的形式。这种形式的特点是专业性强、传递迅速。当然，这种交换不同于商品买卖之间的以物易物，而是一种信息共享的协作关系，交换的双方都有向对方无代价提供资料的义务和无代价获得对方提供的资料的权利。

3. 复制

无法通过采购和交换形式获得的情报资料，如发行量极少的资料、历史性的绝版资料、难得的原版资料、过期报刊等，只能采用复制形式。复制资料一般成本较高，要量力而行。

（二）无偿搜集方式

无偿搜集方式，是指不需要支付费用搜集信息的方式，这种方式较为经济。往往有些企业为了推销新产品或进行技术推广，免费赠送产品目录、产品样本、说明书等资料，搜集信息的企业可以根据自己需要通过书信索取、询问、现场搜集、接受赠阅等获得这些资料。目前，随着国内外市场、产品、技术等竞争的激烈化，无偿搜集方式获得有效情报比较难，获得的资料，常常是概略而简单的介绍，参考价值有限，可能只给企业带来一定的启发或提供某些线索。一般交流会、洽谈会、展销会、参观访问等场合最适合无偿索取资料，企业要善于利用。

1. 查找

这是获取第二手资料的基本方法。从操作的次序看，首先要注意在企业内部查找。一般来说，从自身的信息资料库中查找最为快速方便。此外，还应从企业内部各有关部门查找。只要企业信息基础工作做得比较好，从企业内部查找可以获得大量反映企业生产经营状况的时间序列信息，还可以获得有关客户、市场等方面的资料。在内部查找的基础上，调查人员还需要到企业外部查找，主要是到一些公共机构，如图书馆、资料室、信息中心等去查找。为提高查找的效率，应注意熟悉检索系统和资料目录，在可能的情况下，要尽量争取这些机构工作人员的帮助。

2. 索讨

索讨就是向占有信息资料的单位或个人无代价地索要。由于索讨属于不计代价的，这种方法的效果在很大程度上取决于对方的态度，因此，向那些已有某种联系的单位和个人索讨或由熟人介绍向那些尚未有联系的单位和个人索讨，常能收到较好的效果。有些企业，出于宣传自己的需要也乐意向社会提供有关的信息资料，向这些企业索讨也会有好的效果。

3. 接收

接收是指接纳外界主动免费提供的信息资料。随着现在营销观念的增强，越来越多的企业和单位，为宣传自身及其产品和服务，扩大知名度，树立社会形象，主动向社会传递各种信息，包括广告、产品说明书、宣传材料等。作为信息资料的接收者，要注意接收和积累这些信息。虽然其中有的一时显不出其价值，但又有经常性的特点，如果坚持长期搜集，往往能发现其中有价值的内容。

二、第二手资料的搜集方法

一般来说，第二手资料的搜集方法可以归纳为两种：公开的和秘密的。在我国，搜集历史和现实统计资料的主要方法是公开的（当然也有秘密地、千方百计地窃取商业情报的）。在这里我们主要介绍公开搜集文献资料的各种方法。

（一）文献资料筛选法

文献资料筛选法，是指调查人员从各类文献资料中分析和筛选出与企业生产经营有关的信息和情报的一种方法。在我国主要是从印刷型文献资料中筛选。印刷型文献资料按对文献内容编辑出版的形式不同，主要分为图书、科研报告、会议文献、论文、专刊文献、档案文献、政府政策条例文献、内部资料以及地方志等。采用文献资料筛选法，调查人员常常是根据市场调查课题的目的和要求，有针对性地去查找有关文献资料。

例如，日本公司要进入美国市场，就查阅了美国有关进出口贸易法律条款。日本公司阅后得知，美国为了限制进口、保护本国工业，在进出口贸易法律条款中规定美国政府收到外国公司商品报价单，一律无条件地提高50%。而美国法律中，本国商品的定义是，“一件商品，美国制造的零件所含的价值，必须占这一商品总价值的50%以上”。日本公司针对这些规定，谋划出一条对策：生产一种具有20种零件的商品，在本国生产19种零件，在美国市场上购买一种零件，这一零件价值最高，其价值比率在50%以上。公司将商品在日本组装后再送到美国销售，这样该商品就成了美国国内的商品，就可以直接和美国公司的商品竞争。

文献资料筛选法的特点是所得情报资料记录方便、传播广泛、积累系统，便于长期保存和直接利用。它是企业获取技术、经济情报的最基本、最主要的来源。

（二）报刊剪辑分析法

报刊剪辑分析法，是指调查人员平时从各种报刊上所刊登的文章、报道中，分析和搜集情报信息的一种方法。信息社会最突出的特点是信息量大和信息流快。市场情况的瞬息万变在日常新闻报道中都有所体现，只要我们用心去观察、搜集、分析，便可从各种报刊上获得与企业生产经营有关的情报信息。例如，上海有家制药厂，从报纸上刊登的“多毛姑娘”来信反映苦闷中获得信息，集中力量研制出一种脱毛霜剂，产品投放市场后，果然供不应求。在信息社会里，企业间的竞争，实质上是信息竞争，只要企业善于利用公开发行的报刊，就可以获得对企业有用的信息，收到意想不到的经济效果。在市场竞争的实践中，报刊上一条信息救活一个企业的实例不胜枚举。为此，企业要积极订阅各种报刊，搜集信息，以及时发现市场机会，夺取和占领市场。同时，企业还应充分利用广播、电视等现代通信宣传渠道。

（三）情报联络网法

情报联络网法，是指企业在全国范围内或国外有限地区内设情报联络网，使情报资料搜集工作的触角伸到四面八方的一种方法。情报联络网的建立是企业进行第二手资料搜集的有效方法。一个企业情报网的建立，自然要受到企业资金和人力上的制约，重点地区设立固定情报资料搜集点，由企业派专门人员或驻地人员兼职；一般地区可以与同行业、同部门以及有关的情报中心挂钩，定期互通情报，以获得各自所需要的资料。这样，在联络网内各地区的有关市场供求趋势、消费者购买行为、价格情况、经济活动研究成果、科技最新发明创造乃至政治形势等情报都可以被及时地通过情报联络网传输给企业。在一般情况下，中小企业无力建立自己独立的情报网，可以借助于其他有关部门的情报网。情报联络网法的特点是：涉及的范围广，获得的情报信息量大，综合性强，各种不同企业均可采用。

（四）计算机网络检索法

1. 计算机网络检索法的概念

计算机网络检索法是指调查人员利用计算机网络，检索所需要的有关数据资料。由于越来越多的传统媒体，如报纸、杂志、电台等，还有政府机构、企业等也纷纷上网，因此网络成为信息的海洋，蕴藏的信息极其丰富。调查人员不再像过去苦于找不到信息，现在关键的问题是如何发现和挖掘有价值信息。此外，计算机网络检索法还具有应用领域广、周期短、成本低、速度快、效率高等特点，因而被广泛应用。

2. 计算机网络检索法的资料搜集方法

（1）利用搜索引擎

几乎所有的搜索引擎都有两种检索功能。

①主题分类检索功能。即调查人员通过各搜索引擎的主题分类目录查找信息。主题分类目录是怎样建成的？搜索引擎把搜集到的信息资源按照一定的主题分门别类建立目录，先建一级目录，一级目录下面包括二级目录，二级目录下面包括三级目录……如此下去，建立一层层具有概念包含关系的目录。用户查找信息时，先确定要查找信息属于分类目录中哪一个主题或哪几个主题，然后对该主题采取逐级打开目录浏览的方法，层层深入，直到找到所需信息。当需要查找某一类主题的资料，但又不明确具体是哪一方面的资料时可以采用主题分类检索。

②关键词检索功能。关键词检索的要点是明确检索目标，分析确定几个能反映调查项目主题的核心词作为关键词，采用一定的逻辑关系组配关键词，同时适当地采取一些检索技术。

（2）访问相关的网站搜集资料

也可以根据调查目标，到相关专业网站搜寻所需要的数据资料。如需要音乐方面资料可到音乐类网站搜寻，如酷我音乐、酷狗音乐、视听在线、MP3 音乐网、QQ 音乐、163 音乐网等；需要财经资讯，可到东方财富网、证券之星、搜狐财经、中金在线等财经网站寻觅。

（3）利用相关的网上数据库查找资料

这种方法是指企业充分利用网络上已有数据库，查询相关的客户、产品和市场的信息，必要时也可建立企业自身的数据库。

本章小结

本章介绍了文案调查法，文案调查法是利用企业内部和外部现有的各种数据资料，对调查问题进行分析研究的一种方法，是搜集第二手资料的主要方法。

文案调查法可以发现问题并为市场调查提供重要参考依据、可为实地调查创造条件、可用于有关部门和企业进行经常性的市场调查，而且文案调查不受时空限制。

文案调查法的搜集原则：广泛性原则、针对性原则、时效性原则和连续性原则。

第二手资料是指按照一定的要求，对第一手资料进行加工处理后所形成的信息资料。第二手资料的来源有企业内部资料和企业外部资料；第二手资料的搜集包括有偿搜集和无偿搜集两种方式；第二手资料的搜集方法有文献资料筛选法、报刊剪辑分析法、情报联络网法和计算机网络检索法。

思考题

1. 什么是文案调查法？
2. 文案调查法有哪些优缺点？
3. 第二手资料的来源包括哪些渠道？
4. 第二手资料有哪几种搜集方式？

5. 第二手资料有哪几种搜集方法？

案例分析

案例一

网上开店的前期准备

小李看到越来越多的年轻女孩在网上进行购物，考虑到网上经营的成本比较低，她就准备在网上开一家专卖女装的小店进行创业，但她是刚接触网上交易的新手，对网上交易的规则和网上消费者的有关情况不是很了解。那么，为了更好地经营小店，小李肯定要进行市场调查，搜集有关的资料。

问题讨论

1. 需要进行哪些方面资料的搜集？
2. 这些资料可以从哪些地方搜集到？它们的可信程度如何？
3. 这个案例体现了文案调查的哪些作用？

案例二

请阅读下列三个资料

【资料1】

洗衣机调查

东芝在推广家电产品给日本国内的消费者时，就曾经使用观察法来观察市场变化。东芝新产品的设计者在观察中发现，越来越多的日本家庭主妇进入就业大军，洗衣服不得不在早上或晚上进行，这样噪音就成为一个问题。为此东芝设计出一种低噪音的洗衣机进入市场。在开发这种低噪音产品时，设计者们在观察中发现，要洗的衣服已经不像以前那么脏了，许多日本人洗衣的观念也改变了，以前是衣服脏了才洗，而现在是衣服穿过了就要洗，以获得新鲜的感觉，由于洗得勤，衣服有时难以晾干。设计者们在观察中认识到妇女生活习惯的这种转变，便推出烘干机，后来又发现大多数消费者的生活空间有限，继而发明了洗衣烘干二合一的洗衣机，结果产品销量大增。

【资料2】

强生公司的市场调查

强生公司是一家国际知名的婴儿用品生产公司。该公司想利用其在婴儿用品市场的高知名度来开发婴儿用的阿司匹林，但不知市场的接受程度如何。由于强生公司有一些关系较好的市场调查样本群体，且本次调查的问题比较简单，但需由被调查者做出解释，故公司决定采用费用较低的邮寄方法进行市场调查。通过调查分析，强生公司得出了这样一个结论：该公司的产品被消费者一致认为是温和的（这种反应与强生公司所做广告的宣传效果是一致的），但温和并不是人们对婴儿阿司匹林的期望，相反，许多人认为温和的阿司匹林可能不具有很好的疗效。为此，强生公司认为如果开发这种新产品，并做出适合于该产品的宣传就会损坏公司的整体形象，公司多年的努力也将付之东流，如果按以往的形象做出宣传又无法打开市场。因此，强生公司最终决定放弃对这种产品的开发。

问题讨论

各案例分别采用了什么市场调查方法？分别有什么特点？

Chapter 5

第五章　量表与问卷设计

本章概要

本章首先介绍量表设计的相关内容，特别介绍了瑟斯顿量表和李克特量表的设计；详细阐述和分析了调查问卷设计原则、程序以及调查问卷的类型和基本结构。本章最后探讨调查问卷设计技术，包括问题类型和问题答案的设计。

学习目的

通过本章的学习，要求学生了解量表的基本概念、特征及分类；掌握李克特量表和瑟斯顿量表的设计方法；掌握调查问卷设计的原则、程序以及调查问卷的类型和基本结构；掌握调查问卷设计中问题类型设计技术和问题答案设计技术。

基本概念

量表　效度　信度　调查问卷　问题类型设计　问题答案设计

引导案例

Blomberg（博伦博格）的家电调查

在这个大数据时代，众多企业都会通过购买现成的数据，来决定产品研发的方向，很少会有企业走上街头，耐心地与消费者一对一地调查。而从Blomberg（博伦博格）的家电调查问卷中，我们不难看出Blomberg的产品研发方向以及下一步的营销策略。

专注智能

自从Blomberg联手苏宁之后，这个来自德国的品牌在“圈内”逐渐显示出了自己在智能家电领域的行业优势。而随着苏宁O2O购物节期间“ET·外星人”的热卖，Blomberg也被消费者贴上了智能品牌领先者的标签。这份调查问卷多次提及“智能WIFI”“远程操作”“LED触控”等名词，并且涉及多门冰箱、波轮洗衣机以及滚筒洗衣机。由此可见，Blomberg的冰箱、洗衣机系列智能产品将很快覆盖各细分产品线，为消费者提供更多的选择。

坚持性价比

在调查问卷中涉及价格的问题上，价格区间在1 500元以下至5 500元以上不等，众多价格区间设置在2 000~5 000元之间。从这条信息可以看出Blomberg的价格策略，依然延续其对“性价比”的追求。

以波轮洗衣机为例，在智能波轮洗衣机的价格段调查中，Blomberg将价格区间设在了900~2 500元之间，以笔者多年的从业经验，笔者预测Blomberg智能滚筒洗衣机的价格应该会在1 500元左右。这个价格相比于2 500元左右的行业均价，还是很有竞争力的。

多品类策略

据Blomberg产品研发相关负责人透露，在ET·外星人智能冰箱取得市场认可之后，Blomberg将陆续上市各个品类的冰箱、洗衣机产品。该负责人称：“除了市场调研，苏宁在大数据上也给了我们强有力的支持。两门冰箱、多门冰箱、大容积波轮洗衣机、滚筒洗衣机、冷柜等冰洗产品，都是我们下一步研发的重点方向，同时，我们也会推出一些非智能产品来弥补 Blomberg 在国内市场的产品布局空白，但在功能上都会让人眼前一亮。”

在这份调查问卷中，产品方面也涉及以上各个品类。以目前的国内市场趋势，Blomberg 做出这样的市场布局，也在“情理之中”。其以智能产品打造品牌知名度，并以此带动其他产品的销售，从而提升整个品牌的市场竞争力。

案例来源：https：//news.enorth.com.cn/system/2015/12/24/030715715.shtml。

第一节 量表的设计

一、测量与量表的概念

（一）测量的概念

测量，在测量学中是指用量具或仪器来测定零件的尺寸、角度、几何形状或表面相互位置的过程的总称，也包括用仪表来测定各种物理量的过程。在市场调查与预测中，测量是指根据预先设定的准则，调查员将数字或符号分派给所研究对象的特定特征的一种标准化过程。测量过程成为一个标准化过程，就必须具有两大特征：其一，所研究的特征和代表这一特征的数字之间必须有一一对应关系；其二，赋值规则必须不随时间和所测量的对象而变化。

一般而言，测量分三个步骤：选取被测量事物；利用数字或符号代表事物的特征；运用预先设定的准则给事物一个符号或数字。

（二）量表的概念

量表是为了便于记录某种程度而设计的区分标准，其作用是便于调研者对访问对象的某些特性的数量或强度的测量。量表是测量的一个扩展，它创建一个将被测物体定位的连续区间，这样物体所具有的特征的测量结果就可以表示在这个连续区间上。例如，我们要测量消费者“对 A 产品的态度”，每个消费者被分配给一个数字，1 表示“不喜欢”，2 表示“中性”，3 表示“喜欢”。测量就是根据某些规则将数字 1、2 或 3 分配给每个消费者的态度。量表则是将被调查者置于一个与他们对待 A 产品的态度有关的连续区间中，在这个例子中，就是将被调查者分为：不喜欢态度、中性态度和喜欢态度。

（三）量表的特征

（1）特指。用某一特定的词语或符号来代表度量的每个区分等级的特征值。

（2）比较性。受访者描述的相对规模，即与某一参照体相比，受访者对特定对象所做的比较结果。

（3）差距程度。量表也可能反映对照物之间的差别和差别的程度。

二、量表的类型

量表的表现形式多种多样，可以从不同的角度对其进行分类。

（一）基本量表

按量表测量结果的数字特性，即按照数字具有次序、数字的差距具有次序和数字序列具有唯一零点等特征，可将量表分为类别量表、顺序量表、等距量表和等比量表四类，这些都是基本量表。

1. 类别量表

类别量表也被称为定类尺度，就是将数据分成互相排斥、互不相容的各种类别的量表。

设计这种量表的主要目的是根据被调查者某一性质上的不同表现而做出分类，通常，类别量表的数字用作对物体进行识别和分类，如果用于识别物体，在数字和物体之间有一个严格的一一对应关系，如身份证号；如果用于分类，要求类别相斥、无重叠和遗漏，同一类别中的所有物体有着同样的编号。例如：

组织规模：（1）大 （2）中 （3）小

企业性质：（1）国有 （2）集体 （3）民营 （4）外资

类别量表在市场调查中通常用来识别调查对象、品牌、商店等，其被应用得最多，但它也是四类量表中测量能力最低的一种，没有次序或距离关系，也没有数学零点。类别量表的数字只用于标记而没有数量的意义。其获得的资料可对每一类别成员计数或计算百分比，可用众数代表集中趋势，也可用卡方检验定类变量间的相关性。

2. 顺序量表

顺序量表也被称为定序尺度，是能够对数据进行排序的量表。它具有类别量表的所有特征，且还代表物体特征的次序。顺序量表常用于测量偏好、态度、观点和感受。顺序量表中的数字代表相对位置，没有指明差距大小，对数字做任意调整变换，不改变尺度的性质；数字本身只有等级意义，不能做加减乘除的运算，但适合用中位数代表集中趋势，用百分位数或四分位数代表离散趋势，获得的资料可做序数相关分析和方差分析。

【例 5–1】某调研机构要求被调查者根据他们心中的偏好，对意愿中购买的牙膏品牌高露洁、美加净、黑妹、洁银，依最喜欢、较喜欢、一般、不喜欢的顺序排列，最喜欢的给 4 分，…，不喜欢给 1 分。如果某位调查对象的答案是：

（4）高露洁 （3）美加净 （2）黑妹 （1）洁银

此例是一个顺序量表。这表明了这位被调查者对各种品牌选择的先后次序的看法，但并不能表明各品牌牙膏之间的差距有多少。也就是说，在该被调查者看来，并不是说高露洁一定比洁银好 4 倍，也不能说明，高露洁与美加净之间的差距一定就等于黑妹与洁银之间的差距。

3. 等距量表

等距量表也被称为定距尺度，是各点之间具有相同间距以显示相对数量，可以包含一个设定的任意零点的顺序量表。它具有类别量表和顺序量表的所有特征，外加一个距离相等的概念，即数字间相等的距离代表被测物体特性的相等值。

例如：用从 1 至 10 的十个数字表示 10 个不同的“支付意愿”类别。通常两个类别之间的间隔很可能并不完全相等，但是这些间隔即使不相等，我们仍然可以把它当作等距量表。我们可以说，一个得分为 2 的人和一个得分为 4 的人之间在支付意愿上的差别与得分为 8 的人和得分为 10 的人之间的差别是相等的，但是，得分为 6 并不表示这个人的支付意愿是得分为 2 的人支付意愿的 3 倍。所以，计算尺度值的比率没有意义，但数字间的差值可以比较。

市场调查中的一般态度量表或其他多点量表被视为等距量表。等距量表有非常好的性质，基本上所有的量表的统计运算都可以用来分析，包括加法与减法，所以可用算术平均数代表集中趋势，用标准差代表离散趋势，可基于等距量表计算全距、简单相关系数，可以做方差分析、回归分析和因子分析。

4. 等比量表

等比量表也被称为定比尺度，它拥有绝对零点，也是对变量的实际数值可以进行比较的等距量表。等比量表存在一个真正的零起点的等级，也就是说等比量表有真零这一特征。它具有前述三种量表的所有特征，外加一个具有实质意义的零点。它代表变量的实际数量或物理属性的量数，是唯一可以对绝对量做比较的量表。例如测量收入、市场份额或销售量都是用等比量表。我们可以说年收入 8 万美元是年收入 4 万美元的 2 倍。所有统计方法都可用于等比量表。对等比量表我们可以进行乘法和除法运算，其他量表则不行。因此，可用几何平均数与调和平均数代表集中趋势，也可用标准差代表离散趋势。

表 5–1 基本量表的特征

量表类型	量表特性	基本实证操作	范例	集中趋势	离散趋势	统计分析
类别量表	只能分类	相等的判定	性别：男、女	众数		卡方检验
顺序量表	分类和排序	较大或较小的判定	偏好、排名	众数、中位数	四分位数	序数相关分析、方差分析
等距量表	分类、排序、有固定的间隔	区间或差距相等的判定	指数、态度	众数、中位数、算数平均数	四分位数、标准差和全距	相关分析、方差分析、回归分析、因子分析
等比量表	分类、排序、有固定的间隔和绝对零点	比率相等的判定	年龄、身高	众数、中位数、算数平均数、几何平均数和调和平均数	四分位数、标准差和全距	适用于所有统计分析

（二）等级顺序量表

等级顺序量表是要求被调查者按照某个共同标准对物体进行排序的量表，也就是让被调查者对评价对象的不同等级予以区分，以其自己心目中的评价方式给出某种顺序的相对分值。如按照兴趣给各个广告排序、按照重要性给各个产品特性排序或按照将来的购买意愿给新产品概念排序。该量表测量得到的数据是顺序数据。在现实的购物过程中，消费者总是要在几个相互竞争的备选方案（不同品牌、不同味道、不同产品特点等）中进行直接比较，而排序正好与这一选择过程相对应，因此，等级顺序量表在市场调查中被广泛应用。

【例 5-2】在你心目中，你认为自己对下列三种电视品牌的喜欢顺序依次为（在后面□处由 1 标到 3）

长虹□ —康佳□ —海尔□

（三）配对比较量表

配对比较量表也被称为成对比较量表，是指被调查者按照一定的要求和标准，在两个对象中选出一个的量表。可采用的标准有总体偏好或购买意愿等。调查人员经常希望了解几种牌子在消费者心目中的地位，如果牌子不多，可以采用配对比较量表来测量。

配对比较量表适用于商品牌子不多，而且消费者对各种牌子的商品比较了解的情况。比如，询问消费者甲产品与乙产品哪个质量更优。回答产生的数据是顺序量表数据。采用这种量表，只有当所有可能的对象组合都出现过之后，消费者才能对全部对象做出总体排序。这就是说，有 n 个对象时，就要进行 n（n − 1）/ 2 次比较。当比较对象数目较多时，如有 10 个品牌时，就要做 45 次成对比较，这令被调查者难以接受。成对比较量表还存在一个严重的缺陷，就是消费者在市场里做出选择时并不是每次只比较两个对象，所以，某件商品可以在成对比较的时候表现卓越，但在实际市场中却业绩平平。

【例 5-3】请对下面电脑的品牌进行配对比较，选出每对中你所喜爱的品牌（在后面□处打“√”）。

① 联想□ 方正□

② 海尔□ 联想□

③ 方正□ 海尔□

【例 5-4】请您逐一比较下列洗衣粉的特性，您认为每一组中哪一个特性更重要（在后面□处打“√”）

① 去污性好□ 不伤衣物□

② 去污性好□ 使用量少□

③ 去污性好□ 环保性好□

④ 不伤衣物□ 使用量少□

⑤ 不伤衣物□ 环保性好□

⑥ 环保性好□ 使用量少□

【例 5-5】下面是一些日光浴产品的特点，请你指出当你选择一种日光防护产品时，你认为每组中的哪一特点更为重要。（在后面□处打“√”）

① 均匀晒黑□ 无灼伤晒黑□

② 防止灼伤□ 保护不受灼伤和曝晒□

③ 物有所值□ 效果持久、均匀□

④ 不油腻□ 不污染衣物□

⑤ 无灼伤晒黑□ 防止灼伤□

⑥ 保护不受灼伤和曝晒□ 物有所值□

⑦ 效果持久、均匀□ 均匀晒黑□

⑧ 防止灼伤□ 不油腻□

（四）语义差别量表

语义差别量表是运用若干语义相反的极端形容词（短句）来调查应答者的态度，它提供了把个人的定性判断转换为可以定量分析的方式，通常包含了反映研究对象不同属性的相反的形容词。

语义差别量表被广泛地应用于描述消费者心目中的企业形象或品牌形象，这种量表也很适合用来比较两个相互竞争的品牌、商店或服务机构。语义差别量表是一种分项评分量表，被调查者要用五分制或七分制的尺度给各个态度或对象轮流打分，尺度两端都是一些极端的形容词或短语。例如，对零售商印象调查可以采用语义差别量表。如表 5–2 所示，零售商决定就地点的便利性和所提供的产品进行调查。两个极端的形容词之间设定 7 分制尺度，调查人员要求被调查的消费者分别在量表上对零售商的各个指标进行打分。

表 5–2 零售商印象调查中采用的语义差别量表

此商店对你所在地点的便利性
近的 —；—；—；—；—；—；— 远的 交通状况差 —；—；—；—；—；—；— 交通状况好 难以找到停车位 —；—；—；—；—；—；— 容易找到停车位
此商店提供的产品
选择多 —；—；—；—；—；—；— 选择少 可靠性高 —；—；—；—；—；—；— 可靠性低 品质高 —；—；—；—；—；—；— 品质低 品牌多 —；—；—；—；—；—；— 品牌少

（五）瑟斯顿量表

1929 年，瑟斯顿（Thurstone）将精神物理的测定法应用于测定社会态度。根据瑟斯顿的构思，人类对社会的态度虽然极为复杂，但在某一事物的一个极端到另一个极端之间确定每个人态度的位置是一件可以做到的事情。瑟斯顿态度量表编制方法发表后，已成为社会调查问卷编制的典型方法之一。

瑟斯顿量表是一种分项评分量表，其建立的方式是由调查人员先拟定几十条甚至一两百条有关态度调查的语句，然后再选定一批特定的测试对象作为评定者，针对上述提供的语句由测试对象自己做出判断。

瑟斯顿量表（Thurstone Scales）具体的设计步骤。

首先，调查者根据态度测量的主题拟定若干条语句，有的语句是正面的或完全肯定的，有的语句是反面的或完全否定的，有的语句则是中立的观点。

例如，请您对下列电视广告的提法做出自己的判断和选择，在您认可的语句后面打“√”。

（1）看电视广告是一种享受。

（2）多数电视广告都有趣味性。

（3）多数电视广告具有真实性。

（4）电视广告能帮助厂商促销。

（5）电视广告有助于消费者选择产品。

（6）电视广告可有可无。

（7）我对电视广告没有特别的看法。

（8）多数电视广告枯燥乏味。

（9）大部分电视广告是非常差的。

（10）看电视广告完全是浪费时间。

（11）多数电视广告具有欺骗性。

其次，将以上量表提供给一组受访者或评判人员，请他们阅览全部语句，并对自己认可的语句做出判断和选择。

最后，调查者可对全部受访者或评判人员的选择进行语句频数和频率统计，并可用众数语句来反映受访者或评判人员态度的集中程度。调查者亦可将全部评判结果区分为正面态度组、中立态度组和负面态度组，借以识别哪种态度组居主导地位，从而为进一步的调研提供依据或指明方向。

【例 5–6】

（1）确定主题：确定一个构成态度问题的主题，如安乐死。

（2）搜集意见：以一般人对安乐死的态度为例，搜集各种不同意见，并将每一种意见写于一张卡片上。

（3）意见分类：请多位（100 人以上）评判人员将代表各种意见的卡片，按“极同意”“极反对”的程度分为十一个等级，并逐项计算其累积次数。

（4）定量表值：以累积次数为标准，查看 50% 的累积次数正好落在十一个等级的哪一位置，该位置即代表一般人对此问题所持态度的量表值。以对安乐死的态度为例，如累积次数的 50% 落在第九与第十等级之间，量表值即为 9.5，这表示一般人对安乐死一事的态度接近“极反对”的一端。

【例 5–7】

（1）确定主题：消费者对超市的态度。

（2）拟定语句 11 条，按照负面语句向正面语句次序分为 11 组。

（3）选择受访者 50 人，按照选择的语句分别列入 11 组内。

（4）计算量表值。

在设计瑟斯顿量表的时候，有关态度语句并不一定非要划分为 11 类，多一些或少一些都是可以的，但是最好划分为奇数个类别，以中点作为中间立场。分类后在每个类别中至少选择一条代表语句。每条语句根据其类别都有一个分值，量表的语句排列可以是随意的，但每个评定人员都应只同意其中的分值相邻的几个意见。如果一个评判人员的语句或意见分值过于分散，则可以看出此人对要测量的问题没有明确一致的态度，或者量表设计存在缺陷。

瑟斯顿量表的优点是：语句是根据各评定人员的标准差确定的，有一定的科学性。缺点是：量表的确定费时、费力；选择不同的评定员会产生不同的态度量表，这会使这种量表失去信度；无法反映被调查者态度在程度上的区别，即当他们表示“反对”的时候，并不知道他们是反对、很反对还是极力反对。

（六）李克特量表

李克特量表（Likert Scales）要求被调查者指出自己在多大程度上同意或不同意对态度或对象所做的一些陈述。有时它被称为求和量表，因为调查员要把每个被调查者在每个题项上打的分数加起来，才能得出被调查者的总分。李克特量表通常包含两部分：题项和评价。题项部分是对产品、事件或态度所做的陈述；而评价部分则列出了各个答复类别，从“非常同意”到“非常不同意”。这种测量方法假设这些题项（陈述）中的每一个题项都是某一个共有维度的某一方面，否则，把这些题项的得分加起来就毫无道理可言。换言之，最后得到的总分是个单一维度的数据。

李克特量表是一种分项评分量表，调查者事先可拟定与态度测量有关的若干正负态度的语句，正负态度语句的数目不一定相等，并对每条语句规定用“同意” 或 “不同意”作为回答的选项，或规定用“非常同意”“同意”“不一定”“不同意”“非常不同意”五种状态作为回答的选项，各种回答分别记为1—5分。这样根据每个被调查者对各道题的回答分数就得出一个总分，这个总分就说明被调查者的态度强弱或被调查者在这一量表上的不同状态。调查者通过对全部被调查者的回答进行分类汇总就可以描述样本总体或子总体的态度的分布状态，从而得出调查结论。

【例5–8】关于空调，我将读出一些其他人的说法，请您告诉我，您本人是否同意这些说法（如表5–3）。

表5–3 对空调进行评价的李克特量表

	非常不同意	不同意	既同意也不同意	同意	非常同意
空调作为四大件商品之一，值得多花一点时间来挑选	1	2	3	4	5
经常使用空调对健康不利	1	2	3	4	5
国内厂家都没有掌握空调制造的核心技术	1	2	3	4	5
我经常参与户外活动	1	2	3	4	5
我家每天使用空调的时间很短	1	2	3	4	5
我不相信广告宣传	1	2	3	4	5
现在国产品牌和国外品牌的差距已经很小	1	2	3	4	5
变频空调是空调发展的趋势	1	2	3	4	5
空调的功能和质量差不多，随便买一台就可以	1	2	3	4	5
我重视品牌胜过产品本身	1	2	3	4	5

李克特量表的优点在于易于构建和执行，适用范围比其他量表要广，可以用来测量其他一些量表不能测量的某些多维度的复杂概念或态度；被调查者很容易理解如何使用量表，

因此它适合于电话访问、邮件访问和人员访问；李克特量表比同样长度的量表具有更高的信度。李克特量表的缺点是，它比其他分项评分量表需要花费更长时间来完成，因为被调查者必须阅读每条陈述。

三、选择量表应考虑的基本因素

不同的量表可以适用于对不同对象的测量，在进行态度测量的时候，应该考虑选择使用哪种量表对给定对象进行测量。选择量表时，应考虑以下一些基本因素：量级层次的个数；采用平衡的量表还是不平衡的量表；采用奇数个层次还是偶数个层次；采用强迫性量表还是非强迫性量表；量级层次的描述方式；量表形式、种类的选择。

（一）量级层次的个数

量表要测量态度、感觉或动机等的倾向程度，调查人员在决定量级层次的个数时，要考虑两方面的因素。如果层次个数太少，如只有同意、无所谓、不同意 3 个层次，那么量表就过于粗略而不够全面；如果层次个数太多，如 10 层量表，又可能超出了人们的分辨能力。通常情况下，李克特量表以 5 ~ 9 层为宜。

另外，还要考虑数据收集方法。电话访问中，层次不能多，否则会把受访者搞糊涂；邮寄访问中，层次数要受到纸张大小的限制。数据分析的方法也会影响量级层次的数目。如果只做简单的统计分析，分成 5 层就足够了；而如果要进行复杂的统计计算，可能需要 7 个或更多的层次。

（二）采用平衡的量表还是不平衡的量表

平衡的量表是指在量表中肯定态度的答案数目与否定态度的答案数目相等，否则就是不平衡的量表。一般来说，为了保证结果数据的客观性，应该采用平衡的量表。但在某些情况下，回答的分布很可能朝“有利”的或“不利”的方向偏斜，这时，就可以采用不平衡的量表，在偏斜的一方多设几个层次。如果用不平衡的量表，在数据分析时要考虑量级层次不平衡的方向和程度。

（三）采用奇数个层次还是偶数个层次

偶数个层次的量表意味着没有中间答案。如果没有中间答案，被调查者就会被迫选择一个正向或负向答案，这样，那些确实持有中立意见的人就无法表达他们的观点。奇数个层次的量表，中间位置一般被设计成中立的或是无偏好的选项。中立的选项可能会带来很大的反应偏差，因为有许多人在拿不准自己的感觉、不了解被测对象或是不愿意表露态度时倾向于选这种较“保险”的答案。

在设计量表的时候，究竟是采用奇数个层次的量表还是偶数个层次的量表取决于被调查者是否会对被测对象持中立态度。即使只有少数持中立态度的反应者，也必须使用奇数个层次的量表。否则，如果调查人员相信没有反应者会持中立态度，或是想要强迫被调查者做出有利或不利的选择，就应该使用有偶数个层次的量表。

（四）采用强迫性量表还是非强迫性量表

在量表中，选择中间答案的人可以分成两类，即真正持中间态度的人和那些不知如何回答问题的人。在强迫性量表中，没有“没有意见”这样的选项，被调查者被迫表达自己的意见。在这种情况下，确定没有意见的被调查者不得不选择一个答案，通常是靠近中间位置的答案。如果有相当多的被调查者对题目的主题没有意见，将会引起测量结果的偏差。若在被调查者事实上缺少足够信息，不能做出决定时仍继续要求他对量表中的问题给一种意见，那么，会导致被调查者产生厌恶情绪而使调查访问过早结束。

（五）量级层次的描述方式

量级层次有许多种不同的描述方式，这些方式可能会对测量结果造成影响。量级层次可以用文字、数字甚至图形来描述，而且，调查人员还必须决定是标记全部层次、部分层次还是只标记两极的层次。对每个量级层次加以标记并不能提高收集数据的准确性和可靠性，却能减少理解量表的困难。对于量级层次的描述应尽可能地靠近各层次。

对量表两极进行标记时所使用的形容词的强度对测量的结果会有所影响。使用语气强烈的形容词，如 1——完全不同意，7——完全同意，受访者不大可能会选择靠近两端的答案，结果的分布将比较陡峭和集中；而使用语气较弱的形容词，如 1——基本不同意，7——基本同意，将得到较为扁平和分散的结果分布。

（六）量表形式、种类的选择

同一个量表可以用多种形式表达。量表可以是水平的、垂直的。量级层次可以用方框、线段、数轴上的点表示，各层次可以标记数字，也可以不标。如果用数字标记量级层次，可以使用正数、负数或是二者都用。

同时，量表制作与测量的难易程度是研究人员选择何种量表的重要因素。绝大多数研究人员都倾向于使用制作简单，而且测量操作也非常容易的量表。所以在实践中，制作相对容易的顺序量表、等级顺序量表、配对比较量表和李克特量表经常被使用，而制作过程冗长、复杂的瑟斯顿量表已很少被使用。语义差别量表的制作和开发也比较复杂，但是此量表用于特定问题的测量效果非常好，所以仍然经常被使用。究竟选择哪种量表，设计什么样的形式，原则上还是取决于所要解决的问题和想要知道的答案。

阅读参考 5–1

对确保拥有正确测量水平的提示

DSS 调研公司的研究分析师 Krista White 认为，虽然看起来很神秘，但是类别量表、顺序量表、等距量表和等比量表是严格的考虑因素。通常我们将 4 个分类简化成 2 个，将类别量表和顺序量表归成非公制度量，将等距量表和等比量表归成公制度量。我们必须保证当我们即将完成项目时，我们会有用于进行不同类型分析的数据来完成项目目标。

如果我们只需要交叉表，它们可以从不同水平的数据中产生。但是如果需要更有力的多元过程，比如回归分析，这时我们就需要公制度量数据（等距或等比）。比如，我们需要受访者表明产品或服务不同特征的重要性，并且需要用结果在回归分析中作为测量因子，那时我们需要公制数据。此外，这就意味着如果我们需要衡量受访者评价和排序每个题项的可能性，我们就要去评分的过程中寻找了。

数据排序是非公制的，并且不能被用于多元过程，比如回归分析。排序数据通常被认为是公制的（这一点存在争议），并且通常适用于回归分析。更进一步讲，我们至少可以用5点量表来完成评分的目的，并且可能通过7点量表来为我们的测量提供合理的范围。

重点在于：当你决定你将要产生的测量类型时，提前考虑你随后要进行的分析，这样你才能通过分析阶段拥有所需要的数据。

资料来源：小卡尔·麦克丹尼尔、罗杰·盖茨：《当代市场调研》，李桂华，等译，清华大学出版社，2016。

四、量表的效度与信度

（一）效度

效度（Validity）也被称为有效性，指测量工具能正确测出其所要测量事物的特质之程度。效度分外部效度和内部效度。外部效度指样本的测量结果能够推广到普遍总体的程度；内部效度指测量工具的设计能得出其所要测量事物的特质。内部效度又分为内容效度、效标关联效度和建构效度。

1. 内容效度

内容效度指测量在多大程度上切合主题。例如，要测量商店形象，忽略商品质量或商品分类是不充分的。

2. 效标关联效度

为了要验证所编的量表是否具有效度，最常用的一种方法是效标关联效度。此种方法是针对所编的量表找一个可参照的效标，如针对选手所编的“运动成就动机量表”，可请教练以此量表对其选手加以评分（此项分数即为效标），然后与选手自评的分数求相关系数。假如所得的相关系数达中度相关以上（0.4 以上），即代表此份量表具有相当的效标关联效度。

3. 建构效度

建构效度指测量在理论上的建构或特性的准确程度，也就是吻合理论的程度。建构是理论的产物，来源于观察，但不可直接或间接地观察，如偏见、同情心、社会经济地位（用收入和学历衡量）、智力、焦虑、成就动机等。考察建构效度，要先从某一理论出发，然后由果求因，以相关分析、因素分析等方法，考查测量结果是否符合理论上的预测。它包括收敛效度、判别效度和法则效度。

（1）收敛效度：用两种不同的方法测量同一建构，测量结果相关程度应该较高。

（2）判别效度：用相同的方法或不同的方法测量不同的建构，其相关程度较低。

（3）法则效度：指测量结果以在理论上可以预测的方式，与不同但相关的建构的测量值之间相互关联的程度。如智力的测量结果应与学业成就测量相关，满意度测量结果应与忠诚度测量结果相关。

（二）信度

信度（Reliability）也被称为可靠性，指测量结果是否具有一致性或稳定性的程度。可靠性是一个程度问题，不可靠的度量标准会让有相同感受或意见的受访者产生不同的答案。

检验量表的可靠性可以用以下方法。

（1）重复检验法

重复检验法是指访问者在获得受访者对某项问题的回答后再次向受访者提问相同的问题，然后访问者再将先前的答案和后面得到的答案进行比较的方法。

（2）交错法

交错法也被称为等效形式可靠性分析，主要研究相同问题在交错位置出现时，被调查者是否能够采用相同或者相近答案来予以回答。

（3）分半法

分半法要求市场调查人员将总的样本分为两组，然后将两组的答案进行比较。假定这两组在组成和性质上都相似，那么每项问题的答案的均值应该非常相近。

第二节 调查问卷设计程序

一、调查问卷设计概述

（一）问卷与问卷设计的含义

问卷也叫问卷调查表、访问表格或询问工具，它是由一组从被调查者处获取信息的格式化的问题构成。一份完整的问卷通常包括标题、问卷说明、调查主题内容、被调查者基本资料和编码。

问卷设计是依据市场调查的目标，明确调查所需的信息，设计问题的格式和措辞，并以一定的格式，将其有序地排列组合成调查表（问卷）的活动过程。其根本目的是设计出符合调查需要，能获取足够、适用和准确的信息资料的调查问卷，以保证访问调查工作能正确、顺利、圆满地完成。

问卷设计既是一种科学，更是一种艺术。问卷设计具有基本格式、设计原则、规范程序，这是设计人员必须掌握的基础。一份完整合理的好问卷，还有赖于设计者的精心构思、辛勤劳动，有赖于设计者的知识、能力、经验和创造性思维，同时，还需要充分借鉴他人的成功经验。

（二）调查问卷的功能

一般调查问卷的 4 个主要功能分别是：

（1）锁定研究目标并展现与主题相关的必要问题；

（2）以近乎统一的标准提出问题和要求作答；

（3）创造容易执行的应答气氛和条件；

（4）可作为调查的记录和证据，便于分析、核对、保存。

（三）调查问卷设计的要求

为了达到调查的目标，问卷设计需满足下述要求。

（1）提供与调查目标一致的信息。问卷是为调查目标服务的，因此，评价一份问卷的优劣，就是看它是否适合调查的目标和要求，看它所包含的问题与所调查的内容是否一致。要做到这些，除了在问卷设计之前明确调查目标之外，还要在问卷初稿设计出来后逐一进行检查，去掉那些似是而非的问题。

（2）便于调查工作的开展。问卷是市场调查人员实施调查的工具，所以，问卷必须方便调查人员操作管理，便于调查人员顺利发问、记录，同时也要方便被调查者回答，确保所取得的信息资料正确、无偏差。

（3）便于对问卷的处理。问卷调查一旦结束，就需要对问卷中的信息资料进行处理，最终得出结论，实现市场调查的目标。为此，问卷设计者要充分考虑到在调查完成后，调查人员能够方便地检查问卷正确性和适用性，方便地对调查结果进行整理、统计分析。

（4）问卷应该将回答误差减到最小。回答误差指被调查者给出不准确的答案，或者他们的答案被误记录或误分析时所产生的误差。问卷是回答误差的一个主要来源，将这一误差最小化是问卷设计的一个重要目标。

（5）问卷应该简洁、有趣，内容明确，具有逻辑性。

实现上述各点，要求问卷设计者透彻了解调查的目标和主题，有清晰的思路和极大的工作耐心，具有丰富的人际交往经验，懂得设计问卷的技能技巧，能够对整个调查表进行总体优化。

二、调查问卷设计的原则

调查问卷设计必须遵循严格的标准和尺度，严格按照一定设计规则来实施，并且要在实施过程中不断完善规范，使其更能适应不同的信息载体和传输方式的要求。

（一）目的性原则

目的性原则，要求调查问卷中拟定的问题要反映调查的目的。对涉及范围较广的调查问卷，为防止问题游离于主题之外，应事先设定好问题的层次，梳理目标架构。

（二）可接受性原则

可接受性原则要求调查问卷的设计要比较容易让被调查者接受。问卷设计提倡精准式问答，使被调查者更容易接受，从而提高问卷的回收率和质量。

（三）逻辑性原则

逻辑性原则要求调查问卷中的各种问题要排列有序且合理，即容易回答的问题放在前面，较难的问题放在中间，敏感性问题放在后面；封闭性问题放在前面，开放性问题放在后面；主体项目和相关项目放在前面，被调查者的基本项目放在后面。

（四）简明性原则

简明性原则要求提问要注意用语准确、含义清楚、简明扼要，要避免诱导性提问；问卷设计的形式要简明易懂、易谈。

（五）匹配性原则

匹配性原则要求问卷设计便于调查员检查被调查者的回答，便于调查员进行数据处理和分析。设计所提问题时应事先考虑到对问题结果做适当分类和解释，使所得资料便于做交叉分析。

三、调查问卷设计的基本程序

（一）确定调查目标和调查内容

问卷设计的第一步是把调查目标转述为调查内容。在问卷设计之前，市场调查人员已经就调查目标与委托方达成一致。调查目标是问卷设计工作的灵魂，它决定着问卷的内容和形式。问卷设计要紧紧围绕着调查目标展开，问卷中必须问什么、不必问什么都将严格受到调查目标的制约。

确定问卷的调查内容应当注意以下几点：第一，问卷的内容应当与调查目标相一致；第二，问卷的内容应当完备有效，能为调查人员提供充分的信息；第三，问卷内容的设计应当遵循效率的原则，在满足调查要求的前提下，确定的信息一定要精简。

（二）确定被调查者的类型和特点

被调杳者的类型和特点对问卷设计有显著的影响。对问题的理解与被调查者的人口统计特征有关，如青年人与中老年人对“手机游戏”的看法并不完全相同。因此，在正式进行问卷设计时应明确被调查者的类型。在明确被调查者类型的前提下，还必须对被调查者的职业、文化程度、性别和年龄等的分布状况有所了解。

（三）确定数据收集的方法

问卷主要用于询问调查。询问调查的形式包括人员面对面访谈、电话访谈、邮寄调查与网上问卷调查等。人员面对面访谈还可以再细分为大街上拦截访谈和入户访谈等不同形式。不同的询问调查形式，对问卷的要求显然有很大的不同。比如，面对面访谈时，被调查者可以看到问卷，可以与访问员面对面互动，所以，问卷中可以提出一些冗长、复杂和其他各式各样的问题。而在电话访谈中，被调查者看不到访问员，也看不到问卷，问卷询问不宜冗长，宜简短。邮寄调查中的问卷是自填式的，问卷中所有问题必须简单明确，宜给予详细的提示。

（四）设计问卷

问卷设计包括单个问题（问句）设计和问卷整体设计两个子过程（具体内容将在后面阐述）。

（五）问卷评估与修订

问卷草拟完后，可以由相关的市场调查人员，也可聘请一些具有丰富经验的专家对问卷进行初步评估。评估应该是全方位和深入仔细的，以下内容通常被作为评估的主要方面：

（1）问卷的主题是否明确；

（2）问卷是否体现调查的目标；

（3）问卷与委托人的意图相吻合的程度；

（4）问卷与被调查者类型、特点的适应程度；

（5）问卷与询问调查形式的适应程度；

（6）问卷是否方便调查人员展开调查工作；

（7）问卷是否方便被调查者应答；

（8）通过问卷所获得的详细资料是否便于处理；

（9）问卷是否冗长、杂乱；

（10）问卷中所设问题（问句）是否合理；

（11）问卷编排是否合理；

（12）问卷的形式是否合理美观；

（13）问卷的印制是否足够精良。

通过初步评估，我们可以及时发现问题和不足，并给予解决，若有必要，可以进行再设计，甚至推倒重来。在此基础上比较正式的问卷初稿形成。

（六）获得各方认同

问卷初稿一经确定，有必要征求各有关方面和相关人员的意见，获得他们的认同。要充分听取调查项目的委托单位以及公司的决策人员和经营管理者的意见，也要听取项目组的所有成员，尤其是问卷实施者的意见，获得他们的认同对市场调查的实施具有重要意义。

（七）问卷试调查和修订

作为一条一般的规则，一份问卷在没有经过充分的试调查的情况下不应该被用于正式调查。试调查的调查对象应该与正式调查中的调查对象在背景特征方面类似。试调查能检验问卷内容能否被调查对象所理解，通过问卷调查能否获取所需的市场信息资料，还能确定访问调查所需的时间，发现问卷可能存在的问题和不足。

当发现问卷存在缺陷和不足时，应该对其进行修改完善，对经过较大修改和完善的问卷最好再进行第二次试调查。对问卷进行必要的试调查次数越多，所产生的效果也就越好。

（八）印制

上述工作全部完成以后，即可制定一份正式调查所用的问卷，具体涉及制表、打印和印刷三个环节。

问卷设计过程是一个创造性的过程，应该因人、因时、因条件制宜，上述基本程序可以作为实际执行时的参考。

第三节　调查问卷的类型与基本结构

一、调查问卷的类型

问卷的设计需要和调查目的紧密联系，并与调查对象、调查方式等相适应。根据由此产生的差异，我们可以把问卷划分为不同的类型。

（一）按照调查问卷的传递方式不同分类

（1）报刊问卷

报刊问卷就是随着报纸、杂志等传递分发的调查问卷，一般要通过特定的方式鼓励读者回答问卷，并在一定期限内将问卷反馈给调查人员。

（2）邮政问卷

邮政问卷是调查者通过邮政向事先选定的被调查者邮寄的问卷，被调查者填后再寄还给调查者。

（3）送发问卷

送发问卷是调查者直接送到被调查者手里，等被调查者填写好后再将其收回的问卷。

（4）访问问卷

访问问卷是调查者依照事先设计好的问卷，向被调查者当面询问，再根据被调查者的回答将问卷填写好的问卷。

（5）网络问卷

由于网络已经在大众的生活中有了相当的普及率，市场调查人员也经常利用网络这种媒介传递问卷给被调查者，被调查者在网络上直接回答问题。这种问卷有着突出的优点，即方便调查者统计，而且节省时间。

（二）按照调查问卷是否由被调查者自行填写分类

（1）自行填写的问卷

自行填写的问卷需要被调查者独立地在没有调查人员参与的情况下完成问卷中涉及问题的回答，如上面提到的报刊问卷、邮政问卷都属于自行填写的问卷。

（2）代行填写的问卷

这种问卷需要调查者按照事先设计好的问卷，对被调查者当面进行提问，调查者根据被调查者的回答来完成问卷中信息的收集。一般来说，这种问卷适用于所收集信息的准确性和有效性需要经过调查人员把握的情况。

二、调查问卷的基本结构

问卷是问卷调查法的工具，了解问卷基本结构，对设计问卷和应用问卷都是必需的。问卷的基本结构，一般可由封面信、指导语、问题与答案、结束语等部分组成。

（一）封面信

封面信是一封致被调查者的短信，用来向被调查者介绍市场调查主办单位、组织或个人，调查的目的和意义，调查的内容，对被调查者的希望和要求，等等。封面信的篇幅不宜过长，文字要简洁、准确，语气要谦虚、诚恳。封面信在问卷调查中具有特殊作用，被调查者能否认真地接受调查，在很大程度上取决于封面信的优劣。

【例 5-9】

尊敬的女士 / 先生：

您好！

我们是 XX 的调查员，受 XX 的委托，正在进行一项关于影响电动自行车消费的因素的市场调查。我们采用的是街头拦截法确定您作为我们的访问对象，非常希望得到您的支持！此次调查采用无记名方式，所获得的有关信息只作为本次研究分析之用，我们承诺保守秘密并不将所获信息用作其他用途。为表示对您的感谢，我们将赠送一份精美的小礼品。谢谢您的支持！

XX 调研中心

年　月　日

（二）指导语

问卷中的指导语，是调查者指导被调查者正确填写问卷的说明。指导语一般既可以放在封面信之后，集中对问卷的填答方法、要求、注意事项等加以概括说明；也可以放在某类或某个需要特别说明的问题之前，用括号括起来。如果是集中说明可用“填表说明”为标题给出。

【例 5-10】填表说明。

为使调查顺利进行，请您关注下面的填表说明。

（1）本问卷已经将所有需要回答的问题编号，您只需要按照卷面上标明的要求回答即可，请在您选择的答案对应的符号前画√，不论单选还是多选。

（2）有些题目如果没有您想选择的项目或注明需要您填写，请直接填在问卷上。

（三）筛选 / 过滤部分

调查者必须通过过滤来决定被调查者是否真的符合要求并可以参加调查。

例如，在为一个烘烤苏打进行拦截访问时，过滤问题可能就是挑选出那些购买烤箱、家中主要的做饭者并且至少一月使用一次烤箱的人。当然并非所有调查都要过滤，如果对一家商店所有有账户往来的客户做调查，就无须过滤，因为被调查者的范围早已被划定了，即必须是与商家有账户往来的客户。

（四）问卷主体部分

问题和答案是问卷的主体，是问卷最核心的组成部分。

（1）问卷调查中的问题按其形式不同，可以分为两大类。一类是开放式问题；另一类是封闭式问题。

开放式问题，是市场调查者在提出问题时并不给被调查者提供任何具体答案，而由被调查者根据客观实际情况自由地填写的问题形式。回答开放式问题，被调查者可以充分发表自己的意见，不受任何限制；调查者则可得到许多生动、具体、丰富的市场信息。但开放式回答需要被调查者具有较高的文字表达能力，需要被调查者花费比较长的时间和精力。由于没有进行调查前分类，调查者在对资料进行整理、分析时就比较困难。

封闭式问题，是调查者在提出问题的同时，还将问题的一切可能答案或几种主要可能答案全部列出，由被调查者从中选出一个或多个答案作为自己的回答，而不进行答案以外的回答的问题形式。对封闭式问题，被调查者填写问卷很方便，节省时间。由于答案的标准化程度高，调查者方便对资料进行整理和综合分析。但封闭式问题在设计中对调查问卷设计者有较高的技术要求。调查者在调查中也无法得到更多的答案以外的丰富资料。

开放式问题和封闭式问题各有特点，适用于不同市场现象的调查。在一份市场调查问卷中，完全都用开放式问题或完全都用封闭式问题，往往不能满足研究市场问题的需要。所以，在设计问卷时，设计者常常采用一种类型的问题为主，另一种类型问题为辅，两种类型的问题结合应用于一份问卷的方式，以便充分发挥不同类型问题的优点。

（2）问卷中的问题，按其内容不同可以分为两类：一类是事实、行为方面的问题；另一类是观念、态度、愿望方面的问题。

事实和行为方面的问题，通常用来了解市场现象的各种实际表现；观念、态度、愿望等方面的问题则常常用来了解消费者的消费心理、消费观念及对市场某方面的态度、愿望等。运用问卷调查法能够了解的市场现象是十分广泛的。

（五）背景资料（人文统计）部分

一般包括受访者的性别、年龄、婚姻状况、个人收入、职业、教育程度等信息。

（六）结束语

结束语放在问卷的最后，内容上，一方面向被调查者表示诚恳的感谢；另一方面还应向被调查者征询对市场调查问卷内容的意见和想法。

征询意见可用具体的问题表示出来。

【例 5-11】关于问卷结束语的设计。

（1）您对这份问卷的内容有何看法?

① 很有意义　② 可能会起些作用　③ 不必要　④ 没过多考虑

（2）您填写这份问卷总计约花了多长时间?

① 半小时以下　② 半小时—1 小时　③ 1 小时以上

（3）您今后是否还愿意接受问卷调查?

① 愿意　② 可以勉强配合　③ 不愿意

（4）您对问卷有什么意见或建议?

了解市场调查问卷的结构，不论是对调查者自行设计问卷，还是对调查者应用已设计好的问卷，都是必需的。

三、调查问卷格式的编排

调查问卷格式是指调查问卷的实体外观形式。调查问卷格式编排得好坏会影响问卷是否吸引人和是否便于使用，因此也会在很大程度上影响调查的质量。

调查问卷格式编排应注意解决如下几个问题。

（1）将问卷中的问题按所获得的信息类型分为几个部分，每个部分以序号标明。

（2）应该对问卷本身进行编号，这样便于在现场对问卷进行审核。对问卷进行编号，问卷的计数与确定问卷是否有缺失变得容易。

（3）问卷中的问题和答案选项都应该事先编码，这样便于数据的录入和检索。

（4）应避免为节省用纸而挤压卷面空间。多项选择题的选项应采用竖排形式。竖排虽比横排多占一些空间，但能使卷面简洁明快，使人一目了然，便于阅读和理解。问卷中的字应大而清晰，以减缓被调查者阅读疲劳。

（5）问题和其答案选项应排版在同一页，这样可避免翻页对照的麻烦和漏题的现象。

（6）问卷的外表要力求精美。问卷应该用质量好的纸张复制。当问卷页数较多时，应该装订成小册子，这样便于携带和保存，且能使问卷显得庄重和专业。

第四节　调查问卷设计技术

一、问卷中问题的选择

问卷调查是以书面方式向被调查者提问，被调查者根据各种提问做出回答，提供市场现象的有关资料。问卷中问题的形式、问题的表达、问题的数目和排列顺序等，都直接影响着问卷的质量。

进行市场调查，用问卷搜集资料，有各种各样的问题可以提问。在问卷中提问什么，不提问什么，必须要经过认真思考和选择。

问题的选择一般必须考虑几点。

（1）必须选择与某种市场调查目的有必要关系的问题。结合市场调查目的选择问题，是从需要出发考虑问题。如果问题设计得过于简单，就无法满足市场调查研究的需要；但问题设计得过于烦琐，就会造成人、财、物力和时间的浪费，还会直接影响问卷的回收率和有效率。

（2）问题的选择必须符合市场现象在一定时间、地点、条件下的客观实际情况，如对居民耐用消费品拥有量的调查。20 世纪 80 年代，电视机、冰箱、洗衣机为代表商品，20 世纪 90 年代则发展为彩色电视机、电冰箱、录像机等，到 21 世纪初代表商品向住房、空调、计算机、家庭汽车等发展，将来，还将有更高层次的商品满足需求。这样，同样是市场调查，随着时间、地点、条件的变化，所选择的问题也不尽相同。问卷中的问题不论是落后于市场现象的表现，还是超越市场现象的表现，都是不符合客观实际的，以此进行市场调查也就不会取得理想的调查效果。

（3）问题的选择还必须符合被调查者回答问题的能力和愿望。这点所强调的是根据被调查者回答问题的可能性来选择问题。调查者绝不能将被调查者根本不可能知道的问题，被调查者不愿回答的问题，难度大大超出被调查者理解和回答能力的问题等选入问卷之中。

总之，问题的选择是一个关系到问卷质量，关系到市场调查需要性和可能性有机地结合的重要问题，必须在设计问卷中处理好。

二、问卷中问题类型的选择

问题与答案是问卷的主体部分，对问卷中问题与答案的设计也是问卷设计的关键内容。问题与答案的设计有必须遵守的原则，也有具体的方法和技巧。问卷中问题的类型主要有以下几种。

（一）按询问的方式分类

问卷中的问题按询问的方式可以分为直接性问题、间接性问题和假设性问题。

1. 直接性问题

直接性问题是指在问卷中通过直接提问的方式得到答案的问题。

例如：你喜欢在什么场所购买衣服？

□品牌专卖店 □大型百货商场 □大卖场品牌专柜 □超市品牌专柜 □就近的商店

2. 间接性问题

如果遇到敏感性问题，或是涉及态度、动机方面的问题就不适合直接提问，而要用间接提问的方式。

间接性问题是指采用间接提问方式得到答案的问题。对于那些被调查者不愿意真实表达意见的问题，调查人员不应为了得到答案而强迫被调查者，使他们感到不快或难堪，而应该采取间接提问的方式，使被调查者认为很多意见已经被他人提出了，他们要做的只不过是对这些意见加以评价罢了。

例如：有些人认为目前的个人所得税政策应该调整，有些人认为目前的个人所得税政策仍然是合适的，您怎么看待目前的个人所得税政策？

3. 假设性问题

假设性问题是指通过假设某一情景或现象存在而向被调查者提出的问题。这类问题可以用于了解消费者潜在的动机、态度和选择。

例如：如果你想再次购买T品牌运动鞋，当它的价格上涨多少时，您会改变主意，购买其他品牌的运动鞋？

例如：请问在您准备购车时，国家对新能源汽车的优惠政策达到什么程度时，您会选购新能源汽车？

（二）按收集资料的性质分类

问卷中的问题按收集资料的性质可以分为事实性问题、动机性问题和态度性问题。

1. 事实性问题

事实性问题是指要求被调查者提供一些事实性信息的问题。

例如：您是否使用过国产品牌手机？

A. 使用过　B. 没有使用过

事实性问题一般情况下都较容易回答，被调查者按自己的实际情况回答问题即可。在设计事实性问题时需要充分考虑到被调查者回答的可能性和方便性，为此，问题所涉及的时间和范围需要明确界定，不能笼统地设问，以防被调查者难以回答问题。通常，在一份问卷的开头或结尾处有要求被调查者填写其个人资料的问题，这些问题均为事实性问题。

2. 动机性问题

动机性问题是指用来了解被调查者产生行为的原因或动机的问题。

例如：您为什么购买 T 品牌的手机？

在设计动机性问题时，应注意人们的动机有时是有意识的，有时是半意识或无意识的。对于前者，有时会因种种原因被调查者不愿意真实回答；对于后两者，因被调查者对自己的动机不是十分清楚，容易产生回答困难，因此，最好是按照调查的目标事先设计好一些可能答案供被调查者选择。

3. 态度性问题

态度性问题是指用来了解被调查者的态度、评价、意见等的问题。

例如：您对 A 品牌手机的总体满意程度为：

与您使用前的期望相比，您认为 A 品牌的手机总体质量显得：

由于态度性问题涉及量表技术，具体设计方法可参考本章第一节内容。

（三）按答案的形式分类

问卷中的问题按答案的形式分类，可分为开放式问题和封闭式问题。

1. 开放式问题

市场调查问卷中若采用开放式问题，问卷设计者就在所提出的问题后留下一块空白，由被调查者根据实际情况，将回答填写在空白处。所留空白大小必须合适。空白留得太大会增加问卷的篇幅；空白留得太小则限制了被调查者提供更多信息。

例如：“你心目中理想的教师形象是什么样的？”“你在学校学习中最苦恼的问题是什么？”等。

开放式问题提问比较灵活，可用于不知道问题答案有几种的情况。因为对答案没有限制，被调查者完全可以按照自己的想法去回答，方便被调查者自由发挥。开放式问题还有利于调动被调查者的兴趣，争取被调查者的合作。利用这种提问方式，调查者往往可以获得意外的信息资料。

开放式问题适用于如下三种情形：

（1）被调查者可能提供的答案有很多种，无法全部罗列出来；

（2）要求逐字逐句地记录被调查者的答复以便充分了解被调查者的回答时，或者要在报告中引用他们的回答作为例子时；

（3）当要调查的消费者行为十分敏感或不受到普遍赞同时（例如对饮酒或抽烟行为进行估计），如果采用开放式问题，没有预先设定的答复类别，那么人们报告的活动频率往往会高一些；如果采用封闭式问题，被调查者可能从中选择某个低频率答复类别。

开放式问题存在以下缺点：

（1）标准化程度低，调查结果不易处理，无法深入进行定量分析；

（2）回答率较低，需要占用较多的调查时间；

（3）编辑和编码费时费力；

（4）调查人员不一定总是能够准确地识别出被调查者答案之间的差别，容易形成访问员误差。

在开展大规模调查时要尽可能地多采用封闭式问题。

2. 封闭式问题

封闭式问题是一种需要被调查者从一系列答案选项中做出选择的问题。

例如：根据你从这个广告里看到的和听到的，你认为下列这些词或短语中哪一个最能描述出最有可能使用这种产品的一类人？

A. 年轻　B. 年老　C. 摩登　D. 老派

封闭式问题有以下优点：

（1）易于回答，回答率较高；

（2）访问员误差低；

（3）标准化程度高，大大减少编码和录入数据时的误差；

（4）调查得到的结果可以直接用于被调查者间的比较。

封闭式问题也存在一些局限。

（1）调查问卷设计人员需花费很多时间来斟酌答案选项，因此要事先做一些探索性研究工作。

（2）答案选项的排列会带来次序偏差，即在其他因素不变的情况下，被调查者对排在前面的和最后的答案有优先选择的倾向。对于这种偏差，调查员可以通过调查时变换开始选项来控制，第一份问卷从第一个选项开始读起，第二份问卷就可以从第二个选项开始，依次下去，可以有效地解决次序偏差。

阅读参考 5–2

有用的开放式问题

下面是一些开放式问题，这些问题通常没有被问卷设计者注意到，但这些问题却能启发被调查者产生深刻的思考。

（1）什么因素使你使用或购买一项产品或服务？这样的问题在焦点小组访谈或深度访谈中是很有用的，至少，它可以为问卷做一个即时的总结。它也可以被当成一场讨论会的主题，对问卷没有涉及的问题进行讨论。例如，在一个关于欧洲发行的儿童杂志研究中，应答者反映应该简化文章，所用的例子应该能够被美国的儿童所接受。

（2）关于产品、服务、促销，什么才是最好的？这个问题比传统的“你喜欢它什么？”能产生更好的效果，并且能够作为传统“喜欢”问题的补充。一家食品公司推出了一种冷餐，无论从口味还是品相上，都还不能为公司赢得任何口碑。如果再问应答者关于这种食物你喜欢什么，将会一无所获，因为应答者本身对这种食品就很不满意。然而，公司发现通过问这种食品的最大优点是什么会有很大收获。在研究中公司发现，很多应答者是有工作的母亲，她们希望能有一种方便的、迅速加热即熟的早餐提供给自己的家人。基于简单“喜欢”问题的回答，顾客所有想法可能都已经出来了，然后关于"最好"问题的回答，顾客就会知道公司将会做什么事，即对产品口味和品相进行改进。

（3）关于产品、服务、促销，什么才是最差的？这是"最好"问题的对立面，这个问题往往能带来意想不到的答案。讨论起看牙医的经历，应答者很能理性地说出他们的厌恶，包括疼痛、花费、不安全感。当你问起"看牙医时，发生在你身上最差的事情是什么"的时候，很多人会回答："你会死的！"死在牙医的椅子上是很少发生的情况，但是这些回答使调查人员明白了人们是可以处理自己的恐惧水平的。

（4）主要思想登记。至少，调查人员可以知道应答者是否真正理解问题。要求主要思想登记往往是确认沟通是否顺畅的捷径，否则，有关主体的沟通问题会妨碍主题的接受度。有时，实施过程是主题是否发生偏离的关键。在焦点小组座谈中，快速修正可能会消除误解，也可能改变主题。如果应答者不能理解潜在的意图，他们会觉得这个问题有歧义或者难以回答。

三、问卷中问题答案的设计

问题答案的设计是问题设计的重要组成部分，特别是在封闭式问题中，其答案的设计必须经过周密细致的考虑。在设计答案时，可根据具体情况采用如下不同的形式。

（一）二项选择法

二项选择法又称二分法，是指问题只有两个答案选项，如是或否、同意或反对等。这两个答案是对立的，被调查者的回答非此即彼。例如，"您家里现在有电脑吗？"答案只能是"有"或"无"。

这种方法的优点是容易编码和分析，缺点是容易产生大量的误差，因为答案处于两个极端，省略了两个极端之间大量的可能选择的答案。

（二）多项选择法

多项选择法指问题有两个以上的答案，被调查者可选出一个或多个答案。

例如：您选择 A 品牌空调的主要原因是什么？（最多记录三个）

表 5–4 多项选择法

质量很好	
售后服务很好	
耗电少	
噪音小	
低温能启动	
温度控制精确	
抽湿或加湿功能好	
有健康功能 / 不得空调病	
过滤网和导流板易拆洗	
其他原因（注明）	

这种方法的优点是比二项选择法的强制选择有所缓和，答案有一定的范围，所以能比较全面地反映被调查者对某种产品或服务的要求。但采用这种方法时，调查人员要注意如下三个问题：

（1）要考虑到全部可能的答案，及答案可能出现的重复和遗漏；

（2）要注意答案的排列顺序，因为存在次序偏差；

（3）答案较多时，被调查者无从选择，或产生厌烦，所以，一般选项数目应控制在10个以内。

（三）量表法

具体请参考本章第一节的有关内容。

（四）排序法

排序法是指列出若干选项，由被调查者按重要性决定先后顺序。

例如，根据下面列出的五类广告：A. 电视广告　B. 报纸广告　C. 广播广告、D. 路牌广告　E. 杂志广告。请您按记忆的印象，由深至浅排序。

排序法便于被调查者对其意见、动机、感觉等做比较性的表达，也便于调查者对调查结果加以分析。但比较的选项不宜过多，过多则容易使被调查者注意力分散，导致很难排序。

（五）比较法

比较法是指把若干可比较的事物整理成两两对比的形式，要求被调查者做出回答的方法。

例如：请比较下列每一对不同品牌的轿车，您更喜欢哪一个？

（1）大众　丰田

（2）丰田　别克

（3）别克　本田

（4）本田　沃尔沃

比较法适用于要求被调查者对产品的质量和效用等做出评价的情况。应用比较法要考虑被调查者对所要做出选择的商品品牌等选项是否熟悉，避免出现过多的无回答现象。

四、问卷设计要注意的问题

（一）措辞的选择

问题的措辞方式会对被调查者如何理解这些问题产生很大的影响。即使措辞上的小小变化也能够改变被调查者的回答，因此，在措辞上应该注意如下问题。

（1）用词要通俗。对于大规模的调查，调查对象的文化背景、教育水平、知识经验都有很大差别，应尽量减少使用专业性的词汇。问题中所用词汇应该简单、直截了当并为被调查者所熟悉，忌用技术味很浓的专业术语。

例如：您对哪个ISP的服务比较满意？（差的提问）

您对哪个网络服务供应商的服务比较满意？（好的提问）

您觉得百姓大药房的 POP 广告怎么样？（差的提问）

你认为软饮料的分销充分吗？（差的提问）

当你想买软饮料时，你是否容易买到？（好的提问）

（2）用词要确切。用词一定要保证能使所要提问的问题清楚明了，具有唯一的意义。不确切的词和含糊不清的问句会使被调查者不知所云，从而也就不知从何答起，甚至根本就不作答。

如问：“您通常读什么样的杂志？”这个“通常”让被调查者很难把握，不知该怎样去理解，它可以指场合，也可以指时间，到底指的是什么难以确定。类似的词语还有“经常”“大概”“可能”“也许”“偶尔”“有时”……

请问您通常每周锻炼多少次？（差的提问）

请问您在过去的一周内锻炼了多少次？（好的提问）

（3）避免使用冗长复杂的语句。例如：“假设你注意到冰箱的制冷功能并不像你刚把冰箱买回来时效果那样好，于是你打算修一下，你脑子里有什么想法？”不如改成“假若你的冰箱制冷功能不正常，你会怎样解决？”

（4）避免使用双重提问。双重提问是指两个或两个以上问题被合并成了一个，此时问题中可能只有一部分是被调查者同意的，其余部分是不太同意的，这样得到的答案无法进行比较。

例如：你对这种服务的价格和便利性是否感到满意？（差的提问）

你对这种服务的价格是否感到满意？（好的提问）

你对这种服务的便利性是否感到满意？（好的提问）

（二）避免否定形式提问

否定式提问也称假设性提问，是指对有些要提的问题，问题设计者先做出某种假设，以此为前提让被调查者做出单项或多项的选择。

例如：您觉得这种产品的新包装不美观吗？

日常生活中人们习惯于肯定的提问，而不习惯于否定形式的提问。否定形式的提问会破坏被调查者的思维，造成相反意愿的回答或选择。

（三）避免诱导性和倾向性提问

合格问卷中的每个问题都应该是中立的、客观的，不应该带有某种倾向性或诱导性。

例如，以下几种提问的措辞都并非中性。

（1）问：“您认为教师的工资水平是否应该提高？”

问句中的“是否应该提高”这种提法带有明显的肯定倾向，它很可能诱导被调查者选择肯定的答案。

应改为：“您认为教师的工资水平如何？”

（2）问：“您认为在我国汽车工人有可能失业的情况下，作为一个爱国的中国人应该购买进口小汽车吗？”

（3）问：“××啤酒制作精细、泡沫丰富、口味清醇，您是否喜欢？”

（4）问："计划生育是我们国家的一项国策，您认为独生子女和多生子女哪个更利国利民？"

这些问题有意向被调查者暗示答案的方向，或者暗示调查者自己的观点，所以它们都可归类为"诱导性或倾向性问题"。

（四）避免提断定性问题

有些问题是先判定被调查者已有某种态度或行为，基于此进行提问，这会让某些被调查者无法回答。

例如："您每天抽多少支香烟？"或"您喜欢喝什么酒？"

事实上该被调查者很可能根本就不抽烟或不喝酒，那么该如何回答呢？这种问题实际上为断定性问题。

正确处理这种问题的方法是：在断定性问题之前加一条"过滤"问题。例如问："您抽烟吗？"如果被调查者回答"是"，接下来再用断定性问题继续问下去，这样才有意义；如果被调查者回答"否"，则在该过滤性问题后就应停止询问每天抽多少支香烟。

（五）避免直接提出敏感性问题

关于个人隐私方面的问题，或不为一般社会公德所接纳的行为或态度类问题，通常称之为敏感性问题或困窘性问题，对这类问题若直接提问往往会引起被调查者拒答，或不真实地回答。

例如：

（1）您平均每个月打几次麻将？

（2）您的小轿车是分期付款买的吗？

（3）您光顾过按摩房吗？

被访者对这类问题往往会产生种种顾虑，甚至还会产生反感，如果一定要想获得这类问题的答案，必须避免被调查者不愿回答或不真实回答，最好的方法是采取间接提问的方式，并且语气要特别委婉，以降低问题的敏感程度。

（六）避免推论或估计

应该使被调查者在回答问题时不必做推论或估计。假设我们对家庭的每年每人在日用品上的支出感兴趣，我们问被调查者："在您家中每年每人在日用品上的支出是多少？"那么被调查者必须将每月在日用品上的支出费用乘以 12，从而确定每年的支出，然后将年支出数额除以家庭中的人口数。大多数被调查者不能进行这些计算，所以我们应该向被调查者问两个更简单的问题："您家中每月在日用品上的支出是多少？""您家中有几口人？"然后调查人员再进行必要的计算。

本章小结

测量是根据预先设定的准则，将数字或符号分派给所研究事物的特定特征的一种标准化的过程。量表是测量的一个扩展，它是创建一个将被测物体定位的连续区间，这样物体所具有的特征的测量结果就可以表示在这个连续区间上，有多种分类。量表的表现形式多种多样，从不同的角度对其进行分类可以将其分为：基本量表、等级顺序量表、配对比较量表、语义差别量表、瑟斯顿量表、李克特量表。其中按量表测量结果的数字特性，可以将基本量表分为类别量表、顺序量表、等距量表和等比量表四类。语义差别量表、瑟斯顿量表、李克特量表都是分项评分量表。选择量表时还需要考虑一些基本因素。

可以通过效度和信度来测定量表的有效性和可靠性。效度包括内容效度、效标关联效度和建构效度；检验量表的可靠性的方法有重复检验法、交错法和分半法。

问卷调查表是由一组从被调查者处获取信息的格式化的问题构成。一份完整的问卷通常包括标题、问卷说明、调查主题内容、被调查者基本资料和编码。问卷设计的目的是设计出符合调查目标需要，能获取足够、适用和准确的信息资料的调查问卷。为此，问卷必须提供与调查目标一致的信息。

问卷设计必须遵循一定的程序，包括：确定调查目标和调查内容、确定被调查者的类型和特点、确定数据收集的方法、设计问卷、问卷评估与修订、获得各方认同、问卷试调查和修订、印制。

问题设计是问卷设计的重要内容。问题有许多不同的分类和形式：按照询问方式，可以分为直接性问题、间接性问题和假设性问题；按照要收集的资料性质，可以分为事实性问题、动机性问题和态度性问题；按照答案的形式可以分为开放式问题和封闭式问题。问卷设计要注意措辞的选择、避免否定形式提问、避免诱导性和倾向性提问、避免提断定性问题、避免直接提出敏感性问题、避免推论或估计等。

思考题

1. 何谓类别量表、顺序量表、等距量表、等比量表？它们各有什么特点？
2. 何谓等级顺序量表？何谓配对比较量表？
3. 何谓语义差别量表？如何正确使用？
4. 何谓瑟斯顿量表？如何正确使用？
5. 何谓李克特量表？如何正确使用？
6. 选择量表要考虑哪些因素？
7. 何谓效度和信度？
8. 何谓问卷？何谓问卷设计？
9. 问卷设计应满足哪些要求？
10. 问卷设计应遵循哪些基本程序？
11. 问卷中的问题有哪些分类方式和类型？
12. 开放式问题、封闭式问题各有什么优缺点？在什么情况下使用？
13. 何谓答案设计的多项选择法？有什么优点？
14. 问卷设计应注意哪些问题？
15. 试分析下面问题设计，是否需要修改？如何修改？

（1）当你外出吃午饭时，你是否有时候会在同一家餐厅吃饭？

是（ ） 否（ ）

（2）你上街购物是否去同一家商场？

是（ ） 否（ ）

（3）你对 W 酒店的服务质量和居住环境是否满意？

是（ ） 否（ ）

（4）你通常在哪里购买日常用品？

（5）你觉得我国目前个人所得税是否太高？

是（ ） 否（ ）

（6）你认为我国政府对房地产价格实行调控的政策是否适当？

案例分析

清凉啤酒公司的经理正在考虑改进啤酒包装，采用 250 毫升的小瓶并以 4 ～ 6 瓶组合包装出售。这样做的目的，第一，方便顾客，因为小瓶容量小适合单人饮用，不需另用杯子也不会造成浪费；第二，希望这种包装对更多的人具有吸引力，使小瓶装啤酒进入一些大瓶装啤酒不能进入的社交场合；第三，方便顾客购买并促进销售。这种啤酒在国外早已流行，但目前是不是在我国推出的时机呢？在正式做出采用新包装的决策之前，必须获得下面问题的答案：新包装是否有足够的市场？目标市场在哪里？消费者一般在什么时候饮用？顾客希望在哪类商店买到？

研究目的有以下几方面：

（1）测量消费者对小瓶组包装啤酒接受的可能性；

（2）辨别小瓶组包装的潜在购买者和使用者；

（3）辨别新包装啤酒的使用场合；

（4）判断顾客希望在什么地方的商店买到这种啤酒；

（5）判断潜在的市场大小。

选择的样本是 18 岁以上饮用啤酒的人。调查员将会在各大超市、便利店等地方拦截顾客并以面谈访问方式进行信息收集，这样做调查员可以向被调查者出示新包装啤酒的图片和样品。

调查问卷初稿：

（1）您已经 18 岁了吗？（视情况发问）

是（ ） 否（ ）

（2）您喝酒吗？

（3）您喝什么类型的酒？

白酒（ ） 葡萄酒（ ） 香槟酒（ ） 啤酒（ ） 其他（ ）

（4）您喝啤酒吗？

是（ ） 否（ ）（询问结束）

（5）您认为啤酒适合在正规场合还是在非正规场合喝？

正规场合（ ） 非正规场合（ ） 两者都行（ ）

（6）您多长时间喝一次啤酒？

天天喝（ ） 一星期一次（ ） 半个月一次（ ） 一个月一次（ ） 一年几次（ ）

（7）您在什么场合喝啤酒？

日常进餐时（ ） 特别节日（ ） 来客人（ ） 周末假日（ ） 聚会（ ）
郊游（ ） 感到轻松愉快时（ ） 其他（ ）

（8）您知道酒类用多个小瓶组合包装出售吗？

是（ ） 否（ ）

（9）您认为将250毫升的啤酒6个一组包装在一起销售这种方法如何？

好主意（ ） 不好（ ） 无所谓（ ）

（10）为什么？

（11）您喝过××啤酒吗？

是（ ） 否（ ）

说明：清凉啤酒公司现正准备改进啤酒包装，采用小瓶（250毫升）6个一组的专门包装在市场上推出。

（12）如果价格不比单瓶装增加的话，您愿意购买这种包装的啤酒吗？

愿意（ ）（到14题） 可能（ ） 不愿意（ ） 不知道（ ）

（13）为什么？

（14）您会在哪些场合使用这种小瓶装啤酒？

正常进餐（ ） 特别节日（ ） 小型聚会（ ） 周末（ ）
大型聚会（ ） 野餐（ ） 休息放松（ ） 体育运动后（ ） 其他（ ）

（15）您希望在哪类商店买到这种包装的啤酒？

食品商店（ ） 专门酒店（ ） 百货公司（ ） 连锁超市（ ） 其他（ ）

（16）您觉得这种包装的啤酒应该与哪类酒摆在一起？

白酒（ ） 香槟酒（ ） 葡萄酒（ ） 其他啤酒（ ） 饮料（ ）
其他（ ）

案例来源：陈启杰编著《市场调查与预测》，上海财经大学出版社，2014年版。

问题讨论

（1）该问卷问题设计能否实现研究目标？

（2）可否设计其他问题来了解顾客态度和购买意愿？可以用什么方法来得到更有用的信息？

（3）对于问卷的结构和内容，还有哪些需要修改的地方？

Chapter 6

第六章　实地调查

本章概要

实地调查是一种通过实地考察，搜集有关社会问题或现象的资料，并运用科学的统计方法予以分析研究，以了解情况，弄清问题，提出调查结论和决策建议的研究方法。实地调查法可以分为访问法、观察法和实验法三种。

学习目的

通过本章的学习，要求掌握市场调查的实地调查方法；理解访问法的概念，掌握访问法的各种调查方式及其运用情况；了解观察法的特点及通用范围，掌握观察法的各种观察方式；理解实验法的概念及优缺点，掌握实验法的设计；学会运用访问法、观察法、实验法进行市场调查研究。

基本概念

实地调查　访问法　观察法　实验法

引导案例

宝洁公司的定性调查

宝洁公司对如何改进汰渍洗衣粉有兴趣，于是邀请了一些家庭主妇与汰渍营销人员一起讨论如何使汰渍更受欢迎，如何改进它的包装，以及讨论其他有关清洁剂方面的问题。通过这种形式，公司可以总结概括出一些好的包装建议、产品设计建议，甚至是正确的市场定位。

宝洁公司打算设计一种特殊的汰渍店堂陈列形式，但在正式投入前要测试一下这种陈列方式的效果。于是宝洁公司选择弗朗西斯科市郊的一家百货店进行陈列，并通过录像观察购物者的反应。营销人员还可通过录像分析这种陈列方式是否达到了他们预期的效果，是否将汰渍的特点反映了出来，能否吸引顾客在此停留，顾客是否有兴趣阅读陈列品上的文字说明，他们是否有兴趣拿起汰渍的商品仔细研究一下。

资料来源：阿尔文·C. 伯恩斯、罗纳德·F. 布什：《营销调查》，梅清豪译，中国人民大学出版社，2001。

第一节　实地调查概述

一、实地调查的概念

随着社会经济的发展和营销活动的深入开展，现场搜集信息的方法越来越多。

实地调查是相对于案头调查而言的，是对在实地进行市场调查活动的统称。在某些情况下，案头调查无法满足调查目的，收集资料不够及时准确，这时就需要进行实地调查来取得第一手资料和情报，使调查工作有效顺利地开展。

所谓实地调查，就是指对第一手资料的调查活动。实地调查是一种通过实地考察，搜集有关社会问题或现象的资料，并运用科学的统计方法予以分析研究，以了解情况，弄清问题，提出调查结论和决策建议的研究方法。实地调查是指在社会实际生活中进行的调查。

它既不能像生物学家把动物放在笼子里进行与外界隔绝的控制实验，也不能像文献研究那样以图书和资料为依据。但是，从事实地调查的工作者可以通过对资料收集程序的研究设计，达到能够近乎完全控制调查过程的程度。在传播研究中，实地调查方法被公认是对被调查者进行研究的一种最重要最有效的方法。

二、实地调查的价值

1. 通过实地调查，调查员可以更加深入地了解和掌握市场最新的信息

实地调查过程中，调查员深入实地进行调查，可以比较客观地搜集第一手资料，亲身体验市场的发展与变化，深入地了解和掌握市场最新的信息。

2. 结合自己的调查目的，更有针对性

调查员通过设计问卷，拟定提纲，可以更充分地、更有针对性地分析要研究的问题，同时，在调查过程中，调查员还可以根据实际情况的变化及时调整，以便更有针对性地搜集所需资料。

3. 便于进行各种定性和定量分析

在实地调查过程中的非结构性访问可以通过观察法、逻辑判断法等定性分析方法进行分析；结构性访问可通过问卷调查、提问等方式进行调查，进而从数量上研究所调查的市场的状况。

4. 更好地把握市场的规律和趋势

通过实地调查法，调查员可以直接记录调查的事实和被调查者的行为，调查结果更接近于实际，调查员对市场的了解和把握更为深入，能更加准确地掌握市场发展变化的规律和趋势。

5. 提高结果的可信度，对企业经营决策有更重要的参考价值

实地调查法中的观察法可以使调查员对被调查者进行直接观察，有利于判断被调查者回答问题的实事求是程度，以及回答问题的可靠程度。调查员采用开放式问题调查，包括面谈调查可以获得新的产品与服务的构想，可以得到顾客对相关问题的初始反应，这些对企业经营决策有重要的参考价值。

三、实地调查的分类

实地调查法可以分为三大类：

①访问法，包括面谈调查、电话调查、问卷调查、网络调查、拦截式调查等几种类型；

②观察法；

③实验法。

第二节　访问法

一、访问法概述

访问法又称为访问调查法或询问法，是指调查者以访谈询问的方式，或通过电话、邮

寄、留置问卷、小组座谈、个别访问等询问方式向被调查者搜集市场调查资料的一种方法。访问法是以问和听的形式获取相关市场信息的一种市场调查方法，是搜集市场调查资料的最基本最常用的调查方法，主要用于对原始资料的搜集。

访问法按不同标志划分，可以分为许多类型，主要有如下几种。

（1）按访问形式不同，可以分为面谈调查法、电话调查法、问卷访问法、拦截式调查方法、邮寄访问法和小组讨论法等。这几种方法将在后面做重点介绍。

（2）按访问方式不同，可以分为直接访问和间接访问。

直接访问是调查者与被调查者直接面对面地进行访问交谈，如面谈调查。间接访问是调查者通过电话或书面形式间接地向被调查者进行访问，如电话询问、邮寄询问、留置问卷询问等。

（3）按访问内容不同，可以分为结构性访问和非结构性访问。

结构性访问又叫标准化访问，是指调查者事先拟好调查问卷或调查表，按照调查问卷或调查表的顺序和内容有序地依次向被调查者发问，让被调查者作答的访问方法，主要应用于数据收集和市场的定量研究。非结构性访问又叫非标准化访问，是指调查者按拟定的粗略的调查提纲自由地向被调查者访问，主要应用于非数据信息收集和市场的定性研究。

访问法的特点在于整个访谈过程是调查者与被调查者相互影响、相互作用的过程，也是人际沟通的过程。

（1）体现为直接性，即访谈双方直接沟通感情，调查者直接搜集信息资料。如在询问中双方直接交谈，对所提出的调查事项如不明确或不理解，被调查者可以当面提问和说明；调查者对未能表述清楚的内容可以立即进行补充和更正；当被调查者有顾虑，不愿坦率交谈时，调查者则可适当开导，沟通思想，活跃谈话气氛；同时，当面交谈，现场记录，调查者对一些不符合实际的材料可以当场核实；调查者可按调查内容逐项提问，不致遗漏，而且对方所回答的问题都是本人见解，其代表性真实可靠；有些人只愿口谈而不愿笔写，通过访问法调查者便可直接收到答案。

（2）调查结果受访谈双方态度和素质的影响。被调查者是否认真负责地提供资料，会影响调查结果。在面对面询问中，被调查者往往根据调查人员的诚意、谈吐及行为来决定自己是否予以支持与合作，也就是说，调查人员的性别、年龄、服饰、仪表、气质、风度、口音、表达能力等都会对被调查者产生影响，从而影响调查结果。

阅读参考 6-1

市场调查研究经典案例——迪康药业

迪康药业新研制出了一种产品——小儿感冒颗粒。面对市场上众多的儿童药品，迪康必须要有自己独特的营销视角和卖点，才可能在竞争激烈的市场上存活下来。迪康通过一系列的市场调查研究，发现了儿童药品服用的决策者是医生而不是父母，因此，就将医生作为其目标群体。但医生一般情况下，不容易轻易相信一种陌生的药品，他们只相信科学，相信权威所说的、有一定体系的言论。弄清楚这些情况后，迪康就先聘请著名的医学专家来创造出一些有利于该药品的理论。比如，服药空间论、药品颜色理论、药品搭配论等。对于服药空间论，迪康强调其小儿感冒颗粒的药性不大，属于中成药，副作用小，不会影响到孩子以后的服药空间。对于药品颜色理论，迪康强调小儿感冒颗粒为绿色药品，成分天然，几乎无副作用。对于药品搭配理论，迪康强调其他感冒药品在小儿感冒颗粒的搭配服用下疗效会更好。在一系列理论的包装下，医生就比较相信小儿感冒颗粒的疗效了，他们向家长推荐小儿感冒颗粒为家庭小儿常备药，而家长又最相信医生的言论，一定会遵照执行，孩子有什么小毛病的时候都会想到小儿感冒颗粒。经过这些调查和策划后，该产品一上市就获得了极大的市场份额。

迪康的这一产品之所以能获得成功，就是因为其对客户了解，明确了购买者不一定是决策者，再针对决策者的特征制定了一系列营销策略，以此影响决策者的决策。任何一种产品和服务推出前企业都应该对客户做充分的了解，在了解的基础上制定营销战略，企业才能在同类产品众多的市场上生存下来。由此可以看出，客户认知对于一个企业的重要性，一个企业越是了解其目标客户，越能满足目标客户的需求，也就越能成功地销售自己的产品和服务。目前，越来越多的企业认识到了解客户的重要性，并且通过很多手段和方式来达到了解的目的。比如，市场调查、客户档案、呼叫中心等。从某种程度上讲，谁更了解客户，谁就更有机会成为竞争的获胜者。

资料来源：www.chinacywx.com。

二、面谈调查法

面谈调查法，又称为个别面谈法，是指访问者通过面对面地询问和观察被调查者而获取市场信息的方法。它是市场调查中最通用和最灵活的一种调查方法。访问前要先设计好问卷或调查提纲，访问者可以按照问题顺序提问，也可以围绕调查问题自由交谈。在谈话中要注意做好记录，以便事后整理分析。面谈调查的交谈方式，可以采用个人访问、焦点小组访谈和深度访谈等多种形式。

（一）个人访问

1. 个人访问的优点

（1）富于伸缩性。个人访问法具有高度伸缩性，可采取任何一种问卷询问，如果被调查者同意的话，还可以利用录音机进行访问，一旦发现被调查者不符合样本条件，可立即终止访问。

（2）具有激励效果。个人访问还具有高度的激励效果，可以给被调查者充分发表意见的机会，以达到其个人情绪上的满足，或是被调查者与他人议论问题获得知识上的满足。有些被调查者如果知道是有关某类产品的调查，他们极有可能愿意与调查者面对面地讨论该类产品，以便自己有发表意见的机会，这样，与被调查者合作的可能性自然也就提高了，回答率也就相应提高。

（3）可获得较多资料。个人访问调查方式时间较长，可做深入询问，有些问题，被调查者可能并不了解，需要调查者的解释才能明白，这样可减少产生不完整答案或欠缺答案。只有个人访问方式，才能使答复误差减到最低程度。

（4）能控制问题的次序。问题的次序往往会影响被调查者的答案。个人访问能控制问题的次序，使被调查者的答案不会发生偏差。当被调查者因某种原因不愿意回答或回答困难时，调查者可以解释、启发、激励被调查者合作，完成调查任务。

（5）有观察机会。在个人访问时调查者可观察被调查者所回答的问题是否正确，如年龄、社会阶层、种族等问题都可通过观察来核对。

2. 个人访问的缺点

（1）费用高，时间长，调查的人力、经费消耗较多，对于大规模、复杂的市场调查更是如此。所以，这种方法比较适用于在小范围内使用。

（2）询问偏见。面对面交谈时，调查员的态度、语气等有时不免对被调查者发生影响，以致产生询问偏见现象。因此，个人访问对调查人员素质要求较高，调查质量易受访问者工作态度、提问技巧和心理情绪等因素的影响。

（3）对调查人员的管理比较困难。有的调查人员出于便利或急于完成调查任务的目的，随意破坏对样本的随机性要求和其他质量要求；有的调查人员在取得一些资料后即擅自终止调查做出结论，甚至还有人根本不进行调查，自己编造调查结果。这些都是十分错误的，但并非这种调查方法所特有，在这里提到，只是表明采用这种方法对调查人员较难控制罢了。

（4）个人访问法通常要求调查人员亲自到被调查单位或家庭中调查，对于规章制度较严的单位和对来访者有戒心的家庭，采用此法有时会遇到不少困难。

3. 访问方式的选择

欲取得良好的访问效果，访问方式的选择是非常重要的，一般情况，个人访问有三种方式。

（1）自由问答，是指调查者与被调查者自由交谈，获取所需的市场资料。一般在调查开始时采用此种方式。自由问答方式，可以不受时间、地点、场合的限制，被调查者能自由地回答问题；调查者则可以根据调查内容和时机、调查进程灵活地采取讨论、质疑等形式进行调查，对于不清楚的问题可采取讨论方式解决。如调查者可以问：

"您认为 ×× 商品的质量如何？"

"您想购买哪种牌子的 ×× 商品？"

"您觉得 ×× 商品的市场前景如何？"等。

实践证明，这种询问方式有利于消除隔阂，创造良好的交谈气氛。但调查者要注意把握引导谈话中心和主题，避免走题和延误调查时间。

（2）发问式调查，又称倾向性调查，是指调查人员事先拟定好调查提纲，面谈时按提纲进行询问。如调查洗衣粉市场，可以这样排列调查问题：您选用什么牌子的？为什么？这种牌子的优点有哪些？通过询问，调查人员可以判断消费者对商品的偏爱程度以及偏爱理由，判断商品市场占有率，弄清企业开拓市场和改进商品的努力方向。这种方式谈话简明，节省时间，便于统计归总数据。可以用一问一答形式进行，但调查员要注意调节气氛，使被调查者不至于有被"审问"的感觉，注意消除被调查者的误会和隔阂，避免产生调查误差。这种方式对于较熟悉的调查对象效果较好。

（3）限定选择，又称强制性选择，是指个人进行访问调查时同时列出说明商品特征的句子，被调查者从中选择接近或赞同的句子进行回答的询问方式。例如，询问购买 ×× 牌洗衣粉时，有这样几个句子供被调查者选择：

A. ×× 洗衣粉是名牌产品；

B. ×× 洗衣粉质优价廉；

C. ×× 洗衣粉有独特效果。

被调查者可以从问句中按自己对 ×× 洗衣粉的认识、喜好、偏爱程度进行选择，调查者则可从中进行汇总分析。在大量数据汇总中，如果选择 A 的比重大，则初步说明更多的人看中的是这种洗衣粉的名牌形象，其购买受品牌影响较大；如选择 B 的比重大，则说明较多的人看重商品的质价比；而选择 C 的人多，则表明人们着眼于这种商品的实用性。这样企业就可以依据这些信息，改进产品，开拓有吸引力的市场，制定有效的促销策略。

（二）焦点小组访谈法

1. 焦点小组访谈法的含义

焦点小组访谈法（Focus Group Interview）又称小组座谈法，是指采用小型座谈会的形式，选择一组具有同质性的被调查者，就某个专题进行充分讨论，从而获得对有关问题的深入了解的市场调查方法。

焦点小组访谈法的关键是在参会人员的代表性与充分交流间寻求平衡。焦点小组访谈法一般由 8~12 人组成，在一名经过训练的主持人的引导下，针对某一主题或观念以一种无预定程序的、自然的形式进行深入讨论，调查员从而获取一些有关问题的信息。同时也可以利用单面玻璃镜或录音录像设备观察小组成员的表情及发言情形，见图 6–1。小组成员应以具有相同性质者为佳，例如年龄、嗜好、学历、职业等，以免造成沟通障碍，影响讨论气氛。座谈的环境也相当重要，轻松的、非正式的气氛鼓励人们自由、本能地发表评论。座谈的时间应限制在 1~3 小时之内，最好在 1.5 个小时至 2 小时之间，因为深层地探索被访对象的信念、感情、观点、态度以及对有关问题的动机、认识，这个时间长度是必需的。

市场调查中的焦点小组访谈与人们日常工作中的座谈会有所不同，与深度访谈和其他市场研究方法也不一样。虽然交谈中无预定程序，但事先却需要经过精心组织安排，访谈过程中要始终围绕事先设定的主题进行，尽量不要偏离讨论方向，这不是随意进行的聚会闲聊。

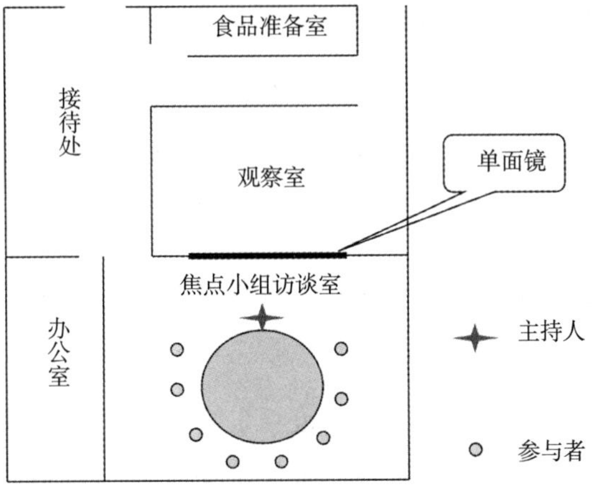

图 6–1　焦点小组访谈法的场景布局图

2. 焦点小组访谈法的应用

焦点小组访谈法可以应用于以下几种情况：

（1）了解被访者对某类产品的认识、偏好及行为；

（2）获取对新产品概念的印象；

（3）研究市场营销方案的创意，对市场营销方案进行测试；

（4）研究产品合理定价；

（5）了解被访者对某项市场营销计划的初步反应等。

3. 焦点小组访谈法的特点

（1）焦点小组访谈法的优点

焦点小组访谈与其他收集数据的方法相比，有以下几个优点。

①时间短

由于同一时间内同时访问了多个被调查者，因此，收集、分析数据的速度较快，所费时间较短。

②费用少

抽样人数比较少，比较节省人力、物力和财力。

③安全感

因为参与者之间的感觉是类似的，所以参与者们感到比较舒适并愿意表达他们的观点和感情。

④互动效应

焦点小组访谈常常是一种“互动”交流，即参与者之间的相互作用可以激发新的思考和想法，这是一对一的面谈所达不到的。

⑤协同增效

一组人坐在一起讨论，可以产生更广泛的信息、更深入的理解和看法。相比而言，单个人去询问只能得到私人的保密的回答。

⑥科学监视

调查者可以对数据的收集进行密切监视，可以亲自观看座谈的情况并可以将讨论过程录制下来用作后期分析。

（2）焦点小组访谈法的缺点

①难于主持

焦点小组访谈的方式是一对多的访谈，而不是一对一的访谈，需要很高的主持技巧，调查结果的质量在很大程度上取决于主持人的能力和素质，而具有高素质和能力的主持人是一种稀缺资源。

②数据凌乱

焦点小组访谈会的发言是无序的，凌乱的数据使得编码、分析和解释都比较困难，难以进行规范的定量分析。

③错误判断

焦点小组访谈的结果更容易被错误地判断，而且也特别容易受到被调查者和调查人员的主观影响。

④缺乏代表性

因为样本容量较小，焦点小组访谈的结果对调查总体而言是缺乏代表性的，因此，不能把焦点小组访谈的结果当作决策的唯一依据。

4. 焦点小组访谈法的实施过程

焦点小组访谈法的实施过程一般可分为三个阶段，即准备阶段、访谈阶段和分析阶段，如图 6–2。

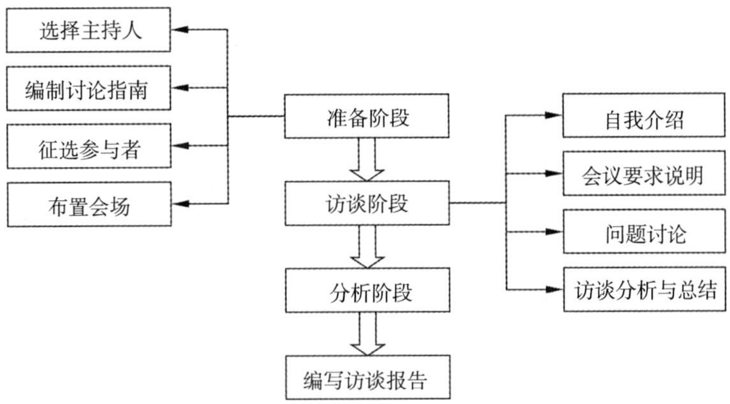

图 6–2　焦点小组访谈法的实施过程

（1）准备阶段

访谈的准备阶段要选择好主持人，事先编制讨论指南，征选合适的参与者，并做好访谈会场的布置。

①选择主持人

座谈会能否顺利、能否成功，主持人起着关键作用。一个优秀的主持人要求具备丰富的调查经验，掌握与所讨论的内容有关的知识，并能驾驭座谈会的进程和方向。因此，主持人需要具备两个方面的技能：一是必须能够灵活自如地调节谈话的气氛，控制谈话的进程；二是必须具备良好的沟通技巧，能有效地和与会者进行互动。

②编制讨论指南

召开一个小组访谈会，常常要讨论多个问题或一个问题的多个方面。为了使主持人更好地把握座谈会的进程，抓住访谈问题的要点线索，有必要事先编制一份讨论指南，将所要探讨、了解的问题详细列出。讨论指南的编制和问卷设计既有相同的地方，也有不同之处。相同之处是，都要根据研究目的以及对信息的要求来编写；不同之处是，问卷对要获取的信息的规定比较明确，问卷中的问题大多是封闭式问题，而讨论指南仅仅是限定获取信息的范围，指南中列举的问题通常是开放式问题，而且前后问题之间要有一定的逻辑关系。

③征选参与者

参与者一般是通过配额抽样或判断抽样的方法抽取出来的，参与者对研究的问题要有相当的经验或经历，调查者通常要确定某些标准来加以甄别。例如，在一些关于日常用品的座谈会中，可在社区范围内抽取参与者。

一般来说，一场座谈会的参与者以 8~12 人最为适宜。为了确保足够的人数，防止邀请好的参与者突然因故不能参加，可以多邀请 1~2 人。

④布置会场

选择一个合适的场所作为会议室，对会议室的基本要求是：

A. 能容纳 10~20 人；

B. 桌椅的设置应该使参与者彼此能够看得见，并消除参与者的上下等级感，一般是圆桌或椭圆桌较为理想；

C. 最好装有单面玻璃，以便调查者从室外观察或录像，或者在室内安装隐蔽的摄像设备；

D. 访谈室的隔音效果要好，若不能隔音，周围的环境必须噪声小，比较安静，以确保参与者能心平气和地参与讨论。

在会议室内，应给每个座位上分发一张空白小卡片、一支笔，还有饮料、水果，如果需要的话，还应展示产品样品。

（2）访谈阶段

当准备工作完成以后，就可选择一个合适的时间，请参与人员都到指定的会议室进行小组访谈。整个访谈会的进程大致按以下步骤进行。

①自我介绍

首先是主持人的自我介绍以及对焦点小组访谈会的目的做简要说明，之后每个参与者做简单的自我介绍。经过介绍，与会者之间有所了解，有利于消除陌生感，让会议的气氛活跃起来。

②会议要求说明

自我介绍完毕，接下来就是由主持人宣布会议要求，如：

每人每次发言不得超过 3 分钟；

发言时不允许批评其他人，但是欢迎大家对别人的观点加以发展、补充和完善；

在别人发言结束之前，不要插话，如果自己有了想法怕遗忘时，可先记录在空白卡片上，等别人把话讲完再讲。

事先说明会议要求对于确保会议顺利进行很重要，因为有了明确的要求，参与者通常就会自觉地遵守，即使有人违反约定，主持人提醒他一下，他也不会觉得主持人对他不尊重。

③问题讨论

这是座谈会最关键的阶段，所需的资料就是在这一阶段获得的。主持人宣布完会议要求之后，接下来显示问题情境并提出第一个问题，而后让参与者就所提出的问题发表意见和看法。

参与者发表意见是一个一个按顺序进行的，但每人每次发言都有一定的时间限制，对超出时间者，主持人可以礼貌地提醒发言者时间已到，让他自动停止发言，否则，可能因为个别人的发言时间太长而使其他人没有时间发言，导致信息收集减少。当问题提出后无人发言时，主持人也可指名让他人发言。一般来说，不允许主持人谈论自己对问题的看法，即使是为了诱导参与者也不行，因为主持人的观点对参与者可能会产生较大的影响，导致研究结果不客观。

主持人可以根据讨论指南主持会议，但要及时地抓住讨论过程中出现的新问题，并引导参与者加以讨论，发表见解。在整个座谈过程中，参与者的发言都要记录下来，一般由 1~2 个记录员做记录。为了避免遗漏以及方便座谈会之后做分析，许多座谈会都安排在装有单面玻璃或者摄像设备的会议室进行，并且调查者在会议室外会将座谈会的全过程录像保存下来。

在座谈会临近结束之前，主持人可以采用一定技巧让参与者说出自己的意见。如主持人可以说，“会议只剩 5 分钟，有什么想法请尽快提出来”，“在会议结束之前，请每个人再说出一个看法”，等等。

在所有人都谈出最后的意见后，主持人就可以宣布会议结束，同时向参与者表示感谢，发给适当的礼品或酬金。

④访谈分析与总结

小组访谈结束后，主持人要及时做汇报总结，也就是即时分析。访谈小组的专业知识与主持人的知识、其当时的全新感受结合起来，相互启发，活跃的思维常常会引发全新的观念。

（3）分析阶段——编写访谈报告

分析阶段的重点工作是撰写访谈报告。报告的形式取决于信息使用者的需要、调查者的风格以及调查方案中的规定。调查者可以凭借记忆做一个简单的印象性的总结，也可以运用“剪贴技术”：首先，“重放”全部小组会议过程；其次，调查人员审视整个过程，分析各种反应方式的思路和倾向，将各组中类似的反应方式剪辑在一起；最后，将这些资料分别存放在不同的档案中。

编写正式的访谈报告，要注意结构清晰。报告开头通常简单解释调查目的，说明所调查的主要问题，描述小组参与者的个人情况，并说明征选参与者的过程；接着，总结调查所发现的问题，并提出建议。通常访谈报告采用并列式结构，先列出第一个主题，总结针对这一主题的主要观点，并运用访谈的原始记录阐明这些主要观点，然后以同样的方式总结其他的所有主题。

阅读参考 6-2

调查技能

焦点小组访谈的主持人应具备以下技能。

1. 友善但坚定

对参与者友善、宽容。

鼓励参与者在访问环境中放松。

保持讨论的问题与调查的问题相关。

避免由一个成员主导讨论的倾向。

2. 宽容

关注友好的人群氛围是否被打断。

重建人群目标。

保持讨论以调查主题为本。

3. 参与性

鼓励和激发广泛的个人参与。

让他／她完全进入到讨论主题中。

4. 完整的理解

谨慎加入非表态性的言论，采用询问口吻，鼓励受访者对他们意见的来源进行更深入的思考。

展示想更深入理解参与者想法的真实好奇心。

5. 鼓励

了解不回答的小组成员并尝试打破他们的保守性，鼓励他们参与讨论。

有解释非语言暗示的能力，有办法扩展积极参与的人群的范围。

6. 灵活性

具备制订主题纲要的能力。

能够依据纲要内容指导有关人员工作。

在有人出现精力不集中时，具备即兴制订和修改计划的能力。

7. 敏感性

识别信息是否适合讨论的能力。

资料来源：A. 帕拉苏拉曼、德鲁弗·格留沃、R. 克里布南：《市场调查》（第二版），王佳芥、应斌译，中国市场出版社，2009。

（三）深度访谈法

1. 深度访谈法的含义

深度访谈法（Depth Interviews）是指调查人员与一名受访者在轻松自然的气氛中围绕某一问题进行深入讨论，目的是让受访者自由发言，充分表达自己的观点和情感，从而揭示受访者对某一问题的潜在动机和态度。例如，笔者曾经主持过一项企业横向课题，由笔者针对企业文化的主题与某企业董事长进行深入交流沟通，这就是典型的深度访谈，如图 6–3。

图 6–3　针对企业文化主题的深度访谈

深度访谈包括自由式访谈和半控制性访谈两类，前者对交谈内容没有控制，而后者则需要对每个问题的讨论时间和讨论内容加以控制。

自由式访谈一般适用于平级关系或工作时间弹性较大（机动时间较多）的被调查者。在自由式访谈中，被调查者可以自由地发表意见和回答问题，不受讨论时间的限制，也没有讨论提纲的制约，只要是和主题相关的内容，就可以畅所欲言。自由式访谈的目的在于从更深层次发掘主题内涵，捕捉深度信息。当然，在自由式访谈中，调查者也需要掌握一定的访谈技巧，而这些技巧又在很大程度上决定了访谈成功的程度。因此，对每个调查者而言，探索和掌握一定的访谈技巧不仅必要而且必需。

半控制性访谈一般适用于工作很忙的被调查者，比如经理人员、工程专家等。因为其工作很忙，机动时间较少，因此，调查者需要对每一个问题的讨论时间都加以系统控制。半控制性访谈因其访谈对象的特殊性，决定了其访谈内容的指向性。一般而言，半控制性访谈的内容多是最基本的市场情报，如市场需求情况、经济法规、竞争行为等内容。相对自由式访谈而言，半控制性访谈对调查者的要求更高，因为很多情况下，这是一种自下而上的访问方式，如果没有良好的人际沟通能力和公关能力，很难接近访问对象，即使接近了访问对象，也很难获得足够的信息资料。当然，由于半控制性访谈的“门槛”高，因此，一旦访问成功，往往能获得一些意想不到的事实和信息。

2. 深度访谈法的特点

（1）深度访谈法的优点

①可以获得比较全面的材料。由于没有对问题的答案加以限制，尝试深度访谈法可以获得研究者未预料到的资料。

②适合于了解一些复杂和抽象的问题。有些复杂、抽象的问题三言两语说不清楚，用一句话或一个词组更描述不清，只有通过自由交谈才可以搞清楚。

③有较多机会评价所获得资料或答案的效度和信度。调查人员可以从被访者的行动、表情和语调上，观察他们的动机和态度，分辨判断回答的真实性。

④访问的弹性相当大。调查人员可以重复询问，可以对问题做解释，以保证被访者明白问题的含义，调查人员也能明白被访者回答的真正意思。

（2）深度访谈法的缺点

①由于事先难以确定调查的程序结构，调查结果在很大程度上取决于调查员自身的素质与技巧，而调查员的素质参差不齐，所得调查结果的质量也有高有低，即使花大价钱培训调查员，也难做到人人具有高水平。

②深度访谈所得到的结果（数据）常常难以分析和解释，因此，需要专业的心理学者来解决这个问题。

③样本量小，偏差或误差较大。

④深度访谈占用的时间和所花的经费较多，因而在一个调查项目中采用深度访谈的数量十分有限。

3. 深度访谈法的实施及技巧

深度访谈法的实施一般要经过下列几个步骤。

（1）明确访谈主题

调查人员在访谈之前，必须对访谈的主题心中有数，这样才能保证访谈获得必要的信息。如果调查人员对所要访谈的主题没有清楚的了解，那么他就很难把握应该问什么样的问题，而且对被访者回答的信息是否有用、是否偏离了研究目的也无法做出判断。

（2）访谈前的准备

访谈前，调查人员所要准备的物品包括工具和礼品（或礼金）两个方面。

常用的工具有摄像机、录音机（笔）、纸、笔以及图片资料等。在一次具体的深度访谈当中，到底使用何种工具，要根据具体的情况来确定。一般来说，纸笔是最重要的记录工具。因为在许多情况下，录音机（笔）、摄像机都不能用，即使用上了，事后对录音、录像资料做分析也是相当麻烦的。记录时，应尽可能对有关问题做详细记录，有时实在来不及记录，可以先做一些简单的记录，或在纸上留下一些线索，以帮助事后回忆。有些深度访谈需要提供一些图片资料给被访者看，然后要求他们发表意见，这类图片资料可能是问题的关键，所以访谈前必须准备好。

深度访谈需要花费被访者的时间和精力，因此，必须对被访者的付出适当地给予补偿，可以采取赠送礼品或给予适当礼金的回报方式。

（3）选择访谈对象

选择合适的访谈对象是深度访谈成功的关键，应该选择那些对所要研究的问题有比较多的经验或了解，并且是比较健谈的人。例如，在关于保健品调查的预备性深度访谈中，合适的访谈对象应该是那些近期购买并经常服用的消费者，这样的消费者对保健品有较多的认识和体会，与他们进行交谈才能获得必要的信息。调查人员在选择访谈对象时，一般采用判断抽样方法，这样可以保证被访者的意见比较有代表性，不偏离研究目的，而且比较深入、全面。

（4）实地访问

这是深度访谈法的关键环节，任务是与被访者交谈，以最大限度地获取所需资料。为使访谈工作进展顺利，调查人员应做好以下几项工作。

①自我介绍。调查人员做自我介绍，是为了取得被访者的信任。人们对陌生人都怀有防备心理，所以如何把自己介绍给被访者，让被访者接受访问，并热情、友好地配合访问工作，是非常重要的一步。

自我介绍时，要首先说明自己的身份并出示有关证件，避免被访者因你的身份不明而拒绝访问；态度要落落大方、不卑不亢；调查人员一定要有耐心和意志力，不要与被访者争吵。

如果成功地介绍了自己，得到了被访者的信任，紧接着调查人员就要详细地说明访问的意图；如果在自我介绍之后，仍然遭到被访者的拒绝，调查人员就要重新选择访问对象。

②交谈。成功的访问需要在一种轻松、愉快、友好的气氛中进行，这样才能使被访者感到舒适和无拘无束，他们才能充分发表自己的意见。为此，在交谈之前，调查人员先要表示礼貌和尊重，再观察被访者的表情、行动，找些轻松的话题聊一聊，让气氛活跃起来，在建立某种程度的信任关系后，再找时机谈论正题。

在交谈中，调查人员应该做到以下几点。

A. 表述清楚。调查人员要将询问的问题表述清楚，如果问题太抽象，则要换成形象的语言，否则被访者就会不知如何作答。

B. 注意倾听。在被访者回答问题的过程中，调查人员要当一个好的听众，集中精力、专心致志地倾听，即使是体态语言也要表现出自己对被访者谈话的高度重视，不要表现出厌烦、无奈的情绪。另外，注意不要打断被访者的话题，如果有什么不清楚的地方，要等被访者讲完之后再询问，即使有些话与主题无关，也要耐心地听，找机会转移到正题上来。

C. 把握询问的方向及问题的焦点。如上所述，被访者的谈话难免偏离主题，调查人员要注意把握谈话的方向，将话题转移到正题上来，但一定要选择适当的机会，尽可能使对方觉察不出来。转移话题的时机，通常是被访者谈话过程中的停顿间隙。一旦被访者停顿，调查人员就要及时地插话，以免被访者又把话题引到别的方面。同时，调查人员自己在开始讨论正题后也要注意尽量减少题外话，话题要集中。

D. 巧用试探。在交谈过程中调查人员时常会发现，有些问题被访者没有表述清楚，或者没有表达完整。原因可能是被访者的思维跳跃太快或表达能力不强，也可能是被访者有意不说清楚。在这种情况下，调查人员就要巧妙地运用试探将表达不清楚或不完整的问题弄清楚。

③致谢。深度访谈的时间一般在 30 分钟至 2 小时，当被访者提供了足够的信息后，

访问就可以结束。调查人员在结束访问前，要礼貌地向被访者表示感谢："今天您花了一小时的时间向我们提供了重要信息，我代表公司对您的协助与支持表示衷心的感谢，为了表达我们的谢意，我公司送给您一份小礼品（礼金）作为纪念。"同时调查人员将礼品或礼金送给被访者。

阅读参考 6-3

调查实例——深度访谈如何帮助 Gannett 了解年轻读者

Gannett（甘乃特）是全美最大的报纸出版商之一，它希望了解为什么它的报纸发行量在年轻人群中下降。从 2000 年起，年龄 25~34 岁的读者群人数不断下降，但是 Gannett 并不知道原因，是年轻读者普遍对新闻不感兴趣还是对报纸不感兴趣呢？或者可能是年轻人对新闻是感兴趣的，他们只是通过其他渠道获得新闻？

为揭示原因，该公司对来自不同社区的 30 个年轻人开展了系列深度访问。

访问有广泛的聚焦，询问的问题不仅包括媒体习惯，还包括参与者的生活方式，参与者也被要求拍摄与他们生活最相关的人物和地点的照片。

访问和照片都说明年轻人对新闻并没有失去兴趣。实际上，他们对这种信息仍然有很浓郁的兴趣，但年轻人不是通过纸媒来获得信息的，而是通过许多其他媒体来获得——电视、电子邮件、网站、无线移动设施，如手机和个人数码助理（PDAs）。调查显示，年轻人认为，比起不断增长的互动世界，纸媒太静止，也不鼓舞人。

该调查帮助 Gannett 了解到为迎合年轻人不断变化的口味，该机构需要由单一的报纸出版机构，转变为定制的、多媒体新闻和信息提供商。Gannett 公司总裁大卫·道格特（David Daugherty）说，"我们的读者，特别重要的是我们潜在的读者，他们改变的速度比我们快"，"我们需要更快地顺应读者对新闻和信息的需要，我们需要更能创新性地推出产品，包括我们如何将新闻和信息递送给读者"。

资料来源：A. 帕拉苏拉曼、德鲁弗·格留沃、R. 克里希南：《市场调查》（第 2 版·精要版），王佳芥、应斌译，中国市场出版社，2011。

三、电话调查法

（一）电话调查法的概念

电话调查法是市场调查的相关工作人员通过电话向被调查者进行问询，了解市场情况的一种调查方法。它是访问法中的一种调查方法。由于彼此不直接接触，而是借助于电话这一中介工具进行，因而电话调查法是一种间接的调查方法。电话调查分为传统电话调查和计算机辅助电话调查。使用电话调查，调查人员的提问方式可以是人工式，也可以是电脑控制的自动式。人工式电话调查法需要动用很多调查员，调查人员边提问边做记录，数据记录过程容易出现误差，是市场调查行业初期采用的方法。

（二）电话调查法的优点

电话调查法的优点包括以下几点。

（1）取得市场信息资料的速度最快，能够节省时间，且具有时效性。对于一些想急于收集到数据资料的调查者而言，采用电话调查方法很快能搜集到所需的资料。

（2）节省调查时间和经费。特别是调查的范围跨出区域（如跨省）的，使用电话访问比出差到外地调查要更经济。

（3）覆盖面广。可以对任何有电话的地区、单位和个人进行调查。

（4）被调查者没有调查者在场的心理压力，因而能畅所欲言，回答率高。

（5）对于那些不易见到面的被调查者，如某些名人，采用此方法有可能取得成功。

（6）采取计算机辅助电话系统，更有利于访问质量的监控；访问人员的管理更为系统规范，能达到管理集中、反馈及时之效。

（三）电话调查法的缺点

（1）由于电话调查的项目过于简单明确，而且受到通话时间的限制，调查内容的深度远不及其他调查方法。

（2）电话调查的结果只能推论到有电话的对象这一总体，因而存在着先天母体不完整的缺陷，不利于资料收集的全面性和完整性。

（3）电话调查不是面对面进行的，没有办法提供直观的教具或演示工具，也不可能向被调查者展示产品、包装或广告，除非事先把这些东西寄过去。这样，电话调查的效果会受到影响。

（4）电话调查是通过电话进行的，调查者不在现场，因而很难判断所获信息的准确性和有效性等，因此，可信度难以保证。（由于这一原因，并且要求被调查者必须能记住问题和回答的各选项，所以，提出的问题应该简单，对问题回答的可选择项数量也需要加以限制。）

针对电话调查的缺点，市场调查人员在采用电话调查时如有可能，应提前寄一封信或明信片告之被调查者将要进行的电话调查及调查的目的。在询问时，最好选用两项选择法进行询问，以便于数据资料的汇总和整理。

（四）传统电话调查的应用

电话调查开始时先要选择电话号码，以确定样本数量。在对团体等组织机构进行调查时，先要按照调查主题选择企业，然后设法获得这些企业的电话号码。在对消费者进行调查时，可以直接从电话号码簿或使用随机数字拨号（Random Digit Dialing，简称 RDD）技巧得到电话号码。当使用随机数字拨号方法时市场调查人员并不知道给谁打电话，只知道拨了什么号码。

一旦抽取了样本，市场调查人员就要给选中的人（或选中的号码）打电话，请求他们配合调查。如果期望的被调查者不在，市场调查人员应寻求一个合适的时间再打过去，直到找到被调查者并完成调查访谈。当然，有时候也应该放弃继续拨打电话，比如调查请求被拒绝或发现接通电话的被调查者不符合调查要求等。

（五）计算机辅助电话调查

随着现代通信技术的发展，特别是电子计算机的应用，市场调查的许多方式方法都可以使用新的技术手段。计算机辅助电话调查随之应运而生，它是借助计算机技术来进行的新型电话调查方法。

所谓计算机辅助电话调查（Computer Assisted Telephone Interviewing，简称 CATI），是在电话访问时，调查的问卷、答案都由计算机显示，整个调查的过程包括电话拨号、调查记录、数据资料处理等也借助计算机来完成。CATI 在具体运用时，是在一个中心地点安装 CATI 设备，其软件系统包括四个部分，分别是自动随机拨号系统、问卷设计系统、自动访问管理系统、自动数据资料录入和简单统计系统。运用 CATI 进行市场调查时，调查问卷由计算机自动生成，每一位访问员（市场调查人员）都坐在一台计算机终端前，头戴小型耳机式电话，计算机终端代替了问卷、答题纸和记录笔；当被调查者的电话被接通后，访问员通过一个或几个键启动机器开始提问，问题（主要是选择题）便立刻出现在屏幕上，访问员读出屏幕上显示的问题，并直接把被调查者的回答（用号码表示）用键盘录入计算机的数据库中。CATI 的运用使得电话调查更加便利、快捷，也使得市场调查的质量大大提高。

计算机辅助电话调查的特点是：

（1）速度快。计算机辅助电话调查可迅速提交调查后的数据资料。因调查过程中既不需要数据资料的再输入，也不需要再做数据资料编辑，其速度方面的优势十分明显。

（2）质量高。计算机辅助电话调查可避免市场调查人员的逻辑性错误。电脑的自动跳问功能可控制调查人员在适当的时候适当的条件下提出正确的问题。计算机自动循环提问功能可使被调查者在回答问题时更加中肯。

（3）效率高。计算机系统可以进行随机或配额抽样。如果已经知道被调查者的背景资料，那么，计算机可根据要求自动抽出符合条件的被调查者。

（4）灵活性。计算机除了能对数据资料和市场调查人员进行控制以外，其辅助调查系统还具有处理复杂情况的功能。

除了 CATI 方法外，借助电子计算机技术的电话调查方法还有不少，如计算机辅助面访（Computer Assisted Personal Interviewing，CAPI）、全自动电话访谈（Computer Assisted Telephone Sel-interviewing，CATS）等。

传真机的使用也是电话技术在发展过程中的产物。在传真机被广泛应用的阶段，与该技术结合的传真访问调查也得以展开。传真访问调查方法的优缺点和最初采用的传统意义上的电话访问调查方法的优缺点大致相同，只是用传真机替代电话机作为访问的工具。不过，传真访问调查传递和收集数据的时间大为缩短，有些调查项目的问和答也更加清晰。

在现代社会，随着手机的使用和普及，利用手机进行调查访问也得到普遍运用。虽然手机的功能不断增强，应用领域也越来越宽，但仅就手机的通话功能而言，利用手机作为访谈工具，其基本原理和特点与电话访问的基本上是一致的。

四、问卷调查法

（一）问卷调查法概述

问卷调查法是目前国内外社会调查中较为广泛使用的一种方法。问卷是指为统计和调查所用的、以设问的方式表述问题的表格。问卷调查法就是研究者用这种控制式的测量对所研究的问题进行度量，从而搜集到可靠的资料的一种方法。问卷调查法大多用留置、邮寄等多种方式发送问卷，被调查者按照表格所问来填写答案。一般来讲，问卷较之访谈表要更详细、完整和易于控制。问卷调查法的主要优点在于标准化和成本低，因为问卷调查法是以设计好的问卷工具进行调查，而问卷设计通常都很规范并可计量。

问卷调查，根据载体的不同，可分为纸质问卷调查和网络问卷调查。纸质问卷调查就是传统的问卷调查，调查公司通过雇用工人来分发这些纸质问卷，并回收答卷。这种形式的问卷存在一些缺点，分析与统计结果比较麻烦，成本比较高。

而另一种网络问卷调查，就是用户依靠一些在线调查问卷网站，这些网站提供设计问卷、发放问卷、分析结果等一系列服务。这种方式的优点是无地域限制，成本相对低廉；缺点是答卷质量无法保证。目前，国外的调查网站 SurveyMonkey 提供了这种方式，而国内则有问卷网、问卷星、调查派提供了这种方式。

问卷调查，按照问卷填答者的不同，可分为自填式问卷调查和代填式问卷调查。其中，自填式问卷调查，按照问卷传递方式的不同，可分为报刊问卷调查、邮寄问卷调查和留置问卷调查；代填式问卷调查，按照与被调查者交谈方式的不同，可分为访问问卷调查和电话问卷调查。这几种问卷调查方法的利弊，如表 6–1 所示。

表 6–1　各种问卷调查方法的利弊

问卷种类	报刊问卷	邮寄问卷	留置问卷	访问问卷	电话问卷
调查范围	很广	较广	窄	较窄	可广可窄
调查对象	难控制和选择，代表性差	有一定控制和选择，但回复问卷的代表性难以估计	可控制和选择，但过于集中	可控制和选择，代表性较强	可控制和选择，代表性较强
影响回答的因素	无法了解、控制和判断	难以了解、控制和判断	有一定了解、控制和判断	便于了解、控制和判断	不太好了解、控制和判断
回复率	很低	较低	高	高	较高
回答质量	较高	较高	较低	不稳定	很不稳定
投入人力	较少	较少	较少	多	较多
调查费用	较低	较高	较低	高	较高
调查时间	较长	较长	短	较短	较短

（二）邮寄问卷调查

邮寄问卷调查是指通过邮寄或其他方式将调查问卷送至被调查者手中，由被调查者自行填写，然后将问卷返回的一种调查方法。

1. 邮寄问卷调查主要有三种方式

（1）通过邮局邮寄问卷。这种方式适用于对企业、机关团体的调查，因为企业、机关团体的通信地址很容易通过有关名录册查到。

（2）利用宣传媒介传送，如报纸、杂志等。这种方式一般适合对个人的调查，因报纸、杂志等媒介的覆盖面较广。

（3）在专门场所发放问卷。如可在商场门口调查顾客对某种家用电器的使用情况，在电影院门口调查观众对电影营销手段的评价等。这种方式针对性较强，因为这些特定场所的调查对象也是特定的群体，他们对调查内容较熟悉、了解，调查容易收到满意的效果。

邮寄问卷调查与其他调查方式相比，最大的特点就是调查者和被调查者之间一般没有或较少有直接的语言交流，调查完全依靠问卷进行，所有被调查者在接受调查的过程中受到的外部刺激是相同的，因而是一种标准化的调查。

2. 邮寄问卷调查的程序

邮寄问卷调查一般包括以下几个步骤。

第一步，根据研究目的确定调查的总体，收集调查对象的名单、通信地址或电话，抽样确定调查对象。

第二步，通过电话、明信片与简短的信件，与调查对象进行事先接触，说明最近将有一份邮寄的问卷，请求他们协助填写。

第三步，向调查对象寄出调查邮件。典型的调查邮件一般包括五个方面的内容：贴足邮资并写清调查对象地址的信封，致调查对象的信，调查问卷，贴足邮资并写清调查机构地址的回邮信封，谢礼或有关谢礼的许诺。

第四步，通过电话或简短的提示信，与调查对象再次接触，询问是否接到了问卷，并请求配合早日寄回问卷。

第五步，对回收的问卷及时登记编码，按回收的日期统计回收的数量。如果回收率还未达到理想的水平，则再次打电话或寄提示信。

第六步，如果回收率还达不到研究的要求，则视条件的许可，采取一定的措施修正低回收率所造成的误差。

阅读参考 6-4

使收信人乐于配合，有效的方法有：

（1）信件上的称呼要与被调查者的称呼相同；

（2）为提高邮寄回收率，在发出的信件中要附有贴上邮票的信封；

（3）可以预先声明在规定的时间内回信将给予报酬或纪念品等；

（4）不能将邮件寄出后不管不问，可以发一张明信片去催促，也可以打电话通知对方及时给予答复。

3. 邮寄问卷调查的分类

（1）普通邮寄调查

普通邮寄调查是将问卷装入信封，通过邮局寄给选定的调查对象，并要求他们按规定的要求和时间填写问卷，然后寄回调查机构的一种市场调查方法。

（2）固定样本邮寄调查

固定样本邮寄调查指的是事先抽取一个地区性的或全国性的样本，样本中的家庭或个人都已同意参加某方面研究的定期的邮寄调查，然后调查机构向这个固定样本中的成员定期地邮寄调查问卷，样本成员将问卷按要求填写后及时寄回调查机构的一种市场调查方法。

固定样本邮寄调查常用于电视收视率、广播收视率、报纸杂志阅读率的调查，家计调查或其他商业性的定期调查。为防止样本的老化，要定期调整更新样本。

4. 邮寄问卷调查的优点

（1）保密性强

邮寄问卷调查一般都是匿名的，保密性强，被调查者有安全感，对问题的回答较真实，特别适合于敏感问题的研究。

（2）调查区域广

从原则上讲，凡是通邮的地方都可以进行邮寄问卷调查，因此该种调查方法能够调查到面访或电话调查难以寻找到的调查对象，如某商品的边远地区或海外地区的使用者。

（3）费用较低

一般情况下，邮寄问卷调查的费用比面访和电话调查都低。

（4）无调查员偏差

面访调查和电话调查的质量与调查员自身的素质有很大关系，而邮寄问卷调查可以完全避免由于调查员的原因而产生的偏差。

5. 邮寄问卷调查的缺点

（1）回收率低

在几种调查方法中，邮寄问卷调查的回收率是最低的，因此在邮寄问卷调查中要特别注意采取有效的措施提高回收率，同时对由于回收率低所造成的偏差要进行必要的处理。

（2）花费的时间长

在几种调查方法中，邮寄问卷调查所需的时间是最长的，因此只适用于那些时效性要求不高的项目。

（3）填答问卷的质量难以控制

调查对象可能会找他人代为回答，或没有填完全部问题就停止了，这些都将影响数据的质量。

（4）对调查对象有一定的限制

邮寄问卷调查要求被调查者必须有较高的文化程度。

6. 邮寄问卷调查的应用范围

目前，我国的市场调查中极少采用邮寄问卷调查的方法来收集数据，原因主要是邮寄问卷调查的上述局限性。一般来说，在调查的时效性要求不高，调查对象的名单和地址都比较清楚，调查经费比较紧缺，而调查的内容又比较多、比较敏感的情况下，采用邮寄问卷调查是比较合适的。其涉及的内容可以是有关日常消费、日常购物习惯、日常接触媒介习惯等比较具体的方面，也可以是有关消费观念、生活形态、意识、看法、满意度或态度等比较抽象的方面。

五、网络调查法

网络调查法是通过互联网平台发布问卷，由上网的消费者自行选择填答的调查方法。网络调查是互联网日益普及的背景下经常采用的调查方法，其主要优势是访问者与被访者可以互动，即访问者可以即时浏览调查结果。从样本来源角度看，网络调查可以在更为广泛的范围内、对更多的人进行数据收集，资料庞大，同时，调查中避免了包括抽样、对目标总体的覆盖程度以及测量等误差。

1. 网络调查的优点

网络调查在现代尤其热门。产生这种现象主要有六个原因，①由于省略了印刷、邮寄和数据录入过程，问卷的制作、发放及数据的回收速度均得到了提高。市场调查者可以在几小时内完成问卷并统计结果及制作报表。②印刷、邮寄、录入及调查员的费用都被节省下来，而调查费用的增加项却很有限。因此，进行大规模的调查时，这种调查方法较其他如邮寄或电话调查方法更节省费用。③随着网上固定样本调查的出现，调查员能够通过跟踪受访者的态度、行为和时间比例进行纵向调查。复杂的跟踪软件能够做到根据上一次的回答情况进行本次问卷的筛选，而且还能填补落选项目。④很显然，打一个电话只提两三个问题是不值得的。但在网上，调查内容可以很容易包含在市场、商贸或其他一般站点上。例如，一个人上了银行主页，激活“信用卡”链接，在进入正式网页之前，可以询问他几个有关信用卡特性的问题。⑤网上调查可以接触很多人。很难想象还有什么媒体可以提供那么大的调查群体，同时，经济上又是可行的。互联网是全球性的，许多沟通中的屏障都不存在了。⑥网络调查还有一个独一无二的优点，即它们在视觉效果上能够吸引人。互联网的图文、声音及视频播放功能及超文本特征可以用来形象生动地展示产品或介绍服务内容，这是其他调查方法所无法比拟的。

2. 网络调查的缺点

尽管网络调查具有以上众多优点，但这种方式也存在一些缺点。首先，最大的缺点恐怕就是上网的人不能代表所有人口。只有不到 10%的家庭经常上网（虽然不少人都已入网，但不常用），使用者多为男性，教育水平高，有相关技术，较年轻和有较高收入。不过，这种情况正在发生变化，越来越多的人开始接触互联网，互联网会成为一种大众化的市场工具。虽然这还需要若干年，但在新技术快速变化、传播及采用的时代，这必定会成为现实。

计算机产品购买者或是互联网使用者，是使用互联网调查的理想对象。利用因特网的企事业单位工作者也是不错的可发展的调查对象。许多企事业单位都已上网，并且会有越来越多的企事业单位陆续上网，比例可以高达 80%以上。

其次，互联网的安全性。现在的使用者很为私人信息担忧，加上媒体的报道及针对使用者的各种欺骗性文章，这一问题更加突出。提高安全性是互联网有待解决的重要问题。

最后，互联网无限制样本问题。这是指网上的任何人都能填写问卷，这就意味着很有可能除了网虫外并不代表任何人。如果同一个人重复填写问卷的话，问题就变得复杂了。例如，Info world，是一家电脑使用者杂志，决定在网上进行其 1997 年读者意向调查。由于重复投票，调查结果极其离谱，以至于整个调查无法进行，编辑部不得不向读者们请求不要再这样做。一个简单的防止重复回答的方法便是在他们回答后锁住其所处站点。

3. 网络调查的方法

进行网络调查主要有以下三种方法。

（1）E-mail 问卷。调查问卷就是一份简单的 E-mail，调查机构按照已知的 E-mail 地址发出问卷。被访问者回答完毕将问卷回复给调查机构，有专门的程序进行问卷、列制

E-mail 地址和收集数据。

E-mail 问卷，制作方便，分发迅速。问卷由于出现在被访问者的私人信箱中，因此能够引起注意。但是，它只限于传输文本，在E-mail中也能链接图形，但与问卷文本是分开的。

（2）交互式 CATI 系统，即计算机辅助电话调查。

（3）网络调查系统。有专门为网络调查设计的问卷链接及传输软件，这种软件的一种典型用法是：问卷由简易的可视问卷编辑器产生，自动传送到互联网服务器上，通过网站，使用者可以随时在屏幕上对回答数据进行整体统计或图表统计。

平均每次访问，网络调查系统均比交互式 CATI 系统费用低，但对于小规模的样本（少于 50 名），网络调查系统调查的费用都比 E-mail 调查费用高。之所以费用低是因为使用了网络专业工具软件，而且，网络费用和硬件费用由中心服务系统提供。

六、拦截式调查方法

拦截式调查方法也称为街头拦截访问（Street Intercept Interview）或称为街头拦人调查法，是指市场调查人员在被调查者经常出现的地方对其进行拦截，在征得其同意并进行必要的资格确认后，在现场进行访问调查的方法。街头拦截调查是一种十分流行的市场调查方法，这种调查方法相对简单，在超市卖场、商务办公楼宇、交通枢纽（如车站、十字街头）等公共场所都可以进行。具体操作方法是：市场调查人员在选定的公共场所接近被调查者，并请求他们参与现场采访。如果他们同意，调查访问就开始，并且市场调查人员先要感谢被调查者；如果他们拒绝，调查人员则继续寻找下一个调查对象。

街头拦截调查属于非随机抽样调查中偶遇抽样在市场调查中的具体运用形式。偶遇抽样，又被称为便利抽样、方便抽样。市场调查人员根据实际情况，以自己方便的形式遇到谁就调查谁，即在样本的选择时只考虑到接近样本的便利，离得最近的、最容易找到的人就是调查对象。

街头拦截调查按照调查模式的不同，可分为两种形式：一种是非定点拦截，即市场调查人员在事先选定的若干地点（如交通路口、购物中心入口、展览会某个通道等），按一定程序和要求（如每隔几分钟拦截一位，或每隔几个行人拦截一位等）选取调查对象，征得对方同意后，再现场使用事先设计好的问卷进行简短调查。这种调查方法常用于需要快速完成的小样本的探索性调查，比如，对某类商品使用情况的了解等。

另一种是定点拦截，也叫中心地调查（Central Location Test）或厅堂测试（Hall Test），是指市场调查人员在事先选定的若干场所内，租借好用于调查的房间，根据调查研究的要求，可能还要摆放若干供被调查者观看或试用的产品，然后按照一定的程序和要求，在事先选定的若干场所的附近，拦截调查对象，征得其同意后，将其带到专用的房间或厅堂内进行面谈调查。这种方式的好处是市场调查人员能够在不受外界干扰的情况下与被调查者进行面谈，常用于需要进行实物展示的或特别要求有现场控制的探索性调查，也适用于需要进行实验的因果性调查，如新品入市调查等。

街头拦截调查的最大优点是成本低。街头拦截调查的费用一般低于入户调查，主要原因是市场调查人员大部分时间用于调查本身，而不像入户调查那样调查人员需要花费较长时间寻找调查对象，这就使得调查的效率得到提高而成本得以降低。除了成本低以外，街头拦截调查在直接面对被调查者进行启发和运用专门问卷等方面具有同入户调查一样的优点。

街头拦截调查也存在着不足之处，主要表现为，一是采样地点对调查样本的代表性有一定的局限性。比如，实地调查中调查人员常常选择人流量比较大的繁华地带和购物中心进行拦截调查，这类区域虽然人流量很大，但多数购物中心的顾客很可能只是其所处区域的一部分顾客群体，这样就容易缺失不经常到这些地方的样本群体。比如，某项市场调查是针对在职人员的，而在工作日光顾购物中心的人群里，退休的年长者比例也许偏大。街头拦截调查由于对被调查者的特征很难进行主动把握，样本流失率较高。二是街头拦截调查的拒访率较高，因为人们行走过程中或是挑选商品过程中通常不愿意接受调查。三是街头拦截调查的环境并不像入户调查的环境那么舒适，被调查者可能会对这种调查感到不安，即便是接受市场调查人员的调查，被调查者也可能会匆忙地予以回答而不是在对调查问题做详细了解后再给予答复。上述这些因素都会影响到调查所收集的数据资料的数量和质量。

街头拦截调查这种调查方法相对简单，因而也是一种比较流行的访问调查方法。

第三节　观察法的具体类型与运用

一、观察法概述

（一）观察法的概念

观察法是指研究者根据研究目的、研究提纲或观察表，用自己的感官和辅助工具去直接观察研究对象，从而获得资料的一种方法。

观察人员可以用耳听，用眼看，也可以借助于摄影设备和仪器等手段来获得某些主要信息。

（二）使用观察法的条件

成功地使用观察法，并使其成为市场调查中的数据收集工具必须具备三个条件。

（1）所需信息必须是能观察到的或者能从观察到的行为中推断出来的。比如客流量的变化、人们的情绪变化、商品价格的变化等。但是，如果想要了解顾客的意愿、顾客喜欢某商品外包装的原因等就无法通过观察法来获得。

（2）所要观察的行为必须是可重复的、频繁的或在某些方面是可预测的，否则，观察法的成本将非常高。

（3）所要观察的行为必须是相对短期的，即购买某个商品的整个决策过程是在比较短的时间内完成的。所以，我们常采用观察法去观察顾客在商店的购买行为，而很少去售楼中心观察顾客购买房子的行为，因为顾客购房的决策过程可能需要几个星期甚至几个月。

（三）观察法的特点

市场调查中的观察法与人们日常的观察不同，市场调查中的观察法有以下几个方面的特点。

（1）事先具有一定的目的或假设，然后，在这一目的和假设下机构请有调查经验的人去观察。

（2）有系统的设计。观察人员按事先拟定好的问卷、观察表或观察提纲去进行观察。

（3）有系统的记录。观察人员按照问卷的要求记录下观察的结果。

（4）避免观察人员的主观和偏见。在观察过程中，观察人员将观察的现象记录下来或拍摄下来，而在日常生活中，人们的观察结果很多时候都是根据个人的经验和主观判断获得的。

（5）观察可以重复查证。观察人员可以通过重复观察来检验已有观察结果是否正确。

表 6–2 观察卡片

观察卡片
（学生自习的利用状况——非参与观察） 班级______ 人数______ （实际观察人数） 观察日期：________________ 时　　间：________________ 观察内容：________________ 估计人数：________________

项目	无	约 1/4	约 2/1	约 3/4	全部	具体人数
1. 读课本	——	——	——	——	——	——
2. 做作业	——	——	——	——	——	——
3. 看小说	——	——	——	——	——	——
4. 打瞌睡	——	——	——	——	——	——
5. 闲聊	——	——	——	——	——	——
6. 做其他事	——	——	——	——	——	——

二、观察法的类型

可供选择的观察方法有很多种，但对于某一特定的调查问题，调查人员就需要从成本、进度、数据质量等方面综合考虑，从而选择一种最有效的方法。观察法的基本类型大致有以下几种。

1. 按观察发生的场所分类，可分为实地观察与模拟实地观察

实地观察发生在被观察人行为发生的场所。如直接在超市或购物中心观察顾客的购买行为，或观察零售商店中销售人员的行为等都属于实地观察。实地观察的显著特点是被观察者没有意识到他们正被观察。

模拟实地观察发生在经过设计的模拟场合。比如招募一些被调查者在一个模拟超市中购物，给参与者每人一辆购物车，并告诉他们随意浏览货架，挑选出自己所喜欢的商品，从而观察他们的行为。在此情况下，被招募人员至少知道他们在参加一项调查。

模拟实地观察能够加快观察数据的收集过程并可以有效地降低调查活动的成本。但要注意的是，由于是模拟环境，观察到的行为有可能与真实状态下的不一样。所以，设置的

场景应尽可能自然，使被观察者尽可能处于自然状态。

2. 按观察结果的标准化分类，可分为控制观察与无控制观察

控制观察也称为系统观察，观察员根据观察目的，预先确定范围，以标准化的观察手段、观察程序和观察技术进行有计划的系统观察，使观察的结果达到标准化。在这种情况下，观察员为每一个被观察者填写一份问卷式表格，即记录表。

无控制观察也称为随机观察，这种观察方法对观察的项目、程序和步骤等不做严密的规定，观察员也不用标准方法进行记录，而是采用较灵活的观察形式。

一般而言，如果观察者对所要调查的问题了解得很全面，那么尽可能用控制观察法；如果所要观察的是新兴事物，观察者对所要调查的问题不了解，则可以采用无控制观察，所以，无控制观察常用于探索性调查或有深度的专题调查。

3. 按观察者是否参与观察活动分类，可分为参与观察与非参与观察

参与观察是指观察者置身于观察活动之中进行观察（例如伪装购物来观察售货员的表现）。这种方式不仅能使观察者了解一些表面的现象，而且观察者能通过亲身参与和感情交流，了解产生某些现象的原因，取得深入的调查资料。参与观察调查方式要求调查人员具有所进行活动的相关知识，有良好的职业道德并受到了充分的调查训练，具备较高的观察调查技能。这种收集信息的方法周期较长，费用开支也较高。参与观察法一般适用于范围较小的专项调查。

非参与观察是指观察者不参与到调查活动中，以“局外人”的身份，客观地观察事件的发生、发展情况。非参与观察可用于一次性观察对象较多的调查。非参与观察要求事先制订较周密的观察计划，严格规定观察的内容和记录的方式。如果没有明确的规定，使用非参与观察往往会发生观察资料不完整的情况。

非参与观察常常要求配备各种计数仪器，如摄像设备、计数仪器、计数表格等，以减轻观察者计数的负担，并提高信息的准确性和可行性。非参与观察适用于描述现状而不追究其原因的调查类型。非参与观察对调查人员的专业知识要求不高，在实际中使用较为广泛。

4. 按观察的手段分类，可分为人员观察与机器观察

在特定的环境中，机器观察可能比人员观察更便宜、更精确、更容易完成工作。常用的机器有交通流量计数器、脑电图、测瞳仪、阅读器、扫描仪等。比如，对人流量的统计、对收视率的统计等用摄像机和视听设备记录人们的行为比人员观察得出的结果更客观、更精确。又如，通过电子扫描仪记录产品的销售量比人员观察获得结果更及时、更准确等。

5. 按取得资料的时间特征为标准分类，可分为时间纵向序列观察和时间横向断面观察

（1）时间纵向序列观察，是指观察员通过对某一事项的连续观察，取得前后顺序的不同时间的连续资料。对取得的资料进行分析，能了解调查对象发展变化的过程和规律。例如，观察某一新商品上市后消费者对其反应便可用此法，观察者先确定有说服力和代表性的观察时间范围，然后观察消费者的表情、动作，并进行记录，取得一系列资料。

（2）时间横向断面观察，是指观察者在某一特定时间内对若干个调查对象所发生的行为、态度等现象同时加以记录，取得相关资料。对横向观察资料进行分析研究，能够扩大调查的范围。

三、几种主要的观察方法

观察法有两种形式，一种是对顾客的观察（顾客观察法），另一种是对现象的观察（神秘顾客法）。

（一）顾客观察法

顾客观察法就是观察员在观察场所秘密注意、跟踪和记录被调查者的行踪和举动，以获得所需的信息资料的方法。它是一种常用的非参与观察法，主要适用于自选商场、消费市场、超级商场和购物中心等。要观察顾客行为，所选定的顾客的多少要根据商场客流量而定，可以采取等距抽样的办法来确定观察对象，比如在进入商场的客流中，每隔10人就选中一人作为跟踪目标；还要拟出观察方案，主要包括观察场所和路径，并制成一张观察记录表；在做观察记录时，观察人员要将顾客的行走方向和路线用箭头画出，如果顾客购买了某种商品，或者是从货架上拿下了某种商品，观察人员就必须立刻在观察记录表中的对应位置做好记号。利用这种办法，观察人员不仅可以从图上看出顾客的行走路线，还可以看出顾客搜寻各种商品的行踪。以超市为例，采用顾客观察法，可以获取下列信息：

（1）前来超市购物或逛店的人的平均滞留时间；

（2）单个和群体性的顾客光顾超市的规模；

（3）顾客逛店的路径；

（4）顾客驻足留意的商品种类和比例；

（5）顾客驻步留意各种商品的时间长短；

（6）顾客产生购物冲动的次数；

（7）顾客对减价商品的反应。

在西方国家中，“顾客观察”已成为企业提供的一种特殊服务，而且收费很高。美国《读者文摘》曾经报道，专门从事观察业务的商业密探在美国大行其道。帕科·昂得希尔就被称为商业密探，他所在的公司叫恩维罗塞尔公司，他通常的做法是坐在一家商店对面，悄悄地观察出入商店的人群的性别、年龄、人数、姿态、表情、在商店里逗留的时间等。在商店里，他的属下们正努力工作，他们跟踪在商品架前徘徊的顾客，偷听顾客的议论。他们的目的在于找出商店生意好坏的原因，了解顾客走进商店以后如何行动以及为什么许多顾客在挑选很长时间后还是失望地离开。

昂得希尔的手下偷偷地在商店里穿行，假装清查存货。他们跟踪目标，不管顾客停留多久，多少次回到同一件商品前面，他们总是紧紧跟随，一边用照相机拍摄，一边用红笔在本上画出每个顾客的购物路线。

昂得希尔团队给很多商店提出了许多实际的改进措施。例如：他们用一卷胶片拍摄了一家主要是青少年光顾的音像商店的顾客情况，发现这家商店把磁带放在孩子们拿不着的很高的货架上。昂得希尔指出应把商品放低18英寸（45.72厘米），结果该商店销售量大大增加。

又如，一家叫伍尔沃思的公司发现商店的后半部分的销售额远远低于其他部分，昂得希尔通过观察和拍摄现场解开了这个谜。在销售高峰期，现金出纳机前顾客排着长长的队伍，一直延伸到商店的另一端，这实际上妨碍了顾客从商店的前面走到后面。后来商店专门安排了结账区，扩大商店后部顾客活动的空间。结果商店后半部分的销售额增加得很快。

昂得希尔团队还出过很多的点子。例如，建议商店设立休息区，方便丈夫观看电视、看报纸等，使其能耐心地等待妻子逛商店。针对老年人喜欢许多人一起购物的特点，他们建议在商店通道旁设椅子，供其休息。又如，建议超市将日常必需品摆放在靠后的位置，以便购物者在选购牛奶、面包、熟食时能够产生购买其他商品的冲动，将更多的商品放入其购物篮中。

（二）神秘顾客法

1. 神秘顾客法的概念与形式

在对现象进行观察时常用的方法是神秘顾客法。神秘顾客又被称为伪装购物者。神秘顾客与一个正常买商品的顾客一样，会与服务人员进行交流，咨询与商品有关的问题，挑选商品，比较商品，最后做出买或不买某种商品的决定。但是，神秘顾客与服务人员交流并不是为了访问，而是为了观察服务人员的态度、行为并对此做出评价。例如，肯德基就用神秘顾客监督分店。一次，上海肯德基有限公司收到 3 份国际公司寄来的鉴定书，对他们外滩快餐厅的工作质量分 3 次鉴定评分，分别为 83 分、85 分、88 分。公司中、外方经理都为之瞠目结舌，这 3 个分数是怎么评定的？原来，肯德基国际公司雇用、培训了一批人，让他们佯装顾客，秘密潜入店内进行检查、评分。这些神秘顾客来无影、去无踪，而且没有时间规律，这就使快餐厅的经理、雇员时时感受到压力，丝毫不敢懈怠。

神秘顾客法有四种不同的形式，每一种可收集不同深度和类型的信息。

（1）神秘购物者打神秘电话。在这种方法中，神秘购物者给其客户打电话，并根据电话内容估计所接受的服务水平，继而与其进行一番照本宣科式的谈话。

（2）神秘购物者参观某个展览并快速地购买东西，不需要过多或者是完全不需要顾客与雇员间的相互沟通。在这种方法中，神秘购物者通过购物对交易场所的形象和交易能力进行评估。

（3）神秘购物者造访某企业，用事先准备好的手稿或方案与服务或销售代表谈话，并不包含真正的购买行为。例如，与销售代表讨论礼品的不同包装等。

（4）神秘购物者进行一次需要高超的交流技艺和丰富的产品知识的访问。如讨论家庭贷款、购买新车的过程等。

2. 神秘顾客法的作用

服务影响着销售、顾客满意程度，最终影响顾客对商品的忠诚度，继而决定公司的利润。神秘顾客法可以告诉管理者或一线人员是否一致地并以一种符合公司标准和公司文化的方式对待消费者。具体地说，神秘顾客法能够衡量员工的专业知识、工作效率、服务态度和服务水平等。

3. 神秘顾客法实施的关键

神秘顾客法的实施，依靠的是那些经过专门训练的神秘顾客，他们本身是顾客或者是经过训练的一般调查员，被企业聘请来伪装起来购物，以发现商家经营管理的不足。实施神秘顾客法的关键是明确目的、选好环境、了解对象、熟记要求、牢记结果。

明确目的指观察活动要达到的目的、要解决的问题，是测试服务态度，还是检查购物环境等。

选好环境指为达到这个目的，选择哪个环境为宜，是普遍了解，还是哪里出问题就检测哪里。

观察对象多半是售货员，而观察人员除了能够观察售货员的服务，也能顺便观察商场内的商品陈列、购物环境、整洁程度，以及货架摆放的整齐程度等。

观察内容应当标准化为系统性的观察记录表，这样一方面能够大大减轻系统观察的工作量，另一方面有助于调查员对各种不同的神秘顾客法观察结果进行比较。

只有制成表格形式，观察人员才能熟记要求和内容，以便一一观察下去，随时记忆在大脑中。一旦观察结束，观察人员应当立刻将观察记录表填好。

四、观察法的优缺点及应注意的事项

（一）观察法的优点

（1）避免因被访者而产生的误差。监测观察的理想状态是在被观察者不知道的情况下进行，观察法可以真实地记录被观察者自然状态下的行为、理由、语言、态度，从而可降低由于心理、意识层面等原因而导致的结果偏差。

（2）可以获得精确的市场信息。如在儿童还不能很好表达对于新玩具的喜欢程度时，观察儿童看到新玩具后拿到手里的行为、态度与玩其他玩具有何不同反应，这要比直接向儿童或其看护人询问更具有价值。

（3）可以有效地用作其他调查方法的补充。观察方法可以作为任何一种面对面研究方法的补充，如前面提到的入户面访。访问时调查员可以通过观察来进一步判断被访者的回答与现实情况的偏差。在进行店面销售状况研究时，除了有必要向店面销售人员了解销售的基本情况外，通过观察研究者也能判断目前实际的销售状况。

（4）运用观察法获得的数据比较直观、可靠。观察调查是在被观察者没有觉察到自己的行动正在被观察的情况下进行的，被观察者能够保持正常的活动规律，从而观察者可以客观地记录现场实况，搜集第一手资料，这样的调查资料真实可靠、准确性高，调查结果更接近实际。

（5）观察法实施起来简单、易行，并且灵活性较强，只要选择好合适的时间和地点，可随时进行观察。

（二）观察法的缺点

（1）监测观察的结果通常是尝试性的。直接的监测观察通常是在特殊的环境下进行的，数量较为有限，通常为小样本（除人员流动监测），观察所得到的结果对总体的代表性有限。

（2）无法观察内在的动机及行为原因。只有当被观察者的行为动机、态度及心理反应不是研究的主要因素时，运用观察方法才更有效。因为观察法可以观察到由被观察者表现出来的行为、态度，但无法回答被观察者为什么有如此行为或态度。

（3）受调查人员自身条件的制约较大。观察法对调查人员的技术要求较高，如要求调查人员有敏锐的观察力，良好的记忆力，必要的心理学知识等。如果调查人员调查时的心理、生理状态不好，或是经验不足、应变能力不行，都会影响调查效果，容易出现主观臆断，观察不够深入、全面等问题。

（三）使用观察法时需注意的事项

（1）为了使观察结果具有代表性，反映某类事物的一般情况，应设计好抽样方案，以使观察的对象和时段具有较好的代表性。

（2）在进行实际观察时，最好不让被观察者有所察觉，否则，就无法了解被观察者的自然反应、行为和感受。

（3）在实际观察时，必须实事求是、客观公正，不得带有主观偏见，更不能歪曲事实真相。

（4）调查人员的记录用纸和观察项目表最好有一定的格式，便于调查人员尽可能详细地记录调查内容的有关事项。

（5）为了观察客观事物的发展变化过程，进行动态对比研究时就需要进行长期反复的观察。

第四节　实验法及其运用

阅读参考 6–5

店内广播广告效果实验

美国的爱可公司为了检验店内广播广告诱导顾客非计划的 POP 购买（即在购买现场做出决定的购买）方面的作用，进行了一项实验。按照商店的规模、地理位置、交通流量以及年头等几个指标，公司选择了 20 个统计上可比的（相似一致的）商店，随机地选择一半的商店作为实验组，另一半为控制组。在实验商店中播放广播广告，而在控制商店中则不播放。在实验进行之前，公司收集了有关销售量的单位数和金额数方面的 7 天的数据，然后进行了四周的实验，在实验结束之后收集了销售量 7 天的数据。实验的商品种类、价格等项目各不相同。结果表明，在实验商店中做了店内广播广告的商品其销售量至少是成倍增长的。根据这一结果，爱可公司认为店内广播广告在诱导 POP 购买时产生了明显效果，于是决定继续采用这种广告形式。

讨论：

1. 本案例中运用的是什么调查方法？这种方法有什么优缺点？
2. 这个调查结果可信吗？
3. 如果让你设计调查方案，你有什么好建议？

一、实验法概述

（一）实验法的概念

实验法又称为因果性调查，是指市场实验者有目的、有意识地通过改变或控制一个或几个市场影响因素的实践活动，来观察市场现象在这些因素影响下的变动情况，从而认识市场现象的本质和发展变化规律的方法。例如，实验者控制一个或多个自变量（如价格、包装、广告等），研究在其他因素（如质量、服务、销售环境等）都不变或相同的情况下，这些自变量对因变量（如销售量）的影响或产生的效果。

从本质上看，在访问法和观察法中，调查人员是一个被动的信息收集者，在实验法下，调查人员成了研究过程中主动、积极的参与者。

实验法的实施过程既是一种实践过程，也是一种认识过程，实验法将实践与认识统一为调查研究过程。市场实验调查的基本要素有：

（1）实验者，即有目的、有意识地进行市场实验调查的活动主体；

（2）实验对象，即通过实验调查所要了解认识的市场现象；

（3）实验环境，即实验对象所处的市场环境；

（4）实验活动，即改变市场现象所处市场环境的实践活动；

（5）实验检测，即在实验过程中对实验对象所做的检验和测定。

在使用实验法进行市场调查时要注意以下两点。

（1）社会科学的实验由于受多种不可控因素的影响，所以，不可能像自然科学中的实验一样准确，但通过此种方法的对比实验，还是能获得相对比较客观的信息资料。

（2）用实验法得到的结果最终体现的是实际的经济效果的变化情况。例如，销售量、销售额、劳动生产率等的变化情况。用观察法进行调查主要偏向于对消费者的行为特征的反映，并且没有变量的改变，如果改变某些变量后再进行观察则属于实验法。

（二）一些常用名词

1. 自变量

自变量也被称为实验变量或处理变量，是指在实验设计中，实验者能够控制、处置或操纵的变量（即实验者可以规定或改变这些变量的取值或水平）。例如包装实验中（包装是自变量），假设有三种不同的包装设计，就是包装设计有三个水平。

2. 因变量

因变量也叫响应，是测量自变量对实验对象的效果的变量。因变量的取值也叫观察值或实验效果。如在包装设计与销售量的关系中，包装是自变量，销售量常常就是因变量。在市场研究中，常见的因变量有销售量、市场占有率、品牌态度、品牌知名度等。

3. 干扰变量

这是指自变量以外的影响因变量值的其他所有变量。这些变量对因变量的测量产生干扰，从而削弱实验结果或使实验结果无效。干扰变量是市场实验中必须努力加以控制和排除的。干扰变量主要有两类：一类是研究者可以加以控制的各实验对象之间的差别，如商场规模、地理位置、消费者的购买力等；另一类是研究者难以控制的变量，如气候、季节、商业状况、竞争对策和行动等。

4. 实验组

这是指受到处理作用的组，即改变了自变量水平的组。

5. 控制组

这是指没有受到处理作用的组，即维持自变量初始水平的组。

6. 现场实验

这是指实验在现实情况下进行，比如在某些商场进行。

7. 实验室实验

实验室实验是市场调查人员人为地模拟一个场景，分析自变量的变化引起因变量变化的情况。实验是在仔细控制的环境下进行的，比如模拟商场的实验等。

8. 内在有效性

这是指自变量对因变量产生的可观察到的影响。

9. 外在有效性

这是指实验结果可以推广到其他环境，具有很强的代表性。

（三）证明因果关系

为了证明因果关系，即自变量 A 的变化能引起因变量 B 的变化。我们必须证明 A 和 B 之间符合以下三个条件。

1. 存在相关关系

A、B 之间首先应该存在相关关系，这种关系可能是正相关，也可能是负相关。调查人员可以借助统计程序，如相关分析、回归分析、方差分析等来分析这种相关关系的存在。但单靠相关关系并不能证明因素之间是存在因果关系的，因为可能是两种变量碰巧在一起关联。

2. 变量间存在着先后的时间顺序

为了证明两个变量之间可能存在因果关系，必须证明的第二件事是两个变量的变化存在适当的时间先后顺序。即为了证明 B 的变化是由 A 引起的，调查人员必须能够证明 A 的变化在 B 之前发生。比如，为了证明广告的变化引起了销售量的变化，那就必须能够说明广告的变化发生在销售量的变化之前。但是，即使是前面这两个问题已经得到解决，我们也不能得出明确的结论说：A 的变化引起了 B 多少的变化。

3. 排除其他可能的干扰变量

广告投入的增加确实引起了销售量的显著增加，但如果不控制引起销售量增加的一些干扰变量，比如，竞争对手撤出市场，竞争产品提价，区域经济出现了较快增长，季节性影响等，那么我们无法得出广告投入的增加引起销售量的具体增加值的结论。所以，在进行实验时，要排除其他可能的干扰变量的影响。

二、实验法的步骤

实验法有以下步骤：

（1）根据调查项目和课题要求，提出研究假设，确定实验自变量；

（2）进行实验设计，确定实验方法；

（3）选择实验对象；

（4）进行正式实验，严格按实验设计规定的进程进行实验，并对实验结果进行认真观测和记录；

（5）整理、分析资料，得出实验结果，并写出调查报告。

三、实验法的形式及实验设计方法

（一）事前事后无控制对比实验

这是最简单的实验调查方法。它是指在同一市场内，实验前调查员在正常情况下进行测量，收集必要的数据，然后进行现场实验（对自变量进行处理），经过一定的实验期后，调查员收集实验过程中的数据，从而进行实验前后对比的实验调查方法。其实验设计特点如表 6–3 所示。

表 6–3　事前事后无控制对比实验设计特点

项 目	实验组	控制组
实验前测量	Z_1	–
实验处理	有	–
实验后测量	Z_2	–

实验效果为：$E=Z_2-Z_1$。

这种设计可用来测试商品包装变换、商品价格调整后的效果。

例如，某酒厂为了增加啤酒的销售量，经过对市场的初步分析，认为应该改变啤酒的外包装。但酒厂对于新包装设计效果如何，能否增加销量、扩大市场占有率，没有切实的把握，于是，决定采用事前事后对比实验对市场进行一次调查。

该厂将其生产的三种式样啤酒 A、B、C 作为实验对象，实验期定为一个月。实验过程中，酒厂首先统计、汇总未改变包装前一个月三种啤酒的市场销售量，然后改变包装，在同一市场销售一个月后，再统计、汇总新包装啤酒的市场销售量。经过实验，结果如表 6–4 所示。

表 6–4　啤酒包装事前事后无控制对比实验　　单位：瓶

品 牌	实验前销售量（X_1）	实验后销售量（X_2）	实验变动
A	2 300	2 800	+500
B	3 500	4 200	+700
C	2 500	3 100	+600
合计	8 300	10 100	+1 800

从实验前后测量的啤酒销售数据可以看出：实验前三种啤酒销售量分别为 2 300 瓶、3 500 瓶、2 500 瓶，共 8 300 瓶。实验后三种啤酒销售量分别为 2 800 瓶、4 200 瓶、3 100 瓶，共 10 100 瓶。实验效果为 $X_2-X_1=1\ 800$ 瓶。这说明，改变啤酒的包装对啤酒销售量

影响较大。因此，根据实验调查，该厂可以对啤酒采用新包装，以扩大销售量，提高市场竞争力。

此实验方法的缺陷在于没有考虑干扰变量的影响，因而难于肯定测量的差异是由改变自变量所致。

（二）事前事后有控制对比实验

这是指控制组事前事后实验结果同实验组事前事后实验结果之间进行对比的一种实验方法。这种方法的具体实施过程是在同一时间周期内，选择两组条件相似的研究对象，一组作为实验组，一组作为控制组，在实验前后分别对两组进行比较。

实验原理：

设 Z 表示实验组的销售量，Y 表示控制组的销售量；

Z_1 表示实验组在实验前的销售量，Y_1 表示控制组在实验前的销售量；

Z_2 表示实验组在实验后的销售量，Y_2 表示控制组在实验后的销售量。

其实验设计特点见表 6–5。

表 6–5 事前事后有控制对比实验设计特点

项 目	实验组	控制组
实验前测量	Z_1	Y_1
实验处理	有	–
实验后测量	Z_2	Y_2

则实验效果为：$E=(Z_2-Z_1)-(Y_2-Y_1)$

实验前后有控制对比实验和实验前后无控制对比实验相比较有很大的不同，有控制组可以排除自变量因素以外的其他干扰变量的影响，结果是提高了实验的准确性，但实验费用要比无控制组实验大。

又如，某食品公司为测定某商品改变包装后消费者的反应，随机选两个相类似的商店，一个为实验组，另一个为控制组，实验前后的时间分别是两个月，实验前后各组的销售量如表 6–6 所示。

表 6–6 食品包装实验前后有控制对比实验的销售量统计表 单位：袋

项 目	实验组	控制组
实验前测量	2 000	2 100
实验后测量	3 000	2 200

实验效果 $E=(Z_2-Z_1)-(Y_2-Y_1)$

$=(3\,000-2\,000)-(2\,200-2\,100)$

$=900$（袋）

相对提高：$900\div2\,000\times100\%=45\%$

此例子中需要说明的几点是：

（1）控制组没有改变商品包装，但销售量增加了。可能是由天气变暖了，日照时间增加了，居民收入增加了，或利率调低了等引起。这些因素不能算到包装改变这一影响因素里面去。

（2）实验组销售量增加应包括商品包装的改变。另外，对控制组产生影响的因素也影响了实验组。

（3）对于实验效果是否显著，应进行显著性检验。

（三）所罗门四组设计

所罗门四组设计思想与实验前后有控制对比实验设计相似，然而，为了控制所有干扰变量对实验的内在有效性的影响，可以通过加入第二个实验组和控制组，这就是所罗门四组设计。基本思路是：第二个实验组不接受预先测量，否则与第一个实验组没什么区别；第二个控制组只接受后期测量。其实验设计特点如表 6–7 所示。

表 6–7　所罗门四组设计特点

项　目	实验组 1	控制组 1	实验组 2	控制组 2
实验前测量	Z_1	Y_1	–	–
实验处理	有	–	有	–
实验后测量	Z_2	Y_2	Z_2'	Y_2'

实验效果的测量可以有三种方式：$E=(Z_2-Z_1)-(Y_2-Y_1)$

$E=Z_2'-Y_2'$

$E=Z_2-Z_1$

如果这些测量效果有一致性，即发现效果都较显著，那么针对实验处理的影响所得出的推断更加有力。此外，通过此方法还可以直接测量实验处理的交互作用和前期测量影响。

计算值为：$[(Z_2-Y_2)-(Z_2'-Y_2')]$

（四）事后有控制对比实验

事后有控制对比实验是指在同一时间内非实验单位（控制组）与实验单位进行对比的一种实验调查法。在同一实验时期内，实验单位按一定的实验条件进行销售，非实验单位按原有条件进行销售，两者进行对比，以测定实验的结果。其实验设计特点如表 6–8 所示。

表 6–8　事后有控制对比实验设计特点

项　目	实验组	控制组
实验前测量	–	–
实验处理	有	–
实验后测量	Z_2	Y_2

实验效果为：$E=Z_2-Y_2$

为了使实验结果的可信度更高，可以交换实验组和控制组，再次进行实验。

例如，某奶制品公司为调查了解现场促销对牛奶销量的影响，选定了A、B、C三家商店为控制组，不进行现场促销活动，商品正常在柜台销售，另选定D、E、F三家商店为实验组，派出营销人员现场促销，让顾客免费品尝，并发放广告材料。A、B、C、D、E、F六家商店经营规模、所处位置等方面大体相似。实验时间为一个月，实验结果如表6–9所示。

表6–9　促销活动事后有控制对比实验的销售量统计表　　单位：袋

控制组（无现场促销活动）		实验组（有现场促销活动）	
店名	销售量（Y_2）	店名	销售量（Z_2）
A	12 000	D	14 000
B	7 000	E	9 500
C	15 000	F	18 000
合计	34 000	合计	41 500

作为实验组的D、E、F三家店由于开展现场促销活动，一个月牛奶销售量Z_2为41 500袋，作为控制组的A、B、C三家店没有开展现场促销活动，一个月的牛奶销售量Y_2为34 000袋。而原先A、B、C三家店与D、E、F三家店牛奶销售量差不多。现在由于D、E、F店开展现场促销活动，牛奶销售量增加了7 500袋。控制组和实验组对比实验的调查，说明了现场促销活动能增加牛奶销售量。

此调查难以达到的目标是控制组与实验组之间的相似性，包括两组所处的客观环境和主、客观经营能力等。

（五）阶乘设计

如果进行实验的自变量不止一个，比如我们要考虑的是新产品多高价格，配合什么包装，并以什么样的POP促销方式投放市场，这时阶乘设计实验可能更具说服力。例如，制造商将三种POP促销水平，三种价格水平，三种包装水平实验投入组合，得到的是27种（即$3\times3\times3$）组合，也就是要选择27家商店来进行实验，以得到我们所需要的实验结果。

（六）拉丁方格设计

阶乘设计法涉及27种不同的实验投入组合。如果实验自变量之间不存在相互联系、相互影响的关系，则可用拉丁方格设计法，仅实验九种（即$3+3+3$）组合，简单估计各自变量的个别影响，这样，可以降低多因素实验设计的成本。那么，这就可以参考前面所介绍的三种基本实验法，即实验前后无控制对比实验、实验前后有控制对比实验、实验后有控制对比实验。

总之，市场营销研究的实验活动与自然科学的实验活动是相同的。但是，市场营销研究的实验活动并不是在周密控制的实验室里进行的，而是在现实市场中以活生生的人群为对象来进行的，因此，在实验设计时必须注意那些在实验室实验中不必考虑的因素。

四、实验法的优缺点

（一）优点

1. 结果的客观性和实用性强

实验法取得的数值一般比较客观，具有一定的可信度。

2. 方法具有可控性和主动性

运用此法可以主动改变某些变量，从而观察各种因素之间的相互关系，这是其他调查方法无法做到的。

3. 针对性强

本法可针对不同的调查项目，进行合适的调查实验设计。

4. 可以探索不明确的因果关系

本法可在实验过程中探索、总结各种因素及其可能产生的结果。

5. 实验的结论有较强的说服力

在实验单位、实验变量、实验的设计和实验的环境都基本相同的情况下，不管谁来实验，也不管在何时、何地进行实验，结果大致是相同的，这说明实验是可以重复的，故有较强的说服力。

（二）缺点

1. 费用高

实验所需费用通常很昂贵，实验组、控制组以及多次测量都大大增加了研究费用。

2. 花费的时间长

一般在短时间内，实验得不出可靠的结果。

3. 管理控制比较困难

因为实验时不能影响公司的日常工作和批发商、零售商的活动，并且还要考虑外来因素的影响，所以管理控制比较困难。

4. 保密性差

如果是现场实验，则保密性较差，研究计划容易暴露，竞争对手可能会有意破坏现场。

五、实验法的应用范围

实验法主要应用于检验有关市场变量间因果关系的假设，研究有关自变量对因变量的影响或效应。如测试各种广告的效果，测试各种促销方法的效果，研究品牌对消费者选择商品的影响，研究颜色、名称对消费者味觉的影响，研究商品的价格、包装、陈列位置等因素对销售量的影响。

六、实验法在应用中应注意的问题

1. 要选择高素质高水平的实验者

（1）实验者要能够思想解放、实事求是、与时俱进、勇于创新。

（2）实验者要有较高的理论水平和政治、法律知识，具有较强的鉴别能力和判断能力。

（3）实验者要有一定的实际工作经验和灵活处理问题的能力。

（4）实验者要有一定权力和威信。

（5）实验者要有比较充裕的时间。

2. 注意实验对象和实验环境的选择

正确选择实验对象和实验环境，对于实验的成败及其社会作用的大小具有重要意义。选择的实验对象和实验环境，一定要在同类事物中具有较高的代表性。

3. 实验过程的控制

实验调查能否达到预期目标，在很大程度上取决于是否有效控制实验过程。实验过程的控制，主要包括两个方面：一是对实验激发的控制，二是对非实验因素的控制。

在实验过程中，对实验激发的控制，既要严格按照设计的方案进行，又要在不违背实验目的的前提下具有一定的灵活性。这是因为，一方面，不严格按照设计的方案进行实验激发，不改变或任意改变实验对象所处的社会环境，就会打破整个调查的计划，达不到进行实验的目的。另一方面，实验调查是一种实践性、动态性调查，原定的实验方案无论怎样完善，都不可能完全符合实验过程中不断变化、发展着的实际情况。因此，在实验过程中，必须给实验者一定的自主权，以便他们在不违背实验目的的前提下，灵活机动地处置那些在实验过程中无法完全避免的特殊情况或特殊问题。

控制实验过程的另一个任务，就是要努力排除或减少非实验因素对实验过程的干扰。这些干扰因素，主要来自三个方面：一、来自实验者自身的干扰，特别是实验者急于求成的心理和自觉不自觉地给实验对象创造许多特殊优越的环境，往往会影响实验过程的正常进行；二、来自实验对象的干扰，特别是实验对象对实验活动不适应、不理解、不合作，往往会给实验过程造成许多困难；三、来自周围环境的干扰，特别是在现场实验中，有许多与实验无关的社会因素，也会对实验过程产生不利的影响。实验调查要达到预期的目的，就必须有效地控制这些非实验因素的干扰。

4. 实验效果的检测和评价

实验效果的检测与实验结果的评价是密切联系在一起的。检测是评价的前提或依据，评价则是对检测结果所做的解释或说明。

第五节　影射技法

一、影射技法的含义

在大多数调查方法中，被调查者的观点是通过对问题的直接回答来获取的。但对于敏感性问题和隐秘性问题，由于被调查者（或被试者）有时会隐瞒自己的真实态度和动机，有时则对自己的动机认识模糊，他们的回答常常不客观、不真实，因此影射技法这种最早用于研究人的性格的心理学方法，被引用到市场调查中，用以了解消费者的态度和动机。

影射技法（Projective Technique）就是调查者让调查对象完成一定的测试，然后调查者透过对测试结果的分析，来了解被调查者的潜在动机、态度或情感的方法。这种方法是非直接询问方式，一般要隐瞒调查者的真实意图，以降低被调查者的心理防御意识，使被调查者在无意之中，在没有心理防御的情况下泄露出真实动机、态度或情感，达到调查的目的。

大多数的影射技法都比较容易操作，它们的问题像其他无规定答案的问题一样被列成表格，通常与非影射技法的问题混合使用。影射技法收集的资料比一般提问方法所收集的资料更为丰富，而且更能揭示问题的本质。影射技法经常与调查问卷等方法混用，在一些深度访谈中也经常运用多种影射技法。但影射技法问题设计技术难度较大，使用范围比较狭窄，所以单独运用不是很普遍。

影射技法比较常用的方法有词语联想技法、完成技法、主题统觉测验、图画测验法、图片分类法和第三人称法等几种。

二、词语联想技法

词语联想技法（Word Association Tests）是调查者向被调查者呈现一个字或词，然后要求他们写出看到这个文字时联想到的其他文字。例如，呈现"酒"这个字时，被调查者可能联想到"醉""豪爽""暴力""郁闷""忧愁"等字眼。这从不同侧面反映出了酒的特点，为市场定位和改进生产工艺提供了丰富的信息。

运用词语联想技法时，要注意被调查者反应的三个方面。

（1）联想出的词语数量。这个指标反映了给定词的内涵层次，联想出的词越多，说明该词的意义越丰富；联想出的词越少，说明该词的意义越贫乏。

（2）联想出的词语性质。联想出的词语可分为三类，第一类为积极的、肯定的或褒义的，第二类为中性的，第三类为消极的、否定的或贬义的。

（3）每一个词的联想时间。如果被调查者反应迅速，说明该文字对被调查者具有较强的刺激力，同时也能说明被调查者的态度或动机比较强；反之，如果反应缓慢，说明该文字刺激力较弱，被调查者的态度和动机不强。

词语联想技法可用于产品的消费动机和偏好调查。如"牙膏"一词，如果被调查者迅速联想到"洁白"，可能说明他们对牙膏的洁白作用比较看重；如果被调查者迅速联想到"芳草"，则可能说明他们对"芳草"牙膏有特殊的偏好或者常用"芳草"牙膏。

词语联想技法也可用于企业形象和品牌形象的调查。例如，给被调查者呈现"海尔"二字，被调查者可能联想到"冰箱""售后服务最佳企业""大企业""名牌企业""上市公司""管理规范化企业"等。从这些反应中，市场研究者可以分析出被调查者对海尔的印象。

词语联想技法还可以用于商品名称、企业名称的命名调查。

三、完成技法

完成技法（Completion Tests）是调查者给出不完整的刺激情景或一组残缺的句子，要求被调查者来补充完整的一种调查方法。常用的方法有句子完成法和故事完成法。

（一）句子完成法

句子完成法是指调查人员将未完成的句子呈现给被调查者，由他们将句子完成。由于被调查者专注于问题的回答，其潜意识常常会不自觉地流露出来。例如：

拥有一部汽车是______________________

口渴时最想喝的是 ____________________

运用句子完成法时，在未完成的句子中一般不要有第一或第二人称，这样可以避免被调查者产生防备心理。

在分析和解释所获得的资料时，研究者需要心理学方面的专业知识，这样才能较准确地解释答案的真正含义，例如对“拥有一套住房……”，有的被调查者认为是提高了生活质量，有的被调查者认为是基本生活的保障，有的被调查者认为有成就感。这些资料对房地产企业来说，不论是对房屋的户型设计、功能改进还是广告宣传策略的确定都具有重要的意义。

（二）故事完成法

故事完成法又称为故事建构法，是指调查人员提出一个能引起人们兴趣但未完成的故事，由被调查者来完成它，调查人员从中了解被调查者态度和情感的一种方法。

该方法与图画测验法相近似，研究者向被调查者展示一张（或多张）照片或图片，要求他们在看了这张图片或照片之后，根据自己的理解，虚构一个故事或虚构出图片中人物的内心想法。例如，图片上展示“一位顾客，手提购物篮，面对手机货柜”，研究者让被调查者看了之后谈谈这位顾客在想什么。被调查者的回答可能是：“这位顾客看到一款带有音乐功能的手机，想买又不知音响效果好不好，所以有点犹豫不决。”那么可以认为被调查者喜欢音乐，而且对音质很讲究。被调查者的回答也可能是：“她看到一款待机时间很长的手机，正在考虑是否购买。”这表明被调查者可能比较注意手机的待机时间。

四、主题统觉测验

主题统觉测验（Thematic Apperception Test，TAT），目的是诱导出被试者的生活经验、情感、个性倾向等心声。主题统觉测验所依据的事实是：当一个人解释一个含义模糊的社会情境时，他很容易暴露出他自己的内心状态来。他完全倾心于解释那个客观的现象，变得非常天真，忘记了他自己，也没有想到别人正在仔细地观察他。这样一来，他也就毫无戒备，没有平日那么有警惕性……参与者暴露出了自己内心深处的一些愿望而丝毫没有察觉。

市场调查中采用的是 TAT 的变形——为调查特别设计的图片。例如，一张图片上显示一个家庭在客厅内阅读。根据该图片编造故事，可以了解受访者关于许多方面的观点，如杂志、家庭和房子，也会了解丈夫在读什么、妻子在读什么，等等。TAT 技术在市场调查中的其他可能运用还包括：评估被考虑用于广告的图片、促销画册以及产品包装。

阅读参考 6–6

默里和摩根的主题统觉测验

主题统觉测验属于影射人格测验，由心理学家默里和摩根于 1935 年开发出来。

主题统觉测验共有 30 张内容颇为隐晦的黑白照片，另有空白卡片一张，图片的内容以人物或景物为主。有的图片为各种年龄和性别的被试者所共用，有的只用于男性或女性。每张都标有字母编号，按照年龄、性别，图片组合成四套测验，每套 20 张，分为两个系列，每系列各有 10 张。进行测验时，研究者按顺序逐一出示图片，要求被试者对每一张图片都根据自己的想象和体验，讲一个内容生动、丰富的故事。每套测验的两个系列分两次进行。一般来说，后 10 张图片的内容较为奇特、复杂，容易引起情绪反应。两次测验结束后测试者要与被试者进行一次谈话，以了解其编造故事的来源和依据，作为分析结果时的参考。

五、图画测验法

图画测验法（Cartoon Tests）是将一幅图画（一般是漫画）展示在被试者面前，图画内容传递一种对话情境，其中一方提问题，另一方的回答是空白，要求被试者替图画中的另一方做出回答。例如，图画内容展示在电脑商店柜台前，售货员与顾客的对话情境，售货员向顾客询问："您要哪一种牌子的电脑？"顾客的回答则是空白的，请被试者代顾客回答。被试者替顾客的回答可能是："您认为哪一种质量较好？"如果果真如此回答，说明被试者对各种品牌的电脑尚不太了解；如果被试者的回答是"哪一种牌子买的人多？"则说明被试者可能是"从众购买者"；如果回应的答案是具体的某一种品牌，说明被试者可能对该品牌比较偏爱或情有独钟。

采用图画测验时，应提醒被调查者，要注意的对象不是图画中的人或物，而是文字，亦即要回答的问题。图画测验法由于成本较高、所得信息较少、不便于统计分析等原因，在实际调查中运用较少，一般只用于辅助性调查。

六、图片分类法

图片分类法（Photo Sort）是美国最大的广告代理商 BBDO Worldwide 公司开发出的一种影射技法。具体做法是调查者显示给被试者一些图片（或照片），内容是从商务经理到大学生的各种各样的人，让被试者将人与品牌联系起来，即让他们判断什么样的人使用该品牌。BBDO 在为美国通用电气（General Electric）进行照片分类调查时发现，被试者认为该品牌吸引保守的、年龄大的商人。为了改变这种形象，GE 采纳了"Bring Good Things to Life"的运动。BBDO 还利用图片分类法访问了啤酒目标市场 100 名消费者（男性、21—49 岁、每周喝六次以上啤酒）。调查人员给每个被试者显示 98 张照片，要求他们将每一张照片与啤酒品牌进行匹配。结果显示，80% 的产品是给男性消费的，而有些品牌如 Cools 有一定的女性形象。

七、第三人称法

第三人称法（Third-Person Techniques）跟一般的询问方法相似，都是将问题直接提出来，但不同的是，该方法不是直接询问被调查者自身的感受或看法，而是让他们说出其他人的看法，这样便降低了被调查者的防备心理，使其流露出内心的真实态度和情感。如，不问"您为什么不买某某产品"，而是问"为什么其他人（或指具体的人）不买某某产品"。

八、影射技法的特点及其应用

影射技法主要透过调查者对测试结果的分析，来了解被调查者的潜在动机、态度或情感。测试所用的刺激多为意义不明确的各种图形、墨迹或数字，让被调查者在不受限制的情境下，自然做出反应。

（一）影射技法的特性

1. 测试目的的隐蔽性

被调查者一般不可能知道测试的真实目的，也不知道对自己的反应会做何种心理学解释，他们所意识到的是对图形、故事或句子等刺激的反应。实际上他们的反应行为却把内心的一些隐藏的动机、态度或情感表现了出来。这种技法减少了被调查者伪装自己的可能性。

2. 内容的非结构性与开放性

影射技法使用非结构化访问作为测试手段，即允许被调查者产生各种各样不受限制的反应。为了促使被调查者充分想象，影射技法一般只有简短的指示语，测试材料也是模棱两可的，不像一般测试方法中的试题那样非常明确。由于测试材料的模糊性，被调查者的反应较少受到情境线索和他人观点的影响，往往会表现出真实的内在感受、需要、个性、情绪、动机、冲突、防御等心理内容。采用影射技法可以测试出被调查者人格的更真实的面貌。

3. 测试反应的自由性

一般的测评技术都在不同程度上对被试者的回答（反应）进行了这样那样的限制，而影射技法一般不限制被试者的回答（反应），被试者可以很自由地回答问题。

4. 关注结果的整体性

指测试关注的是对人的总体评估，而不是针对单个特质的测量。被调查者的任何反应都可能影响评估结论，在对影射技法进行解释时要注意它的整体性特征。

（二）影射技法的优缺点

1. 影射技法的优点

（1）影射技法的最大优点在于调查者的意图藏而不露，这样创造了一个比较客观的外界条件。采用影射技法可以测试出被调查者内心的动机、态度或情感更真实的一面，测试的结果比较真实。

（2）真实性强，比较客观，心理活动了解得比较深入，有利于提高定性调查方法的科学化程度。

（3）有利于促进新方法在市场调查中的应用。

2. 影射技法的缺点

（1）分析比较困难，需要有经过专门培训的研究者。因此，在市场调查中运用影射技法一般比较少，只有在深层次问题研究中才考虑运用，不可能大规模运用。

（2）影射技法在计分和解释上缺乏客观标准，人为性较强，不同的研究者对同一测验结果的解释往往不同，研究者的主观感情很可能会影响被测试者的得分，而且影射技法的重测信度很低。

（3）被测试者不易知道测试的目的及其反应在心理学解释上具有什么意义。

（4）由于对影射技法结果的分析一般是凭研究者的经验主观推断，其科学性有待进一步考察。

（三）影射技法的应用

影射技法主要用于探索性研究中，以获得对调查问题的看法和理解；还用于当直接询问不能准确地获取所需信息时。市场调查一般并不依据影射技法的结果直接做出决策，而是将影射技法的结果作为参考性信息。虽然影射技法在市场调查中并不被广泛地使用，但随着测试方法本身的不断完善，测试信度（测试的可靠性）及效度（评价的真实性和正确性）的不断提高，人们接受程度的不断增强，影射技法将会成为市场调查中的一个重要方法。

本章小结

本章介绍了实地调查法，实地调查法是一种通过实地考察，搜集有关社会问题或现象的资料，并运用科学的统计方法予以分析研究，以了解情况，弄清问题，提出调查结论和决策建议的研究方法。实地调查法可以分为访问法、观察法和实验法三种。

访问法包括面谈调查法、电话调查法、问卷调查法、网络调查法和拦截式调查方法等。

观察法是指研究者根据一定的研究目的、研究提纲或观察表，用自己的感官和辅助工具去直接观察研究对象，从而获得资料的一种方法。

顾客观察法和神秘顾客法都是观察法的具体应用。

实验调查法又被称为因果性调查，是指市场实验者有目的、有意识地通过改变或控制一个或几个市场影响因素的实践活动，来观察市场现象在这些因素影响下的变动情况，从而认识市场现象的本质和发展变化规律的方法。

影射技法就是调查者让调查对象完成一定的测试，然后调查者透过对测试结果的分析，来了解被调查者的潜在动机、态度或情感的方法。

影射技法比较常用的方法有词语联想技法、完成技法、主题统觉测验、图画测验法、图片分类法和第三人称法等几种。

思考题

1. 什么是实地调查法？包括哪几种方法？
2. 什么是访问法？包括哪几种方式？
3. 什么是观察法？包括哪几种方式？
4. 什么是实验法？
5. 面谈调查、电话调查和邮寄问卷调查各有哪些优缺点？

案例分析

案例一

商店中啤酒位置摆放实验

迪克酿酒公司是一家小啤酒厂，迪克的产品在其所在城市200公里的区域内销售。公司多年来一直享有盛誉，但最近由于其偶然分发一批过期啤酒，其名誉受到损失。同时，国内啤酒商的竞争力增强，逐渐侵蚀了迪克的市场份额。迪克决定委托A市场咨询公司为其啤酒产品线开展一项新的促销活动。

A市场咨询公司立即着手研究迪克的产品线和在整个市场区域内不同商店中现有货架的空间分配情况。因为他们意识到啤酒在超市中货架上的摆放位置是极为重要的。

在大多数商店里，常温啤酒和冰啤酒都有售。A公司在研究冰箱冷藏室时，注意到大部分冷藏室都很小，通常前面有玻璃门。A公司认为消费者一般都是按从左到右的顺序浏览商品，因此，他们建议迪克公司把啤酒产品放在冰箱中所有冷藏啤酒的最左边。

对于常温啤酒来说，大多数商店都是成箱地摆放，而且通常用一整条通道来放这些产品。A公司认为顾客一般会走进通道遛来遛去，因此，他们建议迪克公司把啤酒放在其他品牌的中间。

为了检验这一假设，A公司选择了坐落在郊区的一家便利店，利用这家店进行实验来检测货架摆放位置对啤酒销售的影响。一种实验处理是按现有的商品摆放形式，即米勒冰啤放在冰箱中所有冷藏啤酒的最左边，米勒常温啤酒放在通道中间；另一种实验处理则是根据A公司的新计划来安排这些产品。所有其他因素，例如价格、瓶子数量等在整个实验过程中始终保持一致。第一种处理用于4月份的前两个星期，第二种处理用于后两个星期。以下统计数字显示了每一种处理中主要品牌啤酒购买的百分比。

啤酒品牌	实验处理（#1）	实验处理（#2）
迪克	38%	43%
米勒	41%	37%
酷尔	21%	20%

问题讨论

（1）结合内在有效性和外在有效性来评论该项实验。

（2）讨论在这个实验中利用便利店的优点和缺点。

（3）请提出一种更加可行的实验设计。

案例二

售后回访要抓住消费者的心

一、售后回访工作的必要性

美国一份商业研究报告指出，多次光顾的顾客比初次光顾的顾客可以为商店带来20%~85%的利润。固定的顾客数目每增长5%，商店的利润将增长25%。由此可见，忠诚顾客是商家最宝贵的资源。在激烈的市场竞争中如何重新唤起和培养顾客的感情与忠诚，便成为摆在大中型家电连锁企业面前的一个十分重要的课题，售后回访是培养忠诚顾客很有效果的途径之一。售后回访工作对于我们经销商来说是可以做到的，而且很有必要去做这样的工作。

二、售后回访对象的选择

经销商在每一项销售业务完成后，一般都会建立顾客的档案。档案包括用户姓名、购买日期、用户住址、联系方式，所购商品名称及规格、单价、数量、金额等。这可是一笔非常宝贵的资源，如果能使30%的消费顾客再次光临并消费那就是很大的成功了。在选择回访对象的时候，应该对用户再次消费的可能性进行分析。选择再次消费可能性较高的顾客重点回访，同时也要兼顾其他顾客。对于消费金额较大的顾客，要做好重点回访，尽量让他们从满意到感动。

三、售后回访的方式

一般来说，回访可以通过如下的途径来完成。

1. 入户回访

拿空调来说，有些商家在销售的时候即承诺每年两次免费上门保养，所以精明的商家在上门保养的同时，对顾客进行回访，这样既节约了成本，又提高了访问的成功率。在入户回访的时候也有很多的注意事项：

（1）入户回访的人员一定要是专业人员，能解决顾客对产品功能的疑虑；

（2）入户回访人员要注意形象包括行为举止和穿着，入户回访人员的形象也会影响到顾客的满意度；

（3）不要弄脏顾客的家，应该针对地毯等携带防尘装置；

（4）不要随意在顾客家中吃喝，避免顾客反感。

这些工作需要我们售后回访人员的努力。

像抽油烟机也是一样，一般承诺每年两次上门免费清洗油网。在回访的过程中，回访人员要利用时机与顾客交谈，在适当时机可以请他们填写调查问卷，发现他们所关注的，听取他们的意见，鼓励他们提建议以便企业不断改进，做得更完善。

2. 电话回访

由于上门回访的成本很高，对于一些没有必要进行上门回访的，我们可以采用电话回访。比如用户在买了电冰箱一段时间后，作为商家可以主动打电话给顾客询问使用情况，并提醒用户使用过程应该注意的细节，如果有什么问题及时与售后联系，这样顾客会感到温暖，真正体会到自己被关注。如果顾客买了产品后，商家不闻不问，那样就不好了。回访要掌握火候，在适当的时候回访可以使消费者更满意。千万不要等到东西坏了，消费者打电话来投诉再回访，那样就晚了。

3. 信函回访

对于一些特殊的顾客我们可以采用信函回访的形式。在信函回访中可以附带用户调查表供用户填写。如果是在节日前后进行的回访，最好能有节日的祝福，这样会使用户感到亲切和温暖，而且这样的举措有利于用户调查表的回收和统计分析。

对于售后回访表中所反映的情况，发现有问题的，要及时安排人员处理，给消费者满意的答复。我们所做的这些努力就是要让没有买我们产品的人消费我们的产品；让已经用我们产品的人，用得更多；让用过我们产品的人，不要再用别的产品。

问题讨论

1. 你觉得售后回访有必要吗？为什么？

2. 结合本案例，试比较入户访问、电话访问和邮寄访问的优缺点。

案例三

美国航空公司关于在飞机上向顾客提供电话服务的市场调查活动

美国的航空客运业一直存在着激烈的竞争，美国航空公司虽然是全美最大的航空公司之一，但是也必须为获取优势而不断地提供新的服务，来满足航空旅客的需要。为此，管理者们聚集在一起出谋划策，其中一位经理建议在离地面30 000英尺（9 144米）高度的飞机上向乘客提供电话服务。

针对这一构想，公司展开了市场调查研究工作。提出此建议的市场营销部经理先进行了一些初步研究，他从一家大型电信公司那里获悉每一航班此项装置的成本约为1 000美元。如果每次通话收费25美元，则每次航班起码要有40人次利用机上电话，航空公司才能实现盈亏平衡。接下来，营销部门的任务就是调查旅客对这项新的服务的反应。

首先，营销部门要根据研究目的提出问题与假设：提出的问题既不能太宽，亦不能太窄。营销部门对此确定了以下研究问题：

（1）乘客在飞机上使用电话的原因是什么？

（2）哪类乘客最有可能在飞行中打电话？

（3）在波音747的一次飞行中有多少乘客可能会打电话？

（4）此项新服务会吸引多少额外的乘客？

（5）这项服务对公司的长期信誉和形象有多大帮助？

（6）电话服务与其他服务项目相比重要性如何？

根据这些问题营销部门已大致知道需要哪些信息，并据此确定资料来源。营销部门要收集大量有关航空客运市场的二手资料，这些资料来自民航局的出版物、美国空运协会的图书馆、旅行社等。仅有二手资料显然是不够的，营销部门还必须着手进行第一手资料的收集。接下来要做的就是确定资料收集方法。观察法——可以派专业人员在机场、航空公司办公室、旅行社等处来回走动，听取旅客的意见；或者搭乘竞争者的班机，观察其机上服务及旅客意见。焦点小组法——选取6到10人组成焦点小组，在有经验的访谈主持者引导下讨论有关营销问题。问卷调查法——向居民发放问卷，问及有关问题。实验法——选取实验组和对照组进行实验，在其他变量保持不变的情况下研究某一变量对结果的影响。例如，选取两组航班，保持每次乘客人数相同，只改变电话收费价格，可以假定打电话人数的明显变化是与收费高低相关的。各种方法的成本不同，对总体的代表性亦不相同，一般需要综合运用各种方法，才能获得较好效果。

如果采用问卷调查，则必须进行抽样设计，即确定抽样单位、样本大小和抽样方法。营销部门的人员可以在专业调查人员的协助下完成抽样设计；接着便是资料收集工作的正式开展，这时计算机和电子技术为营销人员带来了极大便利；然后，研究人员对资料进行分析研究，利用先进的统计技术和决策模式，得到有价值的研究结果；最后，营销人员要做的不是将一大堆数字罗列给管理当局，而是需要提出分析报告，将这些数字转化成定性的、描述性的信息，这对决策者来说才最有价值。

下面是美国航空公司经过分析后获得的主要结果：

（1）使用机上电话的主要原因是紧急情况、紧急商业买卖、飞行时差的混乱等，极少有人会在机上打电话闲聊天，电话使用者大部分是用报销单的商人。

（2）大约每200名乘客中有5人愿意支付25美元电话费，约12人愿意支付15美元，但电话收益（25美元以下，25×5=125美元；15美元以下，15×12=180美元）都大大低于1 000美元的盈亏平衡点。

（3）机上电话服务会为每次航班多吸引两名乘客，带来650美元纯收入，但仍无法达到损益平衡。

（4）此项服务会加强公众心目中美国航空公司是一个具有革新性、创造性公司的形象，但公司为此每航程约支付 200 美元 [1 000 —（650+15×12）=170 美元]。

由此看来，在飞机上提供电话服务似乎只增加了成本，而不大会增加长期收入，故公司决定在现阶段暂不实施飞机上的电话服务项目。

问题讨论

1. 在这次市场调查活动中，确定的研究问题合适吗？
2. 对研究得到的重要结论，请你给出合理解释。
3. 研究得出的建议你同意吗？如果你是这家公司的经理，你会怎么做？

Chapter 7

第七章　定性预测

本章概要

在市场经济中，企业面对竞争激烈的市场，要根据市场的变化来决定企业的生产经营活动。企业必须采用各种各样的市场预测方法对市场的变化趋势进行预测分析，并做出决策。因此，本章详细地阐述了市场预测的专家预测法、经验判断预测法、主观概率法等定性预测法的概念、基本原理、优缺点、适用条件、预测步骤等方面的内容。

学习目的

通过本章的学习，要求理解市场预测的概念、作用和内容；了解市场预测的类型；掌握市场预测的步骤；了解各种市场预测的方法；掌握市场预测方法的选择和应用。

基本概念

定性预测法　专家预测法　经验判断预测法　主观概率法

引导案例

海尔的二手资料调查

海尔集团在美国设厂拓展国际市场时，进行了充分的可行性调查，搜集了大量的二手资料。在搜集资料的程序上，首先调查人员考虑企业内部的现有资料，再去搜集企业外部的二手资料。在内容上，市场调查人员首先搜集美国市场的一般资料情况，如美国的政治法律环境、经济环境、社会文化环境、科技环境、自然环境等；其次，查找行业竞争结构、美国市场基本特征、企业产品定位等较为具体的问题；最后，查找有关市场研究主体方面的资料，如美国市场消费者需求、产品定价、销售渠道、品牌知名度、广告文案等反映调查主题的资料。

资料来源：郑聪玲，徐盈群：《市场调查与分析实训》，东北财经大学出版社，2008。

第一节　市场预测概述

一、市场预测的含义

（一）市场预测的概念

凡事预则立，不预则废，市场永远处于变动之中。通过周密的市场调查“造”出来的决策，十有八九会因为脱离实际而受挫。市场调查和预测是企业的“雷达”或“眼睛”，利用这个“雷达”或“眼睛”，企业能时刻探测和关注市场变化，进行科学准确的预测，可以保证社会经济活动达到预期的成功，提高企业的竞争能力。所谓预测就是“鉴往知来”，以过去和现在的信息为基础，运用科学的方法，对事物未来的演变规律和发展趋势进行预测，是对将来要发生的变化或目前还不明确的状况预先进行的估计和推测。所谓市场预测就是在一定的理论指导下，运用科学的方法，以市场发展历史和现状为出发点，以各种调查研究资料和统计信息为依据，对市场发展的未来变化预先做出科学的推测或估计。

在市场营销活动中，工商企业、经济管理部门需要了解未来的市场状况以便做出相应的决策，这就必须进行市场预测。市场是沟通产供销的总枢纽，是连接社会生产和再生产各环节的桥梁，也是实现社会再生产和满足人们日益增长的生活需要的重要条件。市场供求双方是在不断发展不断变化的，这种变化受商品的数量、质量、品种、价格以及货币、利税、购买力、社会环境、消费心理、经济政策、贸易往来等各种因素的影响和制约，因此，市场是国民经济的综合反映。市场预测在对影响市场供求变化的诸因素进行调查研究的基础上，运用科学的方法，对未来市场商品供应和需求的发展趋势以及有关的各种因素的变化，进行分析、估计和判断。市场预测的目的是为经营决策提供依据。没有准确的市场预测，就不可能有正确的经营决策和科学的计划。企业管理的关键在经营，经营的中心是决策，决策的前提在预测，正确的市场营销决策离不开市场预测。市场预测的正确与否，直接关系到企业的兴衰成败。

（二）市场预测的特点

市场预测具有如下几个特点。

（1）预测对象具有不确定性。市场预测是研究市场不确定性事件的。

（2）市场预测具有目的性。市场预测人员应从决策的需要出发，有目的地进行有关市场问题的预测。

（3）市场预测具有科学性。市场预测人员依据搜集的大量的历史资料和现实资料，运用科学的预测方法，通过分析研究事物演变的过程、特点、趋势和规律，有效地预测未来的发展变化。

（4）市场预测具有综合性。要求市场预测人员运用多种定性分析和定量分析的方法，对大量的预测资料进行综合分析，对市场未来的变化做出综合性的推断。

（5）预测误差具有不可避免性。市场未来的发展变化往往是不确定的，因此，市场预测的结果与未来的实际很难完全吻合，总是存在一定的误差。

二、市场预测的作用

1. 有利于提高决策的科学性

市场预测可以帮助决策者把握市场发展变化的规律和未来发展趋势，分析影响市场发展变化的各种因素，可以为决策者提供有关未来市场的规模、水平、结构、数量关系等方面的定量预测结果和对策建议，从而使决策者能据此做出科学的决策。

2. 有利于提高企业的竞争力

市场预测有助于企业正确制定市场竞争策略，开拓和占领新的市场，开发新的产品，扩大生产经营能力，从而提高企业的市场适应能力和竞争能力。

3. 有利于提高企业的经济效益

市场预测能够使企业及时了解和把握市场供求的变化趋势，消费者需求的潜力和需求的新变化，产品市场的发展趋势，从而及时调整企业的生产经营方向和内容，使之更加适应市场变化，提高经济效益。

三、市场预测的内容

市场是商品交换关系的总和，也是国民经济的综合反映。市场变化涉及社会生产、需求、供应、价格、政治形势、消费心理、社会风尚等各个方面。因此，市场预测涉及的范围非常广泛，同整个国民经济的预测密切相关。各个预测主体对市场预测的目的要求不同，也就使得预测内容各有不同侧重点。

在市场经济条件下，市场向所有商品生产者和经营者开放，向所有购买者开放，不受地理区域的限制，打破地区封锁，向外地开放，向全国开放，还要向国外开放，扩大国际市场。这是实现国内地区间的合理分工和协作的需要，也是参与国际交换和国际竞争，利用国际分工，充分发挥自己相对优势与长处，获取经济利益的需要。市场的这种开放性，决定了我们必须重视宏观预测。宏观预测对观察和预计市场供求发展趋势具有决定性的意义。作为一个企业，其生产经营总是在一定条件下进行的，并受到客观环境的制约，所以，微观预测要以宏观预测为重要依据，两者相互联系，互为补充，不能截然分开。

市场预测的内容十分广泛，从预测对象方面看，主要包括对市场商品供求关系及其变化趋势以及各种经济、社会、自然环境等因素对市场供求的影响与影响程度的预测。同市场调查相似，凡是引起市场供求关系变化的因素都在预测范围之内，但每一次具体的市场预测活动不可能包罗万象。具体进行的市场预测主要包括以下几方面的内容。

（一）生产的水平及其变化趋势预测

生产的发展是影响市场商品流通和消费水平的决定因素。进行市场预测，首先必须对商品生产的发展水平及其变化趋势进行预测。调查员通过搜集生产各种产品的企业的生产能力、生产数量以及成本、利润、销售、供应等情况资料，结合其他信息，预测未来一段时期内商品生产的发展情况，预测企业生产能力，预测已有产品的数量、质量、花色、式样、规格等发展变化及新产品生产发展趋势，预测生产技术、原材料和能源消耗、产品、成本和价格等的变化，预测产品销售的竞争能力及市场需求动向等，其中最重要的内容是预测商品的市场可供量、适应市场需求的程度及发展趋势。

通过对商品资源的调查，生产企业可以科学安排生产计划；流通企业可以合理调整市场商品结构，安排市场商品供应。

（二）市场容量及其变化预测

市场容量是指市场有支付能力的需求量，这是市场预测的重要内容。从分配角度看，有支付能力的需求量就是社会商品购买力，它是指一定时期内，全社会通过市场购买生产资料、消费资料以及服务的货币支付能力。市场容量包括生产资料市场容量、消费资料市场容量以及服务市场容量等部分。

预测生产资料市场容量，主要是预测者通过对国民经济的发展情况、发展方向、发展重点的研究，分析生产性积累资金的总量和投资方向及生产结构变化等情况，并在此基础上，预测生产资料的需求量、需求结构及发展趋势。

预测消费资料和服务的市场容量，包括预测居民社会商品购买力总额和社会集团非生产消费购买力总额两个部分。居民社会商品购买力预测包括：（1）居民货币收入预测，即预测职工工资、津贴，农民出售农副产品及劳务收入，城乡居民从财政、民政、信贷部门取得的收入等。（2）居民各种服务支出和其他非商品支出预测。（3）居民储蓄及手持现金预测。（4）流动购买力状况预测。通过上述资料，预测者可预测地区市场居民社会商品购买力总量。社会集团非生产消费购买力除了受经济发展的影响之外，其增减变化在很大程度上受国家政策的影响。在预测中要注意收集国家有关控制社会集团非生产消费购买力的信息，以做出准确的判断。

通过市场容量预测，预测者可以分析市场商品需求变化趋势，为指导生产经营提供依据。

（三）消费需求和购买力投向变化预测

上述市场容量预测是对市场商品需求的数量预测，主要内容是社会商品购买力预测。这里的消费需求和购买力投向变化预测主要是指对消费需求趋势和消费心理变化的预测。消费需求和购买力投向变化，受生产发展、收入水平提高等因素的影响。随着生产力的发展，消费需求在质和量上都发生了明显变化。消费者需求的商品从种类、品种、规格、质量上都产生了新的倾向，高一级的消费品在市场需求中的比重逐渐提高。过去人们称手表、自行车、缝纫机、收音机为四大件，随着生活水平的提高，原来的四大件已降为一般生活消费品，而电脑、手机、汽车等又成为新的消费需求热点。

消费心理的变化也直接影响消费需求。经济、政治、社会、文化以及对外交流的发展都会使消费者的购买行为发生重大变化。

消费需求趋势和消费心理变化最终体现在购买力投向变化上。为了使生产和经营的商品适销对路，企业必须对消费需求和购买力投向的变化事先做出预测。

（四）商品价格预测

商品价格的变化会影响企业经营利润的变化，也会影响市场需求的变化，还会影响国家与工商企业之间利益分配关系的变化。因此，价格反映着各方面的经济关系，进行市场预测不能忽视市场价格的变化。

价格会受到市场商品供求关系变化的影响，但是，反过来价格的变化也会影响市场商品供求关系的变化。因此进行市场预测时，一方面要注意搜集商品生产成本的变化、商品供求关系变化、货币价值和货币流通的变动以及国家经济政策因素等资料。一般而言，市场上某种商品供过于求，会引起价格降低；反之，供不应求，则会引起价格上升。另一方面也要预测价格的变化，对市场需求带来的影响及其发展趋势，要充分估计到价格变化的影响作用。由于各种商品的需求价格弹性不同，各种商品价格变化程度对需求量变化的影响大小也不同。

（五）市场占有率预测

市场占有率是指在一定的市场范围内，企业所生产的某种商品的销售量（额）占同类产品总销售量（额）的比重，用公式表示为：

$$\text{市场占有率} = \frac{\text{本企业生产的某种商品的销售量（额）}}{\text{市场上同类产品全部销售量（额）}} \times 100\%$$

市场占有率表明一个企业在市场活动中所占的份额。随着市场经济的发展和市场竞争的进一步加剧，除极个别情况外，任何一个部门或企业都不可能独占市场，只能在市场中占有一定份额。市场占有率实际上是企业产品竞争能力高低的标志。通过研究本企业现在和过去的市场占有率，以及当前同类企业经营水平、竞争能力、优劣势等情况，预测者可以预测市场占有率，促使企业改善经营管理方法，提高生产技术水平，加快产品更新换代，提高服务质量和服务水平，更重要的是做出正确的经营决策。

预测市场占有率，除了用企业销售预测数与市场容量预测数进行比较外，最常用的方法是搜集一段时间内市场占有率的变动资料，利用马尔可夫预测法预测未来一定时期内的市场占有率。

（六）产品生命周期预测

产品生命周期是指一种新产品试制定型以后，从投入市场开始到被市场淘汰停产退出市场为止所经过的时间。产品的整个生命周期大体可以分为导入（进入）期、成长期、成熟期（饱和期）、衰退（衰落）期四个阶段。这四个阶段是指一般情况而言，并不是所有产品都要经过这四个阶段。预测产品生命周期的各个阶段，特别是预测产品生命周期的转折时期，对于企业掌握市场机会，测算各个时期的市场销售量，制定经营决策具有十分重要的意义。如某产品未来一定时期内将从导入期进入成长期，企业应尽快扩大生产和销售，争创更多利润；如某产品将从成长期走向成熟期，企业要在扩大销售的同时，改进原有产品，扩大产品的功能和用途，保持市场竞争能力；如某商品将进入衰退期，企业应调整方向，对产品进行更新换代，赶上市场发展的需要。

产品生命周期预测关系到企业生产经营策略的制定和经营重点的转移，市场营销活动中要高度重视这一预测内容。预测产品生命周期可以采用专家意见判断法（德尔菲预测法）和类比预测法等。

（七）销售渠道和商业网点变化预测

商品销售渠道和网点预测主要是对商品的销售区域、路线、网点等变化的预测。销售区域、路线、网点等因素的变化，会影响市场需求的变化。有的产品在当地积压，在外地可能紧俏；在国内卖不出去，在国外可能热卖；商业网密集地区，销量可能大，交通不便、缺少销售网点的地区销量会很小。

通过对商品销售渠道和商业网点的预测，企业经济活动会更好地发展，更好地满足人们的生活需要。

（八）对外贸易变化预测

国内市场商品的供求状况与对外贸易有着密切关系，对外贸易的变化直接影响着国内市场的供求。在商品资源不变的情况下，出口增加，内销会减少；反之，进口增加，国内市场供应会相应增加。搞好对外贸易能及时协调国内市场的供需矛盾，满足人们生活的需要。因此，进行市场预测，还必须预测对外贸易的变化。

以上我们从几个方面说明了市场预测的主要内容，很多问题还没有涉及。在市场预测中还要根据具体情况，选择、提出并充实预测内容。

四、市场预测的原理

预测之所以可能，主要是利用了四个基本原理：连续性原理、类推性原理、相关性原理和系统性原理。了解这四个原理，对于理解和掌握市场预测方法有一定的帮助。

1. 连续性原理

这一原理认为事物的各个发展阶段具有连续性，现在的状况是由过去演变而来的，未来的状况又是过去、现在状况延续的结果，因此，可以根据过去和现在的规律来推测未来。当然，经济生活的连续性并不意味着经济事物一成不变地重复过去，但是生产力发展的连续性和宏观经济系统的相对稳定性，为预测未来事物变化的趋势提供了极大可能。如时间序列预测法就是根据这一原理建立起来的预测方法。

2. 类推性原理

这一原理认为事物的发展存在着相似性或类同性，根据某类社会经济现象的结构和模式，可以推测出另一类具有相同特征的社会经济现象的发展变化情况。如类比预测法就来源于此原理。

3. 相关性原理

这一原理认为任何事物都是相互联系、相互影响、相互制约的，存在着一定的因果关系，因此根据某一或某些事物的变化，可以推测出另一事物的相应变化。如回归分析预测法就是根据这一原理建立起来的预测方法。

4. 系统性原理

系统性原理是指预测对象是一个系统，系统管理指导预测活动。系统论认为，每个系统内部各个组成部分之间是相互联系、相互作用的，并且同其他事物系统之间也是相互联系相互制约的。从系统论的观点来看，市场预测不是孤立的，不能封闭起来，它必然同其他预测系统密切结合、相辅相成，彼此交流信息。进行市场预测，既要从宏观经济角度预测市场发展变化的趋势，也要从微观经济角度研究本行业和本企业过去的市场份额，行业内部的其他企业的现实经营情况，本企业的经营优势和劣势，影响本企业经营的内部、外部可控和不可控的各种因素及其变化情况，本企业未来可能遇到的变化和市场阻力，等等。只有这样，预测者才能通过系统、全面、翔实的材料进行市场预测，提出更接近实际情况的整体最优方案，帮助决策者做出正确的生产经营决策。

五、市场预测的应用条件

市场预测是对市场现象未来发展趋势、进程、结果的一种推断，是一种未知先卜的测算，既然是对不确定的市场现象的未来发展的推测，难免会产生预测的失真和误差。市场预测的关键问题不在于是否产生误差，而在于最大限度地减少误差，避免重大误差。因此，提高市场预测的精度，是一件十分必要和重要的事情。随着市场预测的广泛开展，人们对市场预测越来越重视，对市场规律的认识能力越来越强，市场预测的方法也在不断改进和创新，这些都将使减少预测误差、提高预测精度成为可能，然而，将可能变为现实还需要一些重要的条件。

（1）要以正确的理论作为市场预测的指导思想。市场预测不等于传统经验的概括，也不是简单的统计和数学运算的技术性问题，它需要一系列的理论分析来揭示客观市场现象的本质、特点和规律，以便透过现象看本质，根据历史和现实来推测未来。因此，市场预测必须以正确的哲学和经济学理论为指导，具体地说，马克思主义哲学和经济学理论是指导我们进行市场预测的指导思想和理论基础，是提高市场预测精度、减少预测失误的重要保证。

（2）要有全面、系统、真实、准确的数据资料。全面、系统、真实、准确的数据资料是保证市场预测质量的基本前提。很难想象以片面、零散、虚假的数据资料为依据，能对预测目标未来发展趋势做出科学、准确的推断。在定量分析的市场预测中，数据资料是定量分析的必要前提，是建立数学模型和确定变量未来值的基本依据。只有在充分占有预测目标及其相关因素的数据资料的基础上，预测者才能借助逻辑推理和数据统计学方法类比过去和现在，科学、准确地推测未来。

（3）要有现代化的数据交换、传输、加工、处理、储存和计算的设备。计算机及计算机网络技术的发展和广泛应用，为市场预测提供了交换、传输、加工、处理、储存、计算各类相关数据资料的现代化手段，保证了市场预测的准确性和时效性。

（4）要建立专门机构，组建预测网络，并努力培养市场预测的专门人才。市场预测不是孤立和封闭的活动，它涉及的范围广、专业性强，因此，建立健全市场预测组织机构，建立健全市场预测网络，统一市场预测指标体系，规范市场行情报表和报告制度，培训大批市场预测专家，是搞好市场预测的先决条件。市场预测要有机构、网络，要有切实可行的规范化制度，更需要大批熟悉经济理论、市场规律和能熟练掌握市场预测技术的市场预测专家，这样才能提高市场预测水平，保证市场预测质量，发展市场预测的理论和方法，促进社会主义市场经济的完善和发展。

六、定性预测方法

定性预测法是利用市场调查得到的各种信息，根据预测者个人的知识、经验和主观判断，对市场的未来发展趋势做出估计和判断。这种方法的优点是时间短，费用省，简单易行，能综合多种因素；缺点是主观随意性较大，预测结果不够准确。常用的定性预测方法有专家预测法、经验判断预测法、主观概率法等。

第二节 专家预测法

一、德尔菲法

（一）德尔菲法及其特点

德尔菲法，又称为专家小组法，它是20世纪40年代由美国的兰德公司（Rand）首创和使用的，20世纪50年代以后在西方盛行起来，是应用较广的定性预测方法之一。

德尔菲法主要是预测者用书面形式，背对背地分轮征求和汇总专家意见，依靠专家小组背对背地做出判断分析，来替代面对面的会议，使不同专家的意见分歧和理由都能够充分表达出来，达成比较符合市场发展规律的一致意见的方法。其主要有以下几个特点。

（1）匿名性。预测单位的负责人，一般采用通信方式，背靠背地分头向专家征询意见。参加预测的专家互不见面，不通声气，姓名保密，只同预测单位负责人保持联系。采取这种背靠背的匿名方式，比召开专家会议面对面地讨论好，这种方式使专家打消了思想顾虑，能够独立思考判断。可见它既依靠了专家，又克服了专家会议的缺点。

（2）轮间反馈性。该方法需要经过 3 ~ 4 轮的信息反馈，在每次反馈中调查组和专家组都可以进行深入研究，使得最终结果基本能够反映专家的基本想法和对信息的认识，所以结果较为客观、可信。小组成员的交流是通过回答组织者的问题来实现的，一般要经过若干轮反馈才能完成预测。

（3）集中性。在整个预测过程中，每一轮都将上一轮的许多意见与信息进行汇总和反馈，可以使专家们在背靠背的情况下，充分了解各方面的客观情况和别人的意见以及持不同意见的理由，有助于专家们拓展思路，集思广益。

（4）预测结果的定量处理。进行定量处理是德尔菲法的一个重要特点。这种方法重视对专家意见和预测结果做出定量化的统计归纳。它对各种不同类型的预测问题，采用相应的不同统计处理方法。专家的意见经过几轮反复后，有可能趋向集中，统计结果趋于收敛。对预测的结果，调查者可逐渐按统计反映出来的收敛特征明确预测问题。对不同类型的预测问题，应采用不同的统计处理方法，以提高预测结果的科学性。

德尔菲法的主要缺点是：主要凭专家们主观判断，缺乏客观标准，预测需要的时间较长；预测组的专家中途退出时将对预测产生不良影响。因此，这种方法一般多用于缺乏历史资料和数据的长期预测以及总额预测，而对不同种类商品的销售和不同顾客购买意向的预测，其可靠程度较低。

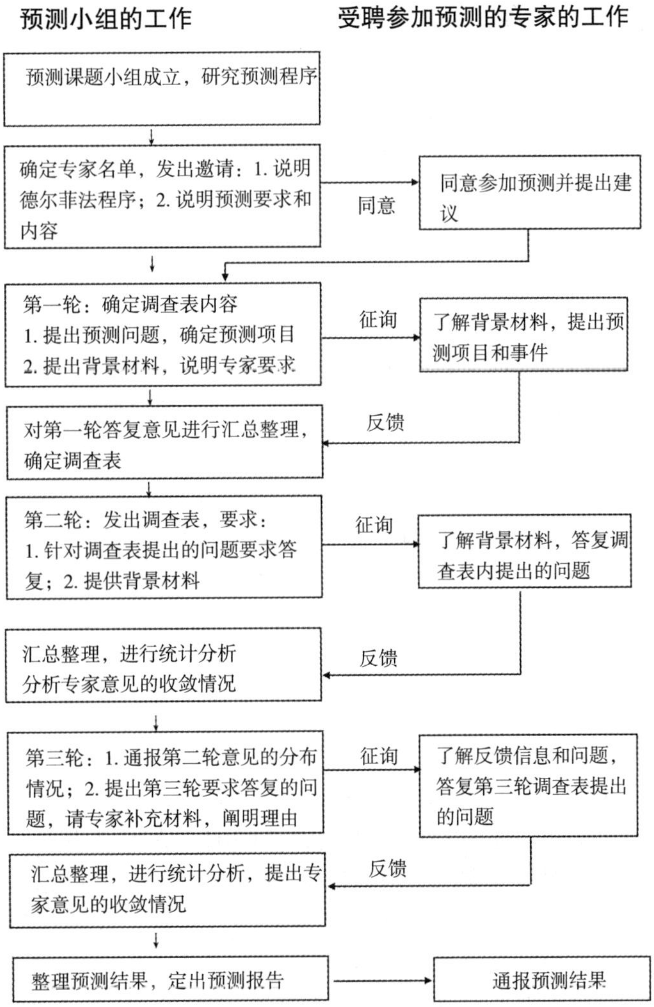

图 7–1

（二）德尔菲法预测的过程与程序

德尔菲法预测一般要有三四轮反复，第一轮是组织者提出预测的主题，请专家们提供预测的项目，组织者再经过综合整理，编制出一份预测项目表，制成调查表寄给专家们。第二第三轮是组织者根据专家们回函的意见，进行统计处理，进一步就预测问题征询专家们的意见，也可以请专家们就自己的意见阐明理由，或就某一意见做出评价。一般，进行到第四轮时，专家们的意见就比较集中了，预测组织者就可以据此整理出结果，写出预测报告书。其具体过程与程序如图 7–1 所示。

（三）德尔菲法运用过程中需注意的几个问题

1. 必须明确预测的总目标

任何预测问题的进行，首先都要明确预测的总目标。总目标是根据决策和计划的要求，通过对已掌握资料的分析提出来的，包括子目标以及达成目标的手段。

例如，在预测计算机技术发展趋势时，明确的总目标是：当人类在所有活动领域内都用计算机有效地解决问题时，计算机技术的发展趋向是什么？其子目标包括：（1）解决人机联系问题；（2）提高计算机智能；（3）提高单台计算机效率；（4）提高全国总装机效率等。达到目标的手段为：（1）改善单元技术；（2）改善外围设备和通信技术；（3）发展信息处理方法；（4）改善程序编制手段；（5）改善计算机结构；（6）改善使用计算机的组织工作；（7）改善计算机的设计方法等。

应用德尔菲法时，第一轮发给专家们的函件中，另有一张预测主题表，而具体的预测事件则由专家们自己确定和提出，以避免当事人先入为主。例如，1983 年，国家科委预测局为实现我国 2000 年总目标，应用德尔菲法预测科学技术的优先发展领域和优先发展地区，在优先发展领域中指出九项总目标，要求专家填写优先顺序。每个总目标又指出每个子目标，如总目标中的能源一项包括煤、石油、天然气、水电、火电、节能技术、农村能源、核电等，也要求专家填写出优先顺序。又如，20 世纪 80 年代初，日本第三次大规模预测的主题有 13 个，包括：（1）能源、矿物资源和水资源；（2）农林、水产资源；（3）生活、教育；（4）环境、安全；（5）保健、医疗；（6）生命科学；（7）城市、土木、建筑；（8）交通运输；（9）通信、情报、电子；（10）宇宙；（11）海洋；（12）材料、元器件；（13）生产、劳动。根据专家提出的预测小组筛选整理成 797 个预测事件。预测事件提出后，预测领导小组就可以针对各个预测事件的预测内容和要求，编制成预测事件一览表发给专家。

2. 制定预测事件一览表

第一轮，预测小组给专家发一张预测主题表，可以避免当事人先入为主。但是，由于某些专家对德尔菲法不甚了解或其他原因，不知从何着手，在主题理解上千差万别，提供的预测事件杂乱纷繁，无法归纳。为了克服这一缺点，往往在第一轮征询时，预测小组根据已掌握的资料或征求有关专家意见，预先拟订一个预测事件一览表，同时寄发。每一份预测事件一览表上都留有供专家修正或补充的栏目，专家们可以对事件一览表进行补充和提出修改意见。

预测事件一览表的格式灵活多样，其基本要求是应使专家对预测事件理解，回答方式简便。主要的预测事件一览表有如下几种。

（1）预测某事件实现的时间表

时间预测在德尔菲法预测中最常见。

在预测事件一览表中应罗列各个预测事件及其实现的不同概率，概率一般取 10%、50%、90%。专家可根据自己的判断，分别填上不同概率的实现时间。

表 7-1 事件实现时间表

事件	实现时间		
	10% 概率	50% 的概率	90% 的概率
事件 1			
事件 2			
……			

（2）择优选择表

预测时，可能面临很多方案可供选择，专家需做出最佳方案的选择，在预测事件一览表中应罗列各种可能选择的方案或意见，专家只需打“√”，（表示赞成）即可。

表 7-2 择优选择表

专家	方案				
	方案 1	方案 2	方案 3	方案 4	方案 5
专家 1					

（3）排序性选择表

排序性选择，也就是相对重要性选择，是比较各种方案的相对重要性，进行优劣排队。预测事件一览表上应罗列这一系列事件，专家只需在表上分别填上序号，或专家对各方案经主观判断分别给予某一分值，分值越高，方案越优。

表 7-3 排序性选择表

专家	方案			
	方案 1	方案 2	方案 3	……
专家 1 专家 2				

（4）预测事件的相对结构比重评判表

这是研究结构构成如工业部门结构构成、行业结构构成、产品产量结构和品种结构构成等常用的一种重要方法。在预测事件一览表上列出结构成分及其可能的结构比率数，专家只需对位打“√”（表示赞成），表 7-4 是市场某类产品结构比重评判表。

表 7-4 产品结构比重评判表

预测事件	0% ~ 9%	10% ~ 19%	……	90% ~ 100%
产品一				
产品二				
产品三				
……				

预测事件一览表的设计对德尔菲法的效果关系重大，因而设计事件一览表有许多应注意的地方。第一，预测事件必须含义明确，含义只有一种理解，而不能有丝毫含糊；第二，避免组合问题，尤其是对有附带条件的问题更是如此；第三，问题有针对性，不要过于分散；第四，问题的数目不宜过多，一般限制在 20 个左右，提问的顺序要讲究策略，先综合，后局部，同类问题先简单，后复杂；第五，表格要简化，便于专家应答。另外，对德尔菲法要做充分说明，包括德尔菲法的实质、特点、轮向反馈对评价的作用等，因为有的专家对德尔菲法不一定了解。

3. 专家选择

专家选择是德尔菲法预测中的一项关键工作，专家选择是否合适直接决定预测的质量。

（1）什么叫“专家”

所谓“专家”，在这里是行家的意思。专家是指那些精通业务，有真才实学、丰富实践经验和一定预见能力的人。从形式上看，从事预测活动所需要的专家，一般是在某一专业领域从事十年以上技术工作的专业干部或在专业部门担任主管领导职务的人员；从内容上看，主要是看他在学术上的建树、工作上的能力和成就。

（2）选择专家的重要性

选择专家通常认为是德尔菲法成败的关键，因为应用德尔菲法进行预测，是由预测小组组织有关专家进行集体预测，预测的主体实质上是专家。专家对预测目标未来的发展做出判断，预测小组对专家意见进行汇集，找出事物的未来发展趋势。其预测的最终结果来自专家，如果选定的专家对预测主题不具备应有的知识，就很难提出正确的意见和有价值的判断。因此，选择专家是预测小组的一项重要工作，绝不能简单从事。

① 应首先征求专家本人是否愿意参加此项预测的意见，即所选的专家应是乐于参加预测工作的，只有这样才能保证专家能坚持做完各轮的函询。预测小组不能事先不征得同意就将调查表发给拟邀请的专家。实践证明，不事先征求专家同意就发调查表，应答率很低，难以得到较佳的预测结果。

② 一般所请专家所研究或从事的专业应是与预测主题有关的学科，但所选专家范围要广一些，不仅要有本领域的专家，还要有一定数量其他领域的专家。选择专家要由预测的任务决定，在下列情况下，最好从本领域中选取专家：其一，预测任务要求比较深入地了解本领域或部门的历史情况和技术政策；其二，预测任务牵涉本领域或部门机密问题。从本领域决定专家较简单，因为有案可查，又熟悉专家的现实情况。如果不是上

述情况，如预测任务关系到具体发展技术，最好既从本领域选定专家，又从外领域选定专家。

上海市五金交电公司为安排好1982年的电视机进销计划，应用德尔菲法对公司的国内销售情况进行预测。所选定的专家，既包括公司电讯批发部主管电视机的进销业务人员、业务组、市场联络组、计统组、批发部的有关人员，又包括市公司批发业务科、零售业务科、计划科和商业局市场处、计划处等熟悉业务的干部共18个人成立了专家小组，这次预测取得了良好效果（见《预测》1982年第2期）。

从外领域选择专家比较困难，一般可以通过如下途径：第一，从本领域职工比较熟悉的专家名单中选择；第二，从有关报纸杂志上查找选择相关专家；第三，通过专家之间互相推荐；第四，通过有关组织推荐。

③ 所选择的专家在其专业领域中要有一定知名度，具有一定的代表性；同时，各领域面的专家分布应当合理，以便集思广益，进行有效的预测。不仅要注意选择精通技术的专家，还需要选择边缘学科、社会学和经济学方面的专家，以利于多学科交叉研究。

1982年，为应用德尔菲法预测我国机械工业自动化技术发展问题而成立的专家小组共54人，组成情况是：从技术职称看，总工程师、副总工程师、高级工程师、工程师50人，工龄20年以上的技术工人2个，技术员2人。从从事专业年限看，15年以上的52人，其中20年以上的27人；从专业构成看，自动检测技术、自动化系统与装置领域15人，微机应用及计算机软件领域10人，机械手、液压技术及自动传送装置领域10人，综合技术领域13人，科研技术管理领域6人。这个结构较为科学合理，最终预测得到的结果也较满意。

④ 要用足够的时间和力量选择专家，预测小组对选定的专家应有较全面的了解。在预测过程中不公布所选定的专家姓名，他们之间不发生横向联系和交流，所有的联系和交流，都通过预测小组来进行，这有利于专家在应答时独立思考，独立判断，但同时也要求预测小组与专家要保持顺畅的交流沟通，对专家有足够了解。

（3）专家组人数

专家组人数多少要视课题大小和涉及面宽窄而定，问题大，涉及面广，人数可多一些；反之，人数可少一点。人数过少，限制了各学科的代表性；人数过多，难于组织，结果处理也比较复杂。一般，参加的专家愈多，则预测的精确度愈高。预测的精度与参加的人数呈函数关系，当专家人数增加到一定数量时，进一步增加人数则对预测的精度影响不大。对企业的市场预测来说，所选专家组的人数以10~15人为宜，对于一些重大问题，可增加到100多人。我国在1980年10月至1981年8月，应用德尔菲法对墙体材料的发展方向进行预测时，所选定的专家有137人，分布于22个省、市、自治区的103个单位，他们中有与建材有关的科研、设计、生产、管理、施工人员，也有大专院校、情报信息部门的专家，还有用户。

在确定专家人数时还应注意一个问题，所选的专家数应比预料参加的人数多一些，以便应对有些专家因出国考察、开会、出差、生病等原因不能及时应答的意外情况。

4. 多轮函询调查

匿名函询调查是德尔菲法的特点之所在，但也给预测小组的组织工作带来许多问题。怎样集思广益，综合意见，及时发函收回，是函询工作成败的关键。一般进行第一轮预测时，组织者将一份仅仅提出要预测主题的问题表函寄给专家。这问题表不带任何框框和限制。预测小组要求专家就问题表上的预测主题提出他们认为应预测的事件。专家根据问题表的要求应答后寄回给预测小组。

预测小组根据各专家的应答结果进行汇总整理，归并同类事件，排除次要事件，制成要预测的事件表（即第二轮问题表）进行第二轮函询。

第二轮问题表回收后，预测小组进行统计归纳，制成一份汇总表，表中需要统计专家第二轮对各个事件的意见的集中程度（大多数人的意见），以及专家意见的离散程度和协调程度，该表随同第三份问题表一起寄出。同时，预测小组要求那些处于极端意见者，除了陈述判断的依据外，还要评论与自己不同的专家的意见。

专家收到第三份表后，根据提供的材料以及前几次有关的材料再次做出应答，函寄给预测小组。预测小组再做统计处理以及意见归纳，形成最终的预测结论。

多轮函询一般为三轮，其中主要在于第二轮。但在实际运用中，并不一定必须经过三轮函询。如果有的课题在第二轮对预测事件已形成比较一致的看法，也可得到预测结果。也有的预测，其第二轮、第三轮乃至第四轮进行完毕后尚难得到结果。每个轮次预测的时间节奏也要掌握好，以节约时间为佳。这些都不能一概而论，需要预测小组根据意见集中程度及分歧之所在权衡进行，这也是预测的难度之所在。

另外，应明确的是，在制表发函过程中，预测小组不能将自己的意见强加于人或有任何使专家接受某一意见的明显暗示。

5. 结果分析与处理

德尔菲法对预测结果的分析与处理包括每轮函询后的意见分析处理。与其他定性方法不同，它采用较为科学的统计分析处理方法。

德尔菲法预测广泛应用于对事件发生或实现时间的预测，其次是方案择优的预测和对相对重要的问题的预测。

（1）对事件发生或实现时间预测结果的处理

对于这类事件预测结果的处理，通常采用中位数——上下四分位法。

如果将专家们预测的结果在水平轴上按顺序排列，并分成四等分，则中分点值被称为中位数，这个结果说明专家中有一半人估计的时间早于它，而另一半人估计的时间晚于它。先于中分点的四分位点为下四分位点，后于中分点的四分位点为上四分位点，这样，用中位数代表专家们预测的集中结果，用上下四分位点代表专家们意见的分散程度。

【例 7–1】1989 年，某企业邀请 11 位专家对家庭电冰箱普及率达到 50% 的年份进行预测。其预测结果的排列如表 7–5 所示，运用中位数——上下四分位法处理的结果为：中位数 1994 年，下四分位点为 1992 年，上四分位点为 1997 年。这表明我国家庭冰箱普及率达到 50% 的年份为 1994 年，专家意见分布值在 1992 年到 1997 年之间。

表 7–5

1990	1992	1992	1993	1993	1994	1995	1996	1997	1998	2000
		下四分位点			中位数			上四分位点		

（2）对方案择优预测结果的处理

对这类预测结果的处理比较简单，通常以方案为横轴，以选择方案的专家人数或比重为纵轴描绘出相应的坐标图。

例如，某电视机厂请 15 位专家就我国家用彩电发展方向进行预测。请专家从以下六种方案中选择最优方案，即 14、18、20、21、24、29 六种方案。专家的意见处理结果如表 7–6 所示。从表中可以明显地看出，21 为最佳方案，其选择人数为 6 人，占总人数的 40%。

表 7–6

方案	14″	18″	20″	21″	24″	29″
专家选择人数	0	2	4	6	1	2
各方案选择比重	0	13%	27%	40%	7%	13%

（3）对方案的相对重要性问题的处理和表达

专家对方案的相对重要性进行判断后，给予某一分值（分值为 1~100 分），分值越高，方案越优。

假设有 4 位专家对某预测问题 5 个方案的相对重要性进行判断，其评分值如表 7–7 所示。

表 7–7

方案 分值 专家	方案 1	方案 2	方案 3	方案 4	方案 5
专家 1	60	90	80	100	50
专家 2	100	80	80	80	40
专家 3	80	70	100	80	60
专家 4	80	80	70	100	70

由上表，可以求得每个方案的平均得分值：

$$M_1=\frac{1}{4}(60+100+80+80)=80$$

$$M_2=\frac{1}{4}(90+80+70+80)=80$$

$$M_3=\frac{1}{4}(80+80+100+70)=82.5$$

$$M_4=\frac{1}{4}(100+80+80+100)=90$$

$$M_5=\frac{1}{4}(50+40+60+70)=55$$

从平均得分值的高低可以判断方案 4 最优，方案 5 最差。

（四）派生德尔菲法

1. 派生德尔菲法分类

派生德尔菲法是在德尔菲法的基础上，修正德尔菲法的缺点提出来的。派生德尔菲法大致上可以分为两大类：一类是保持德尔菲法的基本特点，而对其中某些部分予以修正；另一类是改变德尔菲法的基本特点。这在企业市场预测中应用也较广。

（1）保持德尔菲法的基本特点，而对其中的某些部分予以修正的派生德尔菲法

① 在第一轮函询时，预测小组发给专家的不只是一张预测主题表，还附有预测事件一览表，这与德尔菲法有所不同。1964 年，美国兰德公司首次采用德尔菲法从事 50 年长远预测时，第一轮发给专家的只有科学的突破、人口的增长等 6 个预测主题，而没有列出预测事件，由专家围绕预测主题提出应预测的事件。德尔菲法的优点：调查表不带任何框框，可以排除预测小组先入为主的观点，有利于专家独立思考，充分发挥专家的个人才智。其缺点主要是某些专家对德尔菲法缺乏了解，过去没有接触过德尔菲法，或者接触过但存在着曲解，因此，在收到调查表以后，有些专家不知如何下手，或者专家提供的预测事件可能杂乱无章，使组织者无法归纳；也有可能专家提供的预测事件不符合预测小组的要求。派生德尔菲法对德尔菲法进行修正后，在发给专家预测主题调查表的同时，根据现有掌握的资料或征求专家意见，事先拟订一份预测事件一览表发给专家，使专家从对事件一览表做出评价开始工作，这就有利于克服德尔菲法的上述缺点。当然，如果专家对预测小组提供的预测事件一览表有什么补充和修改，也可以在应答中说明。有关预测事件一览表问题，前面已有阐述，在此不再详叙。

② 在第一轮函询时，预测小组在给专家函寄预测调查表的同时，向专家提供背景材料。这一修正有助于专家做出正确判断，因为，在许多情况下，科学和技术的发展方向在很大程度上取决于技术政策和经济政策。参与预测的专家一般是某一科技领域的专家，不可能对技术政策和经济政策完全清楚，因此，预测小组向专家提供背景材料是必要的。如对某类企业发展的预测，可向专家提供市场需求状况、产品销售行情、行业的技术政策等背景材料，以便专家分析判断。

③ 德尔菲法函询专家意见一般经过三至四轮，有时甚至更多，而派生德尔菲法尽量减少应答轮数。一系列短期实验表明，通过两轮应答，意见已经相当协调。从现在的经验来看，一般三轮较为适宜。如果第一轮调查时，既提供预测主题又提供预测事件一览表，再加上提供背景材料，那么采用两轮，也可以得到正确的预测结果。减少应答轮数，有利于缩短预测时间。

④ 对预测事件给出多重数。德尔菲法应用最广泛的，是要求专家对某事件发生的时间提出评价。专家提供的日期一般是与实现与否可能性相当的，也就是事件在这个日期之间或之后实现的可能性相等。派生德尔菲法，某些情况下，要求专家提供三个概率不同的日期，如：未必有可能实现，概率为 10%；实现与否可能性相等概率为 50%；基本上可以实现概率为 90%。当然也可以选择其他的类似概率，如计算三类日期的中位数，得出专家应答的统计特性，然后预测小组计算各类日期的均值，作为预测的结果。

⑤ 为了提高德尔菲法的预测精度，有的派生德尔菲法，考虑专家对预测事件的权威程度，预测小组对专家的权威程度取权数，对各专家评价结果进行加权平均处理。

⑥在某些德尔菲法的运用中，预测小组对每个事件引用“置信因数”，这是对专家应答的另一种统计处理。这种处理只是根据做出肯定回答计算的，就是从100%中减去提出“从不会发生”应答的比重，从而得到置信概率指标。

（2）改变德尔菲法基本特点的派生方法

德尔菲法的显著特点是匿名性和轮间反馈性，而这一类派生德尔菲法却是部分改变匿名性和反馈性，具体方法如下。

① 部分取消匿名性。德尔菲法与专家集体意见法相比，其特点之一是匿名性，即应邀参加预测的专家互不了解。匿名性的优点在于可以克服专家会议易受心理因素影响的缺点，由于专家互不了解，完全消除了心理因素的影响。专家可以参考前一轮的预测结果，修改自己的意见而无须做公开说明。匿名性的缺点是缺乏专家之间思想的交锋。针对这一缺点，派生德尔菲法部分取消匿名性，其具体做法是：先采取匿名询问，而后公布结果并进行口头辩论，最后再进行匿名表达自己的意见，接着再进行口头辩论，亦可伴随询问，得出最后评论。这样部分取消匿名性，也能保持德尔菲法的优点，有助于加快预测进程。

② 部分取消反馈。轮间反馈性也是德尔菲法的特点之一。德尔菲法一般要经过三四轮，预测小组对每一轮的预测结果做出统计，并将统计结果作为反馈材料发给每一个专家，供下一轮预测时参考。派生德尔菲法部分取消反馈，具体做法大致有如下几种：一种是只向专家反馈四分位点或十分位点，而不提供中位数，这样做可以避免有些专家只是简单地向中位数靠拢，借以回避提出新的评价和论据的倾向；另一种是要求专家对事件给出三个概率日期，并分别计算出中位数。如某个专家的评价日期处在小组的10%和90%概率日期的中位数之间，则第三轮不再对其反馈，只对评价未进入十分位点之间的或该领域权威的专家提出反馈。若权威专家意见得到证实，则可以权威专家的评价作为预测结果，否则以小组应答中位数给出预测结果。

2. 德尔菲法的新发展

德尔菲法现在已成为被广泛使用的预测方法。运用德尔菲法对专家反复经过几轮征询，一般能使专家意见大体趋于一致，最终得出结论。但对于某些事件，如对未来6个月的某一外汇汇率进行预测，经过几轮向专家征询意见，所预测事件（如汇率）发生的日期（3个月）逐步逼近，在这一逼近过程中，外汇市场上出现了一系列新的信息。在此情况下，专家们往往难于对未来事件达成集中的判断。为了保留德尔菲法的优点，又使之适应某些事件上（如汇率）预测的需要，中国人民大学的学者在1988年1月提出了准德尔菲法。准德尔菲法是一种类似德尔菲法的预测技术，但不同点在于：第一，它是一种动态滚动式咨询过程；第二，它所要求的集中程度是相对的。例如，如果要提前一个月给出下月某种外汇的汇率预测值，假定几轮征询所需要的时间是一个月，运用准德尔菲法就要求专家们提前一个月独立地做出未来3个月各月初的外汇汇率的预测值，从而形成一个滚动预测。准德尔菲法的反馈是动态反馈，专家们被要求独立地在动态中进行判断修正然后进行新一轮的预测。在每轮征询后，专家们又需要进行新一轮的预测，这时三个预测值中的一个已有实际汇率相对应，专家们可以验证自己的预测值和实际汇率的相符程度，有两个月预测值可以进一步修正；同时，还需加上一个新时点的外汇汇率预测；对最近一个月的预测值，一次征询不再修正。

准德尔菲法是对某些事件，例如对外汇汇率变动预测的一种有用的预测方法，但也有缺陷，如在应用中需要依照一定原则进行适合实际的调整，在很大程度上仍需依靠专家们的判断，另外对于那些难以预测的突然事件的发生，也是无能为力的。

3. 各德尔菲法的应用条件

德尔菲法现已成为企业广泛使用的预测方法，无论哪一类德尔菲法都可广泛应用于企业市场预测的各个领域，尤其在下列情况下更为适用。

（1）过去没有足够信息的技术领域预测，以及需要很多相关因素影响做出判断的技术领域预测。

企业在市场预测中由于没有历史资料或历史资料不完备，难以进行定量分析时，适合用德尔菲法进行预测。例如市场上即将投放某种新型材料、新工艺生产的新产品，由于企业过去没有经营过，所以既没有历史销售资料可借鉴的，又对市场现实销售情况及其发展前景没有把握，企业无法进行决策时，适宜用德尔菲法进行预测。

（2）科学发展在很大程度上取决于技术政策和主观能动性，而不是取决于技术自身可能性的技术领域预测。

在市场预测受到诸如经济形势、政府政策、顾客心理和时尚爱好等非量化因素的影响时，企业也宜采用德尔菲法邀请有关方面的专家，如邀请产品设计、产品推销方面的专家以及该产品有代表性的消费者或使用部门有关人员进行预测。

正因为德尔菲法有广泛的应用领域，且效果较好，所以据预测方法论专家统计，预测方法多达 150~200 种，而德尔菲法在其中仍占有很重要的地位，甚至被某些专家推荐为最可靠的预测方法。

当然，企业在应用德尔菲法时也应注意以下几点。

（1）不能将预测的意见强加给专家，或通过表格明示、暗示某种倾向，这样做会影响预测结果的可靠性。

（2）合理确定每轮间的时间间隔，尽量缩短预测时间。

（3）应给参与预测的专家适当的报酬，以提高专家参与预测的积极性。

（4）当预测结果难以统一，或没有明确结果时，应检查所选主题是否可行，或者目标是否存在范围过大、过于笼统等问题。

二、头脑风暴法

（一）头脑风暴法的概念和特点

头脑风暴法是指根据预测目标的要求，预测小组组织各类专家相互交流，进行智力碰撞，产生新的思维和观点，使专家的论点不断精化、集中，从而得到最优预测结果的方法。它实际上是集体经验判断法的进一步发展，是吸收全体专家积极参加创造性思维过程的一种方法。它可分为直接头脑风暴法和质疑头脑风暴法。

其特点主要有以下几个。

（1）会议就预测目标提出具体要求，并严格规定提出设想时所用的术语，以便限制讨论问题范围，使参加者把注意力集中在所讨论的问题上。

（2）参加会议的人员不能对别人的意见提出质疑，不能放弃或中止讨论中的任何一个设想，不管这种设想是否适当或可行，都要进行分析研究。

（3）会议主持人鼓励与会人员对已经提出的设想进行改进和综合，并为准备改进自己设想的人提供优先的发言权。

（4）会议主持人要支持和鼓励参加预测的专家解除思想上的顾虑，创造一种自由的气氛，激发参与者的积极性。

（5）会议专家的发言不能是事先经过准备的发言稿，发言要精练，不必详细论述。专家之间利用头脑风暴法对企业市场进行预测，直接交换信息，充分发挥每位专家的创造性思维，有可能在比较短的时间内得到卓有成效的结果。

（二）直接头脑风暴法

直接头脑风暴法是指通过对预测问题的共同讨论，直接鼓励专家进行创造性思维活动，提出专家集体预测的结果的方法。在具体组织时，要做到：禁止评估已提出的设想；限制每一位专家的发言时间；允许一个人多次发言。其操作分以下四个步骤。

第一步，确定参加会议的专家名单、人数和会议时间。为了提供创造性思维的环境，参会人员尽量互不认识，如果相互认识，最好不选领导参加；会议人员一般在 6~10 人；会议时间以 1 小时为宜。

第二步，会议主持人要创造一种自由、活跃、民主的讨论气氛，支持和鼓励不同意见，激发参与者进行积极讨论。

第三步，会议发言不允许宣读事先准备好的发言稿，提倡即兴发言，发言要精练，切忌长篇大论和详细论述。

第四步，会议主持人将各种设想进行归类比较和评价。即主持人针对所有专家提出的设想编制意见一览表；用专业术语表述每一种设想的内容和特点；找出重复或互为补充的设想进行比较分析，并形成一种较为完整的综合设想；分组编制不同设想的一览表，并对每一种设想提出评价意见。

（三）质疑头脑风暴法

质疑头脑风暴法是指对直接头脑风暴法提出的已系统化的预测方案进行质疑分析的预测方法。一般要组织召开两个会议，第一个会议完全按照直接头脑风暴法的方式进行，第二个会议则是对第一个会议的设想进行质疑。它与直接头脑风暴法相比，重点不仅放在就会议提出的问题的设想上，而且对设想转化为现实的可行性进行质疑。这就可以弥补直接头脑风暴法只重设想，不重实践的纯思维创造的做法的不足，从而可以保证预测结果的可靠性，维护决策的可行性与正确性，因而，这种方法的使用性更强。其操作有以下三个步骤。

第一步，参加会议者就预测问题提出的设想提出质疑，并进行全面评论，评论的重点放在有碍设想实现的问题上。

第二步，根据每一组或其中每一个设想，编制意见一览表和可行性设想一览表。

第三步，对质疑过程中提出的评价意见进行处理。

（四）其他头脑风暴法

（1）有控制地产生设想的方法。这种方法是利用定向智力活动作用于产生设想的过程。在企业市场预测中，这种方法常常应用于市场开拓和新产品开发的预测。

（2）鼓励观察的方法，是指在一定的限制条件下，预测小组对所预测的问题寻找合理的方案。在企业市场预测中，这种方法常常应用于市场现有产品销路的扩大、销售方式和销售渠道的改善等方面的预测。

（3）对等创造方法，是一种针对竞争对手的状况，寻找一个可行的方案的预测方法。在企业市场预测中，企业常常运用此法来对付竞争对手，企业根据对方采取的市场营销策略而相应改变自己的策略，以使本企业在激烈的市场竞争中立于不败之地。

三、专家会议法

专家会议法，就是邀请有关方面的若干专家，通过会议的形式，对某个市场预测项目的未来做出评价，然后预测者在专家的分析判断基础上，对该市场预测项目的发展趋势做出预测的方法。它也被称为集体头脑风暴法。

为了提高专家会议法所做出预测的质量，必须做到以下几点：

第一，在召开专家会议之前，要尽可能收集一些有关预测项目的背景材料，提交所请的专家查阅。同时，选择专家要注意与预测对象相一致。一般邀请两方面专家参加会议：一是市场预测技术专家；二是市场预测项目专业领域内的专家。如果专家自己认为对这个项目有较深的研究，愿意参加会议，则请其参加；如果专家认为对这次预测项目专业不对口或不太了解或没兴趣，则不要勉强其参加。

第二，作为组织会议者，为了让专家把精力高度集中于所涉及的问题，开始时可以有诱发性地发言，尽量启发专家思维，以便引导专家产生思维火花，进而形成共振。

第三，专家会议上要充分发扬民主，创造一个充分自由的环境，使专家们知无不言，言无不尽，达到集思广益、取长补短的目的。

采用专家会议法进行预测，有以下优点：（1）扩大信息量。专家们可以充分发表个人见解，这样讨论涉及的预测因素就多，提供信息比较全面，可以从更多的角度来研究预测项目；（2）专家们通过信息交流产生思想上的共振，进而激发出创造性思维，在短期内就可以获得创造性成果。

专家会议法也会产生严重的缺点，由于参加会议的专家人数有限（一般不超过10人），所以代表性较差，特别是在对专家的专业结构选择不合理时，这方面的不足就表现得更为突出。另外，由于专家受个人心理因素的影响，有的专家愿意在会上发表意见，有的不太愿意发表意见或由于屈服会议上的少数“权威”专家所发表的意见，不愿公开修正别人已发表的意见，等等。专家会议法既有优点，又有缺点，但这两者又是与组织者对会议的组织情况，以及提供背景材料的全面与否密切相关的，所以，如果组织得好，专家会议法可以取得相当理想的预测结果。

第三节　经验判断预测法

一、经验判断预测法的含义

（一）经验判断预测法的概念

经验判断预测法是指预测者根据占有的历史资料和现实资料，凭借自己的直觉、主观经验、知识和综合判断能力，对某种预测对象未来发展趋势做出判断的预测方法。

从总体上看，其主要特征是以定性分析为主。现代定性预测方法与过去的定性预测方法相比，更完善，更科学，更有实用价值，主要表现在以下几方面。

第一，现代定性预测不依靠个人或少数人，而是依靠一个掌握现代经济理论、科学技术和先进预测方法的群体。

第二，现代定性预测方法具有明显的数理统计特征，在定性分析中预测者大量使用数学知识进行计算，将定性分析和定量分析有机结合起来，使预测行为更科学、准确。

第三，现代定性预测已形成一套科学的预测方法，如意见集合法、德尔菲法、推断预测法等。

（二）经验判断预测法的优缺点

1. 经验判断预测法的主要优点

（1）经验判断具有一定的科学性。

（2）能够在信息数据不充分和有些因素难以量化的情况下做出预测。

（3）简便易行，直接可靠。

（4）对市场预测快速敏捷，预测费用低。

（5）能够使定量预测更加科学合理。

2. 经验判断预测法的不足

（1）对复杂的数量变动关系单凭人脑记忆和判断，容易出现疏漏和失误。

（2）定量分析不够精确，经验判断容易受预测者的心理、情绪、知识结构、个人素质等因素的影响，会产生主观片面性。

实践证明，在运用经验判断预测法时，只有注重以下几方面才能克服其不足。

第一，加强市场调研，努力掌握影响市场的各种因素的变化，为经验判断预测提供更多的依据。

第二，尽量使定性分析数量化，在定性分析的基础上做出定量估计。

第三，要科学合理地组织预测过程，努力发挥集体的智慧。

第四，可用多种判断方法进行预测，并在比较各种方法的预测结果的基础上，得出合理的预测值。

二、个人经验判断法

（一）个人经验判断法的含义

个人经验判断法是预测者根据所掌握的信息资料，凭借个人的知识经验和综合分析能力，对预测目标做出符合客观实际的估计与判断的方法。推断的成功和准确与否取决于个人所掌握的资料以及分析、综合和逻辑推理能力。在企业市场预测中，常常运用个人经验判断法预测的是经营管理人员和销售人员，以及一些特邀的市场分析专家。

个人经验判断法是最古老的市场预测方法。在我国，早在两千多年前，就有人凭借敏锐的观察分析能力，从事市场预测。如在历史巨著《史记》中，就记载着范蠡、白圭、计然等人进行市场需求预测的内容，并将之与国富民强联系起来，其中有不少分析判断已达到了较高的理论境界。如计然运用五行生息之理，居然能推测出农业生产周期及相应的市场供求状况，并由此提出治国安邦之策。他说："知斗而修备，时用则知物，二者形则万货之情可得而观已。故岁在金，穰；水，毁；木，饥；火，旱。皐则资舟，水则资车，物之理也。六岁穰，六岁旱，十二岁一大饥。夫粜，二十病农，九十病末。末病则财不出，农病则草不辟。上不过八十，下不减三十，则农末俱利，平粜齐物，关市不乏，治国之策也。"他还提出"以物相贸易，腐败而食之货勿留，无敢居费，论其有余不足，则知费贱，上则反贱，贱下则反贵"等典型的市场供求预测论断。而白圭能"乐观时变，故人弃我取，人取我与。夫岁孰取谷，予之丝漆；茧出取帛絮，予之食"，故"盖天下言治生祖白圭。白圭能其有所之试矣，能试有所长，非苟而已也"。可见，个人经验判断法是随着商业活动的产生、发展而孕育产生的。

随着近代资本主义商品经济的发展，市场成为企业生产的出发点和归宿点，加强市场调查与预测显得更为必要和迫切。任何企业要生存、发展，都必须预测市场变化、发展的规律与趋势。个人经验判断法在企业市场预测中的运用十分频繁，其内容和方法体系也有了较大发展。目前，这一方法已从过去纯粹以个人的经验判断转变为借助多种科学手段进行专家预测的判断分析体系。

在社会主义市场经济条件下，我国企业要生存发展，就必须制定符合市场经济规律和需要的决策，而这一切又要求企业进行广泛的市场调查与预测。于是，个人经验判断法作为企业预测市场最简便的方法又得以获得重视和发展，产生了不少新的具有我国特色的企业预测分析方法。

（二）个人经验判断法的特点

1. 定性的主观推断

预测方法根据是否建立数学模型可分为定性预测和定量预测两大类。定性预测是根据直观资料，依靠预测者的经验和分析判断能力，对未来事物的发展做出预测。个人经验判断法是定性预测法中的一种，其对事物未来发展状况的预测完全凭借预测者的经验和主观判断与综合能力，而不借用或很少借用数学模型，这就使得预测结果带有浓厚的个人主观色彩。

2. 预测结果取决于预测者的知识经验

正因为个人经验判断法是一种主观判断的预测方法，故预测结果的取得与预测者的判断推测能力有极大关系，而预测者的判断推测能力又取决于预测者对事物的认识能力，预测者的分析能力、逻辑推理水平、工作经验等，甚至与预测者的气质、性格等基本素质也很有关系。不同的预测者，由于知识经验的不同，其预测结果差异较大，故要取得较佳的预测结果，就要重视和尊重经验丰富、知识水平较高的专家的推测。

3. 预测过程简便

个人经验判断法是以预测者的个人判断推测为主，由于预测者对所需预测的目标及相关情况掌握得比较透彻，不需专门去进行调查摸底，同时其分析判断也主要是依靠自己的思维，而不是数学模型等，所以预测过程较其他方法简便，预测所需时间也相对较短。

鉴于个人经验判断法有上述三个方面的特点，个人经验判断法仅仅适用于近期或短期的市场预测，尤其适用于那些急需对市场某一方面情况做出大致估计的预测分析。

（三）个人经验判断法的作用

1. 个人经验判断法是市场快速预测必不可少的方法

现代企业所面临的市场是快速变化的，企业要每时每刻都注意市场的变化状况，并据之随时做出经营决策。面对频繁的市场变化，企业不可能也没有必要投入大量的时间精力去详加分析预测，并且，在很多情况下，经营管理人员或销售人员需根据变化的情况随时预测，马上决断，所以他们只能根据自己的知识经验做出判断、预测。

2. 个人经验判断法是其他预测方法的必要补充

尽管企业所能运用的预测方法种类繁多，且各有特长，但企业不仅在瞬息万变的市场环境中需要运用个人经验判断法“当机立断”，在对其他预测目标进行预测时，也离不开个人经验判断法。一方面，在现代复杂的市场环境中，一味将先进的科学设备和技术引进于预测工作是远远不够的，先进的设备仅仅是预测的工具，而真正要对预测结果做出明智的判断，仍然需要运用个人经验；另一方面，将个人经验判断法与其他预测方法结合起来，能够取长补短，互为补充，使预测更有效，更符合客观实际。

（四）个人经验判断法的应用

个人经验判断法主要有根据对比类推原理、相关推断原理、比例关系及平衡关系等进行的推断。

1. 对比类推法及其应用

对比类推法是指预测人员把预测的经济现象或经济指标同其他相类似的现象或指标加以对比分析来推断未来发展变化趋势的一种方法。这种对比类推的基本思路是将不同空间的同类经济现象的相关情况进行对比类推，找出某种规律，推断出预测对象的发展变化趋势。例如，在对某种事物进行预测时，可以将其同国内其他地区或国外同类事物进行比较，找出某些共同的相类似的变动规律，借以对预测对象的发展变化趋势做出某种推断。

对比类推法具有广泛的适用性，可以用来进行相近系列产品的需求预测。如对家用电器系列产品的需求预测，可参考某类家用电器的家庭普及率来类推另一类家用电器需求的变化趋向，也可以进行新产品需求预测。新产品开发，由于没有历史资料，不能进行量化分析，可以运用类似产品的历史资料和现实市场需求的调研资料，通过对比分析、判断，确定新产品的趋向值。

2. 相关推断法及其应用

相关推断法是从已知的经济现象和经济指标的发展变化趋势，推断未来发展趋势的一种推断方法。经济现象或经济指标在时间上和变动方向上都有一定的相关关系。例如，某一经济现象发生变化，另一经济现象将随之发生变化或同时发生变化，这在时间上称为先行关系、后行关系和平行关系。预测者可以依靠其长期积累的经验和时间上的相关关系进行推断。另外，经济现象在变动方向上存在着正相关关系和负相关关系。经济现象或经济指标之间在变动方向上一致的关系叫正相关关系；如果变动方向相反则称为负相关关系。人们可以利用这种相关原理，从已知相关的经济现象或指标的变动方向来推断所要预测指标的变动方向。如果要进行定量化推断，则要进一步分析两个相关指标之间的数量变动关系。数量变动关系有三种情况：一是两者之间同步增减（即增减幅度大体相同）；二是两者之间不同步增减，增减的数量或变动的幅度保持一定差距；三是两者之间增减变动具有不规则性，此时，预测难度较大，预测者需要通过长期观察和统计分析，才能找出它的变动规律性。

3. 比例分析法及其应用

比例分析法是利用事物之间存在的比例关系，从一事物的已知情况推断另一事物的未来发展变化趋势。比如，可以根据某项指标（因变量）同另一指标（自变量）的历史资料所显示的相对稳定的比例关系或系数，根据相关指标（自变量）的已知未来值，推算该项指标（因变量）的未来发展趋势，或者从已知某项指标（自变量）的比例关系，推算出相关的指标（因变量）发展趋势。例如，国民收入发展速度与社会商品购买力发展速度之间存在一定的内在联系，可根据历史资料计算出两者的比例关系或系数，当已知国民收入的发展速度时，就可以推算出社会商品购买力的趋势值。应该注意的是，事物之间的比例关系或系数，会受到现实中各种因素的变化的影响，应做必要的调整。

4. 平衡分析法及其应用

平衡分析法是利用平衡等式把有关预测目标分解成若干个分目标，组成一个预测系统，先逐个测算出分目标，再推算总目标的预测方法。这是一种把个人经验判断与数学方法相结合的分析方法，也有较广泛的适用性。

例如，预测企业期末商品库存量，可以利用产销存的平衡关系来推算。首先预测者将期末商品库存量作为预测的总目标，再把影响期末商品库存量的各种因素，如期初库存量，报告期入库量、报告期出库量等，作为预测的分目标，每个分目标再可分解为若干个细目标，这样就组成一个相互联系、相互制约的预测系统，形成如下的平衡公式：

期末商品库存量 = 期初库存量 + 报告期入库量 − 报告期出库量

在预测时，预测者先对各个细目标进行测算，然后对分目标做出估算，最后测算出总目标。

三、集体经验判断法

（一）集体经验判断法的概念与特点

集体经验判断法又称集体意见预测法，它是由经过精心挑选的、与预测相关的、具有一定经验和相关知识的一组人员共同座谈讨论，交换意见，对预测对象进行充分的分析后，对其发展变化的趋势提出集体的预测结果的集体判断方法。这种方法能在一定程度上克服个人判断的局限性，提高预测的准确性，但是，集体讨论，也容易产生一些互相影响和干扰的因素。为了克服这一缺点，发挥优点，可在集体讨论的基础上，汇合每个预测者根据主观概率判断原理提出的个人心理评价，再由主持者对汇总的资料进行推断，也可采用算术平均法求出综合预测值，作为集体预测值。

集体经验判断法与个人经验判断法相比较，特点表现在：（1）集体经验判断法参加的人数多，较个人经验判断法拥有的信息量多，考虑的因素也更多；（2）集体经验判断法有具体的预测方案，较个人经验判断法的预测结果更可靠、客观；（3）集体经验判断法是在综合各预测者的意见后得出的预测结果，可以避免个人经验判断法的主观性和片面性；（4）集体经验判断法虽然有时难以得到统一的预测结果，但并不意味着预测的失败，而恰恰说明这种预测方法考虑问题有多重性多面性；（5）集体经验判断法可以同时对几个预测目标进行分析、预测，这是个人经验判断法不能做到的。

（二）集体经验判断法的预测步骤

第一步，通过会议征询各类人员的预测意见。

第二步，计算各个预测人员的预测期望和各类人员的平均预测值。

第三步，计算集体预测值。

【例 7–2】某企业为了预测明年各种商品的销售额，邀请了经理、业务员、会计和统计各类人员开会讨论，最后得出各类人员预测的平均值分别为 878 万元、988 万元、780 万元和 1 100 万元，并知各类人员的权数分别为 1、2、1 和 1，试采用加权平均法预测该企业明年各种商品的销售额。

采用集体经验判断法预测该企业明年各种商品的销售额的计算结果为：

$$\overline{x}=\frac{878\times 1+988\times 2+780\times 1+1\,100\times 1}{1+2+1+1}=946.8\text{（万元）}$$

（三）集体经验判断法的方法

1. 意见交换法

意见交换法是指参加预测的人员，通过座谈讨论，相互交换意见，当场提出个人主观的预测值，或者事后提出个人主观的预测值，然后由主持者集中各方面的意见，综合形成一种或几种预测结果，它主要适用于企业内部。

2. 意见汇总法

意见汇总法是指在对某事物进行预测时，企业内部所属各个部门分别进行预测，然后预测者把各部门的预测意见加以汇总，形成集体的预测意见的一种判断预测法。例如，某企业需对企业的销售前景做预测，企业下属的 25 个柜组，分别对其未来发展趋势做出预测，报告给企业领导层，企业领导将各柜组的预测资料加以汇总，并根据自己所掌握的资料对整个企业形势进行分析，并对各个柜组的预测值做必要的调整，最后提出整个企业的销售发展趋势。在实际工作中意见汇总法与意见交换法如能结合则效果更好。

3. 消费者意向调查法

消费者意向调查法是指预测者在调查消费者或用户在未来某个时间内购买某种商品的

意向基础上，对商品需求量或销售量做出量的推断的方法。这种方法可以集中消费者或用户购买商品的决策经验，反映他们未来对商品的需求状况。由于消费者或用户最了解自己所需要的商品和数量，只要调查方法恰当，推断合理，预测结果比较正确可靠。

消费者意向调查可分为生活资料消费者意向调查、生产资料用户意向调查及企业用户意向调查。不论何种调查，预测者大多采用抽样调查及典型调查，根据调查资料，推断总体。

4. 意见测验法

意见测验法是指预测者向企业外部的有关人员（如消费者或用户）征求意见，加以综合分析做出预测的方法。经常采用的有消费者或用户现场投票法、发调查表征求意见法、商品试销或试用征求意见法等。消费者或用户现场投票法，主要是企业将不同商品的不同品种、规格、款式、型号在营业场所或展览地点，给消费者试用，要求消费者对其所喜爱的商品、花色、款式等进行投票，经过一段时间后，企业清点得票数，以此作为预测的依据。这种方法实际上是集中消费者或用户的经验做出的推断。一般来说，得票多的是消费者所喜爱的商品，反之是不受欢迎的商品。又如商品试用征求意见法，企业有目的地选择消费者或用户，赠送样品，请他们试用，并请他们把试用过程中对商品的质量等意见进行记录，在规定时间内反馈；企业收到信息资料后，既可把试用意见作为改进产品质量的依据，又可根据所得到的信息，预测未来产品设计的方向。

（四）集体经验判断法的局限性和应注意的问题

集体经验判断法既有上述的特点，也存在一些局限性，体现在以下几方面。

（1）感情因素。参加会议的人群中，有权威、上级、前辈、同学、同事等各种关系存在，出于感情考虑，有不同意见者不好意思当面提出。

（2）个性因素。人的个性本身是复杂的，有的善辩，有的寡言，有的谦虚，有的散漫，有的投机取巧，有的固执己见，这些都不利于会上意见的充分发表和统一。

（3）时间因素。由于集体经验判断法要通过会议来完成，有时被邀请的人员在时间上可能不一致，这给确定会议时间带来了麻烦，而且，在会议上参会人员意见可能不统一，会造成会议时间过长。

（4）利益因素。当预测的问题与参会人员的利益有关时，有些人往往不轻易发表其观点，这使预测结果难以达到预期的目的。

（5）会议主持人因素。在集体经验判断法中，由于要通过会议来完成预测结果，会议主持人的能力非常重要，并直接影响到这种方法的成功与否。

第四节　主观概率法

一、主观概率法的概念和特点

（一）主观概率法的概念

概率可分为客观概率和主观概率两种。客观概率是指某一事物在经过预测者大量的观察和实验后，发现其中的某事件相对出现的频率，它是一个客观存在。客观概率只适用于某一实验在相同条件下可以多次重复的情况。在市场预测中，影响市场营销的因素很多，而且瞬息万变，许多事件不可能重复实验，无法事先测定某事件出现的客观概率，因而只能依靠主观概率进行预测。

所谓主观概率是指根据人们的主观判断而确定事件发生的可能性的大小，是人们凭直觉和经验做出的主观估计。主观概率是预测者对经验结果所做主观判断的度量，即可能性大小的确定，也是个人信念的度量。主观概率也必须符合概率论的基本定理，即：

$0 \leqslant P(e_i) \leqslant 1$ 及 $\Sigma P(e_i)=1$，2，3，……

上式中 e 为实验样本的一次事件。基本定理的含义是：第一，确定的概率必须大于或等于 0，而小于或等于 1；第二，经验判断所需全部事件中各个事件概率之和必须等于 1。

（二）主观概率法的特点

主观概率是一种心理评价，判断中具有明显的主观性。对同一事件，不同人对其发生的概率的判断是不同的，主观概率的测定因人而异，受人的心理影响较大。谁的判断更接近实际，主要取决于预测者的经验、知识水平和对预测对象的把握程度。

在实际中，主观概率与客观概率的区别是相对的，因为任何主观概率总带有客观性，预测者的经验和其他活信息是市场客观情况的具体反映，因此不能把主观概率看成为纯主观的东西。另一方面，任何客观概率在测定过程中也难免带有主观因素，因为实际工作中所取得的数据资料很难达到（大数）规律的要求。所以，在现实中，既无纯客观概率，又无纯主观概率。

（三）主观概率法的含义

主观概率法是预测者对预测事件发生的概率（即可能性大小）做出主观估计，或者说对事件变化动态做出一种心理评价，然后计算预测事件发生的概率的平均值，以此作为预测事件结论的一种定性预测方法。

二、平均概率预测法

平均概率预测法就是简单算术平均法，它是把历史数据加以简单算术平均，并以平均数作为预测值的方法。

其预测模型为：

$$\overline{x} = \frac{\sum_{i=1}^{n} x_i}{n}$$

式中：$\overline{X}$——作为预测值的算术平均数

x_i——第 i 个历史数据

n——参加平均的历史数据的个数

Σ——连加符号

上式亦可简写为：$\overline{x}=\frac{\Sigma x}{n}$

例如，某企业某种商品在 2012 年、2013 年、2014 年、2015 年、2016 年、2017 年的销售额分别为 1.31 万元、1.32 万元、1.30 万元、1.30 万元、1.32 万元和 1.31 万元，则综合预测值为：

$$\overline{x}=\frac{\Sigma x}{n}=\frac{1.31+1.32+1.3+1.3+1.32+1.31}{6}=1.31\text{（万元）}$$

三、加权平均概率预测法

加权平均概率预测法是以预测人员的经验丰富程度等为权数，对不同的预测人员的预测意见进行加权平均，求得预测结果的方法。

其预测模型为：

$$\overline{x}=\frac{\sum_{i=1}^{n}x_i f_i}{\sum_{i=1}^{n}f_i}$$

式中：$\overline{X}$——作为预测值的算术平均数

X_i——第 i 个历史数据

f_i——参加预测人员的重要性权数

Σ——连加符号

上式亦可简写为：$\overline{x}=\frac{\Sigma xf}{\Sigma f}$

【例 7–3】某企业根据市场销售的历史情况和现状，对预测期内经营情况及可能出现的自然状态，分别提出估计值和概率，如表 7–8 所示。

表 7–8

参与预测人员	估计值						期望值
	最高	概率	中等	概率	最低	概率	
1	4 500	0.3	4 200	0.5	4 000	0.2	4 250
2	4 450	0.2	4 200	0.6	3 900	0.2	4 190
3	4 400	0.2	4 180	0.6	3 800	0.2	4 148
4	4 380	0.1	4 100	0.7	3 900	0.2	4 088
5	4 300	0.2	4 000	0.6	3 700	0.2	4 000

期望值的计算方法为：

最高估计值 × 概率 + 中等估计值 × 概率 + 最低估计值 × 概率，如 1 号预测人员的期望值为：

$4\ 500 \times 0.3 + 4\ 200 \times 0.5 + 4\ 000 \times 0.2 = 4\ 250$（台）

用平均概率预测法求出平均预测值为：

$$\bar{x} = \frac{\Sigma x}{n} = \frac{4\ 250+4\ 190+4\ 148+4\ 088+4\ 000}{5} = \frac{20\ 676}{5} = 4\ 135.2\text{（台）}$$

平均预测值 4 135.2 台即为企业的预测结果。

要用加权平均概率预测法求出加权平均值作为调整的方案，考虑到各位预测人员的地位、作用和权威性的不同，分别给予 1 号和 2 号人员较大权数是 3，3 号和 4 号的权数是 2，5 号是 1，则综合预测值为：

$$\frac{4\ 250 \times 3+4\ 190 \times 3+4\ 148 \times 2+4\ 088 \times 2+4\ 000 \times 1}{3+3+2+2+1} = 4\ 163\text{（台）}$$

计算时用加权平均数，要分清主次轻重。选择权数时要考虑经验丰富程度，对经验丰富的预测人员的估计值给予较大的权数，对经验较差的预测人员的估计值给予较小的权数。

上述不同的计算方法得出的预测结果不同，需要根据实际情况进行调整，或以某一个预测值作为预测的最后结果，或者以一区间估计值作为预测结果。

本章小结

本章介绍了市场预测的含义、作用、内容、原理和应用条件；介绍了专家预测法、经验判断预测法和主观概率法。

专家预测法包括德尔菲法、头脑风暴法和专家会议法。

德尔菲法主要是预测者用书面形式，背对背地分轮征求和汇总专家意见，依靠专家小组背对背地做出判断分析，来替代面对面的会议，使不同专家的意见分歧和理由都能够充分表达出来，达成比较符合市场发展规律的一致意见的方法。

头脑风暴法是指根据预测目标的要求，预测小组组织各类专家相互交流，进行智力碰撞，产生新的思维和观点，使专家的论点不断精化、集中，从而得到最优预测结果的方法。

专家会议法，就是预测者邀请有关方面的若干专家，通过会议的形式，对某个市场预测项目的未来做出评价，然后预测者在专家的分析判断基础上，对该市场预测项目的发展趋势做出预测的方法。

经验判断预测法包括个人经验判断法和集体经验判断法。

个人经验判断法是预测者根据所掌握的信息资料，凭借个人的知识经验和综合分析能力，对预测目标做出符合客观实际的估计与判断的方法。推断的成功和准确与否取决于个人所掌握的资料以及分析、综合和逻辑推理能力。

集体经验判断法又称集体意见预测法，它是由经过精心挑选的，与预测相关的，具有一定经验和相关知识的一组人员共同座谈讨论，交换意见，对预测对象进行充分的分析后，对其发展变化的趋势提出集体的预测结果的集体判断的方法。

主观概率法包括平均概率预测法和加权平均概率预测法。

平均概率预测法就是简单算术平均法，它是把历史数据加以简单算术平均，并以平均数作为预测值的方法。

加权平均概率预测法是以预测人员的经验丰富程度等为权数，对不同的预测人员的预测意见进行加权平均，求得预测结果的方法。

思考题

1. 什么是市场预测?
2. 什么是德尔菲法?
3. 什么是头脑风暴法?
4. 什么是专家会议法?
5. 什么是个人经验判断法?
6. 什么是集体经验判断法?

案例分析

案例一

奥伯梅尔公司通过改进预测方法消除经营损失

流行滑雪服需求高度依赖于种种难以预测的因素，如气候、流行趋势、经济发展等，而且，零售高峰期只有两个月。但是，美国的奥伯梅尔公司却通过改进预测方法，几乎完全消除了滑雪服生产与顾客需求不平衡所造成的损失。

奥伯梅尔公司是美国流行滑雪服市场上的主要供应商，它在儿童滑雪服市场上占有支配性的 45% 的份额，在成人滑雪服市场上占有 11% 的份额。它的产品是由远东、欧洲加勒比海以及美国的一些企业加工的。

该公司的几乎所有产品，每年都要重新设计，以适应款式、面料和颜色的变化。直到 20 世纪 80 年代中期，公司的设计和销售周期都是相对简单的，它包括设计产品，生产样品，3 月份向零售商展示样品，接受零售商订货，在 3、4 月份接受供应商订货，10 月份奥伯梅尔公司的配送中心收货，然后立即向零售商店送货。这种方法有效地运用了 30 多年，加工合同是以确认的订单为依据签订的，而秋季交货又为有效的生产提供了充分的时间。

然而，20 世纪 80 年代中期之后，这种方法不再有效。首先，随着公司的销售量增加，它在生产高峰期受到生产能力的制约。结果，公司只得根据对零售商订货的预测，在前一年的 11 月份，或者在商品销售之前大约一年，就开始预订加工。

其次，降低生产成本和增加产品品种的压力，迫切要求公司建立更加复杂的供应链。最后，也是最重要的，对于流行儿童滑雪服产品，经销商们开始要求提早交货。因为十分景气的儿童滑雪服的一大部分销售额，在 8 月份的返校期就已开始实现。

为了克服供应链变化、供应商能力限制以及零售商要求尽早交货的困难，奥伯梅尔公司采用各种方法来缩短交货期。截止到 1990 年，公司已经把交货时间缩短了一个多月。

另外，公司说服一些最重要的零售商客户尽可能早地订货，从而能够较早地了解当年可能流行哪些款式。从 1990 年起，每年 2 月份，公司邀请 25 家最大的零售商客户，提前向他们展示当年的新产品并征求早期订货。每年来自这一程序的早期订单，合计占到该公司总销售额的 20%。

然而，这些努力并未解决缺货和不断降价的问题。公司生产仍有约一半是根据需求预测安排的。这对于生产高度复杂多变的时髦产品行业，是很冒险的。后来，奥伯梅尔公司依靠一个由其各个职能部门经理组成的专家小组，对公司每一种产品的需求进行一致性预测，但是，这项活动并不特别有效。例如，在1991—1992年年度销售期，有几款女式风雪大衣比原先的预测多销了200%，同时，其他款式的销售量比预计销售量低了15%。

那么，能够改进预测吗？能够进一步缩短交货时间吗？能够更好地利用“早期订货程序”所获得的信息吗？能够劝说更多的零售商提早订货吗？

奥伯梅尔公司组成专人来考察这些问题，由此提出了“正确响应”（Accurate Response）的方法。他们认识到，问题在于公司不能预测人们将买什么。生产风雪大衣的决策，实质上是就“风雪大衣会有销路”这一判断在打赌。为了规避这种风险，必须寻求一种方法，来确定在“早期订货”之前生产哪些产品是最安全的，哪些产品应该延期到“早期订货”搜集到可资利用的信息后再生产。

同时，他们发现，专家小组的初步预测尽管有些是不符合实际的，但约有一半是相当准确的，与实际销售量的误差不到10%。为了在获得实际订货之前确定哪些预测可能是准确的，他们考察了专家小组的工作方式。专家小组传统上是对每一种款式和颜色都通过广泛的讨论达成一致性预测。于是，公司决定请专家小组的每一位成员对每一种款式和颜色做出独立预测，并对自己的预测负责。

这种改革非常有效。首先，一致性预测往往并非真正意义上的一致。小组中的主要成员，如资深经理，常常过度地影响集体预测的结果；如果每个人都必须提出自己的预测，就可消除这种过度的影响。其次，更重要的是，新方法有利于预测结果的统计处理，从而能得出更精确的预测结果。

通过独立预测，公司确实获得了重要发现。例如，虽然专家小组对两种款式大衣预测的平均趋势可能是一样的，但个人预测值的离中趋势却截然不同。例如，每个人对Pandro大衣的预测值都接近平均值，而对Entice宽松大衣的预测值却是分散的，因此，对Pandro大衣的预测可能比对Entice宽松大衣的预测更可靠。1992—1993年年度销售期末，公司验证了上述假设——当专家小组每个人所做的预测相类似时，所获得的一致性预测将趋于更加精确。因此，利用个人预测之间的差异，可以有效地估计预测精度。

对于如何处理需求不可预测的品种的问题，公司也获得了重要发现，即尽管零售商需求是不可预测的，从而导致精确预测成为不可能，但是，奥伯梅尔公司零售商的总体购买模式却惊人地相似。例如，只要根据最初的20%的订货来修正专家小组的预测，预测精度就能显著提高。随着订货的增加，预测精度会不断改善。

接着，他们开始着手设计一种能够识别和利用上述信息的生产计划方法，设计这种方法的关键是要认识到，在销售初期，当公司还未接到订货时，所预订的加工能力是“非反应性”的，即生产决策完全是根据预测而不是根据实际市场需求做出的。以“早期订货程序”为起点，随着订货信息的渗入，所确定的加工能力变得具有“反应性”了，这时公司可以根据市场信息提高预测精度，从而做出生产决策。

公司采用了所谓“风险型生产顺序”的策略，充分利用非反应性生产能力来生产最有可能精确预测需求的产品，这样，公司就可以把反应性生产能力用于生产尽可能多的不可预测产品，这使公司能够尽可能地对最有利可图的市场领域做出响应。

分析：

1. 区别需求相对可预测的产品与需求相对不可预测的产品

弄清产品是否可以预测，企业就可以分别采用不同的方法来生产不同的产品。对于相对可预测的产品，企业应该尽可能提前生产，从而为接近销售期时生产不可预测的产品积蓄较大的生产能力。对那些最难以预测的产品，企业则可推迟决策，直到获得某些市场信息，这样有助于使供求相适应。当然，企业可以提前生产少量需求不可预测的产品，以便在销售季节的初期就能了解各种商品的销售前景，然后根据这些信息来确定哪些产品更重要。

2. 重视由于预测失误所造成的机会损失

预测失误将导致库存过少或过多。库存过少导致缺货可能失去潜在的顾客，造成销售额损失；库存过多可能导致不得不降价促销，造成企业的利润减少，因此，必须估计缺货和降价所造成的损失。但是，我国企业通常缺乏这方面的信息，特别是缺乏由于缺货所造成的销售额损失的信息。然而，估计销售额损失是非常重要的，即使粗略地估计也十分有用。例如，奥伯梅尔公司发现，在零售季节，有些由于产品缺货不能供货的订单并没有输入计算机，而这些信息对于改进预测和测算缺货损失都十分有价值。于是，该公司就改进了订货登记系统，以便掌握那些由于库存不足而难以满足的订货要求。

又如，美国的狄拉德百货公司提供了一个很好的范例。当顾客在该公司的一家商店没有买到所需的商品时，公司就从它的另一家商店把那种商品邮寄给顾客，而且不增加额外的费用。公司起初的目的只在于改进顾客服务，从而增加销售额，然而，它却附带有了一个重要的收获，即更好地了解到每一家商店的真实需求，从而能更好地估计销售额损失和需求。

3. 更多地利用需求指示器来改进预测

销售初期的数据是可以用来修正和改进预测的一个信息源，但是，它们只是需求指示器的一种。企业应该努力寻求甚至创造更好的需求指示器。例如，几年前，美国的 National Bicycle 公司发现，比赛用的自行车和山地车成了时髦商品。其部分原因在于，这类自行车鲜艳多样的色彩设计每年都有变化。由于无法预测每一年会流行哪些颜色，结果，它的某些颜色的产品出现了生产过剩，而另一些则生产不足，从而造成巨大损失。为了解决这个预测难题，该公司建立了一个顾客订货系统，用来测定令顾客满意的设计标准，并邀请顾客在众多的方案中选择他们所青睐的颜色。两周以后，顾客理想的自行车就可生产出来，并送货上门。

这种方法非常受欢迎，以至于现在该公司的比赛用车，几乎有一半都是顾客定购的。而且，该公司还发现，最受定购自行车顾客欢迎的颜色，对于确定当期整个市场的流行色，也是一种出色的指示器。现在，该公司利用这种信息来指导制订大量生产计划，从而减少了生产不足和生产过剩所造成的损失。

4. 建立追踪预测失误的方法

企业在着手改进预测的同时，还必须检查预测的失误。应该注意，预测是何时做出的，是根据哪些信息做出的，其细致程度如何？而且，事后应把预测值与实际需求进行比较。

如果现行产品至少有一期的销售历史，那么公司就能根据过去的预测失误来估计预测精度。否则，可采用奥伯梅尔公司的方法，组织专家小组进行独立预测，根据他们预测的差异来测定预测的精度。

只要遵循上述思路和方法来改进市场预测，那么，尽管市场需求因不确定性仍难以完全预测，但这种预测的风险将成为一种可以驾驭的风险。

资料来源：《驾驭风险：市场预测新电路》，http：//www. Emkt.com.cn/article/10/1054. html。

问题讨论

1. 以上案例中奥伯梅尔公司采用了哪些定性预测的方法？对于当年奥伯梅尔公司遇到的市场问题，你有没有更好的预测方法来帮助奥伯梅尔公司走出困境？

2. 哪些市场的或人为的因素会导致市场预测结果产生偏差？

3. A 事件：许多企业经理，经常把自己以前进行的成功的市场预测经验搬到新企业中。如以前在某企业中以我的经验预测到了市场的变化，结果以后半年中产品的销售比同行业其他企业多了 50%。另外，也有一些成功的企业家试图将自己当年的成功经验复制到新的产品上，因此，他们会预测说新产品也将与老产品一样快速成长。

B 事件：早先曾经有传闻说“环球影城”有意在中国开设“游乐场”，并进行了选址。当时，投资方在众多的城市中选择了 S 市，其理由是“环球影城”在日本的大阪运作得相当成功，而 S 市在中国的经济地位，对周边城市的辐射能力以及居民的消费水平与日本的大阪极为相似，因此投资方认为有理由相信在 S 市运作“环球影城”项目会成功。

（1）你认为以上两个事件中，管理者和投资者这样的预测有没有意义，存在问题吗？

（2）结合以上事件，从市场预测的角度你更认同哪种预测的论点，为什么？

案例二

春花童装厂产品滞销

某市春花童装厂近几年沾尽了独生子女的光，销售连年稳定增长。谁料该厂李厂长这几天来却在为产品推销、资金捆死大伤脑筋。原来，年初该厂设计了一批童装新品种，有男童的香槟衫、迎春衫，女童的飞燕衫、如意衫等。借鉴成人服装的镶、拼、滚、切等工艺，服装在色彩和式样上体现了儿童的特点，活泼、雅致、漂亮。由于工艺比原来复杂，成本较高，价格比普通童装高出了 80% 以上，比如一件香槟衫的售价在 160 元左右。为了摸清这批新产品的市场吸引力如何，在春节前夕厂里与百货商店联合举办了“新颖童装迎春展销”活动，小批量投放市场十分成功，柜台前顾客拥挤，购买踊跃，一片赞誉声，许多商家主动上门订货。连续几天亲临柜台观察消费者反映的李厂长，看在眼里，喜在心上，不禁想道：“现在都只有一个孩子，为了能把孩子打扮得漂漂亮亮的，谁不舍得花些钱？只要货色好，价格高些看来没问题。”他决心趁热打铁，尽快组织批量生产，及时抢占市场。

为了确定计划生产量，以便安排以后的月份生产，李厂长根据去年以来的月销售统计数，运用加权移动平均法，计算出以后月份预测数，考虑到这次展销会的热销场面，他决定以生产能力的 70% 安排新品种，30% 生产老品种。二月份的产品很快就被订购完了。然而，现在已是四月初了，三月份的产品还没有落实销路。询问了几家老客商，他们反映有难处，原以为新品种童装十分好销，谁知二月份订购的那批货，卖了一个多月还未卖出三分之一，他们现在既没有能力也不愿意继续订购这类童装了。对市场上出现的近一百八十度的需求变化，李厂长感到十分纳闷，他弄不明白，这些新品种都经过试销，自己还亲自参加了市场调查，为什么会事与愿违呢？

问题讨论

（1）你认为春花童装厂产品滞销的问题出在哪里？

（2）为什么市场的实际发展状况，会与李厂长市场调查与预测的结论大相径庭？

Chapter 8

第八章　时间序列预测法

本章概要

事物发展具有连续性，时间序列预测法就是依据连续性规律，根据过去的时间序列数据，预测对象的未来可能值。本章首先分析了时间序列类型，介绍了时间序列预测法的一般步骤。不同类型的时间序列中，本章主要介绍了平均法、指数平滑法、趋势外推法和季节变动预测法，并结合实例，详细讲解了各种预测方法的基本思想和预测步骤。

学习目的

通过对本章的学习，要求了解各种时间序列预测方法的基本原理、步骤和各自的适用范围；掌握移动平均法、指数平滑法、季节变动预测法的原理及应用，掌握求解趋势外推法的原理和应用；理解基本原理和公式，能熟练运用各种计算方法，并通过练习逐步提高理解的深度，增强计算分析能力。

基本概念

时间序列　时间序列类型　平均法　加权算术平均法　一次移动平均法　二次移动平均法　一次指数平滑法　二次指数平滑法　趋势外推预测法　预测模型　指数曲线趋势法　季节变动预测法　季节比率

引导案例

在经济生活中，有时候需要依据已经发生的经济现象对未来经济现象进行预测。这就需要我们按照时间顺序对已经发生的历史数据进行分析、归纳、总结，从中得出一些经济规律，并利用这些规律进行预测。2004—2012 年我国光碟和印刷电路板产量如表 8-1 所示。

表 8-1　2004—2012 年我国光碟和印刷电路板产量

年份	光碟（亿片）	印刷电路板（万平方英尺）
2004	103.1	55 939.2
2005	104.1	64 184.4
2006	117.2	68 548.8
2007	111.8	69 296.2
2008	94.7	71 634.9
2009	92.8	73 759.4
2010	88.6	110 478.9
2011	75.2	116 336.2
2012	69.0	123 919.0

数据来自“2013 中国统计年鉴”

根据历年的数据我们可以预测以后几年我国上述两种工业品产量。

第一节　时间序列预测法的含义与步骤

一、时间序列预测法的含义

时间序列又称为动态数列，它是将某个经济变量的观测值，按时间先后顺序排列所形成的数据，时间可以是以天、周、季度、年或若干年为一个时间单位。

所谓时间序列预测法就是预测者根据某个经济变量的时间序列，依据事物发展的连接性规律，通过统计分析或建立数学模型进行趋势延伸，以对该经济变量的未来可能值做出定量预测的方法。这种预测方法的原理是假设经济变量的过去状况对其未来趋势有一定影响，而且过去的统计数据之间存在着一定关系，使用统计方法能够揭示出上述关系。一般情况下，时间序列预测法适用于短期、近期预测，只有当时间序列比较稳定时，才可以用于中期预测。时间序列反映了在诸多影响因素综合作用下经济变量的变化过程、趋势和速度。时间序列预测方法是只考虑变量随时间推移而变化的预测方法，是对诸多影响因素复杂作用的高度简化。

运用时间序列预测法进行预测时，必须以准确、完整的时间序列数据为前提。为保证时间序列能够正确地反映预测对象的发展规律，同时保证各数据间具有可比性，我们在编制时间序列时应做到以下几点：总体范围一致；代表的时间单位长短一致；计算方法和计量单位一致。

二、时间序列变动类型

时间序列预测法假定事物在变化过程中，现实是历史发展的结果，未来是现在的延伸，事物的过去和未来是有联系的。时间序列预测法正是根据客观事物发展的这种连接规律性，运用历史数据，通过统计分析，进一步推测未来的发展趋势的。我们把时间序列按影响因素作用的结果分为五类：水平型、趋势型、季节变动型、周期变动型和不规则变动型。这五种类型时间序列大体反映了市场变动的基本形态。由于不同类型的时间序列适用于不同的预测方法，运用时间序列预测法首先需要判断时间序列属于何种类型，以便根据不同类型的时间序列选用合适的预测方法。

1. 水平型

水平型时间序列是指时间序列的各个统计数据呈现出围绕着某个值（平均值）上下波动的变动形态，而且这种变动没有显示出持续上升或下降的趋势。市场供求或价格处于相对稳定状态时，它们的时间序列就表现为水平型。例如，某些非季节性商品的销售量。图8–1显示的就是水平型时间序列。

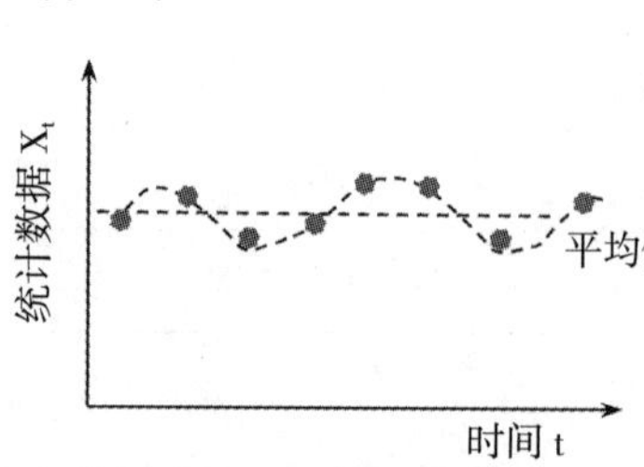

图 8–1　水平型

2. 趋势型

时间序列的各个统计数据在一定时期内呈现出持续上升或下降趋势的变动形态时，我们称之为趋势型时间序列。这种时间序列的变动表现为一种长期趋势，有的为直线上升或下降趋势，有的为曲线上升或下降趋势，有的表现为既有上升趋势又有下降趋势。图 8–2 显示的是趋势型时间序列的几种类型，其中图（a）、图（b）显示的是直线趋势型时间序列，也称斜坡型时间序列，图（c）、图（d）显示的是曲线趋势型时间序列。市场变化情况大多数是趋势型时间序列变动形态。例如，国民生产总值、收入水平和社会商品购买力是逐年增长的；许多生活消费品的需求量表现为长期增长趋势。

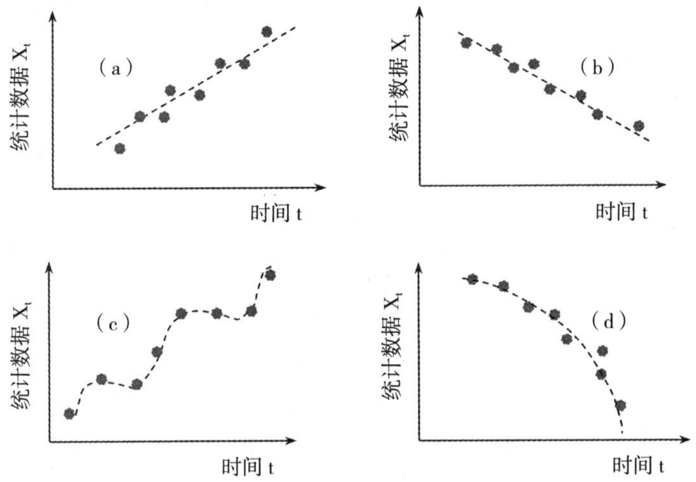

图 8–2　趋势型

3. 季节变动型

季节变动型是指以一年为周期，时间序列呈现随季节每年反复有规律变动的波动形态。这种周期性变动是比较稳定、可预见的。

例如，由于农业生产的季节性，农产品上市量具有季节变动规律性，有淡季、旺季之分。由于消费的季节性许多消费品的销售量呈现明显的季节变动规律性，如夏季风扇和空调旺销，冬季保暖、取暖用品销售量激增。季节变动还受到社会风俗习惯、国家制度规定等的影响。例如，春秋季学校开学，文化用品销量激增等。图 8–3 显示的就是季节变动型时间序列。某些经济现象呈现出以小时、星期、月或季度为单位的循环往复的变动形式，我们称之为准季节变动。

4. 周期变动型

周期变动型是指时间序列以数年为周期的循环变动，也称经济周期的循环变动，其呈现一种波浪式的变动规律。这种时间序列可以预测社会经济现象发展变化的转折点，也为宏观经济调控提供了依据。

周期变动形态与长期趋势变动形态不同，它不是朝一个方向持续变动，而是呈涨落相间的波浪式的起伏变动形态。季节变动型与周期变动型的区别：一是季节变动有固定周期，周期效应可以预见，而周期变动一般没有固定周期，周期效应也难预测；二是季节变动周期较短，一般为 1 年，而周期变动周期较长，一般数年或数十年才能完成一个周期。图 8–4 显示的就是周期变动型时间序列。

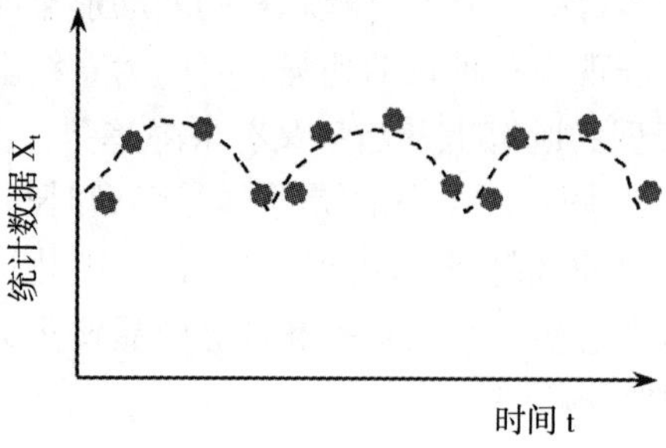

图 8-3　季节变动型

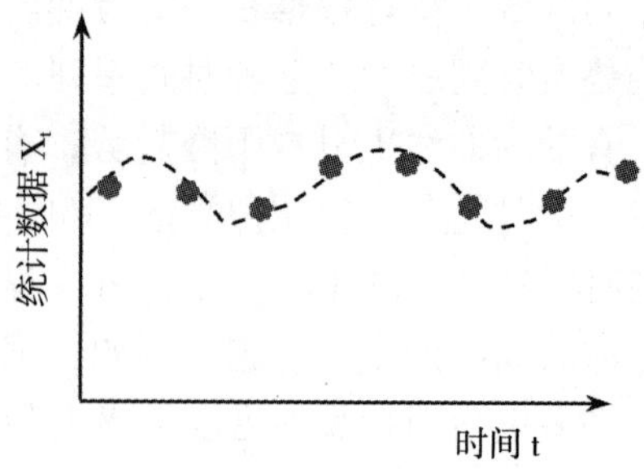

图 8-4　周期变动型

5. 不规则变动型

不规则变动型时间序列又称为随机变动型时间序列，是指意外、偶然的因素引起的，呈现出无规律变动的时间序列。

经济现象不规则变动往往由一系列偶然因素引起，如自然灾害、战争、政治事件、经济政策的变化等。有时，偶然因素对经济现象影响较大，最为典型的是 9・11 事件，恐怖分子用飞机冲撞美国世贸大厦，这是一个小概率事件，但对全美乃至世界经济带来的空前影响是不可估量的。又如 2003 年 11 月爆发的“非典型性肺炎”疫情，2008 年 5 月 12 日发生的汶川大地震等，都对我国经济产生了很大影响。对于不规则型时间序列，我们无法直接运用时间序列预测法进行预测。某些表面上看来似乎是不规则型的时间序列，经过移动平均法、指数平滑法等统计方法修正处理后，一般可以呈现出具有某种变动规律的时间序列。

通常，时间序列都是以上 5 个因素或其中几个因素叠加作用的结果。这几种因素综合的形式有两种模型：

加法模型：$Y_t=X_t+S_t+C_t+e_t$

乘法模型：$Y_t=X_t \cdot S_t \cdot C_t \cdot e_t$

式中 Y_t 为某一时间序列，其可以看成是上述几种类型的时间序列按加法或乘法叠加而成的。图 8-5 中（a）为直线趋势型加周期型，（b）为曲线趋势型加周期型。

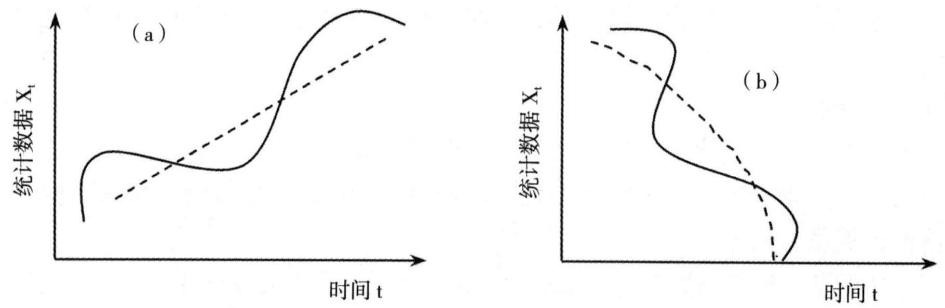

图 8-5　两种变动因素叠加的情况

三、时间序列预测法的步骤

运用时间序列预测法进行定量预测，预测者只考虑所有影响因素的综合作用，并将所有因素的影响都归结到时间上，而不考虑预测对象和影响因素是否存在因果关系。为保证预测精度，运用时间序列预测法时，预测者需将定性预测和定量预测结合起来，用定性预测法来评估定量预测法得到的结果，在研究影响因素的基础上确定预测值。

1. 编制时间序列

预测者收集、整理历史资料，完成时间序列编制。编制时间序列时要注意以下几点。

（1）时间序列要完整、准确。

（2）数据要具有可比性，也即时间序列数据要总体范围一致；代表的时间单位一致；统计数据的计算方法和计量单位一致。对不可比的数据要整理为可比数据。

（3）对时间序列中存在的极端值，即异常偏大或偏小的值要将其删除。极端值的存在将影响平均值，改变时间序列的趋势值，将极端值去除将无伤大局，又有利于提高预测精度。

2. 绘制图形

预测者把时间序列绘制成统计图，然后根据图形观察判断经济变量的发展变化趋势和统计数据的分布特点，从而选用恰当的时间序列预测法。

3. 建立预测模型

根据预测对象特点选择预测模型是预测中最为重要的一步。时间序列预测法的模型很多，预测模型选择不合适，将造成决策失误。选择预测模型时主要考虑以下因素。

（1）时间序列的类型

根据不同的时间序列类型选择不同的预测模型。如对水平型时间序列的预测可选择平均法，对趋势型时间序列的预测可以选择直线或曲线拟合法，对季节变动型时间序列的预测可以选择季节变动预测法。适用于周期变动型和不规则变动型时间序列的预测模型则很少，一般要对这类时间序列进行分解和统计处理后，再确定采用哪种预测模型。

（2）预测期的长短

按预测时间长短可将预测分为近期预测、短期预测、中期预测和长期预测。要根据不同的预测期选择不同预测模型。近期预测的主要对象是企业中基层的经营活动。这类活动一般具有较强的连贯性，宜采用平均法。在短期预测中，有关长期趋势因素一般不重要，而季节因素往往是决定性因素。因此，短期预测常用模型是能够鉴别和预示季节性变化的定量预测模型，如季节变动预测法。中期预测所涉及的时间较长，长期趋势居于重要地位，季节因素一般不重要。中期预测一年中仅进行一两次，且精确度要求较高，因此，中期预测应选择能分解出长期趋势的模型，比如趋势外推预测法。长期预测主要涉及行业发展方向、商品销售的饱和点、新产品引进等对经营战略决策有重大影响的综合性变量及其发展的长期趋势，曲线拟合模型较适用于长期预测。

（3）预测费用

预测费用是指发生在预测全过程的人力和物力成本，主要有调研经费、预测人员工资和计算机使用费等。在预测费用预算较少的情况下，宜采用较简单的时间序列预测法，如平均预测法等。

（4）预测人员素质

选择预测模型时，还应考虑预测人员素质。复杂的预测模型使用起来需要较长的时间，不易掌握；比较简明的预测模型容易理解，使用起来又方便。因而，选用复杂的预测模型时，要注意预测人员的专业素质和对复杂模型的理解能力。

对预测准确度大小要求较高时，预测人员需要先采用几种不同的预测模型进行测算，将所得的预测值与历史实际值进行对比，从中选择预测误差（一般用标准误差）最小的一种预测模型。

4. 进行预测计算

预测人员在计算前先对模型进行检验，对预测对象内部因素和外部因素进行评定，考察影响因素是否有了显著变化，其过去的发展趋势和结构是否能延续到未来，如果不能，那就需要对预测模型做必要的修改。

5. 评价预测结果

评价预测结果是指预测人员从统计检验和直观判断两个方面，对使用统计、数学方法取得的预测结果进行评价，以判断预测结果的可信程度以及是否切合实际。

第二节　平均法

平均法是以一定观察期内预测变量的时间序列的平均值作为未来期的预测值的预测法。常用的平均法有算术平均法、几何平均法、移动平均法等。平均法简单易行，适合用于趋势比较稳定的商品需求、生产预测。但这种平均数法不能充分反映趋势的季节变化，如果序列存在明显的长期趋势变动和季节变动时，则不宜采用。

一、算术平均法

算术平均法是以一定观察期内预测变量的简单算术平均数作为下期预测值的一种最简单的时间序列预测法。算术平均法又可分为简单算术平均法和加权算术平均法两种。

1. 简单算术平均法

简单算术平均法是将观察期内预测目标时间序列值加总平均，求得算术平均数，并将其作为下期预测值的预测方法。它的计算公式为：

$$\overline{X}=\frac{\sum X_i}{n}$$

其中：$\overline{X}$表示观察期内预测目标的算术平均数，即下期预测值，X_i 表示预测目标在观察期内的实际值，n 表示预测资料的项数。

下面以例子说明简单算术平均法的应用。

【例 8-1】某公司 2015 年 1—6 月份的销售额资料如表 8-2 所示，试预测 7 月份的销售额。

表 8-2　某公司 1—6 月销售额

月份	1	2	3	4	5	6
销售额（万元）	21.0	19.5	20.0	19.7	20.1	20.3

解：用 1—6 月的简单算术平均数作为 7 月份的预测值，则有：

$$\hat{X}_7=\overline{X}=\frac{\sum_{i=1}^{6}X_i}{6}=(21.0+19.5+20.0+19.7+20.1+20.3)/6=20.1\text{（万元）}$$

如用 4—6 月的简单算术平均数作为 7 月份的预测值，则有：

$$\hat{X}_7=\overline{X}=\frac{\sum_{i=4}^{6}X_i}{3}=(19.7+20.1+20.3)/3=20.03\text{（万元）}$$

从上例可知：计算期的长短不同得到的预测值也不同。计算期较短，反应速度快，敏感性高，所以适用于事物发展趋势正在发生变化或随机变动较少时。计算期较长，反应速度较慢，对于干扰敏感性降低，所以适用于事物没有变化倾向或随机变动较大时。

当时间序列呈现出线性变动趋势时，即逐期增长量大体相同时，用上述方法会出现滞后偏差，这时要首先预测经济变量的增长量，然后再计算该经济变量的预测值。

即：$\Delta X_i=X_i-X_{i-1}$基本相同时，则增长量的预测公式ΔX为：

$$\Delta X=\frac{\sum_{i=2}^{n}\Delta X_i}{n-1}=\frac{(X_2-X_1)+(X_3-X_2)+\cdots+(X_n-X_{n-1})}{(n-1)}=\frac{(X_n-X_1)}{(n-1)}$$

考虑时间序列线性变动趋势时，其 n+T 期的预测值$\hat{X}_{n+T}$为：

$$\hat{X}_{n+T}=X_n+T\cdot\Delta X=X_n+\frac{T}{n-1}(X_n-X_1)$$

式中 T 表示超前预测期，当 T=1 时有：

$$\hat{X}_{n+1}=X_n+\Delta X=X_n+\frac{X_n-X_1}{n-1}=\frac{n}{n-1}X_n-\frac{1}{n-1}X_1$$

【例 8-2】某公司历年某原料需求量资料如表 8-3 所示，试预测 2015 年和 2017 年的需求量。

表 8-3　某公司原料需求量表及计算表

年份	需求量（吨）X_i	$\Delta X_i=X_i-X_{i-1}$
2010	12.000	-
2011	13.150	1.150
2012	14.450	1.300
2013	15.610	1.160
2014	16.805	1.195

解：根据公式有：

$$\Delta X=\frac{\sum_{i=2}^{5}\Delta X_i}{4}=(1.150+1.300+1.160+1.195)/4=1.201（吨）$$

2015 年和 2017 年预测量分别为：

$$\hat{X}_{2015}=X_{2014}+\Delta X=16.805+1.201=18.006（吨）$$

$$\hat{X}_{2017}=X_{2014}+3\times\Delta X=16.805+3\times1.201=20.408（吨）$$

2. 加权算术平均法

在经济预测过程中，各期统计数据对预测值的重要性不同，例如近期的统计数据比远期的统计数据包含更多的变化趋势信息。简单算术平均法只反映一般的平均状态，因而不能体现重点数据的作用。加权算术平均法对不同的数据按其重要性乘以不同的权数，以这些乘数相加之和除以权数总和，获得加权平均数，来预测趋势值，其计算公式为：

$$\hat{X}_{n+1}=\overline{X}=\frac{\sum W_iX_i}{\sum W_i}\quad(i=1,2,3\cdots,n)$$

其中：$\hat{X}_{n+1}$ 表示第 n+1 期的预测值，$\overline{X}$ 表示观察期内的加权平均数，X_i 表示该期内的时间序列值，W_i 表示与 X_i 相对应的权数。

【例 8–3】如例 8–1 中，1—6 月份数据的权数依次取值为 1、2、3、4、5、6 时，则 7 月份的预测值为：

$$\hat{X}_7=\overline{X}=\frac{\sum_{i-1}^{6}W_iX_i}{\sum_{i-1}^{6}W_i}$$

$$=\frac{(1\times21.0+2\times19.5+3\times20.0+4\times19.7+5\times20.1+6\times20.3)}{(1+2+3+4+5+6)}$$

=20.5（万元）

加权算术平均法准确预测的关键是权数的确定，但权数却没有规则可循，通常是凭借预测者的经验判断来主观确定。一般来说，必须体现出影响力大的观测值其权数亦大这一原则。如果历史资料变动较大，则应进一步加大近期观测值的权数；若历史资料变动幅度较小，则权数不必相差太大。通常资料大幅度变动时，可由远至近采用等比数列如（1，2，4，8，16，…，2^{n-1}）为权数；如果历史资料变动幅度较小，则权数由远至近采用等差数列（1，2，3，…，n）为权数；当历史资料呈现明显的倾向变化时，采用加权算术平均法仍会出现滞后偏差，造成较大的误差。

二、几何平均法

几何平均法是以一定观测期内预测变量的时间数列的几何平均数作为下期预测值的预测方法。几何平均法可分为简单几何平均法和加权几何平均法。

几何平均法预测的步骤如下。

（1）计算出一定观测期内预测目标时间数列逐期环比发展速度 V_i。

$$V_i=\frac{X_i}{X_{i-1}}$$

其中 X_i 为观测期内第 i 期观测值。

（2）利用逐期环比发展速度求几何平均数，作为预测期的发展速度 G。简单几何平均法的发展速度计算公式为：

$$G=\sqrt[n-1]{V_2V_3\cdots V_n}=\sqrt[n-1]{\frac{X_2}{X_1}\frac{X_3}{X_2}\cdots\frac{X_n}{X_{n-1}}}=\sqrt[n-1]{\frac{X_n}{X_1}}$$

加权几何平均法的发展速度计算公式为：

$$G=\sqrt[w_2+w_3+\cdots+w_n]{V_2^{w_2}V_3^{w_3}\cdots V_n^{w_n}}$$

（3）以预测期前一期的观测值乘以预测期的发展速度 G，可得出 n+1 期预测值 $\hat{X}_{n+1}$：

$$\hat{X}_{n+1}=X_n\times G$$

【例 8-4】某公司某商品销售额资料如表 8-4 所示，试用几何平均法预测 2015 年的销售额。

表 8-4　某公司某商品销售额及计算表

年份	销售额（万元）	环比发展速度 V_i	W_i
2010	4.500	–	–
2011	5.175	1.15	1
2012	6.055	1.17	2
2013	7.024	1.16	3
2014	8.429	1.20	4

解：用简单几何平均法算得预测值为：

$$G=\sqrt[4]{V_2V_3V_4V_5}=\sqrt[4]{1.15\times1.17\times1.16\times1.20}=1.17$$

$$\hat{X}_{2015}=X_{2014}\times G=8.429\times1.17=9.862\ (\text{万元})$$

若给的权数如表 8-4 所示，则用加权几何平均法算得预测值为：

$$G=\sqrt[W_2+W_3+W_4+W_5]{V_2^{w_2}V_3^{w_3}V_4^{w_4}V_5^{w_5}}=\sqrt[1+2+3+4]{1.15^1\times1.17^2\times1.16^3\times1.20^4}=1.18$$

$$\hat{X}_{2015}=X_{2014}\times G=8.429\times1.18=9.95\ (\text{万元})$$

三、移动平均法

移动平均法是通过移动平均数来进行预测的方法。算术平均数不能反映发展过程和趋势。如果对一时间数列，每次对 n 个连续的数据求平均值，并逐步后移依次求其平均值，即求移动平均数。该方法可以较好地说明事物发展的过程和趋势。这种移动平均数的方法就是移动平均法，它可以较好地修匀历史数据、消除随机波动影响，求使长期趋势显露出来。

常用的移动平均法有一次移动平均法和二次移动平均法。

（一）一次移动平均法

一次移动平均法又称简单移动平均法，一般适用于时间序列长期趋势基本平稳的情况。它是以一组观察序列的平均值作为下一期的预测值。按照对资料处理方式的不同，又可把它分为绝对移动平均法和加权移动平均法。

1. 绝对移动平均法

绝对移动平均法是以简单算术平均数作为下一期的预测值，其基本公式为：

$$\hat{X}_t = \overline{X}_{t-1} = \frac{X_{t-1} + \cdots + X_{t-n}}{n}$$

$$= \frac{1}{n}\sum_{i=t-n}^{t-1} X_i ，（t = n，n+1，\cdots，N）$$

式中，$\overline{X}_{t-1}$ 表示第 t-1 期的移动平均数；X_{t-1}、X_{t-2}、$\cdots$ X_{t-n}，表示序列 t-1，t-2，…，t-n 期的观察值；$\hat{X}_t$ 为第 t 期的预测值；n 为移动平均的间距，即周期；N 为序列中的数据个数。

根据上式，我们还可以推出：

$$\hat{X}_{t+1} = \frac{X_t + X_{t-1} + \cdots + X_{t-n+1}}{n}$$

$$= \frac{(X_{t-1} + \cdots + X_{t-n+1} + X_{t-n}) - X_{t-n} + X_t}{n}$$

$$= \hat{X}_t + \frac{1}{n}(X_t - X_{t-n})$$

【例 8-5】某公司 2006 年到 2014 年的某原料需求量如表 8-5 所示，试用一次移动平均法来预测 2015 年的需求量。

表 8-5　某公司 2006 年到 2014 年某原料的需求量及移动平均法计算表

年份	需求量 X_i	三年移动平均			五年移动平均		
		$\hat{X}_t$	$\lvert X_i - \hat{X}_t \rvert$	$\varepsilon_i = X_i / \hat{X}_i$	$\hat{X}_t$	$\lvert X_i - \hat{X}_t \rvert$	$\varepsilon_i = X_i / \hat{X}_i$
2006	8 745						
2007	11 211						
2008	11 033						
2009	10 852	10 330	522	1.0506			
2010	10 895	11 032	137	0.9876			
2011	11 240	10 927	313	1.0287	10 547	693	1.0657
2012	12 490	10 996	1 494	1.1359	11 046	1 444	1.1307
2013	15 019	11 542	3 477	1.3013	11 302	3 717	1.3289
2014	18 664	12 916	5 748	1.4450	12 099	6 565	1.5426
合计	–	–	11 692	6.9490	–	12 419	5.0679

续表

年份	需求量 X_i	三年移动平均			五年移动平均		
		$\hat{X}_t$	$\lvert X_i-\hat{X}_t\rvert$	$\varepsilon_i=X_i/\hat{X}_i$	$\hat{X}_t$	$\lvert X_i-\hat{X}_t\rvert$	$\varepsilon_i=X_i/\hat{X}_i$
平均	–	–	1 949	+1.1582	–	3 105	1.2670
2015	–	15 391	–	–	13 662	–	–
调整后		17 826			18 608		

上例中，n 分别取 3 和 5 运用一次移动平均法预测。表中给出了实际值与预测值的差值的绝对值$\lvert X_i-\hat{X}_t\rvert$，以及与实际的比值$\Sigma_i$。从上例中可以看出，当 n 取不同的值时，预测结果是不相同的。一般当 n 较小时，该预测方法对变化的敏感性高，但对数据的修匀能力差，从而预测结果的精度不高。当时间序列呈周期变动时，就以周期长度为 n；若无明显周期变动倾向时，则要由经验判断确定，也可以对比预测值的误差，以误差较小者为好。由于一次移动平均法只适用于趋势比较稳定的时间序列的短期预测，对于有明显变化倾向的或具有上升（下降）趋势的序列则不适用。

2. 加权移动平均法

与简单算术平均法一样，绝对移动平均法对各期的资料也是同等看待，不考虑资料的重要程度。加权移动平均法则是考虑近期数据的重要性，对数据加权求移动平均数进行预测的方法。

加权移动平均法的基本公式为：

$$\hat{X}_t=\frac{a_{t-1}X_{t-1}+\cdots+a_{t-n}X_{t-n}}{a_{t-1}+\cdots a_{t-n}}=\frac{\sum_{i=t-n}^{t-1}a_iX_i}{\sum_{i=t-n}^{t-1}a_i}$$

其中，a_i 是各期数据的权值，根据时间序列的具体情况，凭经验，按近期大、远期小原则而确定。无论怎样设计权数，都要使其尽量符合实际，即影响力大的数据具有大的权数，并保证权数之和为 1。

若对例 8–5 中 n 取 3，且 t、t–1 和 t–2 期的权重分别取 3/6，2/6 和 1/6，则运用加权移动平均法预测 2015 年需求量，结果如表 8–6 所示。

表 8–6 加权移动平均法计算表

年份	需求量 X_i	三年移动平均		
		$\hat{X}_t$	$\lvert X_i-\hat{X}_t\rvert$	$\varepsilon_i=X_i/\hat{X}_i$
2006	8 745			
2007	11 211			
2008	11 033			
2009	10 852	10 711	141	1.0132
2010	10 895	11 972	77	0.993
2011	11 240	10 904	336	1.0308

续表

年份	需求量 X_i	三年移动平均		
		$\hat{X}_t$	$\lvert X_i-\hat{X}_t\rvert$	$\varepsilon_i=X_i/\hat{X}_i$
2012 2013 2014	12 490 15 019 18 664	11 060 11 808 13 546	1 403 3 211 5 118	1.1293 1.272 1.3778
合计	–	–	10 313	6.8160
平均	–	–	1 719	1.1360
2015	–	16 420	–	–
调整后		18 653		

（二）二次移动平均法

一次移动平均法比较适合预测目标的基本趋势在某一水平上下波动不大的情况。如果时间序列发展存在趋势变化，一次移动平均法就会产生预测偏差和滞后。为了解决这个问题，可以在一次移动平均的基础上，再计算其移动平均数，即进行二次移动平均。由于实际值、一次移动平均数和二次移动平均数三者间存在滞后关系，我们可以先求出一次移动平均数和二次移动平均数之间的差值，然后将此差值加到一次移动平均数上去，再考虑趋势变动值，就能得到比较接近实际的预测值，这就是二次移动平均法的基本思想。

为进一步说明以上思想，我们看下面的例子。表 8–7 所示为我国 2002 年至 2012 年城镇居民人均住房面积历史数据，及其一次移动平均数和二次移动平均数（取 n=3）。图 8–6 是实际观察值、一次移动平均数与二次移动平均数散点图。从图 8–6 可见，一次移动平均数总是落后于历史数据，而二次移动平均数又总是落后于一次移动平均数，这两个滞后量大致相等。由此我们可以看到，将一次移动平均数和二次移动平均数之间的差值加到一次移动平均数上去，就能得到比较接近实际的预测值。

表 8–7　人均住房面积及一次、二次移动平均数

年份	2002	2003	2004	2005	2006	2007	2008	2009	2010	2011	2012
城镇居民人均居住面积（平方米）	24.5	25.3	26.4	27.8	28.5	30.1	30.6	31.3	31.6	32.7	32.9
一次移动平均数					25.40	26.50	27.57	28.80	29.73	30.67	31.17
二次移动平均数					8.47	17.30	26.49	27.62	28.70	29.73	30.52

二次移动平均法预测步骤如下。

（1）计算一次、二次移动平均数

计算一次、二次移动平均数公式如下：

$$\overline{X}^1{}_t=\frac{X_t+X_{t-1}+\cdots+X_{t-n+1}}{n}=\overline{X}^1{}_{t-1}+\frac{X_t-X_{t-n}}{n}$$

$$\overline{X}^2{}_t=\frac{\overline{X}^1{}_t+\overline{X}^1{}_{t-1}+\cdots+\overline{X}^1{}_{t-n+1}}{n}=\overline{X}^2{}_{t-1}+\frac{\overline{X}^1{}_t-\overline{X}^1{}_{t-n}}{n}$$

式中 $\overline{X}^1{}_t$ 、$\overline{X}^2{}_t$ 分别为第 t 期一次、二次移动平均数。

（2）建立线性预测模型

二次移动平均法以最近的一次移动平均数为起点，以二次移动平均数变化率为斜率建立预测模型，其模型公式为：

$$\hat{X}_{t+i}=a_t+b_t\cdot i$$

式中，t 为本期时间；i 为预测项数，即本期到预测期的期数；a_t 为模型曲线的截距；b_t 为预测模型的斜率；a_t 、b_t 的计算公式如下：

$$a_t=\overline{X}^1{}_t+（\overline{X}^1{}_t-\overline{X}^2{}_t）=2\overline{X}^1{}_t-\overline{X}^2{}_t$$

$$b_t=\frac{2}{n-1}（\overline{X}^1{}_t-\overline{X}^2{}_t）$$

（3）建立模型进行预测

根据上面得到的参数值，建立线性模型，将预测期数代入，可得到预测结果。对同时存在线性趋势与周期变动的序列，二次移动平均法是一种既能反映趋势变化，又可有效分离出季节变动的有效办法。下面举例说明二次移动平均法的使用。

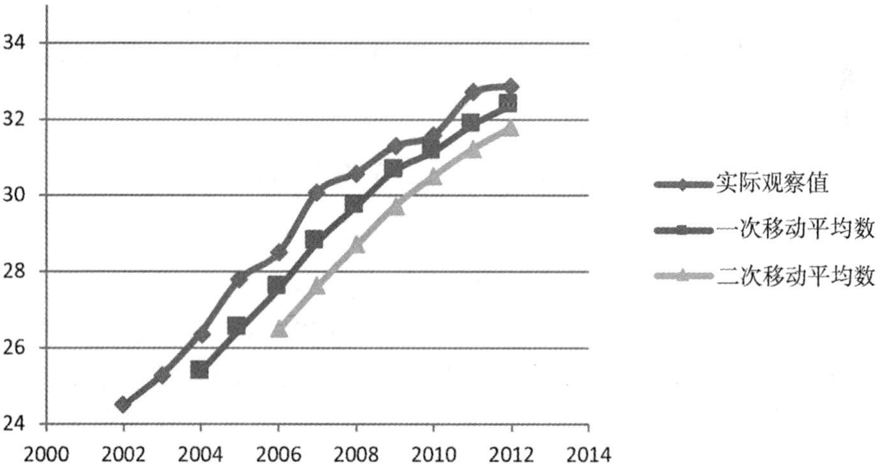

图 8–6 显示实际观察值、一次移动平均数与二次移动平均数之间的关系

【例 8–6】 如前所述，我国 2002—2012 年城镇居民人均住房面积如表 8–7 所示，试用二次移动平均法（取 n=3）计算 2007—2012 年我国城镇居民人均住房面积的理论预测值，并预测 2013 年的城镇居民人均住房面积。

解：列二次移动平均法计算表，如表 8–8 所示。

表 8-8 二次移动平均法计算表

年份	城镇居民人均居住面积（平方米）	一次移动平均数 $\overline{X}^1_t$	二次移动平均数 $\overline{X}^2_t$	$\overline{X}^1_t-\overline{X}^2_t$	a_t	b_t	预测值 $\hat{X}_{t+i}=a_t+b_t\cdot i$（i=1）
2002	24.5						
2003	25.3						
2004	26.4	25.40					
2005	27.8	26.50					
2006	28.5	27.57	26.49	1.08	28.64	1.08	
2007	30.1	28.80	27.62	1.18	29.98	1.18	29.72
2008	30.6	29.73	28.70	1.03	30.77	1.03	31.16
2009	31.3	30.67	29.73	0.93	31.60	0.93	31.80
2010	31.6	31.17	30.52	0.64	31.81	0.64	32.53
2011	32.7	31.87	31.23	0.63	32.50	0.63	32.46
2012	32.9	32.40	31.81	0.59	32.99	0.59	33.13
2013							33.58

从计算结果可以知道，2013 年城镇居民人均住房面积为 33.58 平方米。通常对于斜坡型历史数据，用二次移动平均法进行预测远比一次移动平均法精确。读者可以利用以上数据，用一次移动平均法进行预测，并与本例二次移动平均法计算结果进行比较。

第三节 指数平滑法

指数平滑法也称指数移动平均法或指数修匀法，它是移动平均法的发展，实际上是一种特殊的加权移动平均法。加权的特点是对离预测期较近的历史数据给予较大权数，对离预测期较远的历史数据给予较小的权数，权数由近到远按指数规律递减，所以，这种预测方法被称为指数平滑法。它可分为一次指数平滑法、二次指数平滑法及更高次指数平滑法。

一、一次指数平滑法

一次指数平滑法也称单重指数平滑法，是对第 t 期的预测值和观测值，用平滑系数加权，算出第 t 期的平滑值，并以此平滑值作为下期预测值的一种预测方法。一次指数平滑法预测模型为：

$S_{t+1}=aX_t+(1-a)S_t$

式中：X_t 为第 t 期实际观察值；S_t 为第 t 期一次指数平滑预测值；S_{t+1} 为第 t+1 期一次指数平滑预测值；a 为一次指数平滑系数（$0<a<1$）。

由一次指数平滑法预测模型可知：

$$S_2=aX_1+(1-a)S_1$$

$$S_1=aX_0+(1-a)S_0$$

但在实际预测中，X_0 不存在，S_0 无法从公式中求得，因此初始值 S_1 也无法从公式中求得。一般情况下，当时间序列的数据资料较多时，如 $n \geqslant 10$，这时初始值对以后预测值的影响甚小，可直接选用第一期实际观察值 X_1 代替 S_1；如果时间序列的数据资料较少，如 $n \leqslant 10$，则因初始值对以后预测值的影响较大，这时一般采用最初几期的实际值的算术平均数代替初始值 S_1。

应用一次指数平滑法进行预测，平滑系数选择很关键，取值不同，预测结果就不同。一般原则是：①对于有较明显趋势变动的时间序列，平滑系数 a 应取较大值，即 $a>0.6$，主要是为了突出近期数据对预测值的影响。②对水平型的时间序列，平滑系数 a 应取较小值，即 $a<0.3$，因为水平型的数据，变动趋势不明显，随机因素多。③对于介于上述两者之间的时间序列，平滑系数 a 应取中间值，即 $0.3 \leqslant a \leqslant 0.6$。

【例 8-7】某地区近 10 年某产品销售量资料如表 8-9 所示，请用一次指数平滑法预测下一年度该产品销售量。

解：列一次指数平滑法计算表，如表 8-9 所示。

表 8-9　一次指数平滑法计算表

年度序号	销售量 X_i	a=0.1 时预测值 S_i	a=0.6 时预测值 S_i	a=0.1 时 $e_i=\lvert X_i-S_i\rvert$	a=0.6 时 $e_i=\lvert X_i-S_i\rvert$
1	X_1=50	S_1=50.0	50.0	0	0
2	52	50	50	2	2
3	53	50.6	51.2	1.8	2.4
4	55	51.7	52.3	2.7	3.3
5	57	53.1	53.9	3.1	3.9
6	60	54.8	55.8	4.2	5.2
7	64	57	58.3	5.7	7
8	68	60	61.7	6.3	8
9	70	63.6	65.5	4.5	6.4
10	75	66.8	68.2	6.8	8.2
预测值		60.5	72.1		

应用一次指数平滑法预测时，a 取值一般应从 0.1 开始，0.2，0.3，…，逐个计算其预测值，分析预测误差，从中确定预测误差最小的值，并以此确定最后预测值。从上述例子中我们可以看出 a=0.6 时的预测误差要小于 a=0.1 时的预测误差。

一次指数平滑法在计算每一个平滑值时，只需用一个实际观察值和一个上期的平滑值就可以了，计算过程简便，计算工作量不会过大。但是，一次指数平滑法也存在以下不足。

（1）一次指数平滑法只能向未来预测一期市场现象的表现，这在很多情况下造成了预测的局限性，不能满足市场预测者的需要。

（2）一次指数平滑预测模型中的第一个平滑值和平滑系数，只是根据经验确定，尚无严格的数学理论加以证明。

（3）一次指数平滑法对无明显趋势变动的市场现象进行预测是适合的，对于有趋势变动的市场现象则不适合。

（4）当市场现象存在明显趋势时，不论平滑系数取多大，其一次指数平滑值也会滞后于实际观察值。对此一次指数平滑法的不足，二次指数平滑法可以弥补。

二、二次指数平滑法

像一次移动平均法一样，一次指数平滑法只适用于水平型历史数据的预测，而不适用于斜坡型线性趋势历史数据的预测。因为，对于明显呈斜坡型的历史数据，即使 a 取值很大（接近于 1），仍然会产生较大的系统误差。像二次移动平均法一样，对于斜坡型的历史数据，历史数据和一次指数平滑值的差值，与一次指数平滑值和二次指数平滑值的差值基本相同，所以，我们可以先求出一次指数平滑值和二次指数平滑值的差值，然后将此差值加到一次指数平滑值上，再加上趋势变动值就能得出近于实际的预测值。根据这一原理，我们可建立二次指数平滑法的预测模型：

$$S_{t+i}^{(2)} = a_t + b_t i$$

式中：$S_{t+i}^{(2)}$ 为 t+i 期的预测值；i 为 t 期到预测期的间隔期数；a_t、b_t 为参数，其计算公式为：

$$a_t = S_t^{(1)} + (S_t^{(1)} - S_t^{(2)}) = 2S_t^{(1)} - S_t^{(2)}$$

$$b_t = \frac{a}{1-a} \cdot (S_t^{(1)} - S_t^{(2)})$$

$S_t^{(1)}$、$S_t^{(2)}$ 为一次指数平滑值和二次指数平滑值，其计算方法为：

$$S_t^{(1)} = aX_t + (1-a) S_{t-1}^{(1)}$$

$$S_t^{(2)} = aS_t^{(1)} + (1-a) S_{t-1}^{(2)}$$

X_t 为第 t 期实际观察值；a 为指数平滑系数（$0<a<1$）。

【例 8–8】仍然采用例 8–7 的数据，预测下一年度产品销售量。

解：制作散点图如图 8–7 所示。从图中可以看出洗发露销售量线性上升变化趋势部分，一次指数平滑预测值与实际观测值有滞后，因此，选用二次指数平滑预测模型。取 a=0.6，列表计算如表 8–10 所示。

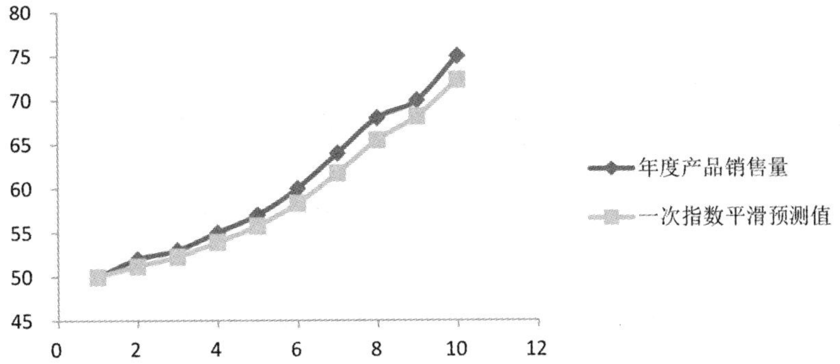

图 8–7　某产品销售量与一次指数平滑预测值

表 8–10　二次指数平滑法计算表

年度序号	销售量 x_i	一次指数平滑值 $S_t^{(1)}$	二次指数平滑值 $S_t^{(2)}$	$S_t^{(1)}-S_t^{(2)}$	a_t	b_t	预测值	绝对误差
1	50	50.00	50.00	0.00	50.00	0.00		
2	52	51.20	50.72	0.48	51.68	0.72	50.00	2.00
3	53	52.28	51.66	0.62	52.90	0.94	52.40	0.60
4	55	53.91	53.01	0.90	54.81	1.35	53.84	1.16
5	57	55.76	54.66	1.10	56.87	1.65	56.17	0.83
6	60	58.31	56.85	1.46	59.76	2.19	58.52	1.48
7	64	61.72	59.77	1.95	63.67	2.92	61.95	2.05
8	68	65.49	63.20	2.29	67.78	3.43	66.60	1.40
9	70	68.20	66.20	2.00	70.19	3.00	71.21	−1.21
10	75	72.28	69.85	2.43	74.71	3.65	73.19	1.81
							78.36	

这里要特别注意的是，在二次指数平滑法中，$S_t^{(1)}$、$S_t^{(2)}$不是预测值，而是为计算最终预测值服务的平滑值，因此要注意其公式和一次指数平滑法公式的差别。

第四节　趋势外推法

趋势外推法也称趋势延伸法，是根据预测变量的历史时间序列揭示出的变动趋势外推到未来，以确定预测值的预测方法。该法以时间为基本参数，通过归纳分析过去和现在的数据去推断未来的发展趋势或预测将来可能出现的事件。趋势外推法的基本前提或假设是未来必定是过去和现在的延续，即认为影响和决定事物过去和现在的发展因素，在未来也基本保持不变，事物的发展属于渐进变化，而不是结构性的突破。

一 、简单外推法

简单外推法是根据预测变量历史时间序列，在直角坐标图上画出散点图，然后依次描出一条拟合程度最好的直线或曲线，并将它加以延伸来确定预测值的预测方法。简单外推法的特点是不需建立数学模型，简单易行，便于推广。

【例 8-9】某公司 2008 年到 2014 年某商品的销售额资料如表 8-11 所示，试用简单外推法预测 2015 年的销售额。

表 8-11 2008 年到 2014 年某商品的销售额资料

年度	2008	2009	2010	2011	2012	2013	2014
销售额（万元）	76.4	82.8	98.4	116.2	143.4	161	178

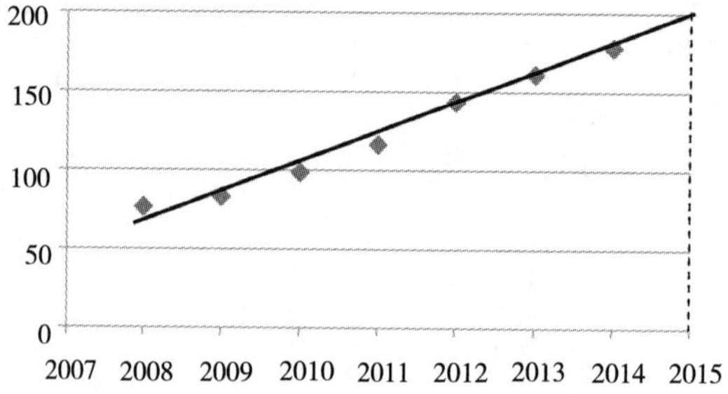

图 8-8 销售数据散点图

解：首先根据数据制作散点图，如图 8-8 所示；其次，根据散点图，画出拟合程度最好的直线，并加以延伸；最后，预测期为横坐标的点，纵坐标即相应年份的预测值。在图中可以看到 2015 年的销售额为 200 万元。

二、模型外推法

模型外推法是用一定的数学模型来拟合预测变量的变动趋势，并进而用模型进行预测的方法。

在模型外推法中，掌握时间序列长期变化轨迹的规律性是正确选择模型的关键。确定模型的简单方法是绘制时间序列的散点图，通过直观判断来确定；也可利用时间序列的差分变化情况，从数学分析角度判断时间序列变动趋势的数学模型。趋势外推法预测的一般操作步骤为：确定描述时间序列趋势的数学模型，估计数学模型参数，进行预测。

模型外推法可分为直线趋势外推预测法和曲线趋势外推预测法两种方法。

如果时间序列的各个数据在一定时期中呈现持续上升或下降趋势，且各项变量逐期增减大致相同时，则可以用直线方程描述时间序列变动趋势，并用最小二乘法确定直线方程的参数。

直线预测模型为：$\hat{y}=a+\mathrm{b}x$

式中 $\hat{y}$ 为预测值，a、b 为方程式的参数，x 为时间变量。直线趋势外推法的关键是为已知时间序列找到一条能最佳拟合其长期线性发展规律的直线，正确推算出直线 a、b 参数。

计算 a、b 参数的常用方法是最小二乘法，本书将在第十章加以详细介绍。

曲线趋势外推预测法是当预测变量呈现某种曲线变动趋势时，通过建立一种曲线方程，来拟合变量的变动趋势，并进而用于预测的方法。

市场经济活动往往受多种因素的影响，其中商品供应、市场需求、价格水平、商品库存等市场经济变量因素，其长期趋势变动轨迹会呈现不同的曲线形式，这就需要将曲线趋势变动线加以延伸，以求得预测值。

市场经济变量因素长期趋势变动轨迹所表现的曲线形式一般有指数曲线、抛物线、双曲线、幂函数曲线和对数函数曲线。

（一）指数曲线模型

当时间序列逐期增减率大体相同，即按同一比例增减的趋势发展时，可认为该时间序列变动趋势符合指数模型。可以利用时间序列建立指数模型，并据此推测未来发展趋势。

指数曲线模型的表达式如下：

$\hat{y}_t = ab^t$

式中，y_t 为预测值；a 为序列初期水平；b 为时间序列平均发展速度；t 为时间序列的时间周期顺序。

指数曲线图形如图 8–9 所示。

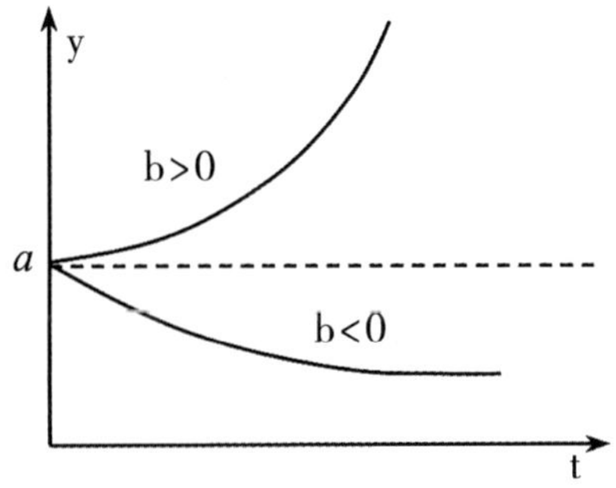

图 8–9　指数曲线图

指数曲线模型的数字特征如表 8–12 所示。

表 8–12　指数曲线模型数字特征表

年度（t）	预测值（$\hat{y}_t = ab^t$）	比率（$\hat{y}_t / \hat{y}_{t-1}$）
1	ab^1	–
2	ab^2	b
3	ab^3	b
⋮	⋮	⋮
n-1	ab^{t-1}	b
n	ab^t	b

对于指数曲线模型预测，可进行如下线性化。模型两边求自然对数得：

$\ln y_t = \ln a + t\ln b$

令 $Y_t = \ln y_t$, $A = \ln a$, $B = \ln b$ 。这样，我们就把指数曲线模型转化为直线模型来处理了。A 和 B 可以利用最小二乘法求取，如下式所示。

$$A = \frac{\sum Y_t - B\sum t}{n}, \quad B = \frac{n\sum tY_t - \sum t\sum Y_t}{n\sum t^2 - \sum t\sum t}$$

对 A、B 取反对数，即可求 a、b。

下面通过例子来说明指数曲线模型法的预测步骤。

【例 8-10】钢铁产能的急剧增加直接加大了铁矿石的需求量，在这个大背景下国内铁矿石产量也逐年增加。由于老矿山服务时间过长，投入开采的新矿山数量不足，国内铁矿石产量虽有增长，但增幅有限，在短时期内的供给不会有剧烈的变动，并呈现出一定的规律性。表 8-13 为 2001 年至 2010 年国内铁矿石产量，要求根据表中数据预测 2011 年铁矿石产量。

表 8-13　2001—2010 年国内铁矿石产量　　单位：万吨

年份	年份序号	产量（万吨）	比率
2001	1	21 701	—
2002	2	23 143	1.07
2003	3	26 108	1.13
2004	4	31 010	1.19
2005	5	42 049	1.36
2006	6	58 817	1.40
2007	7	70 707	1.20
2008	8	80 805.27	1.14
2009	9	88 017.14	1.09
2010	10	107 155.63	1.22

解：（1）选择预测模型

首先，绘制散点图，根据散点图分布来选用模型。利用excel绘制本例的散点图如图 8-10 所示，根据图 8-10，可以初步确定选择指数曲线模型。

其次，计算时间序列数字特征。根据表 8-12 可知，观察值的比率大体相等，符合指数曲线的数字特征。通过以上的分析，从图形和数字特征上看，所给的资料都与指数曲线相符合，因此，可以选择模型 $\hat{y}_t = ab^t$ 。

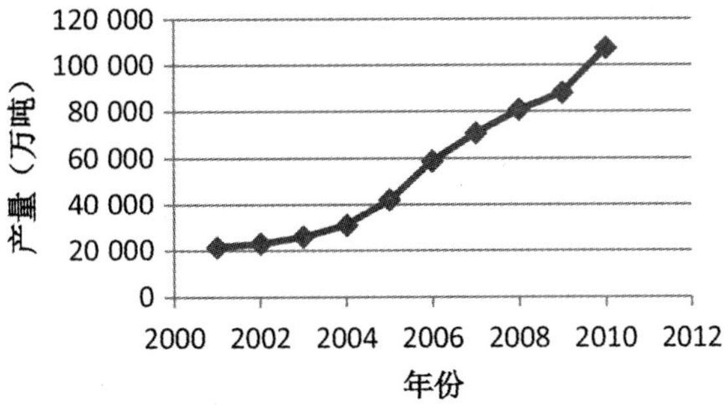

图 8–10　散点图

（2）求模型参数

在 excel 中，可以利用 ln 函数求历年产量的对数，然后根据最小二乘法公式求出 A 和 B，列表计算如表 8–14 所示。

表 8–14　指数曲线模型计算表

年份	年份序号 t	产量（万吨）y_t	比率	Y_t =Ln（y_t）	t · Y_t	t^2
2001	1	21 701	—	9.99	−89.87	81
2002	2	23 143	1.07	10.05	−70.35	49
2003	3	26 108	1.13	10.17	−50.85	25
2004	4	31 010	1.19	10.34	−31.03	9
2005	5	42 049	1.36	10.65	−10.65	1
2006	6	58 817	1.40	10.98	10.98	1
2007	7	70 707	1.20	11.17	33.50	9
2008	8	80 805.27	1.14	11.30	56.50	25
2009	9	88 017.14	1.09	11.39	79.70	49
2010	10	107 155.63	1.22	11.58	104.24	81
合计	55			107.61	607.94	385.00
参数 A	9.688					
参数 B	0.195					

求得：A=9.688，B=0.195。

因为 A=ln$a$，B=lnb，

所以 a =e^A=$e^{9.688}$=16 126，同理 b=1.215。

最后求得指数曲线模型为：$\hat{y}_t$=16 126 × 1.215^t。

（3）预测

与 2011 年相对应的时间序号 t=11，所以：$\hat{y}_t$=16 126×1.215^t=137 800（万吨）。

（二）其他曲线趋势外推预测法

1. 修正指数曲线模型

指数曲线所描述的经济变量随着 t 的增大，将趋向无穷大（$b>1$）或者零（$b<1$）。它不能描述经济变量以减缓的速度上升，最后接近一个极限的情况。修正指数曲线模型如下式所示：

$\hat{y}_t$=k+ab^t（$k>0$，$0<b<1$）

由于 $0<b<1$，所以随着 t 的增大，修正指数所描述的经济变量将趋向于极限 k。修正指数曲线模型如图 8–11 所示。修正指数曲线模型的数字特征是：观察值 y_t 一次差的比率相等。也就是说，当有一组统计数据 y_t 一次差的比率大体相等时，可选用修正指数曲线模型预测。

修正指数曲线模型有一个极限水平，但从时间序列本身往往看不出这个极限值是多少，甚至不能判断是否有极限值存在，必须用实际资料拟合才能把极限值估计出来。

在某些情况下，我们可以根据预测对象的发展规律或者经济现象中某些限制因素，利用定性的方法先行确定极限水平。当极限水平确定后，修正指数曲线只有两个待估计值，可以通过线性化的方法用普通最小二乘法估计。

对修正指数曲线，可以写成：

$y_t-k=ab^t$

两边取对数得：$\ln(y_t-k)=\ln a+t\ln b$

这样就可以参考指数曲线模型，利用最小二乘法求解模型参数进行预测。

2. 龚珀资曲线模型

龚珀资曲线模型的表达式为：

$\hat{y}_t=ka^{b^t}$（$k>0$，$a>0$，$b>0$）

龚珀资曲线如图 8–12 所示。龚珀资曲线模型的数字特征是：观察值 y_t 的对数一次差的比率相等。也就是说，如果有一组观察值的对数一次差的比率大体相等，可选择龚珀资曲线模型来进行预测。产品生命周期可采用龚珀资曲线模型进行预测。

对上式两边取对数可得：

$Ln\,\hat{y}_t=Lnk+Lnab^t$

令 $Y_t=Ln\,\hat{y}_t$，$K=Lnk$，$A=Lna$，则有：$Y_t=K+Ab^t$

这样我们就将龚珀资曲线模型转化成修正指数曲线模型进行预测。龚珀资曲线适用于描述耐用消费品的市场需求变化和寻找更新换代恰当时机的决策分析。

3. 二次曲线模型

二次曲线模型的表达式如下：

$\hat{y}_t=a+bt+ct^2$

二次曲线模型适用于时间序列资料的变动属于由高而低再升高，或由低而高再降低的趋势形态的预测，即数据分布呈抛物线形态。二次曲线模型的数字特征是：时间序列的历史资料所反映的变量中间大，两头小，其二阶差分为一个常数，数据点分布呈抛物线轨迹形态，如图 8–13 所示。

若令 $x_1=t$，$x_2=t^2$，则上述二次曲线模型可写为线性方程：

$\hat{y}_t=a+b\,x_1+c\,x_2$

可直接用第十章二元线性回归方法计算模型中的参数。

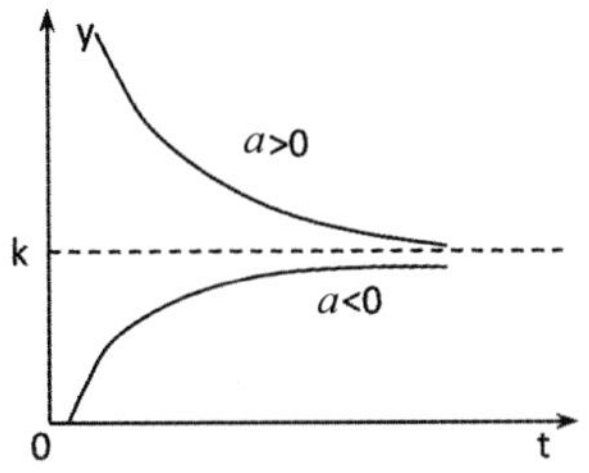

图 8–11　修正指数曲线

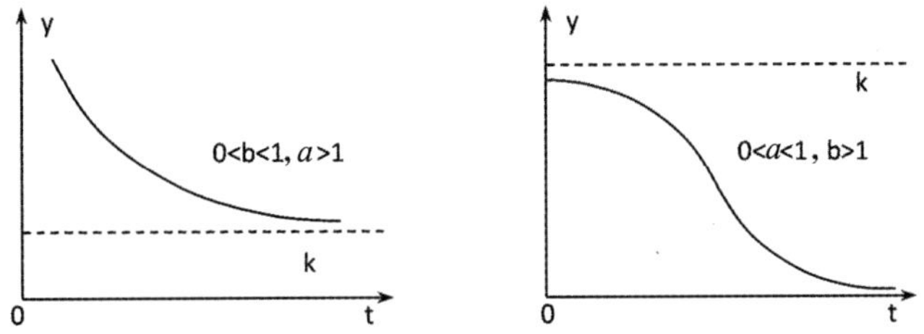

图 8–12　龚珀资曲线

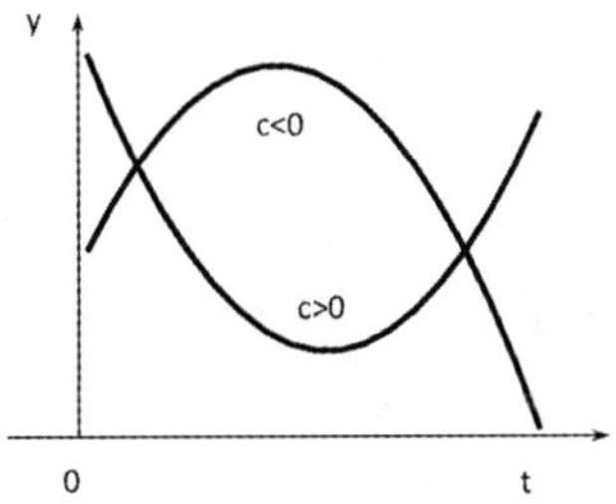

图 8–13　二次曲线

第五节　季节变动预测法

本章第一节我们提到，事物趋势变化除了直线趋势外，还有季节变动、周期变动和不规则变动。季节变动的主要特点是每年重复出现，各年同月（或同季）具有相同的变动方向，变动幅度一般相差不大。因此，研究市场现象的季节变动，收集时间序列的资料一般应以月（或季）为单位，并且至少需要有 3 年或 3 年以上的市场资料，才能观察到季节变动的一般规律。季节变动预测法是根据各个日历年度按月或按季编制的时间序列资料，以统计方法测定出反映季节变动规律的季节变动指数，并利用它们进行短期预测的一种预测方法。

一、季节变动观察数据分析

表 8–15 为某市 2001 年至 2005 年某品牌桶装水的销量。

表 8–15　2001 年至 2005 年某市某品牌桶装水销售量　　单位：万桶

序号	年份	一季度	二季度	三季度	四季度	合计	年（期）平均值
甲	乙	（1）	（2）	（3）	（4）	（5）	（6）
1	2011	46	63	88	51	248	62
2	2012	50	70	91	57	268	67
3	2013	60	78	99	63	300	75
4	2014	57	89	110	60	316	79
5	2015	66	98	126	70	360	90
6	合计	279	398	514	301	1 492	373
7	同季平均	55.8	79.6	102.8	60.2	298.4	74.6
8	季节比率	74.80	106.70	137.80	80.70	400.00	100

观察表 8–15 中五年（期）的销售数字，我们会发现有明显的季节变动，同一年度一季度销售量小，三季度销售量大。另外，同一个季节在不同年份的销售量也不一样，那么，我们用同季平均值代表相同季节的销售水平，计算公式如下：

$$\text{同季（月）平均值} = \frac{\text{各年同季（月）观测数值}}{\text{观测年数}} \times 100\%$$

例如，本例中一季度同季平均值计算如下：

$$\frac{46+50+60+57+66}{5} = \frac{279}{5} = 55.8\text{（万桶）}$$

其他各季的平均值见表 8–15 的第 7 行。从各季的平均值可以看出各季销售量有变化，其季节变动的程度大小用季（月）比率（季节指数）表示。季（月）比率被定义为每个季度的平均水平是其全期平均水平的几倍或百分之几。

$$\text{季（月）比率} = \frac{\text{各季（月）的平均值}}{\text{全期总平均值}} \times 100\%$$

其中，观测年的总平均值有多种计算方法，可以用如下公式计算：

$$\text{全期总平均值} = \frac{\text{各观测值总和}}{\text{观测值总数}} \times 100\%$$

$$\text{全期总平均值} = \frac{\text{各年平均值总和}}{\text{观测年数}} \times 100\%$$

$$\text{全期总平均值} = \frac{\text{各季平均值总和}}{\text{季（月）数}} \times 100\%$$

上述三个公式是等价的，计算结果一致。本例的季节比率计算结果见表 8–15 第 8 行。四个季度的季节比率之和应该等于 400%，如果是月度变化的观察数据，12 个月的月度季节比率之和应该是 1 200%。

本例季节比率的计算结果表明，该品牌桶装水的销售有季节变动，而且季节变动程度较大。一年之中第二、三季度是销售旺季，第一、四季度是销售淡季，其中第三季度销售量最多，第一季度销售量最少。

二、季节变动预测

依据季节变动规律，结合其他预测方法，可以预测下一年各季的销售量。一般步骤是：（1）预测下一年全年的销售量；（2）用年预测值除以 4，求得季预测值的平均数，或用年预测值除以 12，求得月度季节预测值的平均数；（3）将季预测平均数乘以各季季节比率，即得预测年各季的预测值。如果季节变动存在明显长期趋势，则需要借用长期趋势预测法，预测下一年的销售总量。长期趋势预测法可以用移动平均法、指数平滑法或趋势外推法等计算。下面利用上面例子介绍季节变动预测方法。

【例 8–11】表 8–15 为 2001 年至 2005 年某市某品牌桶装水销售量，试预测下一年度各季的销售量。

解：（1）预测下一年全年的销售量

在本例中，该品牌桶装水的销售量存在明显的趋势变动，销售量是逐年递增的，因此需要借用长期趋势预测法预测下一年的销售总量。

利用销售量散点图直观判断长期趋势变化规律。图 8–14 绘制的是季度和年平均销售数量散点图。从图中可以直观地判断出其销售量平均值具有明显的线性趋势。

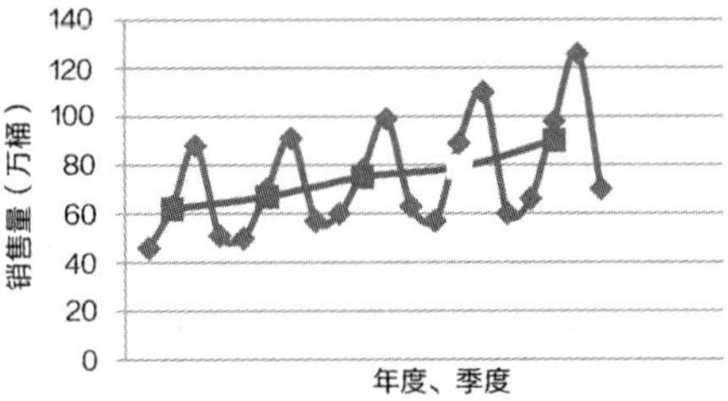

图 8–14　季度与年平均销售数量散点图

这里根据年销售总量，利用简单趋势外推法作图计算如下。

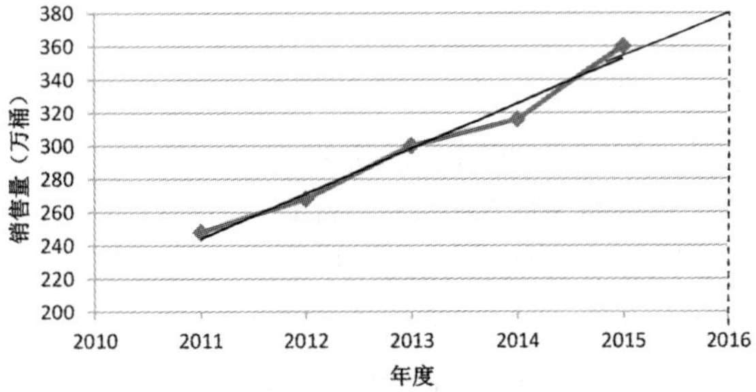

图 8–15　年销售趋势图

从图 8-15 可以看出，2016 年销售总量预测值为 380 万桶。

（2）求季预测值的平均数

用年预测值除以 4，求得季预测值的平均数为 380/4=95（万桶）。

（3）预测年各季的预测值

将季预测平均值乘以各季季节比率，即得预测年各季的预测值。根据表 8-15 求得的各季季节比率，可求得 2016 年度各季度销售的预测值。

第一季度预测值 =95 × 74.80%=71.05（万桶）

第二季度预测值 =95 × 106.70%=101.37（万桶）

第三季度预测值 =95 × 137.80%=130.91（万桶）

第四季度预测值 =95 × 80.70%=76.67（万桶）

时间序列处于比较稳定状态的条件下，即不包含明显的直线趋势和循环变动的情况时，可直接对各年同季节的数值进行平均，求季节比率，并以此来预测未来值。

【例 8-12】表 8-16 为某公司 2010 年至 2014 年间逐月销售额统计值，试预测该公司 2015 年销售额和 2015 年 11、12 月份的商品销售额。

表 8-16　2010 年至 2014 年间某产品月销售额　　单位：万元

年份	1 月	2 月	3 月	4 月	5 月	6 月	7 月	8 月	9 月	10 月	11 月	12 月	合计	年月平均
10	204	226	428	810	960	3 246	5 516	2 164	884	410	260	196	15 304	1 275.33
11	210	228	436	828	1 002	3 376	5 746	2 210	910	420	256	200	15 822	1 318.5
12	196	218	426	820	996	3 402	5 610	2 198	902	416	262	198	15 644	1 303.67
13	220	240	458	856	1 020	3 430	5 770	2 218	930	422	270	210	16 044	1 337.00
14	206	234	466	848	1 030	3 604	5 630	2 230	966	402	260	214	16 090	1 340.83
合计	1 036	1 146	2 214	4 162	5 008	17 058	28 272	11 020	4 592	2 070	1 308	1 018	78 904	1 315.1
同月平均	207.2	229.2	442.8	832.8	1 001.6	3 411.6	5 654.4	2 204	918.4	414	261.6	203.6	–	–
季节比率（%）	15.8	17.4	33.7	63.3	76.2	259.4	430	167.6	69.8	31.5	19.9	15.5	1 200	–

解：（1）预测 2015 年总销售额

从表中年总销售额中可以看出，其长期趋势为水平型，所以可以利用各年销售总量的平均值预测下一年度销售总量。

2015 年预计总销售额 =78 904/5=15 780（万元）

（2）预测 2015 年 11、12 月份的商品销售额

2015 年的月平均预计销售额 =15 780/12=1 315（万元）

11 月份的预测值 =1 315 × 19.9%=261.68（万元）

12 月份的预测值 =1 315 × 15.5%=203.82（万元）

利用季节比率还可以根据某一个月的销售额，预测当年其他各月的销售额，举例如下。

【例 8-13】上题中，若该公司 2015 年 1 月的销售额为 220 万元，请用季节比率预测

2015 年 11、12 月份的商品销售额。

解：已知 1 月份的销售额为 220 万元，1 月份的季节比率为 15.8%，而 11 月份的比率为 19.9%，12 月份的比率为 15.5%，可以求得：

11 月份的预测值 =220×（19.9%/15.8%）=227.09（万元）

12 月份的预测值 =220×（15.5%/15.8%）=215.82（万元）

本章小结

时间序列预测法就是依据事物发展的连续性规律，根据预测对象的时间序列数据，通过统计分析建立数学模型进行趋势延伸，以对预测对象的未来可能值做出定量预测的方法。在用时间序列预测法进行预测时，首先要先分析时间序列类型，并根据时间序列类型选用合适的预测方法。时间序列类型一般有：水平型、趋势型、季节变动型、周期变动型、不规则变动型。在实际经济生活中，经济变量的时间序列所反映的变动形态，往往是几种类型的综合。

时间序列预测法的步骤有：收集、整理历史资料，编制时间序列；绘制图形；建立预测模型；进行预测计算；评价预测结果。时间序列预测模型有很多种，选择适合预测对象特点的预测模型是预测中的重要一步。预测模型的选择主要需要考虑以下几个方面：（1）时间序列的类型；（2）预测期的长短；（3）预测费用；（4）预测人员素质。对直线趋势进行预测的方法有多种，常用的有算术平均法、移动平均法、指数平滑法。算术平均法是直线趋势预测中最简单的一种预测方法。算术平均法又分为简单算术平均法和加权算术平均法。移动平均法是通过移动平均数来进行预测的方法。常用的移动平均法有一次移动平均法和二次移动平均法。二次移动平均法以最接近实际值的一次移动平均数为起点，以二次移动平均数估计趋势变化的斜率，建立预测模型。

趋势外推预测法是遵循事物连续原则，依据资料呈现的长期趋势变动轨迹的规律性，用数学方法找出趋势变动轨迹的数学模型，据此进行预测的方法。正确掌握时间序列长期发展趋势的规律性是正确选择模型的关键。简单方法是利用时间序列的散点图，通过直观判断确定。如果观察值的时间序列是一条接近直线的发展趋势，则宜采用直线趋势法进行预测。指数曲线趋势外推预测法是指预测目标的观测值变化趋势符合指数增长规律，建立指数模型并据此推测事件的未来发展趋势的方法。指数曲线趋势外推预测法应用的条件是时间序列逐期增减率大体相同，即具有同一增长比例。其他曲线趋势外推预测法有修正指数曲线模型、龚珀资曲线模型、二次曲线模型等。

季节变动预测法，就是根据预测变量各个日历年度按月或按季编制的时间序列资料，以统计方法测定出反映季节变动规律的季节指数，并利用它们进行短期预测的一种预测方法。季节变动趋势预测法的步骤是：首先，预测下一年全年的销售量；其次，用年预测值求得季预测值的平均数；最后，将季预测值的平均数乘以各季季节比率，即得年各季的预测值。如果季节变动存在明显长期趋势，则需要借用长期趋势预测法，预测下一年的销售总量。

思考题

1. 什么是时间序列预测法？时间序列的基本类型有哪些？

2. 写出一次指数平滑法的预测模型以及二次指数平滑法的预测模型，二次指数平滑法中的预测值与一次指数平滑值有何不同？

3. 什么是趋势外推法？趋势模型有哪几种？

4. 指数平滑法中平滑系数应如何选取？

5. 某企业本年度 12 个月销售额如表 8-17 所示，取 3 期、5 期、7 期平移，分别用移动平均法预测下一年度 1 月份销售额（单位：万元）。

表 8-17　某企业本年度 12 个月销售额

月份	1	2	3	4	5	6	7	8	9	10	11	12
销售额	100	103	98	104	120	117	115	121	125	130	134	140

6. 某产品 1—6 月份实际销售量如表 8-18 所示，用加权算术平均法预测 7 月份的销售量（取 n=4，权数分别为 0.15，0.2、0.3、0.35）（单位：万件）。

表 8-18　某产品 1—6 月份实际销售量

月份	1	2	3	4	5	6
销售量	450	500	460	560	600	700

7. 表 8-19 为某市 2006 年至 2014 年某产品的需求量，取 n=5，且 t、t-1、t-2、t-3、t-4 期的权重分别取 3，3，2，2，1，运用加权移动平均法列表计算 2017 年的需求量（单位：件）。

表 8-19　2006 年至 2014 年某产品的需求量

年份	需求量 X_i	五年移动平均		
		$\hat{X}_i$	$\lvert X_i-\hat{X}_i\rvert$	$\varepsilon_i = X_i / \hat{X}_i$
2008	8 745			
2009	11 211			
2010	11 033			
2011	10 852			
2012	10 895			
2013	11 240			
2014	12 490			
2015	15 019			
2016	18 664			
合计				
平均				
2017				

8. 假设一公司某商品 2008 年至 2017 年的销售额如表 8-20 所示，取a=0.5，试用指数平滑法预测 2018 年销售额（单位：万元）。

表 8-20　某商品 2008 年至 2017 年的销售额

年度	2008	2009	2010	2011	2012	2013	2014	2015	2016	2017
销售额	203	210	217	223	232	240	245	250	256	263

9. 1995 年至 2001 年全国移动电话用户数如表 8-21 所示，试来预测 2002 年全国移动电话用户规模。

表 8-21　1995 年至 2001 年全国移动电话用户数

年份	1995	1996	1997	1998	1999	2000	2001
实际用户数（万户）	363	685	1 323	2 386	4 330	8 453	14 522

10. 某商店 2013 年至 2016 年各季度商品销售额如表 8-22 所示，试预测 2017 年各季度商品销售额（单位：万元）。

表 8-22　2013 年至 2016 年各季度商品销售额

年份	一季度	二季度	三季度	四季度
2013	180	150	120	150
2014	210	160	130	160
2015	230	170	130	170
2016	250	180	140	180

案例分析

1. 案例背景

B2C 是近年发展最快的电子商务模式，也是竞争最为激烈的电商领域，像苏宁、国美等传统商业的强势进入，京东商城的全方位扩展，都加剧了这种竞争态势。使用趋势外推法，预测 B2C 市场的总体发展趋势，可以给 B2C 企业或正准备进入这一市场的企业提供决策参考。表 8-23 为 B2C 企业 2008—2012 年分季度的销售额，从这些数据中可以分析出 B2C 企业销售额增长趋势，并预测 2013 年销售额。

表 8-23　B2C 企业 2008—2012 年销售额

年（季）		序号	销售额（亿元）
2008	第一季度	1	12.82
	第二季度	2	17.84
	第三季度	3	17.84
	第四季度	4	28.18

续表

年（季）		序号	销售额（亿元）
2009	第 1 季度	5	28.18
	第 2 季度	6	45.44
	第 3 季度	7	60.6
	第 4 季度	8	79.2
2010	第 1 季度	9	105.6
	第 2 季度	10	166.56
	第 3 季度	11	263
	第 4 季度	12	423.36
2011	第 1 季度	13	472.03
	第 2 季度	14	542.05
	第 3 季度	15	621.02
	第 4 季度	16	770.1
2012	第 1 季度	17	818.31
	第 2 季度	18	991.16
	第 3 季度	19	1 296.56
	第 4 季度	20	1 685.5

2. 研究思路

分析表 8–23 数据，找出销售额趋势模型曲线，利用趋势外推法建立趋势模型，根据趋势模型预测 2013 年销售额。

3. 趋势分析

根据表 8–23 数据，绘出散点图如图 8–16 所示。根据曲线分析，其销售额变化趋势具有指数曲线模型特征。指数曲线模型的预测表达式如下所示：

$$\hat{y}_t = ab^t$$

其中 a、b 参数可利用本章第四节所介绍的方法计算，其结果为 a=10.579，b=1.3036。

所以预测表达式为：$\hat{y}_t = 10.579 \times 1.3036^t$

利用上述表达式可以预测 2013 年一至四季度的销售额分别为：2 769.98 亿元，3 610.94 亿元，4 707.22 亿元和 6 136.33 亿元，合计为 17 224.47 亿元。

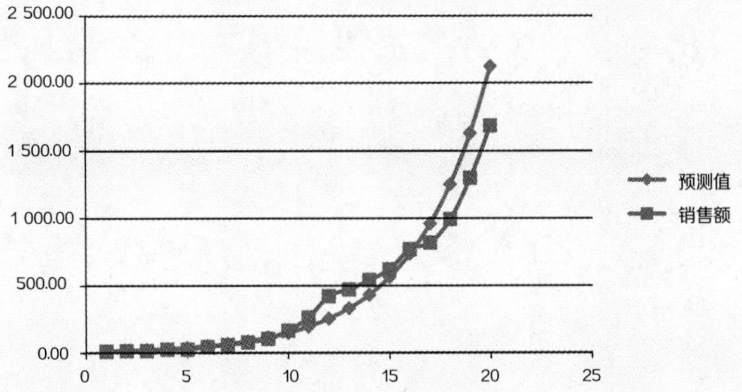

图 8–16　销售额与预测值散点图

4. 结论

由于 B2C 市场的总销售额数据有限，且模型简单，虽然可以确定 B2C 市场正处于高速发展的上升阶段，但上述预测却过于宽泛，会产生较大误差。从图 8-16 我们可以看出，从 2012 年第二季度开始，预测值比实际值显著增大。显然，2012 年后 B2C 的发展速度已显著变慢，也即 2012 年以后的发展规律与 2012 年前的将有显著不同，因此，将时间序列方法用于这种变化趋势预测时要特别注意。

本例中，有人发现 B2C 网站的搜索量与销售额有线性相关关系。因为可以即时准确地得到网站搜索量数据，所以可以方便地利用搜索量求出销售额。两变量的相关关系预测将在第十章回归分析预测中介绍。

Chapter 9
第九章　聚类分析

本章概要

人们往往会碰到通过划分同种属性的对象很好地解决问题的情形，而不论这些对象是个体、公司、产品甚至行为。如果没有一种客观的方法，基于在总体内区分群体的战略选择，比如市场细分将不可能。其他领域如从自然科学领域（比如为哺乳动物和爬行动物的区分建立生物分类学）到社会科学领域（比如分析不同精神病的特征），也会遇到类似的问题。所有情况下，研究者都在基于一个多维剖面的观测中寻找某种“自然”结构。

为此，最常用的技巧是聚类分析。聚类分析将个体或对象分类，使得同类中的对象之间的相似性比与其他类中的对象的相似性更强。其目的在于使类内对象的同质性最大化和类与类间对象的异质性最大化。本章介绍聚类分析的概念和基本原理，明确聚类分析、样品 聚类、变量聚类等基本概念，再介绍系统聚类分析方法与 K- 均值法。

学习目的

通过本章的学习，要求掌握用聚类分析解决问题；区别不同的距离；区分不同的聚类方法；应用 SPSS 软件解决聚类分析问题。

基本概念

聚类分析　样品聚类　变量聚类　系统聚类法　K- 均值法

引导案例

对 10 位应聘者做智能检验。3 项指标 X、Y 和 Z 分别表示数学推理能力、空间想象能力和语言理解能力。其得分如下表 9-1 所示，试运用聚类分析方法对应聘者进行分类。

表 9-1　应聘者 3 项指标

应聘者	1	2	3	4	5	6	7	8	9	10
X	28	18	11	21	26	20	16	14	24	22
Y	29	23	22	23	29	23	22	23	29	27
Z	28	18	16	22	26	22	22	24	24	24

第一节　聚类分析概述

一、聚类分析的概念

聚类分析又称群分析，它是研究（样品或指标）分类问题的一种多元统计方法。所谓类，通俗地说，就是指相似元素的集合。聚类分析起源于分类学，随着生产技术和科学的发展，人类的认识不断加深，分类越来越细，要求也越来越高，有时仅凭经验和专业知识是不能进行确切分类的，往往需要定性和定量分析结合起来去分类，于是数学工具逐渐被引进分类学中，形成了数值分类学。后来随着多元分析的引进，聚类分析又逐渐从数值分类学中分离出来，形成一个相对独立的分支。

在社会经济领域中存在着大量分类问题，比如，对我国的省、自治区、直辖市独立核算工业企业经济效益进行分析，一般不是逐个省、自治区、直辖市去分析，较好的做法是选取能反映企业经济效益的代表性指标，如百元固定资产实现利税、资金利税率、产值利税率、百元销售收入实现利润、全员劳动生产率等，根据这些指标对我国的省、自治区、直辖市进行分类，然后根据分类结果对企业经济效益进行综合评价，就易于得出科学的分析。又如，若对某些大城市的物价指数进行考察，而物价指数很多，有农产品生产物价指数、服务项目物价指数、食品消费物价指数、建材零售价格指数等，通常调查者先对这些物价指数进行分类。总之，需要分类的问题很多，因此聚类分析这一有用的数学工具越来越受到人们的重视，在许多领域中都得到了广泛应用。

二、聚类分析特点

聚类分析（Cluster Analysis）是根据事物本身的特性研究个体的一种方法，目的在于将相似的事物归类。它的原则是同一类中的个体有较大的相似性，不同类的个体差异性很大。这种方法有三个特征：（1）聚类分析法适用于没有先验知识的分类，如果没有这些事先的经验或一些国际、国内、行业标准，分类便会显得随意和主观，这时调查者只要设定比较完善的分类变量，就可以通过聚类分析法得到较为科学合理的类别；（2）聚类分析法可以处理多个变量决定的分类，例如，要根据消费者购买量的大小进行分类比较容易，但如果在进行数据挖掘时，要求根据消费者的购买量、家庭收入、家庭支出、年龄等多个指标进行分类通常比较复杂，而聚类分析法可以解决这类问题；（3）聚类分析法是一种探索性分析方法，能够分析事物的内在特点和规律，并根据相似性原则对事物进行分组，是数据挖掘中常用的一种技术。

这种较成熟的统计学方法如果在市场分析中得到恰当的应用，必将改善市场营销的效果，为决策提供有益的参考。其应用的步骤为：将市场分析中的问题转化为聚类分析可以解决的问题，利用相关（如 SPSS、SAS 等）求得结果，由专家解读结果，并转换为实际操作措施，从而提高利润，降低成本。

三、聚类分析的应用范围

（一）在客户细分中的应用

消费同一种类的商品或服务时，不同的客户有不同的消费特点，通过研究这些特点，我们可以制定出不同的营销组合，从而获取最大的消费者剩余，这就是客户细分的主要目的。常用的客户分类方法主要有三类：（1）经验描述法，是指由决策者根据经验对客户进行类别划分；（2）传统统计法，即根据客户属性特征的简单统计来划分客户类别；（3）非传统统计方法，即基于人工智能技术的非数值方法。聚类分析法兼有后两类方法的特点，能够有效地完成客户细分的过程。

例如，客户的购买动机一般由需要、认知、学习等内因和文化、社会、家庭、小群体、 参考群体等外因共同决定的。要按购买动机的不同来划分客户时，可以把前述因素作为分析变量，并将所有目标客户每一个分析变量的指标值量化出来，再运用聚类分析法进行分类。进行指标值量化时如果遇到一些定性的指标值，可以用一些定性数据定量化的方法加以转化，如模糊评价法等。除此之外，可以将客户满意度水平和重复购买机会大小作为属性进行分类；还可以在区分客户之间差异性的问题上纳入一套新的分类法，将客户的差异性变量划分为五类：产品利益、客户之间的相互作用力、选择障碍、议价能力和收益率。依据这些分析变量聚类得到的归类，可以为制定市场营销决策提供有益参考。

以上分析的共同点在于都是依据多个变量进行分类，这正好符合聚类分析法解决问题的特点；不同点在于聚类分析从不同的角度分析变量，为某一方面的决策提供参考，这正是这种分析法在客户细分问题中运用范围广的体现。

（二）在实验市场选择中的应用

实验调查法是市场调查中一种有效的一手资料收集方法，主要用于市场销售实验，即所谓的市场测试。企业通过小规模的实验性改变，以观察客户对产品或服务的反应，从而分析该改变是否值得在大范围内推广。

实验调查法最常用的领域有这样几个：（1）市场饱和度测试。（2）产品的价格实验。这种实验往往将新定价的产品投放市场，对顾客的态度和反应进行测试，了解顾客对这种价格是否接受或接受程度如何。（3）新产品上市实验。波士顿矩阵研究的产品生命周期图表明，为了生存和发展，企业往往要不断开发新产品，并使之向明星产品和金牛产品顺利过渡，然而新产品投放市场后的失败率却很高，大致为 66% 到 90%。因而，为了降低新产品的失败率，在产品大规模上市前，企业运用实验调查法对新产品的各方面（外观设计、性能、广告和推广营销组合等）进行实验是非常有必要的。

在实验调查方法中，最常用的是前后单组对比实验、对照组对比实验和前后对照组对比实验。这些方法要求科学地选择实验和非实验单位，即随机选择出的实验单位和非实验单位之间必须具备一定的可比性，两类单位的主客观条件应基本相同。

通过聚类分析，调查者可将待选的实验市场（商场、居民区、城市等）分成同质的 几类小组，在同一组内选择实验单位和非实验单位，这样便保证了这两个单位之间具有 了一定的可比性。聚类时，商店的规模、类型、设备状况、所处的地段、管理水平等就是变量。

第二节　聚类分析方法的基本原理

一、聚类模型原理分析

聚类分析过程主要分为三个环节：首先是对原始数据进行特征提取，其次采用聚类算法，最后是对阈值的选取。如图 9–1 所示。

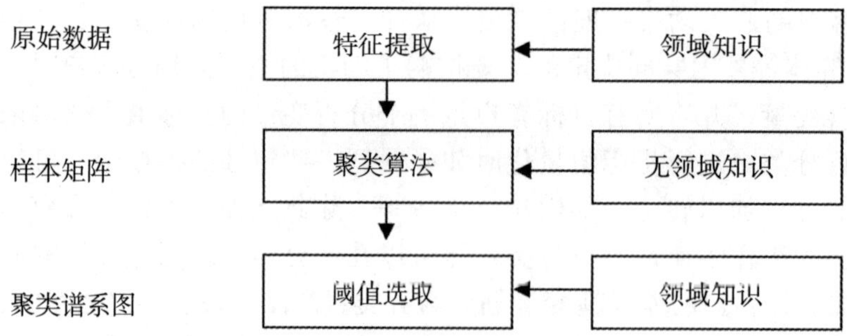

图 9-1 聚类步骤

聚类分析是将“物以类聚”的原理应用到数学研究中，将数据属性较为相近的数据分为一组，将各数据的属性作为距离来测量各个数据之间的差异程度，衡量数据之间的相似度。数据之间的距离越小，那么数据的相似度越高，就越可能被分为一组；数据之间距离越大，数据的属性相差越多，则不可能被分在一组。聚类有很多种，有层次聚类、K- 均值聚类（K-means）、Birch、划分聚类、树状图等。不同的数据进行聚类分析有不同的方法，不同的需求使用不同的方法解决。以下总结出五种评判聚类算法的标准。

能否将该算法应用到大数据场合；当数据量较大时能否同时兼顾效率性和较多地处理复杂数据；能否用不同算法符号区分类型不相同数据；能否发现聚类中的不同类型；“脏”数据的处理，输入数据的排序对分析是否有影响。将聚类算法进行分析比较得出表 9-2。

表 9-2 聚类算法优缺点比较

算法	算法效率	适合的数据类型	发现的聚类类型	处理“脏”数据是否敏感	对数据输入顺序的敏感性
BIRCH	高	数值	凸形或球形	不敏感	不太敏感
DBSCAN	一般	数值	任意形状	敏感	敏感
CURE	较高	数值	任意形状	不敏感	不太敏感
K-poto	一般	数值和符号	凸形或球形	敏感	一般
CLARANS	较低	数值	凸形或球形	不敏感	非常敏感
CUQUE	较低	数值	凸形或球形	一般	不敏感

二、聚类分析的分类

根据分类对象的不同，聚类分析可分为样品聚类和变量聚类。

（1）样品聚类

样品聚类在统计学中又被称为 Q 型聚类，用 SPSS 的术语来说就是对事件（Cass）进行聚类，或是说对观测量进行聚类。它是根据观测对象的各种特征进行分类的，即根据反映观测对象特征的各变量值进行分类。

（2）变量聚类

变量聚类在统计学又被称为 R 型聚类。反映同一事物特点的变量有很多，我们往往根据所研究的问题选择部分变量对事物的某一方面进行研究。人类对客观事物的认识是有限的，往往因难以找出彼此独立的有代表性的变量，而影响对问题的进一步认识和研究。例如在回归分析中，由于自变量的共线性导致偏回归系数不能真正反映自变量对因变量的影响等。研究者往往先要进行变量聚类，找出彼此独立且有代表性的自变量，而又不丢失大部分信息。值得提出的是，将聚类分析、判别分析、主成分分析、回归分析等方法联合起来使用，往往效果会更好。

三、聚类的目的

在一些社会、经济问题中，我们面临的往往是比较复杂的研究对象，如果能把相似的样品（或指标）归成类，处理起来就大为方便，所以如前所述，聚类分析的目的就是把相似的研究对象归成类。首先我们来看一个简单的例子。

【例 9-1】我们需要将下列 11 户城镇居民按户主个人的收入进行分类，对每户做如下统计，结果列于表 9-3 中。在表中，“标准工资收入”“职工奖金”“职工津贴”“性别”“就业身份”等被称为指标，每户被称为样品。若对户主进行分类，还可以采用其他指标，如“子女个数”“政治面貌”等，如何选择取决于聚类的目的。

表 9-3　某市 2001 年城镇居民户主个人收入数据

X_1	职工标准工资收入（元）	X_5	单位得到的其他收入（元）
X_2	职工奖金收入（元）	X_6	其他收入（元）
X_3	职工津贴收入（元）	X_7	性别
X_4	其他工资性收入（元）	X_8	就业身份

X_1	X_2	X_3	X_4	X_5	X_6	X_7	X_8
540	0	0	0	0	6	男	国有
1 137	125	96	0	109	812	女	集体
1 236	300	270	0	102	318	女	国有
1 008	0	96	0	86	246	男	集体
1 723	419	400	0	122	312	男	国有
1 080	569	147	156	210	318	男	集体
1 326	0	300	0	148	312	女	国有
1 110	110	96	0	80	193	女	集体
1 021	88	298	0	79	278	女	国有
1 209	102	179	67	198	514	男	集体
1 101	215	201	39	146	477	男	集体

例 9–1 中的 8 个指标，前 6 个是定量的，后 2 个是定性的。如果分得更细一些，指标的类型有三种：

（1）间隔尺度。指标用连续的量来表示，如各种奖金、各种津贴等。

（2）有序尺度。指标用有序的等级来表示，如文化程度分为文盲、小学、中学、中学以上等，有次序关系，但没有数量表示。

（3）名义尺度。指标用一些类来表示，这些类之间既没有等级关系，也没有数量关系，如例 9–1 中的性别和职业都是名义尺度。

不同类型的指标，在聚类分析中，处理的方式是大不一样的。总的来说，处理间隔尺度指标的方法较多，对另两种尺度的变量的处理方法不多。

聚类分析根据实际的需要可能有两个方向，一是对样品（如例 9–1 中的户主）聚类；二是对指标聚类。现在，第一位重要的问题是“什么是类”。简单地讲，相似样品（或指标）的集合称为类。

将例 9–1 抽象化，就得到表 9–4 的数据矩阵，其中 X_{np} 表示第 n 个样品的第 p 个指标的值。我们的目的是从这些数据出发，将样品（或指标）进行分类。

表 9–4　数据矩阵

No.	x_1	x_2	…	x_p
1	x_{11}	x_{12}	…	x_{1p}
2	x_{21}	x_{22}	…	x_{2p}
…	…	…	…	…
n	x_{n1}	x_{n2}	…	x_{np}

四、聚类分析方法

聚类分析方法给人们提供了丰富多彩的分类方法，这些方法大致可归纳为以下几种。

（1）系统聚类法。首先，我们将 n 个样品看成 n 类（一类包含一个样品），然后将性质最接近的两个合并成一个新类，得到 n–1 类，再从中找出最接近的两类加以合并变成 n–2 类，如此下去，最后所有的样品均在一类，将上述并类过程画成图（称为聚类图）便可决定分多少类，每类各有哪些样品。

（2）模糊聚类法，是将模糊数学的思想用到聚类分析中产生的方法。该方法多用于定性变量的分类。

（3）K– 均值法。K– 均值法是一种非谱系聚类法，它是把样品聚集成 k 个类，类的个数 k 可以预先给定或者在聚类过程中确定。

（4）有序样品的聚类。这种聚类方法要求 n 个样品按某种原因（时间、地层深度等）排成次序，必须是次序相邻的样品才能聚成一类。

（5）分解法。它的程序正好和系统聚类法相反，首先所有的样品均在一类，然后我们用某种最优准则将它分为两类，再用同样准则将这两类各自试图分裂为两类，从中选一个使目标函数较好者，这样由两类变成三类，如此下去，一直分裂到每类只有一个样品为止（或用其他停止规则），将上述分裂过程画成图，便可求得各个类。

（6）加入法。这种方法的程序是将样品依次加入，每次加入后将它放到当前聚类图的应在位置上，全部加入后，即可得到聚类图。

五、距离和相似系数

为了将样品（或指标）进行分类，我们就需要研究样品之间关系。目前用得最多的方法有两种，一种是用相似系数，性质越接近的样品，它们的相似系数的绝对值越接近 1；而彼此无关的样品，它们的相似系数的绝对值越接近于零。比较相似的样品归为一类，不怎么相似的样品归为不同的类。另一种方法是我们将一个样品看作 p 维空间的一个点，并在空间中定义距离，距离较近的点归为一类，距离较远的点归为不同的类。但相似系数和距离有各种各样的定义，而这些定义与变量的类型关系极大。

注意：有时，用户选择不同的距离和相似系数的定义可能会得到不同的聚类分析结果，此时要结合问题的实际意义进行详细分析，不可盲目相信结果。

常用的距离和相似系数如下。

（一）距离

如果把 n 个样品（X 中的 n 个行）看成 p 维空间中的 n 个点，则两个样品间的相似程度可用 p 维空间中两点的距离来度量。d_{ij} 表示样品 X_i 与 X_j 的距离，常用的距离如下。

（1）明氏（Minkowski）距离

$$d_{ij}=\left(\sum_{a=1}^{p}\left|x_{ia}-x_{ja}\right|^{q}\right)^{1/q}$$

当 q=1 时，

$$d_{ij}(1)=\sum_{a=1}^{p}\left|x_{ia}-x_{ja}\right|，即绝对距离；$$

当 q=2 时，

$$d_{ij}(2)=\left(\sum_{a=1}^{p}\left(x_{ia}-x_{ja}\right)^{2}\right)^{1/2}，即欧式距离；$$

当 q= ∞ 时，

$$d_{ij}(\infty)=\max_{1\leqslant a\leqslant p}\left|x_{ia}-x_{ja}\right|，即切比雪夫距离。$$

当各变量的量值相差悬殊时，用明氏距离并不合理，常需要先对数据标准化，然后用标准化后的数据计算距离。

（2）马氏（Mahalanobis）距离

$$d_{ij}^{2}(M)=\left(X_i-X_j\right)'\sum\nolimits^{-1}\left(X_i-X_j\right)$$

其中，Σ表示指标的协差阵，即

$$\sum=\left(\sigma_{ij}\right)_{p\times p}$$

$$\sigma_{ij}=\frac{1}{n-1}\sum_{a=1}^{n}\left(x_{ai}-\bar{x}_i\right)\left(x_{aj}-\bar{x}_j\right)(i,\ j=1,\cdots,\ p)$$

$$\bar{x}_i=\frac{1}{n}\sum_{a=1}^{n}x_{ai}$$

$$\bar{x}_j=\frac{1}{n}\sum_{a=1}^{n}x_{aj}$$

马氏距离既排除了各指标之间的干扰，又不受各指标量纲的影响。除此之外，它还有一些优点，例如，可以证明将原数据做一线性交换后，马氏距离仍不变等。

（3）兰氏（Canberra）距离

它是由 Lance 和 Williams 最早提出的，故称为兰氏距离。

$$d_{ij}\ (L)=\frac{1}{P}\sum_{a=1}^{p}\left(x_{ia}-x_{ja}\right)\left(x_{ia}+x_{ja}\right)(i,\ j=1,\cdots,\ n)$$

此距离仅适用于一切 $X_{ia}>0$，$X_{ja}>0$ 的情况，这个距离有助于克服各指标之间量纲的影响，但没有考虑指标之间的相关性。

（二）相似系数

研究样品之间的关系，除了用距离表示外，还可以用相似系数。顾名思义，相似系数就是描写样品之间相似程度的一个量，常用的相似系数有以下几种。

（1）夹角余弦

将任何两个样品 X_i 与 X_j 看成是 p 维空间的两个向量，这两个向量的夹角余弦用 $\cos\theta_{ij}$ 表示，则有：

$$\cos\theta_{ij}=\frac{\sum_{\theta=1}^{p}x_{i\theta}x_{j\theta}}{\sqrt{\sum_{\theta=1}^{p}x_{i\theta}^2\sum_{\theta=1}^{p}x_{j\theta}^2}}\qquad\left(0\leqslant\cos\theta_{ij}\leqslant1\right)$$

$\cos\theta_{ij}=1$，说明两个样品 X_i 与 X_j 完全相似；$\cos\theta_{ij}$ 接近 1，说明 X_i 与 X_j 相似密切；$\cos\theta_{ij}=0$，说明 X_i 与 X_j 完全不一样；$\cos\theta_{ij}$ 接近 0，说明 X_i 与 X_j 差别大。

（2）相关系数

通常所说的相关系数，一般指变量间的相关系数，作为刻画样品间的相似关系也可类似地给出定义，即第 i 个样品与第 j 个样品之间的相关系数定义如下：

$$r_{ij}=\frac{\sum_{\theta=1}^{p}\left((x_{i\theta}-\overline{x}_i)(x_{j\theta}-\overline{x}_j)\right)}{\sqrt{\sum_{\theta=1}^{p}(x_{i\theta}-\overline{x}_i)^2\sum_{\theta=1}^{p}(x_{j\theta}-\overline{x}_j)^2}}\qquad\left(-1\leqslant r_{ij}\leqslant 1\right)$$

其中，

$$\overline{x}_i=\frac{1}{p}\sum_{\theta=1}^{p}x_{i\theta}\quad \overline{x}_j=\frac{1}{p}\sum_{\theta=1}^{p}x_{j\theta}$$

第三节 SPSS 聚类分析应用

本节将重点介绍系统聚类法与 K- 均值法。

一、系统聚类

系统聚类法（Hierarchical Clustering Method）是聚类分析诸方法中用得最多的。

（一）定义

系统聚类（Hierarchical Clustering Method）也称分层聚类，在聚类分析方法中使用频率最高。系统聚类的基本思想是：首先，把 n 个样品（指标）看作 n 类，其中一类只有一个样品（指标），接着根据任意两类间的距离或者相似程度把最接近的两类归并为一个新类，同样的方法，继续分析新类与其他类之间的相似度，同时归并最相似的类，以此类推，直到所有样品（或指标）合并为一类为止。

系统聚类分析依据分类对象的差异性大致分为：样本聚类（Q 型聚类）与变量聚类（R 型聚类）。

（1）Q 型聚类

这种聚类即聚类分析个案，研究者针对各种目标选择相应指标作为分析基础，在被研究个案的不同特点的不同变量值的基础上聚类，将拥有相近特点的个案汇聚成一类，分离差异性大的个案。

（2）R 型聚类

由于人类对客观事物认知的局限性，一般很难找到具有相互独立性和代表性的变量，这就影响了人们对问题的深入了解和探究。所以研究者需要对变量进行聚类，找出相互独立并且具有一定代表性的自变量，从而充分提取有效信息。R 型聚类是对变量进行聚类，其目的是对变量进行降维，实际操作方法是使具有相似性的变量聚集在一起，以便进行进一步的分析。

系统聚类根据聚类的不同过程分为：分解法和凝聚法。

分解法指初始分析时将 n 个样品或指标看成一个整体，待计算完样品或指标距离以及相似性后，将整体慢慢分类，最终将所有样品或指标分成 n 类。

凝聚法指初始分析时将 n 个样品或指标视为 n 类，计算类间距离或相似度，并慢慢合并，最终将 n 个样品或指标合并为一类。

不论分解法还是凝聚法都要遵循样本或指标的距离最短或相似度最大的原则。

（二）系统聚类模型

系统聚类模型流程图如下：

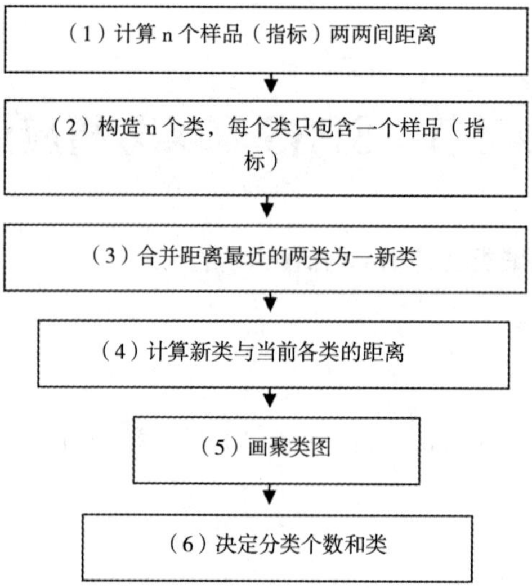

图 9–2　系统聚类模型流程图

（三）系统聚类分析在 spss 中的实现过程

首先，打开 spss.17.0 软件，输入或导出数据，如图 9–3。

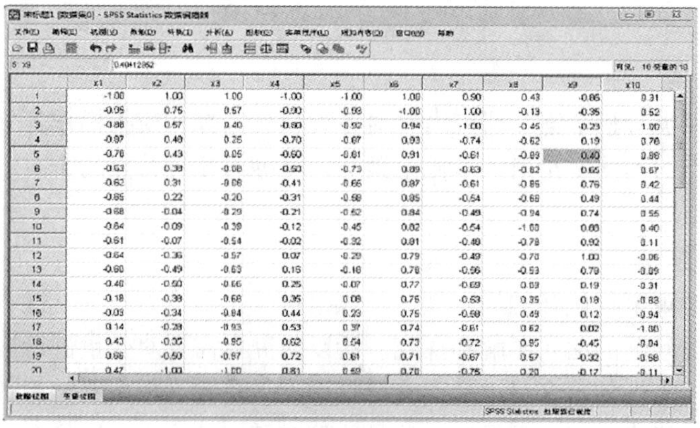

图 9–3　输入或导出数据图

其次，点击“分析”→“分类”→“系统聚类分析”。

图 9–4　“系统聚类分析”位置

再次，打开“系统聚类分析”对话框。

图 9–5　“系统聚类分析”对话框

（1）将 X1、 X2、 X3、 X4、 X5、X6、X7、X8、X9、X10，添加到右侧的“变量”列表框中。

（2）在“分群”中选择“变量”，表示 R 型聚类。

（3）单击“统计量”，打开对话框，然后单击“相似性矩阵”，要求显示相关系数矩阵。

（4）单击“绘制”按钮，打开相应对话框，选择“树状图项”，其他使用系统默认值。

（5）单击“方法”按钮，根据需要设置“聚类方法”“度量标准”“转换值”。

其中，聚类方法主要有如下 7 种。

组间联接：两类间的平均距离最小。

组内联接：各类中不同样本之间的平均距离最小。

最近邻元素：任意两个相邻的类的距离是这两类中相距最近的两个样品之间的距离。

最远邻元素：任意两个相邻的类的距离是这两类中相距最远的两个样品之间的距离。

质心聚类法：任意两个相邻的类的距离是这两类中样品的重心之间的距离。

中位数聚类法：任意两个相邻的类的距离是这两类中各样品的中位数之间的距离。

Ward 法：某一类中各样品的偏差平方和最小，不同类之间的偏差平方和最大。

在 R 型聚类中，最常使用皮尔逊相关系数法（Pearson Correation）作为测量变量间相似性的方法。

最后，返回主页面，点击“确定”执行运算。

二、K– 均值法（快速聚类法）

K– 均值法是一种非谱系聚类法。因为在计算机计算过程中无须确定距离（或相似系数矩阵），也无须存储数据，所以，K– 均值法可应用于比系统聚类法大得多的数据组。

非谱系聚类法或者一开始就对元素分组，或者从一个构成各类核心的“种子”集合开始。选择好的初始构形，将能消除系统的偏差。这种方法是从所有项目中随机地选择“种子”点或者随机地把元素分成若干个初始类。

麦克奎因（Macqueen）于 1967 年提出了 K– 均值法（参见参考文献 [11]）。这种聚类方法的思想是把每个样品聚集到其最近形心（均值）类中。K– 均值法程序由下列三步所组成：

（1）把样品粗略地分成 k 个初始类；

（2）进行修改，逐个分派样品到其最近均值的类中（通常用标准化数据或非标准化数据计算欧氏距离），重新计算接受新样品的类和失去样品的类的形心（均值）；

（3）重复第（2）步，直到各类无元素进出。

若不在一开始就粗略地把样品分到 k 个预先指定的类（第（1）步）中，也可以指定 k 个最初形心（“种子”点），然后进行第（2）步。

样品的最终聚类在某种程度上依赖于最初的划分，或种子点的选择。

为了检验聚类的稳定性，可用一个新的初始分类重新检验整个聚类算法，如果最终分类与原来一样，则不必再计算，否则，需另行考虑聚类算法。

对于预先不固定类数 k 这点人们有很大的争论，其中包括下面几点：

（1）如果有两个或多个“种子”点无意中跑到一个类内，则它们的聚类结果将很难区分；

（2）局外干扰的存在将至少产生一个样品非常分散的类；

（3）即使已知总体由 k 个类组成，抽样方法也可能造成属于最稀疏类数据不出现在样本中的情况，强行把这些数据分成 k 个类会导致无意义的聚类。

许多聚类算法都要求给定 k，而选择几种算法进行反复检验，对于结果的分析也许是有好处的。

本章小结

通过对聚类分析的学习，可知聚类分析又称群分析，它是研究（样品或指标）分类问题的一种多元统计方法。它的特点在于是根据事物本身的特性研究个体的一种方法，目的在于将相似的事物归类。聚类分析可以分为三个环节进行分步处理。系统聚类法与 K– 均值法作为重点介绍对象运用 SPSS 进行聚类分析应用。

思考题

1. 聚类分析的基本思想和功能是什么？
2. 试述系统聚类法的原理和具体步骤。
3. 什么是 K– 均值法？
4. 试运用 SPSS 软件做一实际问题的分类研究。

案例分析

1999年，财政部、国家经济贸易委员会、人事部和国家计划委员会联合发布了《国有资本金绩效评价规则》。其中，竞争性工商企业的评价指标体系包括下面八大基本指标：净资产收益率、总资产报酬率、总资产周转率、流动资产周转率、资产负债率、已获利息倍数、销售增长率和资本积累率。下面我们借助于这一指标体系对我国上市公司的运营情况进行分析，以下数据为35家上市公司2008年年报数据，这35家上市公司分别来自电力、煤气及水的生产和供应业，房地产业，信息技术业。

表9-5 35家上市公司2008年年报数据

行业	公司简称	股票代码	净资产收益率	总资产报酬率	资产负债率	总资产周转率	流动资产周转率	已获利息倍数	销售增长率	资本积累率
电力、煤气及水的生产和供应业	深圳能源	000027	9.17	4.92	53.45	0.39	1.57	3.56	2.76	33.00
	深南电A	000037	0.61	1.23	61.17	0.60	1.74	1.41	−12.81	−0.01
	富龙热电	000426	−11.30	−5.56	48.89	0.13	0.76	−0.34	−40.10	−9.93
	穗恒运A	000531	−7.7	−1.53	70.25	0.57	2.70	0.61	−29.45	−7.15
	粤电力A	000539	0.34	−1.15	54.84	0.48	2.42	0.52	11.78	−7.72
	韶能股份	000601	−2.95	−1.29	61.79	0.27	2.52	0.53	15.77	−4.67
	ST惠天	000692	−1.86	−0.81	63.34	0.10	1.09	0.43	8.08	−1.82
	城投控股	600649	12.28	8.46	39.92	0.25	0.57	40.20	29.21	−2.19
	大连热电	600719	1.58	0.96	60.53	0.32	0.70	1.31	−3.44	0.75
	华电能源	600726	0.43	0.33	77.63	0.10	2.39	1.08	12.66	−6.04
	国电电力	600795	1.26	0.20	71.65	0.26	1.68	1.10	−5.88	5.68
房地产业	长春经开	600215	0.09	0.21	29.10	0.05	0.08	1.23	9.07	0.09
	大龙地产	600159	1.21	0.09	61.63	0.04	0.05	1.84	−57.90	−0.08
	金丰投资	600606	9.78	6.51	46.07	0.20	0.31	6.22	−51.99	−8.40
	新黄浦	600638	6.81	5.96	31.91	0.12	0.31	5.57	−18.48	4.99
	浦东金桥	600639	9.02	6.16	42.74	0.20	0.86	4.51	40.62	4.75
	外高桥	600648	6.90	2.09	78.11	0.70	2.47	7.04	19.88	5.21
	中华企业	600675	14.31	6.82	63.67	0.37	0.44	5.89	33.93	11.82
	渝开发A	000514	6.53	5.14	31.61	0.14	0.4	4.42	−15.56	6.64
	莱茵置业	000558	21.22	7.95	73.67	0.44	0.52	1.04	−13.15	28.42
	粤宏远A	000573	−8.47	−4.84	44.12	0.14	0.24	−3.90	−26.72	−7.81
	中国国贸	600007	8.40	6.21	48.06	0.12	3.04	1.10	1.20	5.06
	万科A	000002	12.65	5.77	67.44	0.37	0.39	10.62	15.38	8.93
	三木集团	000632	1.96	1.05	80.12	0.88	0.95	1.74	−11.30	−9.55
	国兴地产	000838	8.97	2.21	44.34	0.17	0.17	30.65	−74.76	3.06
	中关村	000931	9.69	1.72	80.11	0.47	0.57	2.03	−7.90	1.59

续表

行业	公司简称	股票代码	净资产收益率	总资产报酬率	资产负债率	总资产周转率	流动资产周转率	已获利息倍数	销售增长率	资本积累率
信息技术业	中兴通讯	000063	11.65	5.02	70.15	0.98	1.21	4.28	27.36	17.40
	长城电脑	000066	1.01	0.39	53.93	1.35	3.57	1.22	-6.99	-30.87
	南天信息	000948	9.48	6.61	45.43	1.06	1.41	4.62	15.123	110.72
	同方股份	600100	3.57	2.63	53.32	0.78	0.00	2.79	-4.77	26.72
	永鼎股份	600105	5.54	1.69	71.91	0.42	0.63	1.87	27.49	2.63
	宏图高科	600122	10.71	5.42	57.49	1.77	2.12	3.21	33.03	11.23
	新大陆	000997	4.54	3.74	31.88	0.86	1.09	7.49	18.42	-6.27
	方正科技	600601	4.42	3.16	43.95	1.40	4.67	3.06	-13.58	4.73
	复旦复华	600624	4.44	3.68	49.44	0.53	0.85	3.19	13.57	2.60

需要根据35家上市公司的2008年年报数据，研究电力、煤气及水的生产供应业，房地产业和信息技术业三类行业股份公司的资金周转及盈利情况。这里使用聚类分析对这35家公司进行分类。我们首先对原始变量标准化，采用组间的类平均法，距离计算选择“平方欧氏距离”，“转化（Transform）”下面的“标准化（ Standardize）”空白框选择“标准分数（Z Scores）”，对“样品（Cases）”进行聚类。

详细步骤如下：

（1）打开数据。使用菜单中“文件（File）”—“开始（Open）”命令，然后选中要分析的数据文件。

（2）在菜单中的选项中选择“分析（Analyze）”—“分类（Classify）”—“系统聚类分析（Hierarchical Cluster）”命令。

（3）在“聚类（Cluster）”中选择“案例（Case）”（样品聚类或Q型聚类）。

（4）“显示（Display）”下面有两个选项，选择“统计量（Statistics）”和“输出图形（Pots）”。

（5）点击“方法（Method）”，“聚类方法（Cluster Method）”下选择“组间联接（Between-groups linkage）”，“测量（Measure）”下选择“间隔（interval）”中的“欧式距离的平方（Squared Euclidean distance）”，在“转换值（transform Value）”下选择“标准化（Standardize）”中的“标准分数（Z scores）”，点击“继续（Continue）”。

（6）在“绘图（Plots）”中，选中“谱系聚类图（Dendrogram）”，点击“继续（Continue）”。

选好每个选项后，点“确定（OK）”就可以执行了。

问题讨论

试运用SPSS软件进行实际操作，并解释输出的结果。

Chapter 10

第十章 回归分析预测

本章概要

在社会经济活动中，经济现象之间客观存在着各种各样的联系，这种联系表现为数量的相互对应关系，例如商品的供应量与价格之间，货币投放量与物价指数之间等。回归分析预测方法就是从经济现象的因果关系出发，根据统计数据找出因变量和自变量之间的关系表达式，并通过这一表达式预测未来因变量状态的一种方法。本章首先介绍回归分析预测原理，明确函数关系、相关关系、相关分析、回归分析等基本概念，再介绍回归分析的一般步骤、一元回归分析方法和二元回归分析方法。

学习目的

通过对本章的学习，要求在理解函数关系、相关关系、相关分析和回归分析等内涵的基础上，掌握回归分析基本步骤和要求，掌握一元和二元线性回归分析的运用方法，了解多元线性回归预测的原理。

基本概念

相互关系　函数关系　相关关系　相关图　相关系数　回归方程　预测值

引导案例

我们知道，市场的发展与变化是由多种因素决定的，它们之间存在着一定的相互依存关系。例如，要对城镇居民消费支出的发展趋势进行预测，首先要找到影响城镇居民消费支出的因素。通过分析我们发现，城镇居民消费支出的多少与城镇居民人均可支配收入密切相关，收入高，其消费支出就大，反之消费支出就小，见表10-1。根据这种相互依存关系，若已知下一年的可支配收入，我们就可以预测出下一年的消费支出。具体预测过程后面将详细介绍。

表10-1　2003—2014年人均可支配收入数据

年份	人均可支配收入（万元）	消费支出（万元）
2003	1 510.20	1 278.89
2004	1 700.60	1 453.81
2005	2 026.60	1 671.73
2006	2 577.40	2 110.81
2007	3 496.20	2 851.34
2008	4 283.00	3 537.57
2009	4 838.90	3 919.50
2010	5 160.30	4 185.60
2011	5 425.10	4 331.60
2012	5 854.00	4 615.90

续表

年份	人均可支配收入（万元）	消费支出（万元）
2013	6 280.00	4 998.00
2014	6 859.60	5 309.01

第一节 回归分析预测概述

一、函数关系和相关关系

任何事物的产生和变化总是由一定的原因引起的，并对其他事物产生影响。同样，各种社会经济活动总是存在于一定的相互联系之中，各种事物之间的联系方式，构成不同的相互关系。事物之间的相互关系可以分为确定性关系和非确定性关系两大类。

（一）函数关系

函数关系是指事物间的数量变化关系可以用函数关系式表示的确定性关系。它是由某种确定原因导致确定结果的因果关系。函数关系中确定的自变量，总有一个确定的因变量与之对应。所以，在人们已经掌握事物间的函数关系后，已知自变量即可确定因变量的取值。比如，在产品价格不变的条件下，销售额可以由销售量来确定。设产品的价格为 a，销售量为 x，销售额为 y，则可以得到函数 $y=ax$。这里只有一个自变量，所以称为一元函数关系。如果有两种商品的价格分别为 a_1 和 a_2，销售量分别为 x_1 和 x_2，则两种商品的总销售额 y 与商品价格和销售量之间的相互关系可以用函数 $y=a_1x_1+a_2x_2$ 表示。这里有两个自变量，所以称为二元函数关系。如果有三个自变量或更多自变量，可称为多元函数关系。

（二）相关关系

1. 相关关系的含义

相关关系为非确定性关系，它是指变量之间不存在数值对应关系，但有某种非确定的依存关系。函数关系是对确定的、非随机变量而言的；相关关系则是对随机变量而言的。即一个变量的确定值为 x，与其有相关关系的另一个变量的对应值 y 并不确定。比如，产品价格与该产品的需求量之间的关系就是一种相关关系。值得指出的是，函数关系和相关关系虽是两种不同类型的相互关系，但又没有严格的界限。

2. 相关关系的类型

社会经济活动中的相关关系种类有很多。

按照相关关系的性质，有正相关和负相关之分。正相关是指具有相关关系的变量之间的变动方向一致，即同增或同减。比如，在一般情况下，商品的价格与该商品的供应量之间具有正相关关系。负相关是指具有相关关系的变量之间的变动方向不一致，此增彼减。比如，在一般情况下，商品的价格与该商品需求量之间具有负相关关系。

按照相关关系所包含的变量个数，有单相关和复相关之分。单相关是指两个变量之间的相关关系。复相关是指三个或三个以上变量之间的相关关系。

按照相关关系的形式，有线性相关和非线性相关之分。线性相关是指变量之间的变动关系在坐标系中呈直线或平面图形。非线性相关是指变量间的变动关系在坐标系中呈曲线或曲面。线性和非线性相关关系可以用回归分析方法建立线性和非线性回归方程表示。

此外，按照变量之间的相关程度，可以分为完全相关、不完全相关、不相关等多种。

二、相关分析

相关分析是对变量间的相关关系进行分析和研究的方法，主要包括两个方面。

（1）确定事物之间有无相关关系。这是相关分析的前提，因为只有当事物之间具有相关关系时，才能进行相关分析。

（2）确定相关关系的密切程度。这是相关分析的主要目的和主要内容。相关关系的密切程度用相关系数或相关指数来衡量。

三、回归分析

“回归”（regression）一词由遗传学家高尔登（F.Galton）提出，主要用于研究生物的遗传。他的朋友皮尔逊（K.Pearson）则对 1 078 个家庭进行了调查，发现父代身材较高者，子代身高要低于父代身高，但高于种族的平均身高；父代身材较矮者，子代身高要高于父代身高，但矮于种族的平均身高。他由此得出：生物界后代有回归到其种族原有特征的趋势。此后，回归的含义逐步被扩大，用于表明一个变量的变化，会导致另一个变量的变化，即有着“前因后果”的变量之间的相关关系。

现实生活中任何两个变量之间的对应关系在几何上总可以找到近似的曲线和相应的数学方程式来定量地进行描绘。回归分析就是根据相关因素的大量统计数据来近似地确定变量间函数关系的一种有力的数学工具，可帮助我们从一些变量取得的值去预测另一些变量所取得的值。

第二节　回归分析预测的步骤

应用回归分析方法进行市场预测，应遵循以下五个步骤。

一、确定相关关系

正确确定变量间的相关关系对回归分析具有决定性的作用，它主要包括以下三个方面的工作。

1. 确定相关变量

在某一种社会经济活动中，其间的相关关系必然体现在若干变量之间。确定相关变量就能找出具有相关关系的具体变量。就市场预测而言，预测的目标必定是因变量，确定其并不困难。比如，以预计未来 10 年粮食需求为目的的市场预测，其因变量无疑就是未来 10 年粮食的需求量。所以，确定相关变量的难点和重心是确定自变量，即确定影响和制约预测目标（因变量）的因素，如确定哪些因素将影响未来 10 年粮食消耗，这些因素对粮食消耗影响程度的大小等。

确定自变量，既要对历史资料和现实调查资料进行分析，又要充分运用预测人员的经验和知识，进行科学的定性分析。要充分注意事物之间联系的复杂性，用系统思维的方式对复杂的关系进行系统分析。在必要时，还应运用假设的技术，先进行假设，再进行验证，确定那些主要的影响因素。

2. 确定变量之间相关关系的类型

变量之间的相关关系有多种类型。确定变量之间相关关系的类型一般可通过绘制相关图直观地看出。

相关图是将自变量和因变量的数值对应地绘在直角坐标系中所形成的散点图。根据散点图的形状，大致可以认识变量之间是否相关，是正相关还是负相关，是线性相关还是非线性相关。

3. 确定变量之间相关关系的密切程度

确定变量之间线性相关的密切程度可通过测量相关系数进行，相关系数用 r 来表示。相关系数的计算公式为：

$$r=\frac{\sum(x_i-\bar{x})(y_i-\bar{y})}{ns_xs_y}$$

式中：r 为相关系数；x_i 为自变量的值；$\bar{X}$为自变量的平均数；y_i 为因变量的值；$\bar{y}$ 为因变量的平均数。s_x 为自变量数列的标准差，s_y 为因变量数列的标准差，n 为数列的个数或观测值的组数。

如果将

$$s_x=\sqrt{\frac{\sum(x_i-\bar{x})^2}{n}}$$

$$s_y=\sqrt{\frac{\sum(y_i-\bar{y})^2}{n}}$$

带入上式，相关系数可写成

$$r=\frac{\sum(x_i-\bar{x})(y_i-\bar{y})}{\sqrt{\sum\ (x_i-\bar{x})^2\sum\ (y_i-\bar{y})^2}}$$

相关系数 $-1\leqslant r\leqslant 1$，或 $|r|\leqslant 1$。当 $|r|$ 越接近 1 时，变量间的线性相关程度越高；$|r|$ 越接近 0 时，变量间的线性相关程度越低。$r>0$ 时，变量间的相关关系为正相关；$r<0$ 时，变量间的相关关系为负相关。

二、建立回归方程

建立回归方程指根据变量之间的相关关系用数学表达式给予表示。

由于变量之间的数量关系不同，回归方程分为线性回归和非线性回归两种。线性回归方程式的一般表达式是：

$$\hat{y}=a+b_1x_1+b_2x_2+\cdots+b_mx_m$$

当线性回归方程是一个自变量与一个因变量之间的回归时，该方程被称为简单线性回归或一元线性回归，即直线回归，其表达式为：

$$\hat{y}=a+bx$$

变量间的相关关系并不总是线性的，仅仅用线性回归方程来表现是不够的。许多变量之间的相关关系表现为曲线，需要建立非线性回归方程。这时要根据曲线的形状，建立相应的回归方程。

三、计算回归方程参数

在确定回归方程一般表达式后，首先要计算一般表达式中的各项参数，比如方程 y= a +bx 中的参数a和 b。通常，回归方程中的参数可用最小二乘法求得。把求得的各项参数值代入回归方程一般表达式，即得到可用于预测的回归方程。

下面以一元线性回归为例，介绍最小二乘法思想。根据最小二乘法，选择的参数a、b 要使变量的观察值 y_i 与预测值 $\hat{y}_i$ 之间的离差（如图 10–1 所示）平方和最小。

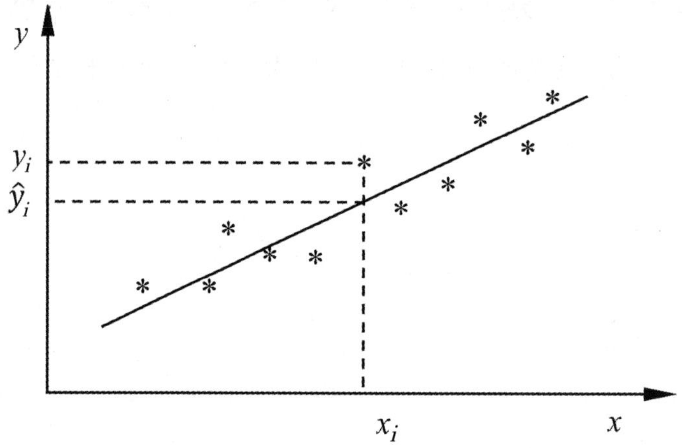

图 10–1 一元线性回归分析图

即：$\sum_{i=1}^{n}(y_i-\hat{y}_i)^2=\sum_{i=1}^{n}(y_i-a-bx_i)^2$最小。

由于$\sum_{i=1}^{n}(y_i-a-bx_i)^2$是$a$、b 的二元函数，并且是非负值，所以它的最小值总是存在的。根据微分学中求极值原理可得：

$$\begin{cases} \dfrac{\partial}{\partial a} = -2\sum(y_i - a - bx_i) = 0 \\ \dfrac{\partial}{\partial b} = -2\sum(y_i - a - bx_i)x_i = 0 \end{cases}$$

对上式求解可得：

$$b = \frac{n\sum x_i y_i - \sum x_i \sum y_i}{n\sum x_i^{\ 2} - (\sum x_i)^2} = \frac{\sum x_i y_i - n\bar{x}\bar{y}}{\sum x_i^{\ 2} - n\bar{x}^2}$$

$$a = \frac{\sum y_i}{n} - b\frac{\sum x_i}{n} = \bar{y} - b\bar{x}$$

式中，x_i 为自变量 x 的第 i 个观察值；y_i 为因变量 y 的第 i 个观察值；n 为观察值的个数，$\bar{X}$为 X 所有观测值的平均值；$\bar{y}$ 为 y 所有观测值的平均值。上述公式还可以改写为：

$$b = \frac{\sum(x_i - \bar{x})(y_i - \bar{y})}{\sum(x_i - \bar{x})^2}$$

$$a = \bar{y} - b\bar{x}$$

四、对回归模型的检验

在进行线性回归分析时，求得预测方程后，我们需要分析这个方程是否能代表变量 x 和 y 的实际关系，方程对实际数据的拟合程度如何。模型检验就是利用各种统计检验方法来检验模型可否解释预测对象变量之间的实际关系及模型对实际数据拟合的程度，进而说明模型能否用于预测的分析。常用的统计检验有：标准离差检验、拟合程度检验、F 检验、t 检验和 D–W 检验。

1. 标准离差检验

标准差 s 表示变量诸观测值与回归直线估计值的绝对离差数额，用来检验回归预测模型的精度，其计算公式为：

$$s = \sqrt{\frac{\sum(y_i - \hat{y}_i)^2}{n - m - 1}}$$

式中：m 代表自变量个数，一元线性回归预测模型中有两个参数，m=1。由公式可以看出，s 愈小，实际值与预测值的平均误差愈小，预测精度也就愈高。同时，为了对不同模型的精度进行比较，往往要计算离散系数或标准差系数：$v = \frac{s}{\bar{y}} \times 100\%$，一般希望 v 不超过 15%。

2. 拟合程度检验

变量 y 的各个观测值点聚集在回归直线周围的紧密程度，被称作回归直线对观测数据点的拟合程度，通常用可决系数来表示，可决系数 R^2 由下式计算。

$$R^2 = \frac{\sum(\hat{y}_i - \bar{y})^2}{\sum(\hat{y}_i - \bar{y})^2 + \sum(y_i - \hat{y}_i)^2} = \frac{\text{回归平方和}}{\text{回归平方和} + \text{残差平方和}}$$

这里，

回归平方和 $=\sum(\hat{y}_i-\bar{y})^2$

残差平方和 $=\sum(y_i-\hat{y}_i)^2=R^2$

若全部观测值点 y_i（i=1, 2, …, n）都落在回归直线上，则 $R^2=1$；若 x 完全无助于解释 y，则 $R^2=0$。显然 R^2 越接近 1，用 x 的变化解释 y 变化的部分就越多，表明回归直线与各观测值点越接近，回归直线的拟合度越高。反之，R^2 值较小，说明回归方程所引入的自变量不是一个好的解释变量，它所能解释的变差占总变差的比例较小。因此，可决系数是检验回归方程拟合程度的一个重要指标。R^2 的取值范围是：$0\leqslant R^2\leqslant 1$。

3. F 检验

F 检验是一种回归方程的显著性检验，F 检验法以方差分析为基础，对 y 与 x 是否存在"真实"线性关系进行检验，也称为回归方程的 F 检验。F 检验有以下几个步骤。

首先，计算回归方程的 F 统计量：

$$F=\frac{\sum(\hat{y}_i-\bar{y})^2/m}{\sum(y_i-\hat{y}_i)^2/n-m-1}$$

式中 m 为回归方程中自变量的个数，n 为观察值个数。

其次，根据给定的显著水平 α（通常 α=0.05）查 F 分布表得到 f_α（m，n−m−1）。f_α（m，n−m−1）表示显著水平为 α，自由度为（m，n−m−1）时的临界值。

最后，比较 F 和临界值。若 $F>f_\alpha$（m，n−m−1），则认为 x 与 y 之间的回归方程显著，线性假设成立；否则，认为回归方程不显著，所建立的回归方程没有意义。

4. t 检验

t 检验主要是检验自变量对因变量是否有显著影响，即回归方程的回归系数是否等于零。若 $b_j=0$，则回归方程中没有 x_j 项，即 y 并不随着 x_j 的变动而变动，因此 y 与 x_j 之间不存在线性关系；反之，说明变量 y 与 x_j 之间存在线性关系。其检验步骤主要有以下几步。

第一步：计算 s。

$$s=\sqrt{\frac{\sum(y_i-\hat{y}_i)^2}{n-m-1}}$$

第二步：计算 $\sqrt{C_j}$ 。

C_j 是下列矩阵 L 的逆矩阵 L^{-1} 中第 j 行第 j 列的元素（即逆矩阵主对角线上的第 j 个元素）。

$$L=\begin{bmatrix} L_{11} & L_{12} & \cdots & L_{1m} \\ L_{21} & L_{22} & \cdots & L_{2m} \\ \vdots & \vdots & \cdots & \vdots \\ L_{m1} & & \cdots & L_{mm} \end{bmatrix}$$

这里，$L_{ij}=S_{ji}=\frac{1}{n}\sum_{k=1}^{n}(x_{ik}-\bar{x}_i)(x_{jk}-\bar{x}_j)$。式中 i，j=1，2，…，m；m 为自变量的个数。X_{ik} 为第 i 个自变量的第 k 个观察值；$\bar{x}_i$ 为第 i 个自变量观察值的平均数。$\bar{x}_i=\frac{1}{n}\sum_{k=1}^{n}x_{ik}$；$x_{jk}$ 为第

j 个自变量的第正个观察值。$\bar{x}_j$为第 j 个自变量观察值的平均数。$\bar{x}_j=\frac{1}{n}\sum_{k=1}^{n}x_{jk}$。

第三步：计算统计量。

$$t_j=\frac{b_j}{s\sqrt{C_j}}$$

式中，b_j 为第 j 个自变量前的系数。

第四步：查表检验显著性。

按显著性水平 α 查自由度 f=n−m−1 的 f 分布表得到临界值 t_α。若统计量的绝对值 $|t_j|>t_\alpha$，即认为回归系数b_j与 0 有显著差异，相应的自变量 x_j就保留在回归方程中；若 $|t_j|<t_\alpha$，即认为回归系数b_j与 0 无显著差异，这时相应的自变量 x_j就被判定在回归方程中不起什么作用，应从回归方程中剔除，重新建立更为简单的模型。在有些情况下，一个多元回归方程中可能同时有几个回归系数的 t 检验通不过，一般应先剔除其中最小 t 值对应的那个自变量后再做回归，然后再对新的回归系数逐个检验，这样反复进行到各回归系数都显著时为止。

5. D−W 检验

运用回归预测时，回归模型中的剩余项 $e_i(e_i=y_i-\hat{y}_i)$ 之间是相互独立的。如果满足这个条件，则 e_i 之间就无相互关系，即不存在自相关或序列相关。由统计学知，时间序列数据是按不同时期（如年、月、季节）顺序排列起来的同一经济变量的数据。对样本观测数据（时间序列数据）来说，同一经济变量之间的相关称为自相关。举例来讲，如因工厂产品质量问题，上月销售额下降，本月销售额仍下降，本月销售额下降同上个月有关，这就是序列自相关。总之，经济变量前后之间存在依赖关系时，随机状态序列 e_i 不满足独立性假定，即称为自相关。

当 e_i 存在自相关，将不适用回归预测。若继续用最小二乘法计算回归方程并用于预测，将会出现置信区间变宽、显著性检验的功效减少和检验失效、预测精确度降低等问题。

检验剩余项是否存在自相关，可用 D−W 检验，即杜宾 – 瓦特森（Durbin−Watson）检验法。D−W 检验的步骤如下。

第一步：计算 e_i。

$$e_i=y_i-\hat{y}_i$$

第二步：计算 D−W 统计量。

$$d=\frac{\sum_{i=2}^{n}(e_i-e_{i-1})^2}{\sum_{i=1}^{n}e_i{}^2}=\frac{\sum_{i=2}^{n}(e_i-e_{i-1})^2}{\sum_{i=1}^{n}(y_i-\hat{y}_i)^2}$$

式中，$\sum_{i=2}^{n}(e_i-e_{i-1})^2$是相邻两个剩余项$e_i$之差的平方和；$\sum_{i=1}^{n}(e_i)^2$是剩余平方和。

第三步：根据观察值个数（样本容量）n、解释变量（即自变量）的个数 m 及选定的显著性水平 α，查 D−W 分布表，得 d_L 和 d_U。

第四步：比较判断。

如果 $d<d_L$，e_i存在正相关；

如果$d > 4-d_L$，e_i存在负相关；

如果$d_U < d < 4-d_U$，e_i不存在自相关；

如果$d_L \leqslant d \leqslant d_U$或$4-d_U \leqslant d \leqslant 4-d_L$，则不能确定$e_i$是否存在自相关。

d值等于 2 时最好，根据经验，若d值在 1.5 和 2.5 之间，一般表明无明显的自相关问题。如果检验结果表明剩余项存在自相关，则需要通过数据变换来消除它，这方面内容涉及比较复杂的计算，故略去。

五、确定预测值，评价预测结果

预测期自变量 x 的值代入回归方程，通过计算，即可取得预测值。

预测可以分为点值预测和区间预测。如果所求的预测值为一个数值，称为点值预测；如果所求的预测值有一个数值范围，则称为区间预测。一般而言，点值预测计算方便，而区间预测能更精确地告诉人们所求预测值大致的波动范围。

随机因素的存在表明，给定任何一个 x 值就可能有许多个 y 的观察值，正如身高与体重大致有正比关系，但同一高度的人，体重就有一定的变异或离差。进行回归分析时对于 y 的变异性是有前提假定的，这些假定是：

（1）y 是一个随机变量，亦即 $e=y_i-\hat{y}_i$ 是随机变量；

（2）给定一个 x 值时，y 分布是正态的，影响 y 的其他因素的作用一般趋于互相抵消，因此，E（e）=0，y 的平均值就在给定 x 值的回归直线上；

（3）在任何 x 值上，y 分布的方差（及标准差）相等。

对预测结果的可信度，可以运用某些数理统计分析方法进行评价，这里介绍计算方法如下。首先，计算回归标准差 s。

$$s=\sqrt{\frac{\sum(y_i-\hat{y}_i)^2}{n-2}}\times\sqrt{1+\frac{1}{n}+\frac{(x_0-\bar{x})^2}{\sum(x_i-\bar{x})^2}}$$

式中，s 是指给定 x 值时 y 观察值分布的标准差，y_i 是给定的 x_i 值的观察值，$\hat{y}_i$ 为按 x_i 值计算出的预测值。$\bar{x}=\frac{1}{n}\Sigma x_i$，$\bar{x}$为 x_i 的平均值，x_0 为预测值点的自变量值。

根据概率论与数理统计知识，我们知道实际值将以一定的概率位于 $\hat{y}_i \pm t_{\alpha,\, n-m-1} \times s$ 之间。α 为置信水平，通常 α 取值为 0.05，即置信概率为 95%（1−α=0.95），n−m−1 为分布的自由度（n 为观测值个数，m 为自变量个数）。某些 t 值列于表 10–2 中。

表 10–2　相对于某些置信概率的 t 值

自由度	置信概率 95%	置信概率 99%
4	2.78	4.6
5	2.57	4.03
10	2.23	3.17

续表

自由度	置信概率 95%	置信概率 99%
20	2.09	2.85
30	2.04	2.75
50	2.01	2.68
100	1.98	2.63

若在预测过程中只希望获得置信区域的近似估计，则利用预测点估计值和回归分析的标准差，得出下述不同置信度的结论：

预测值的置信度为 68.3% 的近似置信区域为：[$\hat{y}_i$ −s，$\hat{y}_i$ +s]

预测值的置信度为 95.4% 的近似置信区域为：[$\hat{y}_i$ −2s，$\hat{y}_i$ +2s]

预测值的置信度为 99.7% 的近似置信区域为：[$\hat{y}_i$ −3s，$\hat{y}_i$ +3s]

回归分析的标准差 s 用下式计算。

$$s=\sqrt{\frac{\sum(y_i-\hat{y}_i)^2}{n-m-1}}$$

式中变量含义同前。

预测区间的大小与置信概率的大小为同向关系，概率取得越高，预测区间就越大。但是，如果预测区间过宽，就会使预测结果失去意义。此外，使用因果型回归方程预测，首先得确定自变量的取值，在某些情况下，自变量属于可控变量（如投资、税率等），可以人为地给定，这时的模型效果比较可靠。但有的情况下，自变量 x 也是未知的，同样需要预测，这样只有当 x 的预测值比 y 的预测值容易获得并且比较准确时，单方程因果型回归预测方法才有实际的应用意义。

第三节　一元线性回归预测及应用

当影响市场变化的诸因素中有一个基本的和起决定作用的因素，而且自变量与因变量之间的数据分布呈现线性（直线）趋势，那么就可以运用一元线性回归方程 y= a +bx 进行预测。这里 y 是因变量，x 是自变量，a、b 均为参数，其中 a 为回归常数，b 为回归系数。回归系数表示当 x 每增加一个单位时，y 的平均增加数量，即回归直线的斜率。

下面以实例来介绍一元线性回归预测的应用。

【例 10–1】下表为某镇 2003—2014 年居民可支配收入与消费支出情况。根据 2003 年至 2014 年人均可支配收入与消费支出的关系，预计 2015 年、2016 年的人均可支配收入分别为 7 266.82 万元、7 600.80 万元，试预测该镇 2015 年和 2016 年的消费支出。

表 10–3 某镇居民可支配收入与消费支出资料

年 份	人均可支配收入（万元）x_i	消费支出（万元）y_i	x_iy_i	X_i^2
2003	1 510.20	1 278.89	1 931 379.68	2 280 704.04
2004	1 700.60	1 453.81	2 472 349.29	2 892 040.36
2005	2 026.60	1 671.73	3 387 928.02	4 107 107.56
2006	2 577.40	2 110.81	5 440 401.69	6 642 990.76
2007	3 496.20	2 851.34	9 968 854.91	12 223 414.44
2008	4 283.00	3 537.57	15 151 412.31	18 344 089.00
2009	4 838.90	3 919.50	18 966 068.55	23 414 953.21
2010	5 160.30	4 185.60	21 598 951.68	26 628 696.09
2011	5 425.10	4 331.60	23 499 363.16	29 431 710.01
2012	5 854.00	4 615.90	27 021 478.60	34 269 316.00
2013	6 280.00	4 998.00	31 387 440.00	39 438 400.00
2014	6 859.60	5 309.01	36 417 685.00	47 054 112.16
合计	50 011.90	40 263.76	197 243 312.88	246 727 533.63

解：（1）把历年人均可支配收入数和消费支出数在坐标图上标出，其散点图呈直线趋势，因而可用一元线性方程描述两者之间的关系。一元线性方程一般表达式为：$y=a+bx$，式中 x 为居民可支配收入，y 为居民消费支出。

（2）利用最小二乘法计算参数 a、b 的值。通过列表（参见表 10–3）计算式中的相关数值，并带入公式计算如下：

$$b=\frac{n\sum x_iy_i-\sum x_i\sum y_i}{n\sum x_i^2-(\sum x_i)^2}$$

$$=\frac{12\times 197\ 243\ 312.88-50\ 011.90\times 40\ 263.76}{12\times 246\ 727\ 533.63-50\ 011.90^2}=0.7687$$

$$a=\frac{\sum y}{n}-b\frac{\sum x}{n}$$

$$=\frac{40\ 263.76}{12}-0.7687\ \frac{50\ 011.90}{12}\quad=151.6344$$

a、b 的求解也可以利用上面的其他公式计算。

（3）把计算结果带入 $y=a+bx$ 得到所求的一元线性回归方程为：

$$\hat{y}=a+bx=151.6344+0.7687x$$

（4）计算预测值。把 2015 年、2016 年的人均可支配收入 7 266.82 万元、7 600.80 万元带入上述回归方程，即可求得 2015 年和 2016 年居民消费支出的预测值。

$$\hat{y}_{2015}=151.6344+0.7687\times7\ 266.82=5\ 737.64\text{（万元）}$$

$$\hat{y}_{2016}=151.6344+0.7687\times7\ 600.80=5\ 994.37\text{（万元）}$$

这就是说，该镇 2015 年居民消费预计支出为 5 737.64 万元，2016 年居民消费预计支出为 5 994.37 万元。

（5）测算预测的可靠性。

一元线性回归标准差计算公式如下：

$$s=\sqrt{\frac{\sum(y_i-\hat{y}_i)^2}{n-2}}\times\sqrt{1+\frac{1}{n}+\frac{(x_0-\bar{x})^2}{\sum(x_i-\bar{x})^2}}$$

将相关数据带入上式（参见表 10–4），可计算得出：

$$S_{2015}=\sqrt{\frac{33\ 912.78}{12-2}}\times\sqrt{1+\frac{1}{12}+\frac{(5\ 737.64-4\ 167.66)^2}{38\ 295\ 021.83}}=62.38$$

$$S_{2016}=\sqrt{\frac{33\ 912.78}{12-2}}\times\sqrt{1+\frac{1}{12}+\frac{(5\ 994.30-4\ 167.66)^2}{38\ 295\ 021.83}}=63.00$$

表 10–4　标准差计算表

年 份	x_i	y_i	预测理论值 $\hat{y}_i$	$y_i-\hat{y}_i$	$(y_i-\hat{y}_i)^2$	$(x_i-\bar{x})^2$
2003	1 510.20	1 278.89	1 312.53	−33.64	1 131.32	7 062 084.793
2004	1 700.60	1 453.81	1 458.89	−5.08	25.76	6 086 376.82
2005	2 026.60	1 671.73	1 709.48	−37.75	1 425.20	4 584 130.787
2006	2 577.40	2 110.81	2 132.88	−22.07	487.16	2 528 921.567
2007	3 496.20	2 851.34	2 839.16	12.18	148.27	450 856.2934
2008	4 283.00	3 537.57	3 443.98	93.59	8 759.74	13 303.70007
2009	4 838.90	3 919.50	3 871.30	48.20	2 323.55	450 565.3751
2010	5 160.30	4 185.60	4 118.36	67.24	4 521.62	985 337.4784
2011	5 425.10	4 331.60	4 321.91	9.69	93.92	1 581 159.545
2012	5 854.00	4 615.90	4 651.60	−35.70	1 274.79	2 843 748.217
2013	6 280.00	4 998.00	4 979.07	18.93	358.33	4 461 987.317
2014	6 859.60	5 309.01	5 424.61	−115.60	13 363.11	7 246 549.937
合计	50 011.90 $\bar{x}$ =4 167.66	40 263.76 $\bar{y}$ =4 026.38			33 912.78	38 295 021.83

α 取值为 0.05，即置信概率为 95%（1–α=0.95）。在本例中，该镇 2015 年居民消费预

计支出为 5 737.64 万元，可计算出置信概率为 95% 时的置信区间。根据表 10–2，置信概率为 95%，自由度为 12–2=10 时，可得 $t_{0.05,\ 10}$=2.23，可得到：

$\hat{y}_i + t_{\alpha,\ n-2} \times s$= 5 737.64+2.23 × 62.38=5 878.98

$\hat{y}_i - t_{\alpha,\ n-2} \times s$= 5 737.64–2.23 × 62.38=5 596.30

即该镇 2015 年居民消费预计支出在 5 596.30 万元至 5 878.98 万元之间的概率为 95%，也即置信概率为 95% 的置信区间为 [5 596.30，5 878.98] 万元。

（6）对回归模型的检验。

为进一步评价上述预测结果，要开始对回归模型的检验。参照表 10–5 需进行如下检验计算。

表 10–5 相关检验计算表

年份	x_i	y_i	$\hat{y}_i$	$e_i=y_i-\hat{y}_i$	$(y_i-\hat{y}_i)^2$	$(y_i-\bar{y}_i)^2$	$(\hat{y}_i-\bar{y}_i)^2$	$(e_i-e_{i-1})^2$
2003	1 510.2	1 278.89	1 312.53	−33.64	1 131.65	7 548 701.30	4 171 683.70	
2004	1 700.6	1 453.81	1 458.89	−5.08	25.81	6 618 116.40	3 595 233.13	815.67
2005	2 026.6	1 671.73	1 709.48	−37.75	1 425.06	5 544 376.62	2 707 736.07	1 067.33
2006	2 577.4	2 110.81	2 132.88	−22.07	487.08	3 669 408.42	1 493 577.29	245.86
2007	3 496.2	2 851.34	2 839.16	12.18	148.35	1 380 719.00	266 090.91	1 173.06
2008	4 283	3 537.57	3 443.98	93.59	8 759.09	238 935.22	7 917.44	6 627.59
2009	4 838.9	3 919.5	3 871.3	48.20	2 323.24	11 423.33	266 565.69	2 060.25
2010	5 160.3	4 185.6	4 118.36	67.24	4 521.22	25 351.01	582 718.49	362.52
2011	5 425.1	4 331.6	4 321.91	9.69	93.90	93 159.25	934 914.95	3 312.00
2012	5 854	4 615.9	4 651.6	−35.70	1 274.49	347 533.83	1 681 171.56	2 060.25
2013	6 280	4 998	4 979.07	18.93	358.34	944 045.42	2 637 603.36	2 984.44
2014	6 859.6	5 309.01	5 424.61	−115.60	13 363.36	1 645 139.72	4 283 285.55	18 098.32
合计	50 011.9	40 263.76	40 263.77	−0.01	33 911.59	28 066 909.53	22 628 498.15	38 807.30

① 简单相关检验

$$r=\frac{\sum(x_i-\bar{x})(y_i-\bar{y})}{\sqrt{\sum(x_i-\bar{x})^2\sum(y_i-\bar{y})^2}}=\frac{29\ 437\ 731.41}{\sqrt{28\ 066\ 909.53\times 31\ 232\ 937.04}}=0.9943$$

r 很接近于 1，表明 y 与 x 之间为高度线性相关。

② 拟合程度检验

$$R^2=\frac{\sum(\hat{y}_i-\bar{y})^2}{\sum(\hat{y}_i-\bar{y})^2+\sum(y_i-\hat{y}_i)^2}=\frac{22\ 628\ 498.15}{22\ 628\ 498.15+33\ 911.59}=0.999$$

R^2 接近 1，说明相关程度好，预测值靠近观察值。

③ F 检验

$$F=\frac{\sum(\hat{y}_i-\overline{y})^2/m}{\sum(y_i-\hat{y}_i)^2/n-m-1}$$

这里 m=1，根据表 10–3 数据计算 F 值。

$$F=\frac{\sum(\hat{y}_i-\overline{y})^2}{\sum(y_i-\hat{y}_i)^2/n-2}=\frac{28\ 032\ 449.20}{33\ 911.59/10}=8\ 260.63$$

显著性水平设 α=0.05，查 F 分布临界值表可得 $f_{0.05}$（1，10）=4.96。F 远大于 $f_{0.05}$（1，10），说明回归效果显著。

④ D–W 检验

$$d=\frac{\sum_{i=2}^{n}(e_i-e_{i-1})^2}{\sum_{i=1}^{n}(y_i-\hat{y}_i)^2}=\frac{38\ 807.3}{33\ 911.59}=1.144$$

这里变量数为 1，样本数为 12，选定显著性水平 α=0.05，查 D–W 检验临界值表得 d_U=0.697，d_L=1.023。

可以发现 d 满足 $d_U<d<4-d_U$，e_i 不存在自相关。

第四节 多元线性回归预测及应用

一、多元线性回归预测的含义

如所要预测的经济变量的变化是多个重要因素共同作用的结果，这时便要选取多个自变量来建立回归方程，这就是多元回归分析问题。当变量之间存在线性关系时，称为多元线性回归分析。多元线性回归方程为：

$$y=a+b_1x_1+b_2x_2+\cdots+b_mx_m$$

式中，因变量 y，即预测目标；x_1，x_2，…，x_m 是影响预测值的诸多因素，为自变量；a，b_1，b_2，…，b_m 为参数。

存在两个自变量条件下的多元回归方程称为二元回归方程，它是多元回归方程中的特例。

二、多元线性回归预测的方法

多元回归分析和相关分析实际上只是简单回归分析和相关分析的合理延伸，两者的基本理论和方法是完全一致的，其主要区别就在于计算上的简繁之分。以下，我们通过举例主要阐述二元线性回归预测方法的具体应用。

【例 10–2】公司产品的销量受很多因素影响。通过对历史数据分析发现某公司产品销售量主要受商品销售价格与公司投入广告费用的影响。已知该公司 12 个月的销售数据如表 10–6 所示。

表 10–6　某公司产品销售数据与销售价格和广告费用数据

时间（月份）	销量 y_i（千件）	销售价格 x_{1i}（元）	广告费用 x_{2i}（万元）
1	55	100	5.50
2	70	90	6.30
3	90	80	7.20
4	100	70	7.00
5	90	70	6.30
6	105	70	7.35
7	80	70	5.60
8	110	65	7.15
9	125	60	7.50
10	115	60	6.90
11	130	55	7.15
12	130	50	6.50

x_{1i}（i=1，2，…，12）为该产品各个月份的价格，x_{2i}（i=1，2，…，12）为对应月份投入的广告费。如果该公司下一年某月的商品销售价格为 45 元，投入广告费为 7.5 万元，要求预测该月的产品销售量。

从表 10–6 可以看出，产品销售量与销售价格和投入的广告费两个因素存在相关关系，从而可以从历史数据中得出二元线性回归方程。

$$\hat{y} = a + b_1x_1 + b_2x_2$$

式中，x_1 为该产品价格，x_2 为投入广告费，a、b_1、b_2 为参数，$\hat{y}$ 为产品的理论销售量，即预测值。

参数的估计方法仍然采用最小二乘法，具体的计算公式为：

$$\sum y_i = na + b_1\sum x_{1i} + b_2\sum x_{2i}$$
$$\sum x_{1i}y_i = a\sum x_{1i} + b_1\sum {x_{1i}}^2 + b_2\sum x_{1i}x_{2i}$$
$$\sum x_{2i}y_i = a\sum x_{2i} + b_1\sum x_{1i}x_{2i} + b_2\sum {x_{2i}}^2$$

列表进行计算，见表 10–7。

表 10-7 二元线性回归预测计算表

时间（月份）	y_i	x_{1i}	x_{2i}	$x_{1i}y_i$	$x_{2i}y_i$	$x_{1i}x_{2i}$	x_{1i}^2	x_{2i}^2
1	55	100	5.50	5 500	302.50	550.00	10 000	30.25
2	70	90	6.30	6 300	441.00	567.00	8 100	39.69
3	90	80	7.20	7 200	648.00	576.00	6 400	51.84
4	100	70	7.00	7 000	700.00	490.00	4 900	49.00
5	90	70	6.30	6 300	567.00	441.00	4 900	39.69
6	105	70	7.35	7 350	771.75	514.50	4 900	54.02
7	80	70	5.60	5 600	448.00	392.00	4 900	31.36
8	110	65	7.15	7 150	786.50	464.75	4 225	51.12
9	125	60	7.50	7 500	937.50	450.00	3 600	56.25
10	115	60	6.90	6 900	793.50	414.00	3 600	47.61
11	130	55	7.15	7 150	929.50	393.25	3 025	51.12
12	130	50	6.50	6 500	845.00	325.00	2 500	42.25
合计	1 200	840	80.45	80 450	8 170.25	5 577.5	61 050	544.21

以上各相关数据带入上述方程组得：

$1\,200=12a+b_1 840+b_2 80.45$

$80\,450=840a+61\,050b_1+5\,577.5b_2$

$8\,170.25=80.45a+5\,577.5b_1+544.21b_2$

解方程组得：

$a=116.16$

$b_1=-1.13$

$b_2=11.25$

所求方程组为：

$\hat{y}=116.16-1.13x_1+11.25x_2$

当销售价格为 45 元，投入广告费为 7.5 万元时，其当月预期销售产品数为：

$\hat{y}=116.16-1.13\times45+11.25\times7.5$

≈150（千件）

对上述例子而言，为了计算剩余标准差，可先列表计算有关数据，如表 10-8 所示。

表 10-8 标准差测算表

时间（月份）	y_i	x_{1i}	x_{2i}	预测值 $\hat{y}_i$	$y_i-\hat{y}_i$	$(y_i-\hat{y}_i)^2$
1	55	100	5.5	65.04	−10.04	100.70

续表

时间（月份）	y_i	x_{1i}	x_{2i}	预测值 $\hat{y}_i$	$y_i-\hat{y}_i$	$(y_i-\hat{y}_i)^2$
2	70	90	6.3	85.34	−15.34	235.16
3	90	80	7.2	106.76	−16.76	280.90
4	100	70	7	115.81	−15.81	249.96
5	90	70	6.3	107.94	−17.94	321.66
6	105	70	7.35	119.75	−14.75	217.49
7	80	70	5.6	100.06	−20.06	402.40
8	110	65	7.15	123.15	−13.15	172.86
9	125	60	7.5	132.74	−7.74	59.83
10	115	60	6.9	125.99	−10.99	120.67
11	130	55	7.15	134.45	−4.45	19.78
12	130	50	6.5	132.79	−2.79	7.76
合计	1 200	840	80.45	1 349.78	−149.78	2 189.17

根据上表，利用下式可计算标准差 s。

$$s=\sqrt{\frac{\sum(y_i-\hat{y}_i)^2}{n-m-1}}=\sqrt{\frac{2\ 198.17}{12-2-1}}\approx 15$$

根据预测值的置信度为 95.4% 时，近似置信区域为 $[\hat{y}_i-2s,\ \hat{y}_i+2s]$ 可知，当销售价格为 45 元，投入广告费为 7.5 万元时，其当月预期销售产品数的置信区域为 [120，180]，置信度为 95.4%。

第五节　SPSS 统计分析应用

SPSS 是软件英文名称的首字母缩写，原意为 Statistical Package for the Social Sciences，即“社会科学统计软件”。但是，随着 SPSS 产品服务领域的扩大和服务深度的增加，SPSS 公司已于 2000 年正式将英文全称更改为 Statistical Product and Service Solutions，意为“统计产品与服务解决方案”，这标志着 SPSS 的战略方向已做出了重大调整。迄今 SPSS 软件已有 30 余年的成长历史，全球约有 25 万家产品用户，它们分布于通讯、医疗、银行、证券、保险、制造、商业、市场研究、科研教育等多个领域和行业，是世界上应用最广泛的专业统计软件。

SPSS 的统计功能包括集中量数和差异量数、相关分析、回归分析、聚类分析、方差分析、主成分分析、因子分析、统计检验等。

本节将结合前两节的实例，介绍利用 SPSS 软件进行回归分析的方法。

一、利用 SPSS 实现一元线性回归方法

（一）操作流程

（1）在 SPSS 数据编辑器建立数据文件。打开 SPSS 进入数据编辑器，如图 10–2 所示。

在数据编辑器的数据视图可以直接输入数据，也可以从 excel 拷贝数据。这里依据第三节的例子建立“收入与消费支出 .sav”文件。注意拷贝自 excel 的数据需要在变量视图修改变量类型。将数据类型改为数值型，并适当设置数据位数和小数点位数。

图 10-2 待进行线性回归分析的原始数据

（2）利用菜单中“分析”→“回归”→“线性”命令，启动“线性回归”对话框，如图 10-3 所示。

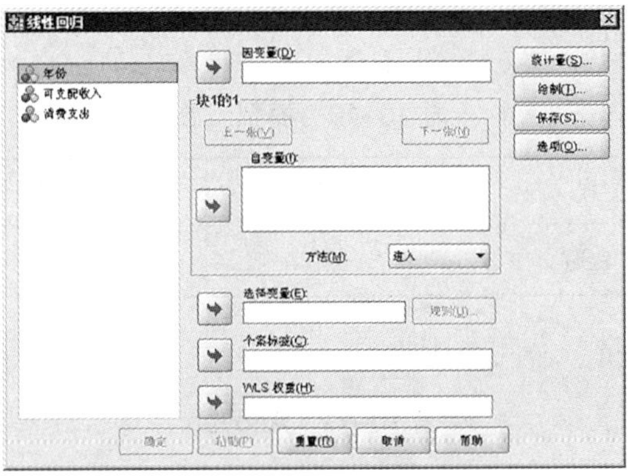

图 10-3 线性回归设置对话框

（3）然后把变量“消费支出”添加到因变量列表，把变量“可支配收入”添加至自变量列表中，最后单击对话框底部的“确定”按钮，启动线性回归过程，在 SPSS 查看器窗口可以看到回归分析的结果，这里将得到下面这 4 个表格。

（二）解读输出结果

从表 10-9 至表 10-12 可以看出，在一元线性回归后，可以得到 4 个表格，依次为“输入 / 移去的变量”“模型汇总”“Anovab”（基于输入变量的单因素方差分析）和“系数”四个表格。

（1）“输入 / 移去的变量”表中，显示出已经纳入到了回归方程中的变量“可支配收入”，即可支配收入是回归方程必需的自变量。

（2）“模型汇总”表格中，得到了 R 值、R 方值和调整 R 方值。这里的 R 方值为 0.999。

（3）“Anovab”表给出了回归值、残差值和平方和、自由度（df）、均方和。在此表格中，均方和 = 平方和 / 自由度。例如，残差的均方和 = 残差的平方和 / 残差的自由度 =33 912.775/10=3 391.277 。F 值 = 回归均方和 / 残差均方和。在本例中可以看到，F 值为

6 672.716，其对应的 sig.（显著水平）远小于 0.05，表示在对回归方程进行方差分析时，对于每组自变量，其因变量的值都有显著差异，与本章第二节依据 F 值得出的结论是一致的。

（4）系数表给出了两个非标准化系数，分别是 151.598 和 0.769，这两个系数对应的 t 值分别为 3.553 和 81.687，而且其 sig. 值即显著水平均远小于 0.05，表示方程中这两个系数都是有效的。

根据计算所得的系数，可以得到回归方程如下：

$$\hat{y}=a+bx=151.598+0.769x$$

估计的误差为 58.23。读者可与本章第二节对比，进一步分析利用 SPSS 进行回归分析的计算结果。

表 10–9 输入 / 移去的变量[b]

模型	输入的变量	移去的变量	方法
1	可支配收入		输入

a. 已输入所有请求的变量。
b. 因变量：消费支出。

表 10–10 模型汇总

模型	R	R 方	调整 R 方	标准估计的误差
1	.999[a]	.999	.998	58.23468

a. 预测变量：（常量），可支配收入。

表 10–11 Anovab

模型		平方和	df	均方	F	Sig.
1	回归	2.263E7	1	2.263E7	6 672.716	.000[a]
	残差	33 912.775	10	3 391.277		
	总计	2.266E7	11			

a. 预测变量：（常量），可支配收入。

表 10–12 系数[a]

模型	非标准化系数		标准系数		
	B	标准误差	试用版	t	Sig.
1（常量）	151.598	42.671	.999	3.553	.005
可支配收入	.769	.009		81.687	.000

a. 因变量：消费支出。

二、利用 SPSS 实现多元线性回归方法

【例 10-3】某市 1998 至 2008 年商品房平均售价、城市人口密度、城市居民人均可支配收入、五年以上平均年贷款利率和房屋空置率数据如表 10-13 所示。现利用多元回归分析研究该市房价变动的因素。

表 10-13　二元回归分析原始数据

年份	商品房平均售价（元 / 平方米）	城市人口密度（人 / 平方公里）	城市居民人均可支配收入（元）	五年以上平均年贷款利率	房屋空置率
1998	3 401	1 654	8 773	8.64	9.37
1999	3 422	1 672	10 932	6.69	15.68
2000	3 565	1 757	11 718	6.21	23.83
2001	3 866	2 050	12 883	6.21	44.24
2002	4 134	2 279	13 250	5.76	57.71
2003	5 118	3 250	14 867	6.76	64.38
2004	5 855	3 913	16 683	5.82	55.28
2005	6 842	4 912	18 645	6.12	40.45
2006	7 196	5 172	20 668	6.45	34.82
2007	8 361	6 231	23 623	7.48	39.31
2008	8 362	6 240	26 675	6.89	36.92

（来自 http：//www.docin.com/p-1342121161.html）

（一）操作步骤

第一步：在 SPSS 数据视图导入或输入原始数据，建立后缀名为 SAV 的数据文件。

第二步：（1）点击“分析→回归→线性”进入如下图所示的界面，“因变量”选择“商品房平均售价”，“自变量”选择“城市人口密度”“城市居民人均可支配收入”“五年以上平均年贷款利率”“房屋空置率”，“方法”选择“逐步”。

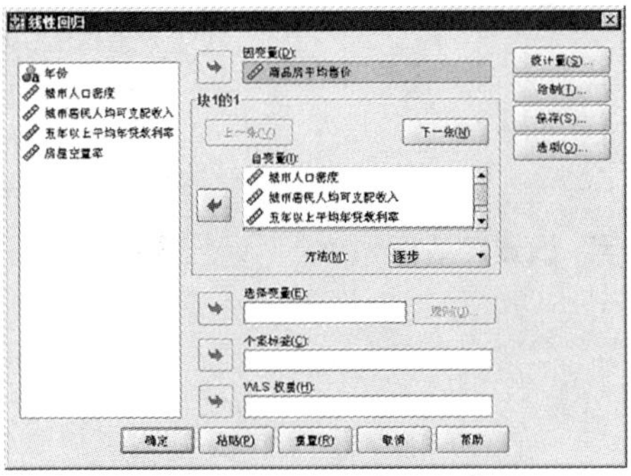

图 10-4　线性回归设置对话框

（2）点击右侧“统计量”，勾选“回归系数”选项组中的“估计”；勾选“残差”选项组中的“Durbin-Watson”“个案诊断”，并将其中的“其他各选项”保持默认值；接着选择“模型拟合度”“共线性诊断”；点击“继续”。如图 10-5 所示。

（3）如图 10-4 所示，点击设置对话框右侧“绘制（Plots）”，选择“标准化预测值（*ZPRED）”作为纵坐标轴变量，选择因变量“DEPENDNT”作为横坐标轴变量；勾选选项组中“标准化残差图”的“直方图”“正态概率图”，点击“继续”。如图 10-6 所示。

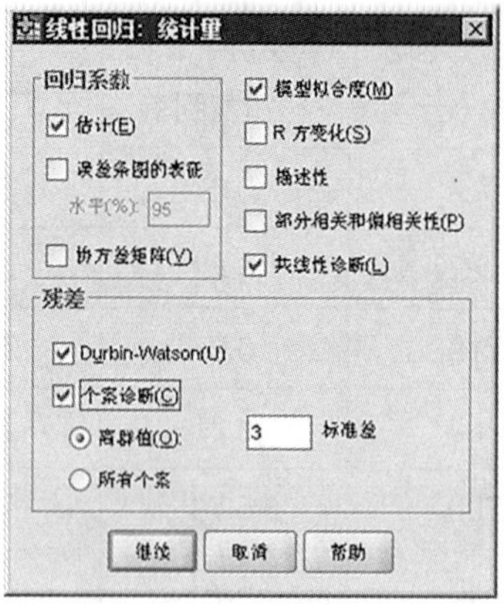

图 10-5 线性回归“统计量”设置对话框

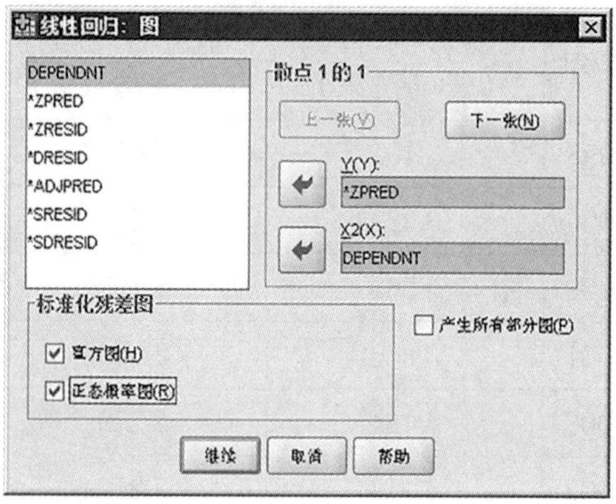

图 10-6 线性回归输出“图”设置对话框

（4）点击右侧“保存”，勾选“预测值”和“残差”选项组中的“未标准化”，点击“继续”。如图 10-7 所示。

（5）点击右侧“选项”，所有选项保持默认状态，点击“继续”。如图 10-8 所示。

（6）返回如图 10-4 所示“线性回归”对话框，单击“确定”。

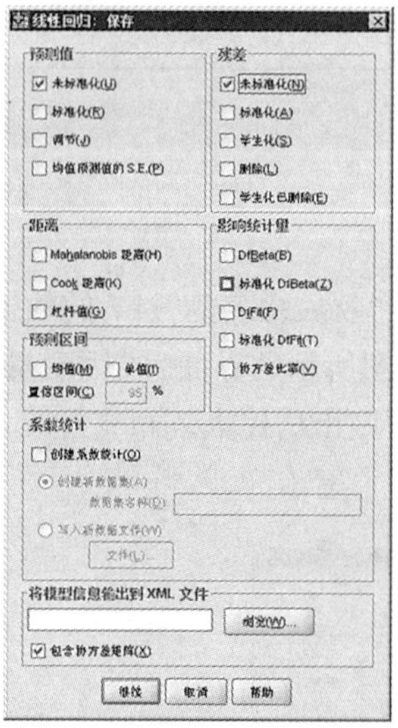

图 10-7 线性回归“保存”设置对话框

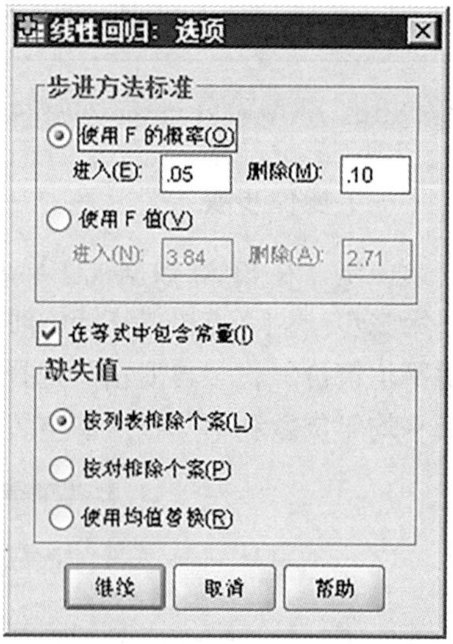

图 10-8 线性回归“选项”设置对话框

（二）结果分析

1. 输入 / 移去变量

输入 / 移去变量表如表 10-14 所示。该表显示模型最先输入的变量是城市人口密度（人 /

平方公里），第二个输入模型的变量是居民人均可支配收入（元），没有变量被剔除。

表 10–14 输入／移去的变量[a]

模型	输入的变量	移去的变量	方法
1	城市人口密度		步进（准则：F-to-enter 的概率 <= .050，F-to-remove 的概率 >= .100）。
2	城市居民人均可支配收入		步进（准则：F-to-enter 的概率 <= .050，F-to-remove 的概率 >= .100）。

a. 因变量：商品房平均售价。

2. 模型汇总

模型汇总如表 10–15 所示。该表显示模型的拟合情况。从表中可以看出模型的相关系数（R）为 1.000，判定系数（R 方）为 1.000，调整判定系数（调整 R 方）为 1.000，估计值的标准误差为 28.351，D–W 检验统计量为 2.845，当 D–W ≈ 2 时说明残差独立。

表 10–15 模型汇总[c]

模型	R	R 方	调整 R 方	标准估计的误差	Durbin-Watson
1	1.000[a]	1.000	1.000	35.187	
2	1.000[b]	1.000	1.000	28.351	2.845

a. 预测变量：（常量），城市人口密度。

b. 预测变量：（常量），城市人口密度，城市居民人均可支配收入。

c. 因变量：商品房平均售价。

3. 方差分析表

方差分析表如表 10–16 所示，该表显示各模型的方差分析结果。从表中可以看出，模型的 F 统计量的观察值为 23 832.156，对应的 Sig 值为 0.000。可以认为商品房平均销售价格与城市人口密度和城市人均可支配收入之间有线性关系。

表 10–16 Anova[c]

模型		平方和	df	均方	F	Sig.
1	回归	3.831E7	1	3.831E7	30 938.620	.000[a]
	残差	11 143.039	9	1 238.115		
	总计	3.832E7	10			
2	回归	3.831E7	2	1.916E7	23 832.156	.000[b]
	残差	6 430.018	8	803.752		
	总计	3.832E7	10			

a. 预测变量：（常量），城市人口密度。

b. 预测变量：（常量），城市人口密度，城市居民人均可支配收入。

c. 因变量：商品房平均售价。

4. 回归系数及检验表

回归系数表如表 10–17 所示。该表为多元线性回归的系数列表。表中显示了模型回归系数（B）、标准误差、标准化回归系数、回归系数的 t 检验统计量观测值和相应的概率 P 值（Sig），共线性统计量显示了变量的容差和方差膨胀因子（VIF）。

x_1 表示城市人口密度，x_2 表示城市居民人均可支配收入，根据模型建立的多元线性回归方程为：

$$y_1=1\,555.506+1.020\,x_1+0.017\,x_2$$

方程中的常数项为 1 555.506，偏回归系数 b_1 为 1.020，b_2 为 0.017，经 t 检验，b_1、b_2 的概率 P 值分别为 0.000 和 0.042，在给定的显著性水平 0.05 的情形下，均有显著性意义。

表 10–17　系数 [a]

模型		非标准化系数		标准系数	t	Sig.	共线性统计量	
		B	标准误差	试用版			容差	VIF
1	（常量）	1 652.246	24.137		68.454	.000		
	城市人口密度	1.072	.006	1.000	175.894	.000	1.000	1.000
2	（常量）	1 555.506	44.432		35.009	.000		
	城市人口密度	1.020	.022	.951	46.302	.000	.050	20.126
	城市居民人均可支配收入	.017	.007	.050	2.422	.042	.050	20.126

a. 因变量：商品房平均售价。

根据容差我们发现，自变量间共线性问题严重；VIF 值为 20.126，也可以说明共线性较明显，这可能是样本容量较小造成的。这也是表 10–17 给出两个模型的原因，在模型 1 中，仅利用了一个变量即城市人口密度。

表 10–18 为已排除的变量表，从表中可以看出，模型汇总已排除一些变量，这些变量的对应回归系数的重检验、概率 P 值均大于 0.10，故不能引入方程。表 10–19 为共线性诊断表，对于第二个模型，最大的特征值为 2.891，其余依次快速减小。从该表第三列的各个指数可以看出有多重共线性。

表 10–18　已排除的变量 [c]

模型		Beta In	t	Sig.	偏相关	共线性统计量		
						容差	VIF	最小容差
1	城市居民人均可支配收入	.050[a]	2.422	.042	.650	.050	20.126	.050
	五年以上平均年贷款利率	−.003[a]	−.443	.669	−.155	1.000	1.000	1.000
	房屋空置率	.004[a]	.596	.568	.206	.928	1.078	.928
2	五年以上平均年贷款利率	.001[b]	.276	.790	.104	.876	1.141	.044
	房屋空置率	.002[b]	.452	.665	.168	.914	1.094	.049

a. 模型中的预测变量：（常量），城市人口密度。

b. 模型中的预测变量：（常量），城市人口密度，城市居民人均可支配收入。

c. 因变量：商品房平均售价。

表 10–19　共线性诊断 [a]

模型	维数	特征值	条件索引	方差比例		
				（常量）	城市人口密度	城市居民人均可支配收入
1	1	1.898	1.000	.05	.05	
	2	.102	4.319	.95	.95	
2	1	2.891	1.000	.00	.00	.00
	2	.106	5.213	.21	.03	.00
	3	.003	30.736	.78	.97	1.00

a. 因变量：商品房平均售价。

5. *残差统计量*

表 10–20 为残差统计量表，标准化残差的最大值为 1.659，没超过默认值 3，不能发现奇异值。

表 10–20　残差统计量 [a]

	极小值	极大值	均值	标准偏差	N
预测值	3 394.71	8 382.83	5 465.64	1 957.302	11
残差	−47.035	40.271	.000	25.357	11
标准预测值	−1.058	1.490	.000	1.000	11
标准残差	−1.659	1.420	.000	.894	11

a. 因变量：商品房平均售价。

6. *回归标准化残差的直方图*

图 10–9 为回归标准化残差的直方图，正态曲线也被显示在直方图上，用以显示残差是否符合正态分布。由于这里样本数只有 11 个，所以只能大概判断其呈现正态分布。

7. *回归标准化残差的标准 P–P 图*

图 10–10 为回归标准化残差的标准 P–P 图，该图给出了观测值的残差分布与假设正态分布的比较，由图可知标准化残差散点分布靠近直线，因而可判断标准化残差呈现正态分布。

8. *因变量与回归预测值的散点图*

图 10–11 为因变量观测值与回归预测值的散点图。

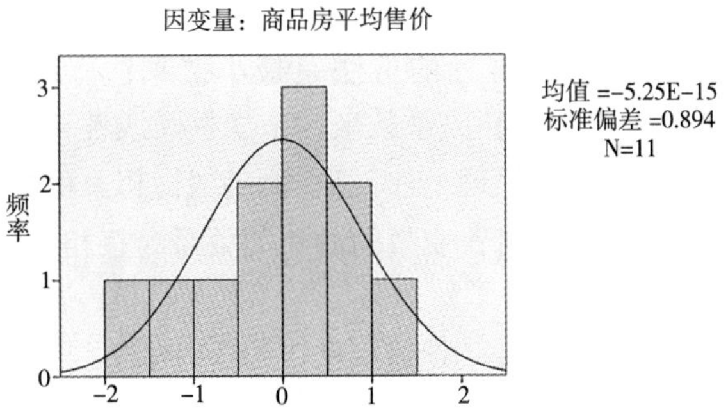

图 10–9　回归标准化残差的直方图

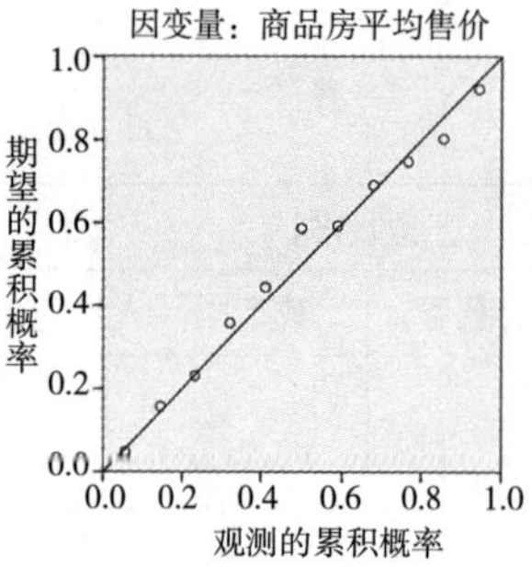

图 10–10　回归标准化残差的标准 P–P 图

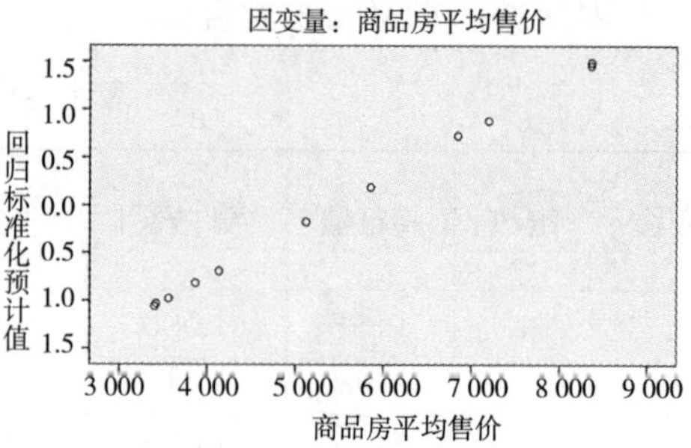

图 10–11　散点图

本章小结

本章主要介绍一元回归预测方法和多元回归预测方法的基本原理和步骤。通过学习和练习，要求能够熟练掌握一元回归和多元回归运用计算机求解的过程。

各种社会经济活动总是存在于一定的相互联系之中，事物之间的相互关系可以分为两大类：确定性关系和非确定性关系。确定性关系也叫函数关系，它是指由某种确定的原因，必然导致确定的结果的因果关系。即自变量的每一个确定的 x 值，因变量总有一个唯一确定的 y 值与之对应。市场调查预测中涉及的社会经济领域中，函数关系很少，大量存在的是相关关系。函数关系是对确定的、非随机变量而言的；相关关系则是对随机变量而言的，即一个变量的确定值为 x，与其有相关关系的另一个变量的对应值并不确定。值得指出的是，函数关系和相关关系虽是两类不同类型的相互关系，但又没有严格的界限。社会经济活动中的相关关系种类很多，按照相关关系的性质，可将其分为正相关和负相关；按照相关关系包含的变量个数，可将其分为单相关和复相关；按照相关关系的形式，可将其分为线性相关和非线性相关；按照变量之间的相关程度，可将其分为完全相关、不完全相关、不相关等多种。相关分析的主要目的是研究两个或两个以上随机变量之间相关关系的密切程度。相关关系的密切程度可用相关系数来衡量。

回归分析研究某一随机变量（因变量，也即预测对象）与其他一个或几个普通变量（自变量）之间的数量变动的关系。回归分析预测是对具有相关关系的变量在固定一个变量数值的基础上，利用回归方程测算另一个变量取值的平均值。它是在相关分析的基础上，建立相当于函数关系式的回归方程，用以反映或预测相关关系变量的数量关系及数值。

应用回归分析方法进行市场预测，应遵循一定的步骤：（1）确定相关关系；（2）建立回归方程；（3）计算回归方程参数；（4）对回归模型的检验；（5）确定预测值，评价预测结果。

最常用的确定一元线性回归方程的方法是最小二乘法。在运用回归分析预测之前，应通过自变量与因变量之间的相关系数来判断变量间线性相关的密切程度。相关系数 $-1 \leqslant r \leqslant 1$，或 $|r| \leqslant 1$。当 $|r|$ 越接近 1 时，变量间的线性相关程度越高；$|r|$ 越接近 0 时，变量间的线性相关程度越低。$r>0$ 时，变量间的相关关系为正相关；$r<0$ 时，变量间的相关关系为负相关。

常用的统计检验有标准离差检验、拟合程度检验、F 检验、t 检验和 D–W 检验。预测模型通过各种检验后，说明它是可信的，也就可以用于预测。

利用回归模型进行预测有两种方法：一是点值预测法，二是区间预测法。将自变量的预测值 x，代入预测模型 y=ax+b，求出因变量的预测值，即为点预测。若在预测过程中只希望获得置信区域的近似估计，则利用预测点估计值和回归分析的标准差，可做出下述不同置信度的结论：

预测值的置信度为 68.3% 的近似置信区域为：$[\hat{y}_i - s,\ \hat{y}_i + s]$

预测值的置信度为 95.4% 的近似置信区域为：$[\hat{y}_i - 2s,\ \hat{y}_i + 2s]$

预测值的置信度为 99.7% 的近似置信区域为：$[\hat{y}_i - 3s,\ \hat{y}_i + 3s]$

多元回归也称多重回归、复回归。多元回归方程是用来表达一个因变量与多个自变量之间的相关关系及变动规律的一种数学模型。多元线性回归预测法中，预测目标的变量为因变量，影响预测目标的多种主要因素为多个自变量，该预测法同时探讨两个或两个以上自变量与因变量之间的线性因果关系，建立线性回归预测模型，据此开展预测。多元线性回归预测的基本方法与一元线性回归预测一样，也是采用最小二乘法使回归预测值与实际值之间的总偏差平方和最小，求出多元线性回归预测模型回归系数，达到多元线性回归方程与实际观察数据点的最佳拟合。多元线性回归预测的基本步骤：（1）正确选择多个自变量；（2）建立回归方程，求取系数；（3）多元线性回归模型统计检验。

SPSS 软件可进行几乎所有的统计计算。对于线性回归分析，SPSS 提供了丰富的计算方法和模型检验计算，利用对话框选择和设置，简便易行。本章利用实例详细介绍了用 SPSS 实现线性回归预测的步骤和方法，并对输出结果进行了解读。

思考题

1. 变量之间关系的类型，如何判断两个变量之间的相关程度？

2. 通常用什么方法来估计回归模型中的参数？写出其计算公式。

3. 在多元回归预测中，怎样正确筛选自变量？

4. 如何对回归模型进行显著性检验？

5. 某地区 1994—2002 年居民消费品购买力与居民收入统计见表 10-21。利用 excel 软件完成以下任务：

（1）制作散点图，确定其数学模型；

（2）对模型中的参数进行估计；

（3）对模型进行检验；

（4）若该地区居民货币收入 2003 年为 466 亿元，试预测该地区 2013 年居民消费品购买力。

表 10-21　某地区 1994—2002 年居民消费品购买力与居民收入统计表

年份	2004	2005	2006	2007	2008	2009	2010	2011	2012
居民消费品购买力（亿元）	88	101	136	160	178	206	279	339	392
居民收入（亿元）	126	134	141	202	224	258	338	415	478

6. 2009 年 12 月，国务院通过的《关于加快旅游业发展的意见》中，明确强调了旅游

消费具有“扩内需、调结构、保增长”功能。2013年，国内旅游消费支出达到26 276.1亿元，占居民消费支出总额的12.35%，成为拉动经济增长的重要因素。影响居民旅游消费的因素很多，有收入、政策、习惯、城镇的示范作用等，其中最重要的因素是收入高低。《中国统计年鉴》1994—2013年数据及相关调查资料如表10-22所示，请采用相关分析和回归分析，分别构建城乡出游率与人均年收入，和人均旅游花费与人均年收入之间的关系，研究收入因素对城乡居民旅游消费的影响，以便认清旅游消费特点，从而采取针对性的措施来提升居民旅游。

表10-22　1994—2013年数据及相关调查资料表

年份	人均旅游花费/元		出游率		人均年收入/元	
	城镇	乡村	城镇	乡村	城镇	乡村
1994	414.7	54.9	0.6	0.37	3 496.2	1 221
1995	464	61.5	0.7	0.45	4 283	1 577.7
1996	534.1	70.5	0.69	0.45	4 838.9	1 926.1
1997	599.8	145.7	0.66	0.46	5 160.3	2 090.1
1998	607	197	0.6	0.54	5 425.1	2 162
1999	614.8	249.5	0.65	0.53	5 854	2 210.3
2000	678.6	226.6	0.72	0.51	6 280	2 253.4
2001	708.3	212.7	0.78	0.51	6 859.6	2 366.4
2002	739.7	209.1	0.77	0.63	7 702.8	2 475.6
2003	684.9	200	0.67	0.68	8 472.2	2 622.2
2004	731.8	210.2	0.85	0.85	9 421.6	2 936.4
2005	737.1	227.6	0.88	0.96	10 493	3 254.9
2006	766.4	221.9	0.99	1.12	11 759.5	3 587
2007	906.9	222.5	1.01	1.4	13 785.8	4 140.4
2008	849.4	275.3	1.13	1.43	15 780.8	4 760.6
2009	801.1	295.3	1.4	1.45	17 174.7	5 153.2
2010	883	306	1.59	1.55	19 109.4	5 919
2011	877.8	471.4	2.44	1.45	21 809.8	6 977.3
2012	914.5	491	2.72	1.59	24 564.7	7 916.6
2013	946.6	518.9	2.99	1.71	26 955.1	8 895.9

7.假设商品销售额除了同广告费支出相关外，还与营业网点数有一定的相关关系，其数据见表10-23。

（1）要求用 SPSS 软件建立回归方程，并对 SPSS 输出结果进行解释。

（2）如果 2006 年某企业的广告费支出为 45 万元，营业网点数为 30 个，要求以 95% 的概率预测 2016 年的商品销售额。

表 10-23 销售额与广告费支出、营业网点数据表

年份	销售额（万元）	广告费支出（万元）	营业网点
2006	215	30	12
2007	167	21	10
2008	260	35	22
2009	245	42	6
2010	235	37	8
2011	106	20	2
2012	97	8	9
2013	136	17	8
2014	202	35	6
2015	240	25	17

案例分析

1. 案例背景

根据全国 35 个主要城市 2003 年年底人口数、国内生产总值、工业总产值、客运总量、货运总量、地方财政预算内收入、固定资产投资总额、城乡居民年底储蓄余额、在岗职工数和在岗职工工资总额等 10 个指标数据，研究影响主要城市经济效益的因素。采用的数据主要来自各主要城市统计局官方网站，见表 10-24。

2. 研究思路

在研究中，把影响经济效益最大的 GDP 作为被解释变量（因变量），考虑它与其他变量之间的关系，设

y——地区生产总值

x1——年末总人口数

x2——工业总产值

x3——客运总量

x4——货运总量

x5——地方财政预算内收入

x6——固定资产投资总额

x7——城乡居民储蓄余额

x8——在岗职工数

x9——在岗职工工资总额

表 10-24　我国 35 个主要城市 2003 年主要经济指标

	年末总人口数	地区生产总值（GDP）	限额以上工业总产值	客运总量	货运总量	地方财政预算内收入	固定资产投资总额	城乡居民储蓄年末余额	在岗职工平均人数	在岗职工工资总额
北京	988.1	2 697.94	27 383 005	22 469	30 550	4 541 676	13 618 179	35 363 232	385	7 511 091
天津	747.99	1 640.94	26 635 642	3 302	28 151	1 575 648	5 057 854	11 483 600	178.52	2 580 310
石家庄	195	462.8203	4 674 185	12 718	12 415	267 217	1 622 339	3 943 653	57.57	668 230
太原	239.2	328.871	3 041 318	2 670	15 170	191 258	1 116 902	4 212 482	76.44	741 534
呼和浩特	108.38	147.4597	822 266	2 859	2 415	115 899	694 792	1 561 842	25.28	314 460
沈阳	487.68	1 057.154	7 290 387	6 742	15 156	786 436	2 697 189	9 848 906	109.36	1 270 250
大连	270.68	933.1318	10 035 627	11 232	19 736	837 902	2 363 574	6 452 031	73.2	1 047 008
长春	298.02	732.6298	9 002 623	7 522	10 346	52 159	1 862 037	5 064 461	74.56	919 125
哈尔滨	307.39	633.6588	4 027 314	6 374	8 814	524 742	2 417 127	6 318 358	129.13	1 343 357
上海	1 262.41	4 893.01	69 355 680	6 324	49 499	6 138 500	18 132 746	27 818 200	235.09	6 152 145
南京	371.89	981.7597	15 792 063	16 198	14 120	1 016 425	3 681 075	6 473 958	88.15	1 517 214
杭州	379.49	1 195.169	16 156 245	20 342	15 841	884 738	4 132 806	7 976 400	67.49	1 279 750
宁波	126.13	581.3159	7 515 766	23 224	11 182	605 456	2 156 258	2 939 154	31.79	633 904
合肥	137.95	269.2992	3 301 429	5 141	2 903	230 490	1 142 612	1 860 466	33.71	364 216
福州	153.77	507.3444	3 795 136	10 172	7 280	486 042	1 485 363	3 510 487	45.71	617 604
厦门	134.36	558.3268	8 032 877	4 700	2 547	653 090	1 842 512	2 622 327	49.4	823 834
南昌	174.68	343.5873	2 388 150	4 351	3 246	173 281	627 397	2 497 600	44.63	480 685
济南	322.45	820.1272	6 169 652	6 300	13 057	490 001	2 388 062	4 474 051	65.85	836 911
青岛	237.62	700.8349	12 120 173	15 166	29 068	738 006	2 020 380	4 017 218	63.5	949 555
郑州	229.03	388.1238	2 618 010	11 589	7 373	379 797	1 440 263	5 011 382	57.4	650 500
武汉	758.23	1 347.803	10 208 352	11 703	16 244	861 586	4 855 027	8 019 988	137.12	1 551 442
长沙	180.77	468.8731	2 417 588	8 578	7 550	346 070	1 890 677	3 576 237	44.93	584 165
广州	576.97	2 448.996	24 469 713	24 451	24 500	2 382 192	9 422 360	24 515 484	155.59	3 661 564
深圳	132.04	1 954.17	30 796 298	9 869	5 167	2 656 532	6 466 933	13 733 900	94.13	2 441 713
南宁	137.85	242.2583	1 093 949	5 266	3 371	202 679	804 615	2 427 374	32.91	365 956
海口	60.2	145.6452	1 001 338	6 635	2 018	163 632	721 010	1 801 381	17.87	233 317
重庆	903.09	879.82	8 708 192	60 087	29 470	393 000	3 313 288	7 209 600	123.47	1 283 975
成都	341.52	777.5256	4 122 258	52 467	23 724	503 207	3 877 200	6 665 800	81.32	1 096 987

续表

	年末总人口数	地区生产总值（GDP）	限额以上工业总产值	客运总量	货运总量	地方财政预算内收入	固定资产投资总额	城乡居民储蓄年末余额	在岗职工平均人数	在岗职工工资总额
贵阳	191.05	249.0027	2 079 492	17 334	4 885	246 106	1 331 253	2 193 291	41.2	438 633
昆明	215.2	523.002	3 037 762	6 437	12 084	499 548	1 672 584	4 123 894	61.32	780 846
西安	400.08	634.94	4 491 390	9 079	7 728	515 126	2 269 105	7 140 541	101.25	1 130 403
兰州	187.06	306.4887	3 543 034	2 141	5 401	180 841	1 541 532	3 155 479	49.62	525 485
西宁	95.89	70.6574	380 018	2 400	1 837	63 801	515 987	1 110 932	16.69	204 063
银川	65.49	82.8467	777 427	2 551	1 573	103 303	481 797	989 652	19.09	209 061
乌鲁木齐	159.13	310.4761	2 511 914	2 346	9 283	295 986	1 393 667	2 815 947	48.97	63 393

（数据来源：Https：//wenku.baidu.com/view/89c56e68da38376bae1fae4.html？ from=search。）

把所有的解释变量 x1（年末总人口数）、x2（工业总产值）、x3（客运总量）、x4（货运总量）、x5（地方财政预算内收入）、x6（固定资产投资总额）、x7（城乡居民年底储蓄余额）、x8（在岗职工数）和 x9（在岗职工工资总额）都选为自变量，运用“逐步回归分析”方法建立回归模型。

在实际问题中，在对因变量 y 有影响的诸多变量中选择一些变量作为自变量，应用多元回归分析的方法建立回归方程。但是我们总是希望建立包含所有对因变量 y 影响显著的自变量而不包含对 y 影响不显著的自变量的回归方程。“逐步回归分析”正是根据这种原则提出来的一种回归分析方法。逐步回归分析的过程：首先将所选择的自变量按其对 y 的作用显著程度或者说贡献，由大到小地排序，逐步按顺序引入回归方程，对 y 作用不显著的变量将不被引入回归方程；然后，对引入回归方程的变量进行检验，剔除在引入新变量后可能失去重要性的变量。引入一个变量或者从回归方程中剔除一个变量都称为逐步回归的一步，每一步都要进行 F 检验，以保证在引入新变量前回归方程中只含有对 y 影响显著的变量，而不显著的变量已被剔除。

3. 回归分析

利用 SPSS 软件，通过逐步回归分析可以发现，进入自变量的只有二个，即 x2（工业总产值）和 x6（固定资产投资总额）。由此，可以建立 y（地区生产总值）和 x2（工业总产值）和 x6（固定资产投资总额）的回归方程。从回归分析的模型汇总（表 10-25）、方差分析表（Anovac）（表 10-26）和回归模型系数表（表 10-27）我们可以得出以下结论。

表 10-25 模型汇总

模型	R	R 方	调整 R 方	标准估计的误差	Durbin-Watson
1	.979[a]	.959	.957	193.68977	
2	.992[b]	.983	.982	125.67014	1.444

表 10-26 Anovac

模型		平方和	df	均方	F	Sig.
1	回归	2.876E7	1	2.876E7	766.543	.000[a]
	残差	1 238 019.037	33	37 515.728		
	总计	3.000E7	34			
2	回归	2.949E7	2	1.475E7	933.645	.000[b]
	残差	505 375.460	32	15 792.983		
	总计	3.000E7	34			

a. 预测变量：（常量），x6。

b. 预测变量：（常量），x6，x2。

c. 因变量：y。

表 10-27 系数

模型	非标准化系数		标准系数	t	Sig.	共线性统计量	
	B	标准误差	试用版			容差	VIF
1 （常量）	76.918	43.417		1.772	.086		
x6	2.4681 E-4	.000	.979	27.687	.000	1.000	1.000
2 （常量）	101.026	28.391		3.558	.001		
x6	1.4827 E-4	.000	.588	9.516	.000	.138	7.257
x2	2.999E-5	.000	.421	6.811	.000	.138	7.257

4. 结论

从回归结果来看，模型 2 样本决定系数 $R^2=0.992$，模型的拟合程度较好。从方差分析表可以看出，F检验统计量值对应Sig值为0.00，可以看出模型是显著的。从系数表可以看出，模型 2 的 t 检验的 sig 值均小于 0.05，解释变量 x2（工业总产值）和 x6（固定资产投资总额）在 0.05 的显著性水平上是显著的。这说明工业总产值和固定资产投资总额对地区生产总值有显著影响。这一结论也反映了各地社会生产总值构成的实际，也即固定资产投入是拉动 GDP 的主要因素，同时，还反映了各主要城市的工业总产值对 GDP 有重要影响。

Chapter 11

第十一章　主成分分析与因子分析

- 第一节　主成分分析与因子分析概述
- 第二节　主成分分析与因子分析的统计原理
- 第三节　主成分分析与因子分析实例

本章概要

主成分分析作为基础的数学分析方法，其实际应用十分广泛，比如人口统计学、数量地理学、分子动力学模拟、数学建模、数理分析等学科中均有应用，是一种常用的多变量分析方法。因子分析的基本目的就是用少数几个因子去描述许多指标或因素之间的联系，即将相关比较密切的几个变量归在同一类中，每一类变量就成为一个因子，以较少的几个因子反映原资料的大部分信息。运用这种研究技术，我们可以方便地找出影响消费者购买、消费以及满意度的主要因素是哪些，以及它们的影响力。运用这种研究技术，我们还可以为市场细分做前期分析。本章主要介绍主成分分析与因子分析的概念及基本原理，然后再详细介绍主成分分析与因子分析的方法步骤。

学习目的

通过对本章的学习理解主成分分析的基本理论；掌握用 SPSS 软件求解主成分的方法；了解因子分析的基本理论；掌握求解因子的方法步骤；能够用 SPSS 软件进行因子分析，并能正确理解系统输出结果。

基本概念

主成分分析　因子分析模型

第一节　主成分分析与因子分析概述

一、主成分分析的基本思想

在对某一事物进行实证研究时，为了更全面、准确地反映事物的特征及其发展规律，人们往往要考虑与其有关系的多个指标，这些指标在多元统计中也称为变量，这样就产生了如下问题：一方面，人们为了避免遗漏重要信息而考虑尽可能多的指标，另一方面，考虑指标的增多增加了问题的复杂性，同时由于各指标均是对同事物的反映，不可避免地造成信息的大量重叠，这种信息的重叠有时甚至会抹杀事物的真正特征与内在规律。基于上述问题，人们就希望在定量研究中涉及的变量较少，而得到的信息量又较多。主成分分析正是研究如何通过原来变量的少数几个线性组合来解释原来变量绝大多数信息的一种多元统计方法。

既然研究某一问题涉及的众多变量之间有一定相关性，就必然存在着起支配作用的共同因素。根据这一点，人们通过对原始变量相关矩阵或协方差矩阵内部结构关系的研究，利用原始变量的线性组合形成几个综合指标（主成分），在保留原始变量主要信息的前提下起到降维与简化问题的作用，使得研究者在研究复杂问题时更容易抓住主要矛盾。一般来说，利用主成分分析得到的主成分与原始变量之间有如下基本关系：

（1）每个主成分都是各原始变量的线性组合；

（2）主成分的数目大大少于原始变量的数目；

（3）主成分保留了原始变量绝大多数信息；

（4）各主成分之间互不相关。

通过主成分分析，我们可以从事物之间错综复杂的关系中找出一些主要成分，从而能有效利用大量统计数据进行定量分析，揭示变量之间的内在关系，得到对事物特征及其发展规律的一些深层次的发现，把研究工作引向深入。

二、因子分析的基本思想

人们在研究实际问题时，往往希望尽可能多地收集相关变量，以期望对问题有比较全面、完整的把握和认识。例如，企业在进行综合评价研究中，可能会收集诸如盈利能力、负债能力、运营能力等方面的经济指标数据。这些数据在带来有关信息的同时，也给数据的分析带来了一定困难：这众多的变量之间可能存在着或多或少的相关性，实际观测到的数据包含的信息有一部分可能是重复的。

为解决这些问题，最简单和最直接的方案就是减少变量数目，但这必然又会导致信息丢失或不完整等问题。为此，人们希望探索一种有效的解决方法，既能减少参与数据分析的变量个数，同时也不会造成统计信息的大量浪费和丢失。

因子分析就是在尽可能不损失信息或者少损失信息的情况下，将多个变量减少为少数几个因子的方法。这几个因子可以高度概括大量数据中的信息，这样，既减少了变量个数，又同样能再现变量之间的内在联系。

第二节　主成分分析与因子分析的统计原理

一、主成分分析的统计原理

主成分分析的本质是坐标的旋转变换，将原始的 n 个变量进行重新的线性组合，生成 n 个新的变量，它们之间互不相关，称为 n 个“成分”。同时按照方差最大化的原则，保证第一个成分的方差最大，然后依次递减。这 n 个成分是按照方差从大到小排列的，其中前 m 个成分可能就包含了原始变量的大部分方差（及变异信息）。那么这 m 个成分就成为原始变量的“主成分”，它们包含了原始变量的大部分信息。

注意，得到的主成分不是原始变量筛选后的剩余变量，而是原始变量经过重新组合后的“综合变量”。

我们以最简单的二维数据来直观地解释主成分分析的原理。假设现在有两个变量 X_1、X_2，在坐标上画出散点图，如图 11-1。

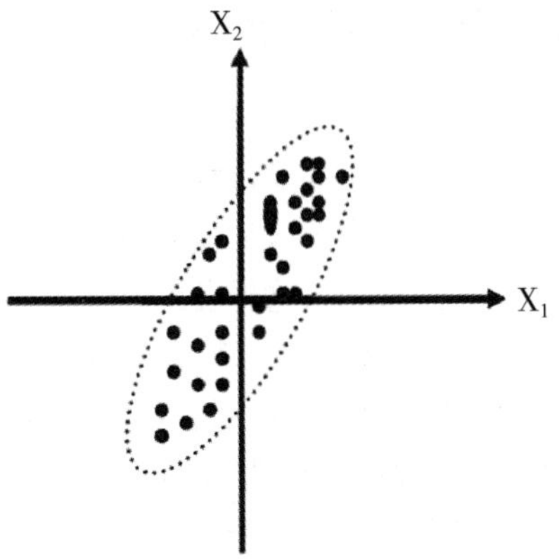

Y_1 与 Y_2 相关

图 11-1　相关散点图

可见，它们之间存在相关关系，如果我们将坐标轴整体逆时针旋转45度，变成新的坐标系 Y_1、Y_2，如图11–2。

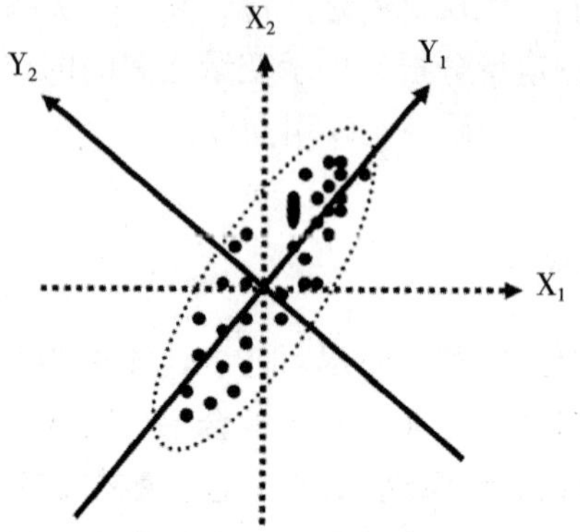

Y_1 与 Y_2 不相关

图11–2　不相关散点图

根据坐标变化的原理，我们可以算出：

Y_1=sqrt（2）/2 X_1+sqrt（2）/2 X_2

Y_2=sqrt（2）/2 X_1–sqrt（2）/2 X_2

其中 sqrt（x）为 x 的平方根。

通过对 X_1、X_2 重新进行线性组合，得到了两个新的变量 Y_1、Y_2。

此时，Y_1、Y_2 变得不再相关，而且 Y_1 方向变异（方差）较大，Y_2 方向的变异（方差）较小，这时我们可以提取 Y_1 作为 X_1、X_2 的主成分，参与后续的统计分析，因为它携带了原始变量的大部分信息。

至此我们解决了两个问题：降维和消除共线性。

对于二维以上的数据，就不能用上面的几何图形直观地表示了，只能通过矩阵变换求解，但是本质思想是一样的。

二、因子分析的统计原理

因子分析是主成分分析的扩展。在主成分分析过程中，新变量是原始变量的线性组合，即将多个原始变量经过线性（坐标）变换得到新的变量。

因子分析中，人们是对原始变量间的内在相关结构进行分组，相关性强的分在一组，组间相关性较弱，这样各组变量代表一个基本要素（公共因子）。通过原始变量之间的复杂关系分解原始变量，得到公共因子和特殊因子。原始变量被表示成公共因子的线性组合。其中公共因子是所有原始变量所共同具有的特征，而特殊因子则是原始变量所特有的部分。因子分析强调对新变量（因子）的实际意义的解释。

由于实际中数据背景、特点均不相同，故采用因子分析步骤上可能略有差异，但是一个较完整的因子分析主要包括如下几个过程。

（1）确认待分析的原变量是否适合做因子分析。因子分析的主要任务是将原有变量的信息重叠部分提取出来，综合成因子，进而最终实现减少变量个数的目的，故它要求原始变量之间应存在较强的相关关系。进行因子分析前，通常可以采取计算相关系数矩阵、巴特利特球度检验和KMO检验等方法来检验候选数据是否适合采用因子分析。

（2）构造因子变量。将原有变量综合成少数几个因子是因子分析的核心内容，它的关键是根据样本数据求解因子载荷阵。因子载荷阵的求解方法有基于主成分模型的主成分分析法，基于因子分析模型的主轴因子法、极大似然法等。

（3）利用旋转方法使因子变量更具有可解释性。将原有变量综合为少数几个因子后，如果因子的实际含义不清，则不利于后续分解，为解决这个问题，可通过因子旋转的方式使一个变量只在尽可能少的因子上有比较高的载荷，这样提取出的因子具有更好的解释性。

（4）计算因子变量得分。实际中，当因子确定以后，便可计算各因子在每个样本上的具体数值，这些数值称为因子得分。于是，在以后的分析中就可以利用因子得分对样本进行分类或评价等研究，进而实现降维和简化问题的目标。

三、主成分分析和因子分析的联系与区别

（一）联系

两者都是降维和信息浓缩的方法。生成的新变量均代表了原始变量的大部分信息且互相独立，都可以用于后续的回归分析、判别分析、聚类分析等。

（二）区别

（1）主成分分析是按照方差最大化的方法生成的新变量，强调新变量贡献了多大比例的方差，不关心新变量是否有明确的实际意义。

（2）因子分析着重要求新变量具有实际意义，能解释原始变量间的内在结构。

第三节 主成分分析与因子分析实例

SPSS没有提供单独的主成分分析方法，而是将其混在因子分析当中，下面通过一个例子来讨论主成分分析与因子分析的实现方法及相关问题。

一、问题提出

男子十项全能比赛包含100米跑、跳远、跳高、撑竿跳、铅球、铁饼、标枪、400米跑、1 500米跑、110米跨栏十个项目，总分为各个项目得分之和。为了分析十项全能主要考察哪些方面的能力，以便有针对性地进行训练，研究者收集了134个顶级运动员的十项全能成绩单，将通过因子分析来达到分析目的。

二、分析过程

（一）变量视图

	名称	类型	宽度	小数	标签
1	百米跑	数值(N)	8	2	100米(秒)
2	跳远	数值(N)	8	2	跳远(米)
3	铅球	数值(N)	8	2	铅球(米)
4	跳高	数值(N)	8	2	跳高(米)
5	四百米跑	数值(N)	8	2	400米(秒)
6	一百一十米栏	数值(N)	8	2	110米栏(秒)
7	铁饼	数值(N)	8	2	铁饼(米)
8	撑竿跳	数值(N)	8	2	撑竿跳(米)
9	标枪	数值(N)	8	2	标枪(米)
10	一千五百米跑	数值(N)	8	2	1500米(秒)
11	总分	数值(N)	8	0	总分

图 11-3　变量视图

（二）数据视图（部分）

	百米跑	跳远	铅球	跳高	四百米跑	一百一十米栏	铁饼
1	11.25	7.43	15.48	2.27	48.90	15.13	49.28
2	10.87	7.45	14.97	1.97	47.71	14.46	44.36
3	11.18	7.44	14.20	1.97	48.29	14.81	43.66
4	10.62	7.38	15.02	2.03	49.06	14.72	44.80
5	11.02	7.43	12.92	1.97	47.44	14.40	41.20
6	10.83	7.72	13.58	2.12	48.34	14.18	43.06
7	11.18	7.05	14.12	2.06	49.34	14.39	41.68
8	11.05	6.95	15.34	2.00	48.21	14.36	41.32
9	11.15	7.12	14.52	2.03	49.15	14.66	42.36
10	11.23	7.28	15.25	1.97	48.60	14.76	48.02
11	10.94	7.45	15.34	1.97	49.94	14.25	41.86
12	11.18	7.34	14.48	1.94	49.02	15.11	42.76
13	11.02	7.29	12.92	2.06	48.23	14.94	39.54
14	10.99	7.37	13.61	1.97	47.83	14.70	43.88
15	11.03	7.45	14.20	1.97	48.94	15.44	41.66
16	11.09	7.08	14.51	2.03	49.89	14.78	43.20
17	11.46	6.75	16.07	2.00	51.28	16.06	50.66

图 11-4　数据视图

（三）菜单选择（分析 -> 降维 -> 因子分析）

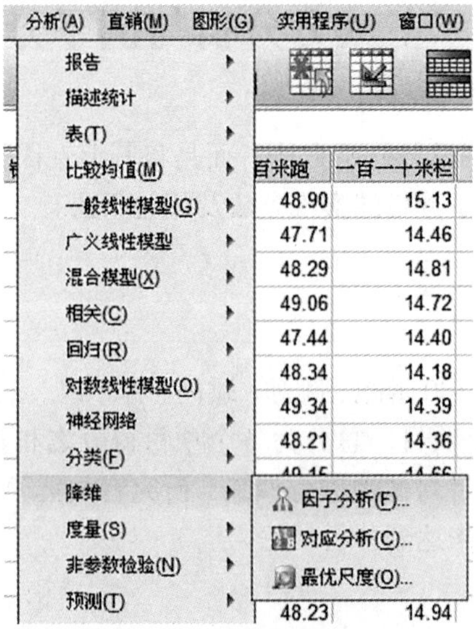

图 11-5　菜单选择

（四）打开“因子分析”的主界面，将十项成绩选入“变量”框中（不要包含总分）

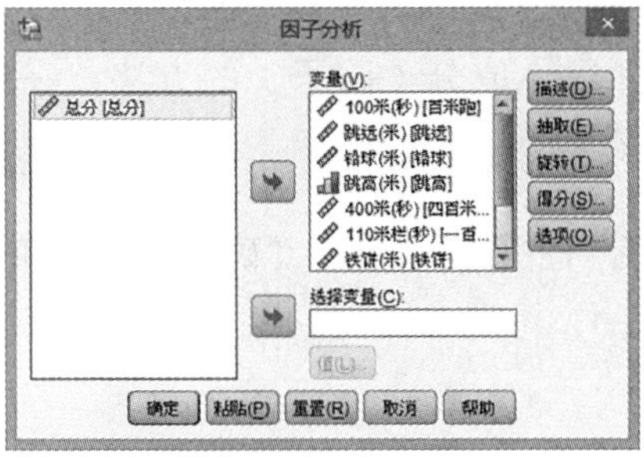

图 11–6　因子分析

（五）点击“描述统计”按钮。打开对话框，选中“系数”和“KMO 和 Bartlett 的球形度检验”

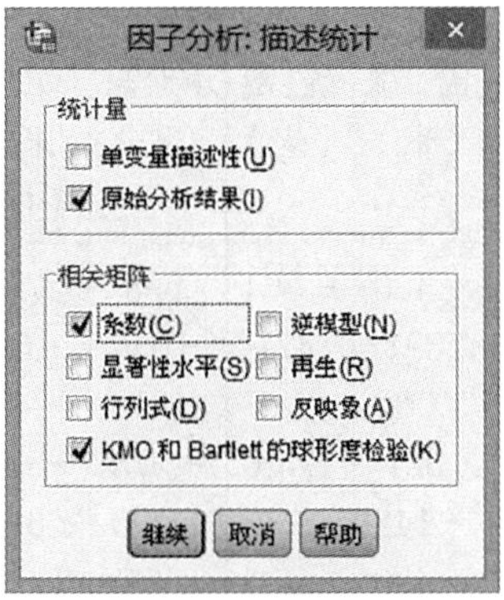

图 11–7　描述统计

上图相关解释：

（1）“系数”为变量之间的相关系数阵列，可以直观地分析相关性。

（2）“KMO 和 Bartlett 的球形度检验”用于定量地检验变量之间是否具有相关性。

（六）点击“继续”，回到主界面，点击“抽取”，打开对话框

“方法”–>“主成分”，“输出”–>“未旋转的因子解”和“碎石图”，“抽取”–>“基于特征值”，其余选择默认。

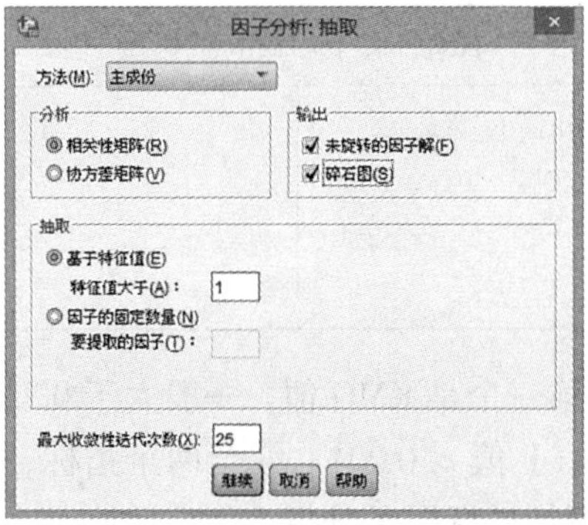

图 11–8　因子分析：抽取

解释：

（1）因子抽取的“方法”选项中，选取默认的“主成分”即可，其余方法的计算结

果可能有所差异。

（2）“输出”选项中，“未旋转的因子解”即为主成分分析结果。

（3）“抽取”选项为抽取主成分（因子）的方法，一般是基于特征值大于1，默认即可。

（七）点击“继续”，回到主界面，点击“确定”，系统开始分析。

输出的主要表格如下：

1. 相关性检验

因子分析要求变量之间有相关性，所以先要进行相关性检验。首先输出的是变量之间的相关系数矩阵。

表 11-1 相关矩阵

		100 米（秒）	跳远（米）	铅球（米）	跳高（米）	400米（秒）	100 米栏（秒）	铁饼（米）	撑竿跳（米）	标枪（米）	1 500 米（秒）
相关	100 米（秒）	1.000	-.691	-.420	-.364	.698	.751	-.353	-.627	-.344	.254
	跳远（米）	-.691	1.000	.391	.471	-.636	-.654	.375	.632	.446	-.356
	铅球（米）	-.420	.391	1.000	.321	-.142	-.489	.856	.643	.703	.202
	跳高（米）	-.364	.471	.321	1.000	-.275	-.487	.376	.472	.338	-.132
	400 米（秒）	.698	-.636	-.142	-.275	1.000	.655	-.154	-.521	-.150	.554
	100 米栏（秒）	.751	-.654	-.489	-.487	.655	1.000	-.403	-.709	-.350	.155
	铁饼（米）	-.353	.375	.856	.376	-.154	-.403	1.000	.620	.618	.288
	撑竿跳（米）	-.627	.632	.643	.472	-.521	-.709	.620	1.000	.557	-.070
	标枪（米）	-.344	.446	.703	.338	-.150	-.350	.618	.557	1.000	.045
	1 500 米（秒）	.254	-.356	.202	-.132	.554	.155	.288	-.070	.045	1.000

从表 11-1 中，我们可以直观地看到，变量之间有相关性，但需要检验。接着输出的是相关性检验：

表 11-2 相关性检验

KMO 和 Bartlett 的检验		
取样足够度的 Kaiser-Meyer-Olkin 度量。		.788
Bartlett 的球形度检验	近似卡方	211.586
	df	45
	sig	.000

表 11-2 中有两个指标：第一个是 KMO 值，一般大于 0.7 就说明了变量之间有相关性。第二个是 Bartlett 球形度检验，P 值＜ 0.001。综合两个指标，说明变量之间存在相关性，可以进行因子分析，否则，不能进行因子分析。

2. 提取主成分和公因子

接下来输出主成分结果。

表 11-3　方差

解释的总方差						
成分	初始特征值			提取平方和载入		
	合计	方差的 %	累积 %	合计	方差的 %	累积 %
1	5.024	50.235	50.235	5.024	50.235	50.235
2	20.799	20.799	71.034	2.080	20.799	71.034
3	.735	7.355	78.389			
4	.686	6.857	85.246			
5	.376	3.763	89.009			
6	.302	3.021	92.030			
7	.286	2.855	94.885			
8	.224	2.238	97.123			
9	.205	2.047	99.170			
10	.083	.830	100.000			
提取方法：主成分分析						

表 11-3 就是主成分分析的结果，表中第一列为 10 个成分；第二列为对应的特征值，表示所解释的方差的大小；第三列为对应的成分所包含的方差占总方差的百分比；第四列为累计的百分比。一般来说，选择特征值大于 1 的成分作为主成分，这也是 SPSS 默认的选择。

在本例中，成分 1 和 2 的特征值大于 1，它们合计能解释 71.034%的方差，还算不错。所以我们可以提取 1 和 2 作为主成分，因此抓住了主要矛盾，其余成分包含的信息较少，故弃去。

下面，输出碎石图，如下。

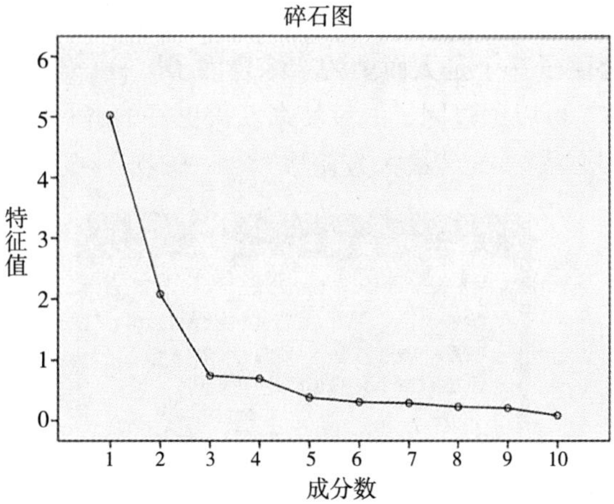

图 11-9　碎石图

碎石图来源于地质学的概念。在层斜坡下方往往有很多小的碎石，其地质学意义不大。碎石图以特征值为纵轴，成分为横轴。前面陡峭的部分特征值大，包含的信息多，后面平坦的部分特征值小，包含的信息也少。

由图 11-9 我们直观地看出，成分 1 和 2 包含了大部分信息，从 3 开始就进入平台了。

接下来，输出提取的成分矩阵。

表 11-4 成分矩阵

成分矩阵[a]		
	成分	
	1	2
100 米（秒）	-.804	.294
跳远（米）	.810	-.285
铅球（米）	.726	.569
跳高（米）	.600	-.011
400 米（秒）	-.660	616
110 米栏（秒）	-.837	.189
铁饼（米）	.687	.601
撑竿跳（米）	.872	089
标枪（米）	.657	.430
1 500 米（秒）	-.187	.787
提取方法：主成分。		
a. 已提取了 2 个成分。		

上表中的数值为公因子与原始变量之间的相关系数，绝对值越大，说明关系越密切。公因子 1 和 9 个运动项目都正相关（注意跑步运动的计分方式，时间越短，分数越高），看来只能称为“综合运动”因子了。公因子 2 与铁饼、铅球正相关，与 1 500 米跑、400 米跑负相关。

三、因子旋转

前面提取的两个公因子一个是大而全的“综合因子”，一个不知所云。得到这样的结果，无疑说明分析失败。可以通过因子的旋转来获得更好的解释。在主界面中点击“旋转”按钮，打开对话框，“方法”->“最大方差法”，“输出”->“旋转解”。

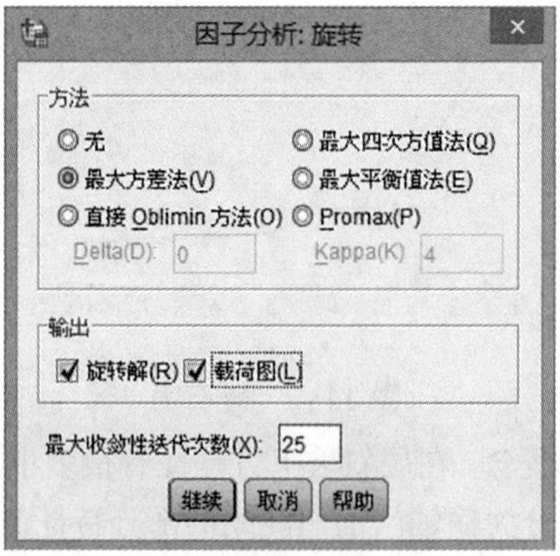

图 11-10 因子分析：旋转

点击“继续”，回到主页面点击“确认”进行分析，输出结果如下。

表 11-5　旋转成分矩阵

旋转成分矩阵[a]		
	成分	
	1	2
100 米（秒）	.785	-.341
跳远（米）	-.783	.352
铅球（米）	-.134	.913
跳高（米）	-.442	.406
400 米（秒）	.903	-.009
110 米栏（秒）	.737	-.440
铁饼（米）	-.084	.909
撑竿跳（米）	-.570	.666
标枪（米）	-.179	.765
1 500 米（秒）	.678	.441
提取方法：主成分。		
旋转法：具有 Kaiser 标准化的正交旋转法。		
a. 旋转在 3 次迭代后收敛。		

这是选择后的成分矩阵。经过旋转，可以看出公因子 1 得分越高，所有的跑步和 110 米栏成绩越差，而跳远、撑竿跳等需要助跑类的项目的成绩也越差，所以，公因子 1 代表的是奔跑能力的反向指标，可称为“奔跑能力”。

公因子 2 与铁饼和铅球的正相关性很高，与标枪、撑竿跳等需要上肢力量的项目也正相关，所以该因子可以称为“上肢力量”。

经过旋转，我们可以看出公因子有了更合理的解释。

四、结果的保存

图 11-11　因子分析：因子得分

在最后，我们还要将公因子储存下来供后续使用。点击“因子得分”按钮，打开对话框，选中“保存为变量”，“方法”采用默认的“回归”方法，同时选中“显示因子得分系数矩阵”。

SPSS 会自动生成 2 个新变量，分别作为公因子的取值，放在数据的后面，同时会输出一个因子系数表格，见表 11-6。

表 11-6　成分得分系数矩阵

成分得分系数矩阵		
	成分	
	1	2
100 米（秒）	-.160	.142
跳远（米）	.161	-.137
铅球（米）	.145	.273
跳高（米）	.119	-.005
100 米（秒）	-.131	.296
110 米栏（秒）	-.167	.091
铁饼（米）	.137	.289
撑竿跳（米）	-174	.043
标枪（米）	-.131	.207
1 500 米（秒）	- .037	.378
提取方法：主成分。		
构成得分。		

由上表，我们可以写出公因子的表达式（用 F_1、F_2 代表两个公因子，Z_1~Z_{10} 分别代表原始变量）。

F_1=-0.16Z_1+0.161Z_2+0.145Z_3+0.199Z_4-0.131Z_5-0.167Z_6+0.137Z_7+0.174Z_8+0.131Z_9-0.037Z_{10}

F_2 同理，略去。

注意，这里的变量 Z_1~Z_{10}，F_1、F_2 不再是原始变量，而是标准正态变换后的变量。

本章小结

通过对主成分分析与因子分析的学习，可知主成分分析是研究如何通过原来变量的少数几个线性组合来解释原来变量绝大多数信息的一种多元统计方法；因子分析是研究在尽可能不损失信息或者少损失信息的情况下，将多个变量减少为少数几个因子的方法，两者都是降维和信息浓缩的方法。然而，主成分分析是按照方差最大化的方法生成的新变量，强调新变量贡献了多大比例的方差，不关心新变量是否有明确的实际意义。因子分析着重要求新变量具有实际的意义，能解释原始变量间的内在结构。最后我们通过一个例子讨论了主成分分析与因子分析的实现方法及相关问题。

思考题

1. 主成分的基本思想是什么？

2. 主成分在应用中的主要作用是什么？
3. 自己找一个实际问题的数据，应用 SPSS 软件试做主成分分析。
4. 因子分析与主成分分析有什么本质不同？
5. 用 SPSS 软件试对一个实际问题的研究应用因子分析。

案例分析

在企业经济效益的评价中，设计的指标往往很多。为了简化系统结构，抓住经济效益评价中的主要问题，我们可由原始数据矩阵出发求主成分。我国部分省、直辖市、自治区独立核算的工业企业的经济效益的评价中，涉及 9 项指标，即样品数 n=28，变量数 p=9。原始数据见下表 11–7。

表 11–7　原始数据表

地区	百元固定资产原值实现值（%）	百元固定资产原值实现利税（%）	百元资金实现利税（%）	百元工业总产值实现利税（%）	百元销售收入实现利税（%）	每吨标准煤实现工业产值（元）	每千瓦时电力实现工业产值（元）	全员劳动生产率（元/人）	百元流动资金实现产值（元）
北京	119.29	30.98	29.92	25.97	15.48	2 178	3.41	21 006	296.7
天津	143.98	31.59	30.21	21.94	12.29	2 852	4.29	20 254	363.1
河北	94.8	17.2	17.95	18.14	9.37	1 167	2.03	12 607	322.2
山西	65.8	11.08	11.06	12.15	16.84	8.82	1.65	10 166	284.7
内蒙古	54.79	9.24	9.54	16.86	6.27	894	1.8	7 564	225.4
辽宁	94.51	21.12	22.83	22.35	11.28	1 416	2.36	13.386	311.7
吉林	80.49	13.36	13.76	16.6	7.14	1 306	2.07	9 400	274.1
黑龙江	75.86	15.82	16.67	20.86	1.037	1 267	2.26	9 830	267
上海	187.79	45.9	39.77	24.44	15.09	4 346	4.11	31 246	418.6
江苏	205.96	27.65	22.58	13.42	7.81	3 202	4.69	23 377	407.2
浙江	207.46	33.06	25.78	15.94	9.28	3 811	4.19	22 054	385.5
安徽	110.78	20.7	20.12	18.69	6.6	1 468	2.23	12 578	341.1
福建	122.76	22.52	19.93	18.34	8.35	2 200	2.63	12 164	301.2
江西	94.94	14.7	14.18	15.49	6.69	1 669	2.24	10 463	274.4
山东	117.58	21.93	20.89	18.65	9.1	1 820	2.8	17 829	331.1
河南	85.98	17.3	17.18	20.12	7.67	1 306	1.89	11 247	276.5
湖北	103.96	19.5	18.48	18.77	9.16	1 829	2.75	15 745	308.9
湖南	104.03	21.47	21.28	20.63	8.72	1 272	1.98	13 161	309
广东	136.44	23.64	20.83	17.33	7.85	2 959	3.71	16 259	334

续表

地区	百元固定资产原值实现值（%）	百元固定资产原值实现利税（%）	百元资金实现利税（%）	百元工业总产值实现利税（%）	百元销售收入实现利税（%）	每吨标准煤实现工业产值（元）	每千瓦时电力实现工业产值（元）	全员劳动生产率（元/人）	百元流动资金实现产值（元）
广西	100.72	22.04	20.9	21.88	9.67	1 732	2.13	12 441	296.4
四川	84.73	14.35	14.17	16.93	7.96	1 310	2.34	11 703	242.5
贵州	59.05	14.48	14.35	24.53	8.09	1 068	1.32	9 710	206.7
云南	73.72	21.91	22.7	29.72	9.38	1 447	1.94	12 517	295.8
陕西	78.02	13.13	12.57	16.83	9.19	1 731	2.08	11 369	220.3
甘肃	59.62	14.07	16.24	23.59	11.34	926	1.13	13 084	246.8
青海	51.66	8.32	8.26	16.11	7.05	1 055	1.31	9 246	176.49
宁夏	52.95	8.25	8.82	15.57	6.58	834	1.12	10 406	245.4
新疆	60.29	11.26	13.14	18.68	8.39	1 041	2.9	10 983	266

详细步骤如下。

（1）首先对原始数据进行标准化。

（2）将原始数据导入 SPSS 软件，依次点选“分析”（Analyze）→“数据缩减”（Data Reduction）→“因子”（Factor），进入“因子分析”（Factor Analysis）对话框。（在 SPSS 中，主成分分析与因子分析均在“因子分析”（Factor Analysis）模块中完成）。

（3）点击“描述”（descriptives）按钮，在弹出的对话框中，在“相关矩阵”（correlation matrix）中选择“系数”（coefficients），回到原对话框点击右侧的“确定”（OK）。

（4）观测主成分的方差和占全部方差的比例。我们选取对应的成分为主成分，且这两个主成分的方差和占全部方差的比例最高，即基本上保留了原来指标的信息，这样原来的 9 个指标被转化为几个新指标，起到了降维的作用。

（5）SPSS 软件得到因子载荷矩阵输出结果。

（6）SPSS 的因子分析模块运行结果输出的因子载荷矩阵的第 i 列的每个元素分别除以第 i 个特征根的平方根，就得到主成分分析的第 i 个主成分的系数。

对所选主成分做经济解释。主成分分析的关键在于能否给主成分赋予新的意义，给出合理的解释，这个解释应根据主成分的计算结果结合定性分析来进行。主成分是原来变量的线性组合，在这个线性组合中，各变量的系数有大有小，有正有负，有的大小相当，因而不能简单地认为这个主成分是某个原变量的属性的作用。线性组合中各变量的系数的绝对值大者表明该主成分主要综合了绝对值大的变量，有几个变量系数大小相当时，应认为这一主成分是这几个变量的总和，这几个变量综合在一起应赋予怎样的经济意义，要结合经济专业知识，给出恰如其分的解释，才能达到深刻分析经济成因的目的。

问题讨论

试运用 SPSS 软件进行实际操作，并对输出结果做出合理的经济解释。

Chapter 12

第十二章　市场调查资料整理与分析

本章概要

市场调查数据收集回来以后，必须先经过整理才能进行分析。市场调查的实践告诉我们，收集的原始数据难免出现虚假、差错、冗余等现象，如果简单地把这些数据投入分析，可能会导致错误的结论，使得整个调查工作失去意义。因此，要保证市场调查的质量，必须保证数据资料的真实、准确和完整，原始数据必须经过去粗取精、去伪存真、由此及彼、由表及里的数据整理过程。本章主要介绍市场调查资料整理的步骤、验收与编辑、分组与编码、基础数据分析以及市场调查报告的撰写等工作。

学习目的

了解调查资料整理的含义、意义及步骤；了解基础数据分析方法；掌握调查资料整理的验收、编辑、分组与编码的过程与方法；掌握市场调查报告的撰写。

基本概念

调查资料整理　现场控制　逻辑处理　鉴别　审核　分组　编码　数据分析

引导案例

移动银行业务（手机银行）是一种结合了货币电子化与移动通信的崭新服务，不但可使人在任何时间与地点处理各种金融业务，而且极大地丰富了银行服务的内涵，使银行能以便利、高效而又较为安全的方式为客户提供传统和创新的服务。加上移动终端所独具的贴身特性，移动银行业务已经成为继 ATM、互联网、POS 机之后银行开展业务的又一强有力工具，越来越受到国际银行从业者的关注。目前，我国移动银行业务在经过先期预热后，已逐渐进入成长期。在这一时期，如何突破业务现有发展瓶颈，增加客户的认知度和使用率成为移动银行业务产业链各方关注的焦点。某银行从消费者对手机银行的认识和兴趣度入手，以预测手机银行市场的发展前景为目的，采用网络调研方式，通过网络问卷搜集信息，采取整群抽样，在全国 31 个省市抽取 50 000 个样本单位，欲探求以下几个方面的问题：

1. 手机网民对手机银行业务的使用情况；
2. 不同手机银行用户的个人月总收入分布；
3. 手机银行使用情况；
4. 不同人群最常使用的手机银行功能的指数分析；
5. 用户希望手机银行还能提供的服务；
6. 手机银行用户使用手机支付时愿意采用的形式。

资料来源：周建波主编《市场营销学：理论、方法与案例》（第 2 版），人民邮电出版社，2019。

第一节　调查资料整理的意义与步骤

一、调查资料整理的意义

调查资料整理是调查员将收集到的各类信息资料，按照一定的程序和方法，进行分类、计算、分析和选择等，使之成为适用的信息资料的活动和过程。

调查资料整理的意义主要有以下几个方面。

首先，调查资料整理是市场调查与预测中十分重要的环节，收集的任何信息资料都必须经过处理与分析。这是因为运用各种方法，通过各种途径收集到的各类信息资料，尤其是各种第一手资料，大多处于无序的状态，很难直接运用，即使是第二手资料，也往往难以直接运用，必须经过必要的加工处理。对市场信息的加工处理，可以使调查员收集到的信息资料标准化、系统化、实用化，从而方便使用。

其次，调查资料整理有利于提高信息资料的价值。未经处理的信息资料，往往使用价值有限。调查资料的整理是一个去粗存精、去伪存真、由此及彼、由表及里、综合提高的过程，它能大大提高市场信息的浓缩度、清晰度和准确度，从而大大提高信息资料的价值。

再次，通过对调查资料的整理可以产生新的信息。在调查资料的处理过程中，调研人员通过智力劳动，创造性思维，使已有的调查资料发生交互作用，从而有可能产生一些新的信息资料。

最后，调查资料的整理有利于人们发现工作中的不足。在市场调查与预测工作的各个阶段或环节，都会出现计划不周或工作中出现偏差等问题。比如，设计者对市场调查与预测进行设计中可能忽视了某些工作，信息资料的收集可能存在遗漏或者收集方法欠缺等问题。这些问题有可能在实施过程中，通过检查、监督、总结等活动被发现，并加以纠正，但是很难避免。调查员在对信息进行加工处理过程中，往往能发现一些问题，就能对存在的问题加以纠正，对已经产生的不良后果加以补救。

二、调查资料整理的步骤

调查资料整理是由一系列具体工作组成的过程。这些具体工作既相互独立，又相互衔接、相互关联。通常，这一过程包含现场控制、逻辑处理、数学处理、系统研究和编写，如图 12-1 所示，每一部分又可细分为数量不等的具体工作。

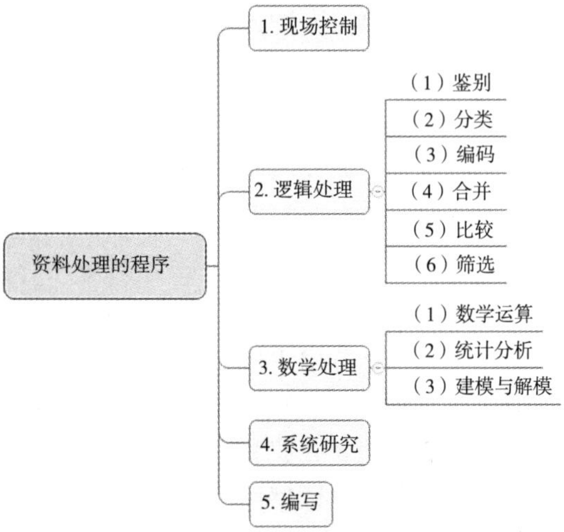

图 12-1　资料处理的程序

（一）现场控制

现场控制是指在市场调查与预测的信息资料收集之时进行的，对收集工作的监控和对某些信息资料的处理与分析工作。现场控制的主要目的是尽可能减少在市场信息收集阶段出现的各种偏差和错误资料，提高所收集到的资料的准确性。

市场调查与预测中的资料收集方法有多种。每种方法，均有可能因各种主观原因，导致信息资料的失实、偏差，甚至谬误。现场控制通常以督导市场、调查与预测人员恪尽职守，严格执行工作规范和标准，以科学的态度与方法进行市场信息的收集等形式，来达到防范错误出现的目的。另一种方法是调查人员对收集到的信息，当即进行检查分析，以便及时发现问题，并采取对策加以解决。

对第一手资料的调查，市场调查与预测人员在一项直接调查活动结束后立即进行某种处理与分析是十分必要的。如果该项调查是由单个调查与预测人员进行的，该人员应在调查结果刚结束时，立即对收集到的资料进行整理。由于调查时间的限制，当场的记录通常不甚完整，并有可能采用许多符号或简化语，因记忆清晰，及时整理，调查员可补充遗漏，规范记录，减少日后可能引起的差错。如果是几名调查与预测人员共同进行了调查，在调查结束后，及时进行集体讨论，完善所收集的资料，收效将会更大。

（二）逻辑处理

逻辑处理是指调查与预测人员对信息进行的只涉及形式而不涉及内容的某些加工工作。它主要包含六类具体的工作。

1. 鉴别

它是对信息资料的真实性、准确性、系统性、实用性等所做的判断和结论。鉴别相当于工业生产质量管理中对成品的监测、检验。信息资料的处理与分析过程相当于工厂的生产过程，为保证最终形成的信息资料的质量和价值，必须加强对各种信息资料的鉴别。

从信息资料处理与分析的要求看，鉴别的内容应包括真实性鉴别，即检验信息资料的真伪；准确性鉴别，即判断信息资料的精确程度；系统性鉴别，即确定信息资料的完整程度；适用性鉴别，即检测信息质量的适用程度和价值大小。

从鉴别的对象看，鉴别的内容包括："用材"鉴别，即对各种市场调查与预测活动收集所得的初始资料的鉴别，以保证用作处理与分析的信息资料的质量；"方法"鉴别，即对信息资料的处理与分析方法的鉴别，避免方法不当造成处理出来的信息质量不高；"成品"鉴别，即对处理与分析后形成的信息资料进行鉴别。

2. 分类

分类是根据市场调查与预测的目标和要求，调查人员按照一定的标准和口径，对所收集的信息资料分别进行归类的加工工作。由于市场调查所得的信息资料十分繁多复杂，通常需要按其性质、特点、用途等不同，分门别类地加以区别。分类有利于人们更清楚地认识各种资料的内容，有利于有效地管理、查找和利用各种资料，有利于形成系统化的信息资料，便于加工处理和使用。分类不仅可以把性质、特点、用途相同的信息资料集中在一起，还可以把相关的信息资料联结在一起，形成系统化的信息资料，为调查人员的进一步处理与分析提供有利条件，也便于使用。

信息资料的分类要根据市场调查与预测项目的特点和实际工作的需要进行。分类的关键之一，也是分类的第一步工作，是确定分类的依据或标准。通常可以把信息资料的性质、特点、用途等作为分类标准，也可以把内容、时间、地点等作为分类标准。标准一经确定，即可以把相同的信息划归一类，这个类叫“母相”（又称上位类），母项下划分出来的各个组叫“子项”（又称下位类），在子项下面还可以根据信息资料的另外特点进一步划分若干小类。由一类分出来的各类称为同位类，它们在某一特点上（以上位类所代表的特点上）是不相同的，因此，各类之间应是互相排斥的，这样分层展开，就形成了分类体系。在这一体系中，信息资料依其特点，以相同、不同及部分对于整体的依存关系来表示和概括客观事物，这就有利于人们对事物的认识。通常，调查人员被要求按上述原理精心设计信息资料的分类表。

设计出分类表后，即可对各种具体的信息资料进行分类操作。这一工作通常有三个步骤：第一步是资料的辨类。需要归类的信息资料，先要进行辨类。通过正确的辨类，确保各种信息资料能准确地编入它们应当编入的类别，防止漏编或错编。第二步是资料的归类。把各种信息资料归入适当的类别。这一步工作要求严格按分类的标准和辨类的结果，对号入座。第三步是对某些资料采用互见、分析、参照的处理。当某些信息资料如只按一个主题归类，不能充分发挥资料的使用价值时，可采用互见、分析、参照的处理办法。互见是重复反映，即将一种资料分入两类或更多的累类。分析是用资料的一部分内容，反映有关的另一个或几个类别。参照是对类与类之间的从属、相互联系和相互补充关系加以说明和引荐。

3. 编码

编码是指将各种类别的信息资料用代码来表示的过程。代码是用来代表事物的记号，它可以用数字、字母或特殊的符号，或者它们之间的组合来表示。编码与分类紧密相关，是一项重要的工作，特别是在运用计算机管理的情况下，由于计算机是通过代码来识别事物的，编码是必不可少的环节。编码具有重要的功能，一是为各项信息资料提供一个概要而清楚的认定，便于存储和检索；二是可以显示信息资料单元的重要意义，并能协助资料的检索和操作；三是有利于信息资料处理的效率和精度，节省处理费用。

4. 合并

合并是指对某些性质相同、内容相似的信息资料进行合并。在许多情况下，合并能起到精简信息资料的数量，提高其质量的作用。但是合并必须合理，必须以不影响信息资料所反映的内容和使用为前提。

5. 比较

比较是指对不同信息资料的适用性和价值大小等所做的对比。市场调查所获得的信息资料通常很多，各自的适用性和价值存在差异，运用比较，调查与预测人员可以发现它们之间的差异，区分优劣。

6. 筛选

筛选是指在鉴别和比较的基础上，选择那些适用性强、价值大的信息资料，淘汰那些不适用、无价值以及没有必要保存的适用性差、价值小的信息资料。筛选是信息资料处理中的基本工作，必须认真、仔细、慎重，防止出现把一些有用的信息资料删除掉，或留下不适用、无价值的信息资料。

(三)数学处理

数学处理是指对信息资料所做的定量运算、分析和处理。它大致包括三方面的内容：一是数学运算。主要是对那些定量化的市场信息数据，根据需要所进行的各种数学计算，比如加减乘除，求极值等。二是统计分析。调查人员根据统计学原理，应用统计方法，对有关信息资料进行计算，比如计算平均数、中位数、概率分布等。三是建模与解模。调查人员根据所调查与预测事物的内在关系和发展规律，建立相关的数学模型，并通过建模运算，得出某些预期的结果。数学处理，往往能形成新的信息资料，能揭示事物的发展趋势和规律，有利于人们更深刻、更全面地认识客观事物。

数学处理对市场调查与预测的资料处理环节来说是必不可少的。数学处理有难易之分，有的项目所涉及的数学处理比较复杂，这就要求处理分析人员必须具备较高的数学处理知识和能力。

(四)系统研究

系统研究是指调查人员在充分掌握各种信息资料的前提下，运用系统观点进行思维推理，对所研究问题进行全面科学的研究，以得出正确结论的活动。系统研究不是孤立地分析每一份信息资料，而是从总体上把各种信息资料联系起来加以考察。其原则是把内部因素与外部因素相结合，局部因素与全局因素相结合，历史因素与现状和未来趋势相结合，静态与动态相结合，定性与定量相结合。系统研究既要重视和采用分析的方法（即把研究对象的整体分解为各个部分，从中认识事物的基础和要素的方法），也要重视和采用综合的方法（即把各种相互联系的个别资料联合成一个统一整体加以考察，然后找出事物的结构和本质的方法）。系统研究还要采用辩证思维的方法，以正确认识客观事物。

通过系统研究，找出事物之间的联系和发展的内在规律，得出准确、科学的有用信息，这是一种高级水平的处理与分析，是信息加工处理人员将原有知识、经验和各种信息资料相结合，运用创造性思维等智力活动的过程。

(五)编写

编写是指对经过处理与分析后形成的信息资料，按要求的格式规范写作成文。编写通常有以下几种形式：一是原文转发，当收集到的资料内容和形式都符合要求，无须修改，可以原文转发；二是文字压缩，如资料的内容不错，但文字太长，叙述烦琐，则需进行文字压缩，使其简明扼要；三是重新改写，当资料的内容重要，但格式不符合规范要求，需要重新改写；四是对经处理与分析后形成的新的信息资料的编写。

编写信息资料要符合以下几个基本要求。

(1)简明。编写的信息资料必须十分简明，高度浓缩以便概括，为此，要注意尽可能地采用图表、数据等形式，以书面文字表达的信息资料要力求简洁明了。

(2)准确。编写的信息资料要十分准确地反映客观事物。不但文字表达准确，资料反映的对象要清楚，观点鲜明，而且要确保内容、时间、地点等准确无误。另外，各种数据、图表等信息也必须准确。

（3）科学。不仅信息资料的编写要科学，即格式规范、文法修辞符合要求，而且信息资料的内容要符合事物的本来面目。

（4）统一。信息资料的编写要有统一的格式规范、统一的标准、统一的口径。

第二节　调查资料整理的验收与编辑

一、调查问卷的回收

调查问卷回收工作的要点有以下几个。

（1）与资料收集工作相配合，掌握每天完成的问卷数和接收的问卷数。

（2）在完成的问卷后面记录下问卷完成的日期和接收的日期，以便必要时在分析过程中比较先接收的资料和后接收的资料。

（3）多个项目同时实施时，必须清楚地记录下交付实施的项目数、仍在实施的项目数、已经完成并返回的项目数。

（4）每一份返回的问卷都要标记一个唯一的、有顺序的识别号码作为原始的文件。

（5）在进行资料的核对、事后的编码、资料的录入等工作时，必须按识别的号码，准确地记录清楚是谁拿着哪些原始文件（返回的问卷）。

（6）要让所 有参与资料整理工作的人员都知道，他们不仅负有保证工作质量的责任，还负有保证不丢失任何原始文件的责任。

问卷回收中登记和编号工作很重要，从不同地区不同调查员交回的问卷，都应立即登记和编号，尤其对于大规模的调查，更应做好这一工作。一般要求负责接收问卷的人员先设计好管记责格，上面列有调查员姓名和编号、调查地区和编号、调查实施的时间、交付的日期、实发问卷数、上交问卷数和问卷编号、未答或拒答问卷数、丢失问卷数、其他问卷数以及合格问卷数，等等。回收的问卷应分别按照不同调查员和不同地区（或单位）放置，问卷表面应写有编号并注明调查员和调查地区等，否则大量的问卷混在一起，容易丢失问卷，而且不易查找。

按顺序的号码记录接收问卷的做法十分有用。这些唯一的号码不但记录在原始文件上，也同时记录在资料中，如有必要进行查错时，研究者可以随时找到原始资料。这些原始文件的识别号码可以手写，也可以用打号机。重要的是要注意使用过的最后一个号码，以免重复编号。

如果有配额的规定或对某些子样本有具体的规定，那么应将可以接受的问卷进行分类并数出其数量。如果没有满足抽样的要求，就要采取相应的行动，例如在资料校订之前对不足份额的类别再做一些补充访问。

二、问卷的审核

对调查资料进行审核是保证调查工作质量的关键。资料的审核是指对回收问卷的完整性和访问质量的检查，目的是要确定哪些问卷可以接收，哪些问卷要作废，这些检查工作常常是在调查工作还在进行的过程中就已经开始了。

1. 审核的内容

对调查资料的审核需要在两个层次上进行，第一个层次是真实性，第二个层次是准确性和完整性。资料的审核分为两个阶段：实地审核和集中审核。实地审核主要针对资料的真实性；集中审核主要针对资料的准确性。

（1）实地审核

实地审核包括两个方面，一是调查者自己对问卷真实性、准确性和完整性的审核，这一工作在调查者尚未离开调查点之前进行；另一方面的实地审核指调查者离开以后复核员进行的审核，该项工作最后归到复查和追访工作，其目的是核实调查是否按要求正确无误地进行，尽可能确保每份调查问卷都是有效问卷。核实的内容有：

① 此人是否真正接受了调查？

② 被调查者是否符合条件？

③ 调查是否按要求的方式进行？

④ 调查是否完整？

⑤ 其他问题。如调查员是否彬彬有礼？被调查者对访问员或调查过程有什么意见？

（2）集中审核

这一环节主要审核问卷的准确性和完整性。集中审核的第一步是检查问卷填写的完整性和资料质量，目的是确定哪些问卷可以接收，哪些问卷要作废。在对问卷进行检查之前，应规定若干规则，使检查人员明确问卷完整到什么程度才可以接收。

2. 审核的方法

（1）逻辑审核。逻辑审核就是分析标志、数据之间是否符合逻辑，各个项目之间有无相互矛盾的地方。

（2）计算审核。计算审核就是检查调查表中各项数字在计算方法和计算结果上是否有误，数字的计量单位有无与规定不符的地方，等等。

（3）抽样审核。抽样审核就是从全部调查资料中抽取一部分资料进行抽样检验，用以推断全部调查资料的准确程度，并修正调查结果。

3. 不满意问卷的处理方法

首先，区分一下无效问卷和不满意的问卷。无效问卷包括以下几种。

① 所回收的问卷是不完整的，如缺页或多页、大面积无回答、相当多问题无回答、几个部分无回答、只有开头部分有回答等，这些问卷应视为无效问卷；但个别问题无回答或同一个问题相当多问卷无回答则可以作为有效问卷。

② 调查对象不符合要求的。

③ 明显错误的回答：前后不一致的回答、答非所问、不必回答的问题回答了。

④ 答案选择高度一致。调查对象回答的差异性不大，例如全部答案选一个数，如3或7。

⑤ 问卷是在事先规定的截止日期以后回收的。

不满意的问卷包括模糊不清的、前后不一致或有明显错误的、模棱两可的，以及不符合作答要求的问卷。

缺失数据的处理主要基于缺失数据的多少。数据少量地缺失回答是可以容忍的，但如果缺失值的比例超过了10%，就可能出现严重的问题，因此对缺失值要做适当处理。缺失值的处理方法主要有四种。

① 用一个样本统计量的值去代替缺失值。最典型的做法是使用变量的平均值。例如对一个没有回答其收入的被访者，用该被访者所在的子样本的平均收入去替代。

② 用从一个统计模型计算出来的值去代替缺失值。根据某些数据可以建立一种统计模型，如“产品使用程度”可能与“家庭规模”“家庭收入”相关，利用回答了这三个问题的被访者数据可以构造一个回归方程，而对于某个没有回答“产品使用程度”的被访者，只要其“家庭规模”“家庭收入”已知，就可以通过该方程计算出其值。

③ 将有缺失值的个案整个删除。

④ 将有缺失值的个案保留，仅在相应的分析中做必要的排除。这是一种常用的缺失数据处理方法。

第三节　调查资料整理的分组与编码

一、数据的分组

1. 分组的含义和目的

分组的含义是指调研人员根据市场调查的目的、要求，按照一定的标志，把调查数据分成不同的组成部分。分组的目的在于反映各组事物的数量特征，考察总体内部各组事物的构成状况，研究各个组成部分的相互关系等。分组的作用包括，（1）可以找出总体内部各个部分之间的差异。如产业结构划分为第一产业、第二产业、第三产业，不同产业包括的部门是各不相同的。（2）可以深入了解现象总体的内部结构。如我国三次产业分类的从业人员构成情况，说明了随着经济的发展，第一产业就业的人越来越少，第三产业发展比较迅速，产业结构由原来的以第一、二产业为主，逐渐向第二、三产业转移。（3）可以显示社会现象之间的依存关系。如某地区粮食单位面积产量和施肥量，说明了粮食单位面积产量和施肥量的关系。

2. 分组标志

分组标志指反映事物属性或特征的名称。要根据调研目的、事物本质、事物所处的具体历史条件和现实条件来分组。

3. 分组类型

根据分组标志的数量有简单分组和复合分组两类。

简单分组处理是指对总体各单位或样本各单位只按一个标志或标准进行分组处理。交叉分组是典型的复合分组。交叉分组处理是对总体各单位或样本各单位采用两个或两个以上的标志或调查项目进行交叉分组，所编制的数列一般表现为相关分组数列或复合分组数列。在使用交叉列表时，其中的变量（标志或调查项目）的选择和确定是一个关键问题，它关系到分析结果是否正确。选择交叉列表中的变量，包括其内容和数量，应根据调查项目的特点来考虑。

根据所使用分组标志的性质有质量标志分组和数量标志分组。

质量标志是反映事物属性的标志。（性别、职业）质量属性分布数列是以被调查者的职业、所属行业、性别、文化程度等质量属性和定性测评调查项目作为分组标志，对其本身的不同选项进行分组处理而形成的简单的质量数列。

数量标志揭示总体内部的数量差异。（收入、年龄等）数量属性分布数列是以被调查者的年龄、收入、消费支出、家庭人口、就业人口等数量属性，以及调查主体项目中的具有数量属性的调查项目作为分组标志（数量标志或变量），对这些变量的不同取值进行分组而形成的变量数列。数量属性分布数列有如下两种形式。

① 单项式变量数列。适应于离散型变量（如家庭人口、就业人口、耐用品拥有量、需求量等）的分组处理，即直接以变量的不同取值作为组别而编制的变量数列。

② 组距式变量数列。其适用于连续变量（如年龄、收入、消费支出等）的分组处理，即以变量的不同取值区间作为分组的组别而编制的变量数列。

4. 分组的步骤

选择分组标志，将数据以此标志排序（从小到大）； 确定组数、组距、组限等；需要注意各组间要体现某种质的不同。例如学生按成绩分组，那么60分以下和60分以上不要分在一组；再如人口按年龄分组，要考虑婴儿、儿童、少年、青年等对应年龄等。

二、数据的编码

编码是对一个调查项目的不同备选答案进行统计分组和统一设计代码的过程。其一般应用于大规模的问卷调查中，即把原始资料转化为符号或数字的资料标准化过程中。

编码将问卷中的开放题（如“为什么”的题目）的答案用标准代码表达出来，便于电脑统计。要完成这项工作，首先要通过已完成的问卷建立答案标准代码表（简称码表），然后由编码员对每份问卷进行编码，在收到全部问卷后就可以开始建立码表和编码了。

为了使原始码表趋于完善，通常编码员会刻意选择不同地区、不同层次的访问来建码表，对于可能出现的新码，也会在原始码表上留有补充余地，从而灵活加码。

原始码表会及时提交给客户，以便修改和确认，等客户确认码表后，才正式开始编码。

1. 编码方式

编码就是用阿拉伯数字代替问题的每一个答案，或者说是将问卷中的答案转换成数字的过程，这样便于录入和整理分析。

编码可以在设计问卷时进行，叫前编码，也可以在资料收集结束以后进行，叫后编码。

前编码一般针对答案类别事先已知的问题，在问卷设计的同时设计编码表（可归入问卷设计中），主要应用于封闭题和数字型开放题。

后编码一般针对答案类别事先无法确定的问题，在数据收集完成后，根据被调查者的回答设计编码表，主要应用于开放式问题和封闭式问题的“其他”项。

2. 编码的具体方法

一般说来，编码的具体方法是：以答案的顺序编码或者以答案本身的数字编码，对于无回答的要编特别号码。

前编码举例：

对于以下这几类问题，首先要编制编码明细表。以例说明如何编制编码明细表。

（1）单选题

对单选题只需用一个变量，变量的值为选项号。

例：请问您乘坐的舱位是： 1. 头等舱 2. 公务舱 3. 经济舱

对该题可编码为：1—头等舱，2—公务舱，3—经济舱，9—无回答。

（2）多选题

0—1 指示变量，如被调查者选择了该答案，此变量的值为 1，否则为 0。

例：您选择本次航班的原因？（可以选择多项）

1. 安全有保障 2. 航班时刻适当 3. 服务好……10. 其他，请详细说明。

对该题可编码为：1—是原因，0—不是原因

后编码举例：

后编码一般是对开放式问题和封闭式问题的“其他”进行编码。其有以下几个步骤。

① 列出答案。读取每个开放式问题的回答：为什么你喜欢喝 A 品牌的啤酒？

回答实例如下。

- 因为它口味好。
- 它具有最好的味道。
- 我喜欢它的口味。
- 我不喜欢其他啤酒太重的口味。
- 它最便宜。
- 我买任何打折的啤酒，它大部分时间都打折。
- 有舒适感。
- 没有不适感。
- 我总是选择这个品牌。
- 我已经喝了 20 多年。
- 它是大多数同事喝的品牌。
- 我的所有朋友都喝它。
- 这是我妻子 / 丈夫最喜欢喝的牌子。
- 我没有想过。
- 不知道。
- 没有特殊原因。

② 合并答案。找出与该回答相符的答案合并类别。

③ 设置编码。确定该类别的数字编码。

④ 选定编码。在调查表的适当地方，注明每个回答的数字编码。

3. 编码手册的制作

编码结束后，形成编码手册，可便于查询。编码手册制作包括编码手册的结构代码所在的位置、变量的名称及变量说明和编码说明。

4. 数据录入

一般是由数据录入员根据编码的规则（编码明细单）将数据从调查问卷上直接录入到计算机数据录入软件系统中，系统会自动进行记录和存储。

5. 查错与核对

录入员可使用两台电脑分别录入，进行部分复查，也可采用一致性查错与逻辑查错的方法，运用事先设计的计算机逻辑错误检查程序进行检查，还可以通过录入软件对编码范

围、变量之间的逻辑关系加以控制，减少输入差错。

手工汇总技术主要有以下几种。

（1）问卷分类法。调研员将全部问卷按照问项设计的顺序和分组处理的要求，依次对问项答案进行问卷分类。调研员分别清点有关问卷的份数，就可得到各个问题答案的选答次数。

（2）折叠法。调研员将全部调查问卷中的同一问项及答案折叠起来，并一张一张地叠在一起，用别针或回形针别好，然后清点各个答案选择的次数，填入事先设计的分组表内。

（3）划记法。调研员事先设计好空白的分组统计表，然后对所有问卷中的相同问项的不同答案一份一份地进行查看，并用划记法划记（常用“正”），全部问卷查看与划记完毕，即可统计出相同问项下的不同答案的次数，最后过录到正式的分组统计表上。

（4）卡片法。调研员利用摘录卡作为记录工具，对开放式问题的回答或深层访谈的回答进行过录或记录，然后再依据这些卡片进行“意见归纳处理”。

第四节　市场调查资料的基础数据分析

市场调查分析是根据一定的调查目的，采用一种或几种数据分析方法，按照一定的程序，对调查获得的并经过整理的数据资料进行分组、汇总、检验和分析，得到所调查事物或现象的本质及规律性，进而指导实践的过程。

一、数据分析的含义

数据分析是市场信息处理的重要内容。它是指调查人员对市场调查与预测过程中收集到的各种数据资料进行适当处理，使其显示一定的含义，进而反映不同数据之间以及新数据与原数据之间的联系，并通过分析，得出某些结论的过程。数据分析所采用的主要是一些统计分析技术。

二、数据分析的作用

数据分析在市场调查与预测中占有重要地位。大多数市场调查与预测人员都懂得，单独的一个数据就是一个数字，它不代表任何市场信息。比如，数字 1 500，就是 1 500，它并没有说明什么。如果一份资料显示某企业的某家电产品的价格为 1 500 元，1 500 就代表了一定的意义，但它所包含的信息有限。如果它同该企业三个主要竞争对手的同类产品的价格 1 600 元、1 700 元和 1 750 元联系起来，就说明该企业的产品具有价格优势。如果单价 1 500 元同该产品前三年的单价 1 610 元、1 580 元、1 540 元联系起来，则反映该产品的价格水平连年下降的趋势。以上例子说明了数据分析的功能，就是通过分析使原有的信息资料更好地反映客观经济事物的本来面貌和内在联系。数据分析是一项重要而复杂的工作。大量的事实证明，仅有数据资料，没有正确的分析技术，是不能正确了解和认识市场的。

三、数据分析的要求

数据分析的实际进行大多在数据收集以后，即处于整个市场调查与预测过程的后期。这绝不能得出在市场调查与预测的前期阶段用不着考虑数据分析的问题，相反，应该对数据分析早做考虑。特别是在市场调查与预测的设计阶段，要根据整个项目的目的、特点，预先设计好数据分析的技术，制订好数据分析的计划。在实际进行数据资料收集前夕，更要对数据分析的计划心中有数，否则，经常会出现所收集的数据资料不合乎分析的要求的情况。数据分析计划应包括：所需研究的主要变量；测量这些变量所用的方法；数据分析的过程以及所用的技术等。

四、常用数据统计分析技术和说明

一旦数据准备就绪，即可进入市场调查的数据分析阶段。数据分析是市场调查程序中的重要阶段，围绕不同的调查目的，针对不同类型的调查数据，采用不同的数据分析方法。分析方法的选择要能有效满足调查目的，并非使用的方法越多越好，或者越难越好。

数据分析与市场调查前期的调查设计、数据收集和整理密不可分。良好的数据质量是得出有效结论的前提。问卷设计的内容决定了可分析对象的范围；样本的代表性决定了结论的适用范围；数据类型限定了可用的分析方法的范围；收集数据的质量决定了分析结果的准确性。不同分析方法对数据的要求不一定相同，因此，选择分析方法时首先要注意数据的适用性。

目前比较常用的分析方法主要有以下几种。

1. 聚类分析（Cluster Analysis）

聚类分析中调研人员可以按人口背景、消费习惯、生活方式、个性等方面对被访者进行分类，并将这些特性与消费习惯结合起来，聚类分析是营销管理中“市场区隔划分”的主要手段。

2. 因子分析（Factor Analysis）

影响消费者购买的原因有很多，但有些原因是相关的，有内在的必然性，只要深入了解这些内在的必然性，就可以将复杂问题简单化，使执行变得轻而易举。还有，在品牌差异性方面，通过因子分析，调研者也可以发现各品牌内在的联系，从而不会被外表所迷惑，因子分析对于分析品牌地位有很大的帮助。因子分析就是从大量的数据中寻找内在的联系，减少决策的困难。

3. 相关分析（Correlation Analysis）

相关分析是对总体中确实具有联系的标志进行分析，其主体是对总体中具有因果关系标志的分析，是描述客观事物相互间关系的密切程度并用适当的统计指标表示出来的过程。它能够表述消费者消费、评价品牌、产品与品牌、产品特性之间的内在关系，相关分析可以帮助企业看到自己品牌和竞争品牌的市场驱动力和阻碍力，从而明确自身努力的方向。

4. 对应分析（Correspondence Analysis）

对应分析是品牌形象分析最有效的工具，它可以将品牌、形象非常直观地表现在二维平面上，自身品牌的形象以及各竞争品牌的关系能被清楚地显现出来。对应分析对于品牌定位和重定位，以及定位跟踪是非常合适的。

5. 象限分析（Quadrant Analysis）

象限分析能揭示研究结果之间的内在关系，对于发现市场问题和机会有非常好的效果。象限分析需要研究人员有较强的营销基础和数据敏感度。

6. SWOT 分析

SWOT 分析分析品牌的内在环境和外在环境，从而明确优势和劣势，认清市场机会和威胁，对于策略性决定有很大的指导作用。

7. 目标群体指数分析（Target Group Index）

目标群体指数分析有助于明确目标市场，是设定目标时经常使用的主要工具。

8. 数据显著性分析（Significance Test）

用于分析 n 个目标群体之间在消费习惯和态度方面的差异，其通常是决策的行动标准。

阅读参考 12-1

东风日产的数据管理

2016 年，东风日产对外宣布，正式与营销数据技术公司 AdMaster 签署包括多渠道跨设备数字广告监测、营销数据管理和数据创新应用等全方位合作业务。AdMaster 凭借中国最为成熟的“品牌自有 DMP 数据管理平台”搭建技术和服务经验优势，以及汽车领域丰富的实践及服务经验成功击败秒针、国双等多家竞争对手，脱颖而出。

从 2011 年起，AdMaster 连续 5 年为东风日产旗下全部品牌及车型提供数字营销全流程监测评估服务，积累了全方位广告互动、网站转化及公关社交互动数据，建立了高质量的数据模型，帮助东风日产建立了自有标签体系，使其实现与 BAT 等多方第三方数据平台的对接。同时，AdMaster 帮助东风日产旗下所有品牌和车型实现了历史营销数据和 CRM 数据的整合应用。5 年的合作，AdMaster 不断革新技术，持续助力东风日产引领汽车行业数字营销，获得了客户的高度认可。

新的合作中，AdMaster 将为东风日产旗下所有品牌和车型提供数字营销领域技术革新的数据管理整合服务，主要范围包括以下几点。

（1）数据整合管理和应用。AdMaster 整合广告及网站数据，并结合全网舆情及社交媒体数据，打造品牌自有第一方数据管理体系，帮助东风日产与行业内主流数据提供方进行数据连接。

（2）SmartServing 第三方广告智能推送系统，针对汽车垂直类优质流量（Cost Per Download CPD 模式买断）及视频优质流量，结合基于 Ad Serving 的程序化技术帮助品牌优化已采购的广告资源，实现基于人群标签的多创意轮番控制、跨媒体频次控制，并结合第一方网站数据重定向。

（3）提升整体营销 ROI。AdMaster 通过第一方数据的积累进行品牌自主投放，利用到达自有活动网站、自有电商平台的数据，进行精准投放，通过个人化动态创意，帮助品牌量化销售转化情况。

（4）潜在用户的挖掘及获取。AdMaster 以高质量留资用户作为种子，进行 Looklike，触达更多潜在消费者，并结合长期监测的东风日产 H5 项目，挖掘和发现微信、微博中有影响力的高质量用户并进行积累。AdMaster 还通过连接线上、线下成单数据，建立高质量用户模型，获取更多潜在用户。

（5）广告流量反作弊。AdMaster 通过系统化的反作弊技术，帮助品牌发现和找回由异常流量导致的费用损失。

（6）技术创新。AdMaster 与东风日产内部系统完成 API 对接，实现广告自动加码，并通过接口提供整合报告，实现连接线下 CRM 数据进行整体评估。

东风日产沟通传播部项目负责人表示："过去 5 年的合作中，AdMaster 助力东风日产实现了多次技术创新，高效完成了多方线上及线下数据整合、用户找回及潜在用户挖掘和获取、建立东风日产自有的'高质量用车模型'等工作，并获得亚洲知名的 AMES 数据创新奖。此次，东风日产与 AdMaster 合作，将进一步利用 AdMaster DMP 数据管理平台、广告流量质量甄别、SmartServing 广告智能推送等行业领先技术，支持东风日产未来营销革新需求。"

资料来源：http：//www.sohu.com/a/83726449_117753。

第五节　市场调查报告的撰写

一、市场调查报告的含义

市场调查报告以一定类型的载体，载荷反映市场状况的有关信息并包括某些调查结论和建议。市场调查报告是一个市场调查项目最终成果的主要表现形式，其形式可以是书面形式、口头形式、书面与口头结合的形式、电子版形式等多种。

市场调查报告是市场调查活动的直接结果。市场调查项目主体提出项目的直接目的，从某种程度上讲，就是为了获得满意的市场调查报告。调查者在市场调查活动过程中，通过调查策划，收集市场信息，并经过对所收集到的市场信息进行加工处理，最终形成某种形式的报告，提交给市场调查项目或活动的提出者或委托者。若是一项正式的市场调查项目，提交市场调查报告更是项目委托合同或协议中的重要内容。

市场调查报告也是衡量和反映一个市场调查项目质量高低的重要标志。尽管市场调查策划所采用的方法、技术以及市场调查的组织过程、资料处理等也是衡量市场调查质量的重要方面，但市场调查报告无疑是最重要的方面。

市场调查报告是调查活动的有形产品。当一个市场调查项目完成以后，调查报告就成了该项目的少数历史记录和证据之一。作为历史资料，它还有可能被重复使用，从而实现其使用效果的扩增。

综上所述，市场调查报告在市场调查中占有十分重要的地位，必须给予足够重视。

二、市场调查报告的格式和结构

市场调查报告没有一个统一规定的、固定不变的格式和结构。市场调查项目的类型和性质、委托方的要求、调查人员的个性和经验等因素的不同，都会导致市场调查报告的差异。

在长期的市场调查活动中，市场调查报告逐渐形成了某些为大多数市场调查者所采用的格式。美国著名的市场调查专家内雷斯·马尔霍查教授（Naresh K. Malhotra）在其1993年出版的《市场调研》（*Marketing Research*）一书中提出的格式，被认为是一种较好的并被普遍接受的格式。他认为，市场调查报告一般应包括以下部分。

（1）扉页，即项目名页（title page）。在这一页上，应包括：项目名称，项目名称要能反映项目的特性；调查承担人员或组织的名称、地址、电话号码；报告接受人或组织；报告完成日期等。

（2）递交信（letter of transmittal）。正规的调查报告通常包含一封致客户的递交信。信中可以概述调查者承担并实施项目的大致过程，强调客户需要注意的问题以及需要进一步研究的问题等，但不必叙述调查的具体内容。

（3）委托信（letter of authorization）。委托信是客户在调查项目正式开始之前写给调查者或调查组织的，具体表明了客户对调查承担者的要求。有时，可以在递交信中说明委托的情况；有时，也可以在调查报告中包括委托信的复印件。

（4）目录（table of contents）。目录中应详细列明调查报告的各个组成部分及其页码。

（5）表格目录（list of tables）。表格目录详细列有报告中所用的各种表格及其页码。

（6）图表目录（list of graphs）。图表目录详细列明报告中所用的各种图示及其页码。

（7）附录目录（list of appendices）。附录目录详细列明报告中所用的各种附录及其页码。

（8）证据目录（list of exhibits）。证据目录详细列明报告中所用的各种证据材料及其页码。

（9）经理览要（executive summary）。这是调查报告中主要为经理等主管人员写的部分。它在整个报告中占有特别重要的地位。许多经理主管人员往往没有时间阅读整个报告，而仅仅阅读摘要部分。这一部分要十分清楚和简要地叙述报告中的核心和要点，主要应包括调查的问题、目标、主要结果、结论和建议等。从次序看，经理览要应安排在整个调查报告的前列，但是，其起草应在报告的其他部分完成以后。

（10）问题界定（problem definition）。问题界定介绍市场调查所要解决的问题、背景材料等。要注意正确界定经营决策问题和市场调查问题。

（11）解决问题的方法（approach to the problem）。这部分主要叙述为解决所面临的市场调查问题所要采用的一般方法。

（12）调查设计（research design）。该部分叙述调查设计的内容，包括调查设计的类型、所需的信息、二手资料的收集、一手资料的收集、测量技术、调查表设计、抽样技术、现场工作等。

（13）资料分析（data analysis）。其主要叙述资料分析计划、分析策略和所用分析技术。

（14）结果（results）。调查结果是调查报告中最长的部分。它往往分成几个部分，根据所调查的问题的性质、目标和所获得的结果，进行合乎逻辑的叙述。

（15）局限和警告（limitations and caveats）。由于时间、预算、组织限制等因素的制约，有的市场调查项目总有其局限性。要仔细地阐明项目的局限性，避免客户过分依赖调查结果，但也要避免造成客户怀疑调查结果的情况。

（16）结论和建议（conclusions and recommendations）。这是市场调查人员根据所获得的信息资料，进行理性分析研究后提出的见解。这部分内容要求可行、可操作和有用。

（17）附件（exhibits）。附件部分列出各种必要的附件，如调查表、统计数据等。

显然，内雷斯·马尔霍查教授对市场调查报告的构成划分得比较细。相比之下，另外一些专家的划分要宽泛一些。他们认为，市场调查报告的内容应大体包含以下部分。

（1）扉页，即项目名页。

（2）目录。

（3）经理览要。

（4）引言。

（5）方法。

（6）调查结果。

（7）局限。

（8）结论和建议。

（9）附件。

三、市场调查报告的撰写

要形成一份好的市场调查报告，除了精心设计和组织安排报告的结构和格式外，还必须遵循以下要求。

（1）客户导向。市场调查报告是给客户阅读和使用的，而不是写给自己看的，更不是文学作品，所以，必须高度重视特定的阅读和使用者。要充分注意阅读和使用者的特征及其需要。在编写市场调查报告时，要注意以下事实：首先，大多数经理人员很忙；其次，他们大多很少精通调查的某些技术和术语；再次，如果存在多个阅读和使用者，通常他们之间存在需要和兴趣方面的差异；最后，经理人员和常人一样，不喜欢那种冗长、乏味、呆板的文字。

（2）实事求是。市场调查报告必须符合客观实际，坚决反对弄虚作假。重视阅读和使用者的需要，并不意味着迎合他们的口味，专门挑选他们喜欢的材料编写。要防止片面性和误导。

（3）突出重点。市场调查报告必须在保证全面、系统地反映客观事物的前提下，突出重点，尤其是要突出市场调查的目的，提高市场调查报告的针对性、适用性，从而提高其价值。

（4）精心安排。整个市场调查报告要精心组织，妥善安排其结构和内容，给人以完整的印象。报告内容要扼要，逻辑性强。文字要简短易懂，尽量少用专业性较强的术语。要注意形成生动有趣的写作风格，要注意正确运用好图表、数字表达，等等。

总之，一份好的市场调查报告，除了必须要有好的资料、内容外，还必须要配之以好的编写。为此，必须做好充分的写作准备，起草前要拟好详细的提纲，要认真起草，广泛听取意见，反复修改，不断完善，以最终形成优质的报告。有时，为了满足不同客户的要求，同时编写和形成若干份不同的报告是必要的。

本章小结

调查资料整理是将收集到的各类信息资料，按照一定的程序和方法，进行分类、计算、分析和选择等，使之成为适用的信息资料的活动和过程。现场控制是指在市场调查与预测的信息资料收集之时进行的，对收集工作的监控和对某些信息资料的处理与分析工作。逻辑处理是指对信息进行的只涉及形式而不涉及内容上的某些加工工作。鉴别是对信息资料的真实性、准确性、系统性、实用性等所做的判断和结论。分类是根据市场调查与预测的目标和要求，按照一定的标准和口径，对所收集的信息资料分别进行归类的加工工作。编码是指将各种类别的信息资料用代码来表示的过程。

问卷回收中登记和编号工作很重要，从不同地区不同调查员交回的问卷，都应立即登记和编号，尤其对于大规模的调查，更应做好这一工作。资料的审核是指对回收问卷的完整性和访问质量的检查，目的是要确定哪些问卷可以接受，哪些问卷要作废，这些检查常常是调查工作还在进行的过程中就已经开始了。资料的审核分为两个阶段，实地审核和集中审核。

分组是指根据市场调查的目的、要求，按照一定的标志，把调查数据分成不同的组成部分。分组标志的选择标志指反映事物属性或特征的名称。要根据调查目的、事物本质、事物所处的具体历史条件和现实条件来分组。编码是对一个调查项目的不同备选答案进行统计分组和统一设计代码的过程，一般应用于大规模的问卷调查中，即把原始资料转化为符号或数字的资料标准化过程。编码就是用阿拉伯数字代替问题的每一个答案，或者说是将问卷中的答案转换成数字的过程，便于录入和整理分析。编码可以在设计问卷时进行，叫前编码；也可以在资料收集结束以后进行，叫后编码。

数据分析是市场信息处理的重要内容。 它是指对市场调查与预测过程中收集到的各种数据资料进行适当的处理，使其显示一定的含义，进而反映不同数据之间以及新数据与原数据之间的联系，并通过分析得出某些结论的过程。数据分析所采用的主要是一些统计分析技术。

市场调查报告是以一定类型的载体，载荷反映市场状况的有关信息并包括某些调查结论和建议的形式。市场调查报告是一个市场调查项目最终成果的主要表现形式，其形式可以是书面形式、口头形式、书面与口头结合的形式、电子版形式等多种。市场调查报告没有一个统一规定的、固定不变的格式和结构。市场调查项目的类型和性质、委托方的要求、调查人员的个性和经验等因素的不同，都会导致市场调查报告的差异。

思考题

1. 调查资料整理的意义是什么？
2. 调查资料整理过程包含哪些具体工作？
3. 如何进行逻辑处理？
4. 编码有哪些功能？
5. 调查问卷回收工作的要点是什么？
6. 审核的内容是什么？
7. 什么是实地审核和集中审核？
8. 不满意问卷的处理方法有哪些？

9. 调查数据分组的作用是什么？
10. 数据编码的具体方法有哪些？
11. 如何正确安排市场调查报告的格式和结构？
12. 市场调查报告的撰写必须遵循的要求是什么？

案例分析

关于电暖器市场的调查报告

该市场调查报告的主体部分包括：

1. 生产情况

据调查，国内以电暖器为主要产品的生产企业有30多家。2003年，电暖器总产量约240.19万台。其中，年产量超过10万台的主要有广东美的家电厂、宁波天工实业公司等八家企业。这八家企业电暖器总产量约209.53万台，占国内电暖器总产量的87.24%。

以上情况表明：虽然电暖器行业目前处于起步阶段，但生产集中程度都非常高。特别是产量排行第一的广东美的家电厂，其产量超过国内总产量的1/4，在本行业中处于明显的垄断地位。

2. 销售情况

据对北京、大连、沈阳、济南、杭州、武汉六个城市的27家大商场的调查，2003年，电暖器总销量约为71 000台。其中，销量超过5 000台的有五家商场，年销售总量约44 447台，占27家商场销售总量的62.6%。以上情况表明：与电暖器生产的高度集中类似，电暖器销售的集中程度也非常高。这种现象一方面反映了电暖器市场正处于开发阶段，大部分商场都把电暖器作为试销商品经营，把电暖器作为主要商品经营的很少；另一方面，虽然经销电暖器获得成功的商场数量不多，但这些商场的成功至少说明，电暖器极具市场潜力，具有良好的发展前景。

3. 各种品牌的竞争（略）

4. 市场分析与展望（略）

产品与建筑面积、供热面积的分析，产品生产和销售情况的分析（略）。

5. 几点建议（略）

对该调查报告主体部分的评价如下：

产品调查是市场调查的主要内容之一。产品市场调查报告的行业性、专业技术性很强。其内容一般包括：产品的品牌、质量、款式、功能、价格、技术、服务、消费及对产品的评价、意见、要求、产品的市场销售、市场展望等。上述市场调查报告范文侧重于对产品的生产、销售、品牌等情况的介绍，运用对比、排位等方法分析，尤其是第四部分对影响产品销售的建筑面积、供热面积等深层背景进行分析，并进行预测，文章更有力度，在此基础上所提出的对策和建议，必然显得理据充实，说服力强。

问题讨论

（1）您认为该调查报告的主体部分结构如何？
（2）对该调查报告的评价是否合理？

Chapter 13

第十三章　市场调查应用

本章概要

企业需要认真研究市场体系、消费者、零售市场、广告市场和国际市场。本章主要内容包括市场体系的内涵和结构、市场的介绍、对市场供求和市场竞争的分析；对消费者的调查主要涉及消费主体调查、消费结构调查、消费者使用与态度调查以及顾客满意度调查；零售市场的调查包括对零售业态的调查、对零售业结构的调查、对商品零售额的调查以及对零售从业人员的调查。零售决策开展的调查主要包括商圈调查和商店选址调查。本章还介绍了广告调查和国际市场调查及其对企业的重要作用。

学习目的

了解市场体系的内涵和结构；了解市场供求分析和竞争分析的方法；掌握消费者调查的基本内容和分析方法；掌握零售业调查的含义及内容；掌握广告调查的基本内容和基本方法；掌握国际市场调查的含义、特征及信息来源。

基本概念

市场分析　消费者调查　零售业调查　广告调查　国际市场调查

引导案例

运动品牌如何打动女性消费者

运动对女性消费者的吸引之处是什么？运动的竞技性，运动能保持身材，还是运动休闲时尚所代表的风格？

2013年2月底，阿迪达斯为女性消费者推出“以姐妹之名，全倾全力”的全方位市场活动，挖掘友谊这个概念—女人之间通过相似的运动热情相连接，并通过这份共享的热情创造属于她们的团体。

整个活动的焦点都围绕着友谊、姐妹行情谊和团体的概念。具体的内容包括：广告、推广（户外、纸质媒体、电视以及数字媒体广告）、公关推广、数字推广以及商场促销；全国多地启动线下活动，举办时装表演，展示不同风格的产品。此后两个月，阿迪达斯广告的搜索量达到峰值，多数搜索聚焦于电视广告中出现的产品和新的品牌大使Hebe田馥甄。同时店铺访问率明显增加，女子运动表现系列产品销量同比增长40%，在高线和低线城市市场都看到了强势的销售表现。

“女子品类是我们最重要的品类之一。在我们推出女子市场活动之后，我们看到了销售的显著增长。”阿迪达斯集团大中华区董事总经理Colin Currie（高嘉礼）在接受《成功营销》采访时表示。

除了提升品牌关注度和产品销量，阿迪达斯中国团队组织的“以姐妹之名，全倾全力”营销活动，还有一层更特别且重要的意义—它是阿迪达斯第一个中国本土化的市场活动，第一次聚焦于女性消费者，是第一个独立、跨品类的市场活动，此外它还是2013年阿迪达斯最大的市场活动。

与2009年“Me.Myself”市场活动不同的是，此前的宣传仅针对女子训练产品，这次活动针对女子运动表现系列中跨品类产品，从时尚的锻炼服装到可以提升运动表现的科技产品，都有涉及。此外，“Me.Myself”这一市场活动概念面向全球设计，随后适应当地市场。

2014年，阿迪达斯继续“以姐妹之名，全倾全力”活动，推出以周末约会为主题的运动概念，鼓励热爱生活、热爱运动的女生们带上自己的姐妹，打破传统的周末约会方式，加入阿迪达斯的运动行列，来一场缤纷活力的姐妹周末运动派对。

为推广这一理念，阿迪达斯于当年3月推出由Hebe主演的新一季女子电视广告，以“姐妹周末运动”为故事主线，为女性消费者带来不同以往的运动魅力，鼓励女性朋友和她们的姐妹在运动中全倾全力，尽情享受运动的快乐。与此同时，阿迪达斯推出了“adidas girls”微信公众账号，用户可以玩游戏，获得周末运动新内容、产品资讯、运动小贴士等丰富信息。

新一季的广告，强调了跑步和室内运动产品，代表了阿迪达斯女子运动表现系列在中国市场的发展重点。

以跑步为例，其在中国的受重视程度与日俱增，这从中国新增的马拉松赛事数量上，就可以看出来。2012年，中国举办了超过20个长距离马拉松之类的比赛。而在10年前，每年仅能看到一两个这样的比赛。

这一切的推动因素是什么？在阿迪达斯看来，首先是运动参与度在全国范围内的提升。其次，跑步是一个关于参与的运动，它不像其他需要设备或器技的运动，参与跑步的门槛比较低。“这些趋势使阿迪达斯对中国市场充满了信心。”高嘉礼说道。

在针对中国女子运动市场的深度调查中，阿迪达斯团队采访了来自6座城市的126位年龄在15—28岁之间的女性，发现她们对于运动和健身有着特别的情感诉求——并不将健身与运动的地方单纯视为进行锻炼的场所，也将其视为一个可以与朋友进行社交的场所。

此外，友谊是一个女孩日常生活的重要部分，与朋友共进晚餐，一起购物，或是看电影，将会更有乐趣。同样的道理也适用于运动和健身。对女孩而言，不论是玩游泳、打羽毛球还是做瑜伽，与朋友共同参与这些活动更有乐趣。

虽然传统的做法是将运动作为核心，用强健体魄推广女子运动产品，但阿迪达斯了解了女性消费者的需求、想法和愿望后，决定另辟路径，用“社交”的诉求点来吸引这个细分消费群体。

了解当地市场的消费者，不仅仅是营销创意的基本，同样也是开拓细分市场、开设门店或是进行产品搭配计划必做的功课。“当我们拓展新的细分市场的时候，花时间去了解当地市场和消费者是很重要的。举例而言，我们在北方户外品类中看到了巨大的增长潜力。基于当地的气候和地理条件，北方比中国其他地方的冬天都要长，更多的消费者喜欢冰上和雪上运动，因此我们大部分的户外门店位于中国北方的城市。”高嘉礼举例说。

在阿迪达斯的品牌组合中，除了运动表现系列，运动时尚系列品牌NEO和Originals中也有涉及女性消费者的产品，但未来，阿迪达斯暂无计划推出跨品牌的市场活动。

资料来源：谢园：《运动品牌如何打动女性消费者》，《成功营销》2015年第8期。

第一节　市场分析

一、市场体系分析

（一）市场体系的内涵

按现代系统论，市场是一个系统（我国习惯上称为体系），是一个与商品经济相联系，由各种市场要素组成的，有结构、有功能的有机统一体。

市场体系由各类基本的市场要素组成。其中市场主体包括商品生产供应者、商品消费需求者、商业经营者和市场管理者等；市场客体包括在市场上交易的各种商品和服务等；市场载体包括商品交易的空间地点、物质技术设施等；市场媒体包括货币、价格、信息等。各种市场主体在市场中从事的各种商品买卖活动、媒介服务活动、市场管理活动、市场竞争活动等， 构成市场的实际运行。市场运行过程中又必然反映出各种市场关系，比如供求关系、买卖关系、竞争关系、协作关系，而供求关系在市场关系中有着重要意义。

（二）市场体系的结构分析

市场体系可以分成若干个子系统。市场子系统既是市场体系的组成部分，又是相对独立的整体，均有各自的功能、作用和地位。市场体系的要素和子系统的构成及其相互关系，即市场的结构，它是一个错综复杂的多维结构。

1. 从组成市场的商品性质看，市场体系可分为六大市场

（1）物质产品市场

物质产品市场是指构成市场的商品要素是物质产品，即其是有形产品市场。按产品的用途，市场又可以分为消费资料市场和生产资料市场。按产品的来源，市场则又可以分为农产品市场和工业品市场。物质产品的交换是商品交换的起始形式，而物质产品市场是最基本的市场。

（2）服务市场

服务市场是指构成市场的商品要素是服务，即其是无形产品市场。服务是通过劳动所提供的能满足消费者特殊需要的无形产品。狭义的服务市场是指为生产经营和人民生活提供各种服务性劳动的市场。广义的服务市场是指除物质产品市场以外的一切服务产品市场，即全部第三产业服务产品市场，它包括流通部门、为生产和生活服务的部门、为提高科学与文化水平和居民素质的服务部门，以及为社会公共需要提供服务的部门。

（3）金融市场

这是指货币流通中买卖或借贷贵金属、货币、有价证券和外汇所形成的市场。金融市场包括资金市场、外汇市场、黄金市场等。我国的外汇市场已经得到了较大发展。金融市场的主体是资金市场。资金市场包括短期资金市场和长期资金市场。金融市场在我国建立社会主义市场经济体制的过程中，起到了至关重要的作用，具有重要地位。

（4）劳动力市场

这是指构成市场的商品要素是劳动力。随着我国劳动用工制度和就业制度的改革，劳动力的自由流动，就业的“双向选择”，农业劳动力的大量富余和部分职工的下岗待业，使我国的劳动力市场开始形成并得到发展。

（5）技术市场

这是指构成市场的商品要素是技术。广义的技术市场是指由技术设备、技术方法和技术服务三大类商品要素构成的市场。狭义的技术市场是指由技术方法这一类商品要素构成的市场。我国习惯上指的技术市场处于两者中间，是指由技术方法和技术服务这两类商品要素构成的市场，具体内容包括技术交易、技术特许、技术服务、技术咨询、合作研制、科研生产、合资经营、项目总承包、委托科研设计、技术难题招标、技术交流以及专业技术培训等。

（6）其他商品市场

这是指上述市场以外的各种市场，主要包括房产市场、地产市场等。

2. 从在社会经济中的地位和作用看，市场体系可以分为生活消费市场和生产要素市场

（1）生活消费市场

这是指由人们生活消费所必需的各类有形和无形商品构成的市场。从内容看，生活消费市场涵盖物质产品市场（主要是生活消费品市场）、服务市场（主要是为人民生活消费提供服务的市场）、金融市场、劳动力市场和房地产市场等多个领域。尽管形成这些市场的因素和条件并非全部通过市场获得，但随着市场经济的发展，通过市场获得的比重有上升趋势。社会经济的发展一方面将使生活消费品供应的内容日益丰富，不断扩大；另一方面，人口数量的增加和消费水平的提高，又导致生活消费品需求的多样化和量的增加，所以，生活消费市场有不断扩大的趋势。

（2）生产要素市场

这是指由社会再生产活动所必需的各类生产要素所构成的市场。在现代社会条件下，社会再生产活动必须具备劳动者（即人）、物资（即劳动对象）、设备（即劳动手段或工具）、资金、技术、信息等最基本的因素和条件。为此，生产要素市场包括物质产品市场（主要是生产资料市场）、服务市场（主要是为生产经营提供服务的市场）、金融市场、技术市场、劳动力市场、房地产市场等诸多领域。

3. 从市场竞争的程度看，市场体系可以分为四种不同的类型

（1）完全竞争市场及特征

完全竞争市场（Pure Competition Market）是一种没有垄断因素的市场。完全竞争市场形成的基本条件和特征有以下几点：

① 必须存在大量的买者和卖者；

② 市场上每一个买者的需求量和卖者的供给量，在整个市场的交易量中都只占极小的比例，都无法左右或给市场以较大的影响，即无法形成垄断；

③ 在同一个市场范围中，所有的生产者都生产和销售同一种产品；

④ 生产要素可以在各种产业和生产者之间自由转移，没有任何障碍；

⑤ 生产公开、信息联通。

一般认为，在现代市场经济条件下，完全竞争的市场是一种虚构，事实上是不存在的，但也有人把农产品市场视为完全竞争市场。

（2）完全垄断市场及特征

完全垄断市场（Monopoly Market）是指供应者仅为一家厂商，无竞争者存在，该厂商可以利用产品数量和销售价格对生产实施完全控制的一类市场。其基本特征为：

① 在一定的市场范围内，同一个行业中只存在一个厂商，即某种产品只有一个供应者；

② 该产品无替代产品；

③ 其他厂商进入该市场极不容易，甚至不可能。

一般而言，在现代市场经济条件下，完全垄断市场极少。

（3）寡头垄断市场及特征

寡头垄断市场（Oligopoly Market）是只有少数几家厂商控制的市场。这种市场的基本特征为：

① 在一定的市场范围中，生产供应同一种产品的厂商只有很少的几家；

② 产品差异可有可无，当产品无差异时，称为纯粹寡头垄断市场，当产品有差异时，称为差别寡头垄断市场；

③ 厂商之间利害关系直接，相互关系密切；

④ 进入该市场不易。

（4）垄断竞争市场及特征

垄断竞争市场（Monopolistic Competition Market）是指有为数频多的厂商，提供大致相同但有差别的产品，每个厂商可能在某些范围、某些方面有一定的控制性，但整个市场还是竞争的状态。这是一种介于完全竞争和寡头垄断之间的市场状态，它的形成必须同时具备以下几个条件。

①在同一个市场范围内，存在着颇多的厂商，这些厂商既对各自的产品价格有一定的控制力，也对市场施加某种影响，同时，互相之间又存在着竞争，不能互相勾结，控制价格，存在着彼此独立行动又互相依存的关系。

② 产品间存在差异，这些差异包括由于原料、设计、技术不同而引起的用途的不同；由于包装、商标、广告等的不同而引起的形式的不同；由于出售者的地址，商店的一般风格特点，经商的方法、信誉、服务等的不同引起的出售条件的不同等。

③ 进入该行业比较容易。

在现实经济社会中，垄断竞争市场是一种比较普遍的市场状态。

此外，还可以从其他不同的角度对市场体系进行分类。例如，从市场的地域范围看，市场体系具有明显的层次性。按地域，即按市场的地理区位，可以把市场体系分为城市市场、市郊市场、农村市场、边远市场等，形成明显的板块结构。从市场的空间范围看，由于产品特征、交通运输条件、供求关系、消费需求特点等方面的差异，商品的空间范围，即商品的辐射范围，也指商品流通的广度是不同的，市场形成层次结构，市场体系主要分为地方性市场、区域性市场、全国性市场、国际市场、国际区域市场和世界市场等。从市场交换关系的时限看，市场体系又表现为现货市场和期货市场的结构。

二、市场供求分析

（一）市场商品供应分析

市场商品供应（习惯上称为市场商品供给，或简称为市场供应、开场供给、商品供应或商品供给等）“就是处在市场上的产品，或者能提供给市场的产品……它们不仅是满足人类需要的使用价值，而且这种使用价值还以一定的量出现在市场上”。显然，市场商品供应是指商品生产者向市场提供的能满足消费者需要的商品。从实物形态上看，它表现为具有一定使用价值的各种形态的商品；从价值形态上看，它表现为以一定的货币单位表示的价值量。有些情况下，市场商品供应也理解为市场商品供应者，即生产并向市场提供商品的商品生产经营者。

从一般角度看，市场商品供应分析的内容主要包括市场商品现实供应者和潜在供应者分析，市场商品供应总量和结构分析，具体商品的供应量分析，可供商品的质量、品种、规格、花色、价格的分析，以及供应弹性分析等。在实际应用过程中，不同的调查项目要求掌握的市场商品供应分析的内容、范围等是不同的。

（二）市场商品需求分析

市场商品需求（习惯上简称为市场需求、商品需求等）是“市场上出现的对商品的需要”，指有支付能力的对商品的需求和购买欲望。市场商品需求可以分为现实需求和潜在需求两种形态。现实需求是指消费者已经意识到，具有购买能力，并已经准备购买某种商品的需求。对商品生产供应者而言，这是一部分现实的市场，只要具有适销对路的商品，就能够实现商品的价值。潜在需求是指处于潜在状态的需求，即消费者尚未意识到的需求，或已经意识到，但由于种种原因暂时不能购买的需求。潜在需求构成潜在的市场，对商品生产供应者同样具有重要的意义。在有些情况下，市场商品需求也理解为市场商品需求者，即购买并消费商品的市场主体。从一般角度看，市场商品需求分析的内容，主要包括市场商品需求总量和结构分析、具体商品的需求量和结构分析、需求弹性分析等。对需求的分析均要从现实和潜在需求的角度进行。

由于从市场营销角度看，市场需求由人口、购买力和购买欲望等要素构成，为此，市场需求调查必须展开对人口及其购买力状况的调查，其中，人口调查通常可以从人口统计的资料中获取，当然，对特殊需要的人口资料也需由市场调查人员自己收集。购买力调查应包括对调查范围内消费者的个人收入、个人可支配收入、个人可任意支配收入等的调查。这些资料的收集一般可以从第二手资料来源获取，一些特殊的要求，则需要市场调查人员自己设计和收集。

（三）供求关系分析

市场供求之间具有十分密切的对立统一关系。一方面，市场供求互为条件，互相依存。市场供应以市场需求为条件，没有市场需求，市场供应就失去了存在的理由。同时，市场需求又以市场供应为条件，没有市场供应，市场需求就失去了实现的基础。另一方面，市场供应和市场需求之间又存在矛盾。这种矛盾通常体现在市场商品供求在量上的不平衡以及市场商品供应者与需求者之间的关系上。

供求关系分析包括供求的总量关系和结构关系的分析。应在分析总供应与总需求之间的基本格局，即处于供大于求、供求平衡，还是处于供不应求的同时，注意分析不同商品的供求状况，还要分析供求的动态变化状况。供求的总量格局与具体商品的供求格局并不一定同步。在总体上供大于求的条件下，也有可能存在某些或某种商品的供不应求状况。

（四）特殊的供求现象分析

1. 替代商品的供求关系

替代商品指一种商品与另一种商品在使用或消费上具有能互相替代的关系，这些商品被称为替代商品。替代商品之间具有特殊的供求关系：对一种商品的需求增加，会导致对其替代商品需求的相应减少；一种商品价格变动，如其替代商品价格稳定，则该商品的供求变化较大，且会影响替代品的供求。

2. 连带商品的供求关系

连带商品指某些在使用和消费上具有连带关系的商品。对一种商品的需求增加，会刺激连带商品的需求同时增加，反之，一种商品的需求下降，其连带商品需求同样会下降。

3. 商品供求的逆反现象

一般，商品的供求变化遵循商品供求运动的一般规律，即商品供应量与商品的价格呈正向变化，价格上升会导致商品供应量的增加；反之则商品供应量下降。商品需求量与商品价格呈反向变化，即价格上升会导致商品需求量的下降；反之则商品供应量上升。商品供大于求会导致价格下降，供不应求会导致价格上升。但是，消费者对价格变动出现逆反心理时，商品供求运动会出现逆反现象。比如，商品的价格下降时，消费者容易产生该商品质量有问题、该商品卖不掉、还会降价等的心理，从而需求不但不升，反而下降。此外，一些特殊的商品，比如炫耀类商品和“价—质”商品，越是降价，需求越是下降。

（五）市场竞争分析

市场竞争是商品生产和商品交换条件下市场的一种必然现象。它是由不同商品生产者和商品经营者利益上的矛盾所引起的。竞争从本质上看是一种经济关系，是具有不同的经济利益的经济组织或个人为了在经济关系中取得有利地位，获得好的利益而表现出来的经济行为。适度的正当竞争能增进经济活力，能促进市场主体改进经营管理、减少成本、提高效率，能促进企业的技术进步，能促进企业不断开发新产品、满足社会需求，从而促进社会经济的发展。过度的竞争，特别是不正当的竞争则会扰乱经济秩序，导致社会经济资源配置的不合理，从而不利于经济发展。

市场竞争分析的内容主要包括以下六个方面。

1. 对市场竞争状态的分析

完全竞争、完全垄断、寡头垄断、垄断竞争等不同的竞争状态具有不同的竞争格局、竞争形式、竞争程度。要正确界定市场竞争的状态，分析其特征。

2. 对市场竞争类别的分析

市场竞争按照其性质可分为经营要素竞争、商品货源竞争、商品销路竞争等类别。经营要素竞争主要表现为市场主体之间争夺人才、资金、设备、原材料、技术等经营要素，以提高自己的经营实力，这类竞争一般总是存在的。商品货源竞争和商品销路竞争一般发生在不同的市场环境下。在商品供不应求的条件下，市场主体往往会展开商品货源的竞争，而在供大于求的情况下，商品销路竞争成为主要的竞争。

3. 对市场竞争形式的分析

主要的市场竞争形式有使用价值竞争、价值竞争、技术竞争、服务竞争等。不同企业的主客观条件不同，采用的竞争形式会有较大的差别。在价值竞争仍被广泛使用的同时，使用价值竞争、技术竞争和服务竞争等竞争形式逐渐增加。

4. 对竞争对手的分析

对竞争对手的分析内容很多，主要包括竞争对手的数量、规模、经营实力、经营产品、市场占有率、企业形象、产品形象、经营效果等基本状况，以及竞争对手的产品开发、质量、品种、花色的改进、价格的变动、服务形式、销售组织形态、销售渠道的改进、促销手段的改进、人才的引进、技术进步、不正当竞争手段等的竞争行为。对竞争对手的分析是企业采取竞争策略的主要依据，具有十分重要的意义。

5. 对本企业在竞争中的地位的分析

一个企业在市场中可以处于市场领导者、市场挑战者、市场追随者或市场补缺者的地位。所处的地位不同，面临的问题也不同，企业应该采取的竞争策略也应该不同。通过对该产业的企业构成的调查分析，特别是通过对各个企业的市场份额的调查分析，企业可以确定各个企业在市场竞争中的地位，同时可以确定本企业在市场竞争中的地位。

6. 对本企业竞争能力的分析

企业的竞争力是企业在各种环境中成功地从事经营活动的能力，是企业综合经营素质的表现。它由企业的经营要素，包括人力、资本、设备、物资、技术、信息、形象等，经组织与管理形成，具体可以表现为经营实力、产品竞争能力、产品分销能力、价格竞争能力、促销能力、服务能力、研究开发能力、扩张能力等。竞争能力一般在市场竞争中得到体现，即企业在市场经营活动中和与竞争对手的竞争中得到表现，而这又表现为竞争优势。通常的竞争优势包括成本优势、技术优势、资本优势、人才优势、供应优势、区位优势等，而核心竞争力被认为具有至关重要的作用。

阅读参考 13–1

洞察中国未来商业前景

五种主要力量构成了中国经济增长的基本语境，将在未来数年影响和塑造中国的商业前景：全球化、城镇化、新技术、绿色经济、平衡发展。这五种力量各有其重点，但密切关联，影响未来中国的经济和产业结构，促使企业在战略和运营层面实行双重变革。

1. 全球化

全球化能为中国企业提供更大的发展空间，也带来更多竞争挑战和市场风险。中国企业必须深刻理解当今全球化的内涵和发展趋势，在全球化战略上做出正确选择，不断提升全球化产业布局、资源配置和运营管理的能力，最终使自己真正成为一家全球化运营的企业，在多极世界的经济舞台上，长袖善舞，基业长青。

2. 城镇化

中国的城镇化率从改革开放初期的 20% 提高到了现在的 53.73%，但与发达国家 80% 左右的城镇化率相比，还有较大差距。从世界城镇化的进程来看，城镇化率从 36% 提高到 60% 的阶段是城镇化的加速期。如果国家制定的到 2030 年实现 65% 的城镇化率的目标得以实现，那就意味着未来每年平均将有 3 000 万人从农村落户城镇。如此大规模的城镇化进程，世所罕见，不仅对中国的经济发展，而且对中国人的生活方式和文明发展形态也有着深刻意义。

3. 新技术

新技术和创新是保持未来经济持续增长的必要条件。中国政府也已从战略发展角度提出大力发展包括节能环保、新能源、新材料、生物医药、生物育种、信息和新能源汽车七大战略性新兴产业。在这样的宏观背景下，企业应当尤其关注那些会对整个经济格局、企业运营环境与游戏规则带来深远影响的新技术的发展和推广。

4. 绿色经济

绿色经济包含的内容极为丰富，市场前景广阔，涉及绿色能源、绿色工业、环保产业、信息产业等。对于企业来说，绿色经济既是一种挑战和必须承担的社会责任，也是开拓新的利润来源的机会。如果能够把绿色经济和可持续性理念真正融入企业战略和日常运营之中，企业就会收获新的商机和竞争优势。

5. 平衡发展

过去30多年，中国在促进经济规模迅速增长的同时，也导致经济处于一种近于失衡的状态。这种失衡表现在多个方面的经济关系上：投资和消费、出口和内需、规模和质量、速度和可持续性、价值链低端和价值链高端、经济发展和环境保护，地区之间，特别是东部沿海地区和欠发达的西部地区之间以及城乡之间。可以预见，在调整失衡过程中，生产要素和资源价格亦将面临调整，并对宏观经济和企业运营产生重大影响。

资料来源：http：//www.gemag.com.cn。

第二节 消费者调查

市场营销的基本任务是发现和了解消费者的需求与欲望，然而这不是一件容易的事情，且易受环境影响和改变。消费者一般不能或者不愿意明确表达他们的所思所想，因此，企业有必要认真研究消费者的需求、欲望、偏好以及购买行为，以便了解各类消费者对不同形式的产品、价格、渠道、促销、服务方式的真实反应，把握消费者的购买行为，保持竞争优势。市场调查研究可以帮助企业理清各种营销活动与消费者反应之间的关系，进而为制定各种有效的营销策略、开发适合需求的新产品提供依据。

消费者调查可以分别从消费主体调查、消费结构调查、消费者使用与态度调查以及顾客满意度调查几个方面展开。

一、消费主体调查

消费主体调查包括消费者个体调查和消费者群体调查两个方面。

（一）消费者个体调查

消费者个体的构成十分复杂，通常需按调查项目的需要进行分类研究。最常用的消费者个体分类包括以下几方面。

（1）按照性别，可以把消费者分为男性消费者和女性消费者。

（2）按照收入水平，可以把消费者分成高收入、中等收入、低收入等不同类别，也可以按照具体的收入数量标准分类，比如分为年收入低于10 000元、10 001~30 000元、30 001~50 000元、50 001~70 000元、70 001~90 000元、90 001~110 000元、110 000元以上等类。

（3）按照受教育程度，可以把消费者分为文盲、小学、中学、大专、本科、硕士、博士等。

（4）按照年龄，可以把消费者分为婴幼儿、少年、青年、中年、老年等。

（5）我们还可以按照个性心理特征、价值观等对消费者个体进行分类。

不同类别的消费者具有不同的消费需要、购买动机、购买行为和消费习惯。对消费者个体进行分类研究，有利于正确认识消费者个体的特征，企业可以以此做出正确的营销决策。

（二）消费者群体调查

消费者群体可以细分为家庭、社会团体和政府部门等不同的类别。这些类别均构成消费主体结构中的重要部分。家庭是基本的消费单位，在消费主体中占有十分重要的地位。

对家庭的调查，包括对家庭总量的调查和家庭结构的调查。家庭总量是指在一定范围、一定时点的家庭户数。对家庭总量的调查比较容易。不同的家庭结构导致消费的差异，调查组织者对家庭结构的调查具有重要意义。

家庭结构包括家庭的构成结构、家庭的生命周期、家庭的规模结构等。

按照家庭的构成特征，家庭可以分为核心家庭（即夫妇双方加小孩）、单身家庭、单亲家庭、双老家庭和其他家庭等类别。家庭的构成结构，是指一定的家庭总量中，不同的家庭构成及其相互关系。不同的家庭构成，具有不同的消费需要和行为。

家庭生命周期包括单身阶段、新婚阶段、养儿育女阶段、老夫老妻阶段和鳏寡阶段等。家庭的生命周期结构是指在一定的家庭总量中处于不同家庭生命周期的家庭构成及其相互关系。不同的家庭生命周期结构拥有不同的消费特点。

家庭规模是指一个家庭中人员的多少。按照人员的多少，可以把家庭分为小家庭、中等规模家庭、大家庭等类别。家庭规模结构是指在一定的家庭总量中，不同规模家庭的构成及其相互关系。不同的家庭规模结构，消费需要和消费行为具有不同的特征。

从趋势上看，我国家庭户数增长速度较快，而且家庭的规模在朝着小型化发展。这种特点对绝大多数以家庭为消费单位的消费品来说，意味着市场容量的扩大和产品要求的变化，如何顺应这种特点和变化是营销人员有待研究的问题。

社会团体和政府作为群体消费者，同样具有十分重要的地位，必须给予充分重视。

二、消费结构调查

1. 消费结构的含义

消费结构是指人们总消费中各类消费内容的构成、比例和相互关系及其动态变化状况。消费结构是客观存在的，是消费调查的重要组成部分。对消费结构的调查，既可以加深对消费状况和消费水平的了解，又可以为了解和推断市场的消费需求及其变化打下良好的基础，进而为市场营销决策提供有效的依据。

消费结构是多元的，其调查可以根据消费对象属性和消费对象项目两个方面进行。

（1）按消费对象属性区分的消费结构调查

消费对象按属性可以区分为有形的产品和无形的服务，从而消费可以分为商品性消费和非商品性消费两大类。一般而言，有形的物质产品消费主要用于吃、穿、用、住、行等方面的消费；无形的服务消费主要是各种生活性服务和精神享受消费。有形产品和无形服务的消费均是消费者所必需的消费，但在消费总量一定的前提下，一种消费的增加意味着另一种消费的减少，两者之间比例关系的变化具有一定规律。一般而言，随着消费水平的提高，商品性消费的比重相应会下降，非商品性消费的比重则会上升。对这一结构的调查，有利于企业认识一、二、三产业的结构和消费发展的趋势，并适时调整营销战略，开拓市场。

（2）按消费对象项目区分的消费结构调查

消费对象项目是指消费的具体内容。按习惯，可以分别对农村和城市的消费对象结构进行分类。按我国现行的统计分类，城市居民和农民的消费结构如表 13–1 所示。

表 13–1　城市居民和农民的消费结构

城市居民消费结构	
商品性消费	非商品性消费
食品：粮食、副食、烟酒茶、其他食品	房屋
衣着	水电费
日用品	煤气费
文化娱乐用品	交通费
书报杂志	邮电费
药及医疗用品	医疗保健费
房屋及建筑材料	学杂费
燃料	保育费
其他商品	文娱费
	修理服务费
	其他非商品
农民的消费结构	
物质生活消费	文化生活服务消费
食品：主食、副食、其他食品、在外饮食	文化服务消费
衣着	生活服务消费
住房	
燃料	
用品	

城市居民和农民的消费分类略有不同，主要是由各自消费特点及研究的需要决定的。

由于上述消费结构的资料无论对国家宏观调控和决策，还是对企业的营销决策都具有十分重要的意义，因此对此类调查应给予充分关注。目前，国家统计部门会对此做调查与预测，并定期和不定期地公布有关信息，企业营销人员应充分注意这些具有权威性的信息。有时，为了需要，企业还应该自己做此类调查。

对按消费对象项目区分的消费结构调查，除了研究商品性消费和非商品性消费之间的比例关系以外，还要注意调查研究商品性消费和非商品性消费内部各个部分之间的比例关系。一般而言，随着消费水平的提高，食品消费的比重会下降，而住房、交通、医疗保险、文化娱乐、学习等部分的比重会上升。

三、消费者使用与态度调查

消费者使用与态度调查（简称 U&A 调查）是对消费者的使用习惯、购买习惯和态度的调查。它是消费者调查中最为常用的一类调查，也是相对比较成熟和常用的市场调查模型，广泛应用于食品、饮料、化妆品、洗涤品、家电等快速消费品和耐用消费品的消费者调查中。消费习惯是指消费者对于某类商品或某种品牌长期维持的一种消费需要，是个人的一种稳定性的消费行为，是人们在长期的生活中慢慢积累而成的，反过来它又对人们的购买行为产生重要影响。

通过调查，可以获得的信息有产品渗透水平和渗透深度、产品使用者和购买者的人口特征、使用习惯和购买习惯，以及主要竞争品牌的市场表现。其中产品使用者和购买者的人口统计特征具体包括重度使用者的人口统计特征及差异，全部使用者和购买者的人口统计特征，目标市场的人口统计特征和不同品牌最常使用者的人口统计特征。主要竞争品牌的市场表现有品牌认知、广告认知、品牌渗透率、品牌最常使用率、品牌忠诚度、品牌引力和产品力、品牌形象以及品牌的优势和弱点。

消费者使用与态度调查可以帮助企业寻找市场机会，并进行市场细分和市场定位，对营销决策具有重要意义。

（一）利用消费者使用与态度调查寻找市场机会

企业通过调查产品的渗透深度来评估市场的成熟度，为开发产品的新用途和开发新的使用者提供营销依据。同时调查还可以帮助企业估计市场规模及其变化趋势，发现主要的直接竞争者、竞争者在市场中的地位，以及其品牌知名度、品牌渗透率、市场占有率、消费者构成、产品定位、产品生命周期再循环、消费者使用和购买习惯等，这些均有利于实施调查的企业为自己现有产品或新产品寻找市场机会。

（二）利用消费者使用与态度调查进行市场细分

根据消费者对现有产品的态度以及对现有产品的消费行为与习惯，调查可以从多个角度对现有市场进行细分，并评估不同细分市场的市场规模、消费者人群的特点，并根据企业产品和各细分市场特点选择合适的目标市场。在调查中有事前细分法和事后细分法两种细分市场的方法。

事前细分法是营销人员在调查之前利用某些细分因素人为地将总体市场划分为若干细分市场。最常用的细分因素有两类：一类是人口统计因素，例如性别、年龄、收入等。另一类是行为因素，例如按产品使用量将市场划分为非使用者、少量使用者、中度使用者和大量使用者。事后细分法是营销人员利用调查中有关消费者对产品的态度，运用多元统计分析中的因子分析和聚类分析将总体市场划分为若干个细分市场。

一般来说，如果企业推出的是一款老产品，可以根据前人的研究成果，为其产品使用者选择事前的细分标准，进行事前的市场细分。如果企业推出的是全新产品，常常要先做调查，用事后细分法进行市场细分。

（三）利用消费者使用与态度调查进行产品定位

在调查中，产品定位通常分两个步骤来完成。

（1）找出消费者认为重要的产品特性。营销人员将产品特性（attribute）分为产品利益（benefit）和产品特点（feature）。产品利益是指产品可以为消费者提供什么好处，它是从消费者角度来看待产品；而产品特点是从技术和实物角度说明产品可以提供某种产品利益的理由。为了找出消费者认为重要的产品特性，营销人员首先要明确列出自己的品牌能提供给消费者哪些利益点，以及每一个利益点为哪些产品特点所支持，然后询问目标市场的消费者，他们回答产品所提供的这些利益点的重要程度如何。通过调查，企业可对利益点重要程度进行排序。

（2）对每个重要的产品特性，比较消费者对本品牌和竞争品牌的满意程度。相对于竞争品牌，消费者对本品牌满意程度高的重要产品特性才是本品牌产品定位中所具有的特性。根据马斯洛的动机理论，最重要的需要不一定是购买动机，只有那些尚未满足的需要才形成购买动机。促成消费者购买本品牌的动机一定是产品具有消费者认为是重要的，且现有的竞争品牌尚无法满足消费者的特性。因此，在进行产品定位时，对每个重要的产品特性，比较消费者对本品牌和竞争品牌的满意程度这一步骤是必不可少的。

对于最重要的产品特性，比较的结果有三种可能。

① 本品牌在最重要特性上强于竞争品牌。这说明本品牌在这个特性上已具有差异性，产品定位已经成功。

② 本品牌在最重要特性上和竞争品牌表现相同。这时就要比较第二重要产品特性的满意程度，如果本品牌强于竞争品牌，就可以用这个产品特性作为本品牌的定位。如果比较的结果仍然相同，就要比较第三重要产品特性，如果本品牌强于竞争品牌，就可以用这个产品特性作为本品牌的定位。如果比较的结果也相同，此时就需要创意小组考虑如何将前三个重要的产品特性表达得更好、说服力更强、更能激发消费者购买。创意小组的研究结果也能为企业提供品牌再定位的机会。

③ 本品牌在前三个重要产品特性上差于竞争品牌。此时，企业应考虑延期推出产品，以便对产品进行改进，如果无法改进，只能放弃这个产品。

四、顾客满意度调查

顾客满意（Customer Satisfaction，CS），是指顾客对一个企业的产品或服务满足其需要的感知价值与期望进行比较所形成的感觉状态。顾客期望，是指顾客对所获商品或服务能够满足需求的程度的预期或要求，它是在顾客过去的购买经验、朋友和周围人的各种评论、销售者和竞争者的信息，以及许诺等基础上形成的。不同的顾客对同一种商品或服务的期望并不一样。当顾客感受的价值小于期望的差异时会产生不满意；当顾客感受的价值等于期望的差异时会基本满意；当顾客感受的价值大于期望的差异时会高度满意。顾客满意度是指顾客对消费一个产品或接受服务而形成的最终状态的满意程度。顾客满意度是一个变动的目标，能够使一个顾客满意的东西，未必会使另外一个顾客满意，能使得顾客在一种情况下满意的东西，在另一种情况下未必能使其满意。只有对不同的顾客群体的满意度因素非常了解，才有可能实现 100% 的顾客满意。

顾客满意度调查指企业通过连续性或非连续性的顾客调查，获取消费者对特定服务的满意度、未满足需求、再次购买率与推荐率等指标的评价。顾客满意度调查、客户投诉和建议处理系统、神秘顾客调查、流失客户分析是当前企业收集客户意见的四种主要方法。企业进行顾客满意度调查有助于企业尽快转向真正的顾客观念和营销观念，使经营重点转移到以客户服务和提高客户忠诚度为中心，并在经营管理过程中着眼于建立持久的竞争优势。同时，顾客满意度调查能够对企业当前的服务质量进行量化评估，并通过因素重要性推导模型判断服务中有待改进的因素，企业可以以此作为改善服务质量、维护并扩大现有客户群的基础。

企业建立顾客满意度指标体系，并采集完数据后，便可进行数据分析。数据分析方法取决于数据的性质，如果企业有连续几年的顾客满意度调查数据，便可以进行时间上的动态分析，了解企业总体和分因素的顾客满意度升降情况。如果企业还有主要竞争对手的顾客满意度指标数据，便可以进行横向对比分析，从而了解企业在满意度各个影响因素上的优劣势。常用的顾客满意度分析方法有以下三种。

（1）计算不同类型客户的满意度指数。满意度指数将在不同客户群体水平上计算，以研究其在整体表现上的差异。例如，可以按客户所属地区、所属行业进行分类，也可按客户的规模进行分类，从而计算每一类客户的满意度指数，并加以比较，为企业高层对服务质量的量化评估提供依据。

（2）构建战略满意度矩阵。任何企业的资源都是有限的，服务的改进是受到各种因素制约的，因此，在众多影响顾客满意度的因素中，明确哪些是有待改进的因素具有重要意义。

（3）绘制驱动力与表现分析图。驱动力与表现分析图是基于顾客对满意度影响因素重要性的评分和顾客对本企业因素的满意度评分，与标杆企业因素的满意度评分之差绘成的。该图可以帮助企业找出与标杆企业相比所存在的优势和劣势，进而扬长避短，不断自我完善，最终超越标杆企业，实现竞争的优势。

第三节　零售业调查

一、零售业调查的含义

零售是与批发相对应的一个概念，是指以最终消费者为销售对象的商业行为。零售业务具有以下特点。

（1）零售业务处于商品流通的终端。商品从生产领域进入消费领域，一般均需经过流通过程，通常由批发和零售等环节组成。与批发不同，商品零售后，即退出流通领域而进入消费领域。

（2）零售业务的销售对象是最终消费者。最终消费者包括个人消费者、家庭以及购买商品用于直接消费的集团。出售商品用于顾客直接消费是零售活动的基本特征。

（3）零售业务的交易范围广、数量较小且分散。零售企业的经营品种很多，但各个消费者每次购买的品种往往是个别的，交易数量小、频率高且较分散。

（4）零售业务大多在特定的营业场地进行，但是随着现在技术的进步，无店铺销售日益盛行。在零售中，商品与消费者直接见面，通常是现货交易，在交易活动的过程中或交易活动后，零售商一般要提供相应的服务性劳动。

（5）零售活动不仅涉及有形的商品，还包括无形的服务。

零售调查是对零售所进行的调查，是市场营销因素组合决策的重要内容和必要前提，包括两个不同的层面和含义。

① 企业在市场营销过程中因营销决策所需而对零售市场及零售业展开的调查。从市场营销角度看，在营销因素组合策略的决策过程中，必须进行渠道决策，以确定企业所应选择的渠道宽度、渠道长度、渠道成员、渠道组合等策略。因此，除了应对影响渠道决策的各种因素进行调查以外，还应该对零售业本身进行全面深入的调查。

② 零售企业因本身的零售业务决策所需而展开的调查。零售企业作为一类工商企业，它本身也有市场营销业务。为了更好地做出零售决策，实现企业的发展目标，零售企业有必要对影响零售业务的各种因素进行全面深入的调查，这类调查也是构成零售调查的重要内容。

二、对零售市场的调查

对零售市场的调查一般包括对零售业态的调查、对零售业结构的调查、对商品零售额的调查以及对零售从业人员的调查。

（一）对零售业态的调查

1. 对零售业态类型的调查

零售业态有一个历史的演变过程。目前，世界上主要的零售业态有综合商店、百货公司、超级市场、专业商店、专卖店、便利店、折扣商店、仓储式商店、邮购商店。从零售企业的组织形式和聚合形式看，还有连锁商店和购物中心等形式。对零售业态类型的调查，首先要调查分析调查范围内零售业态发展的历史情况、现存的各种零售业态；其次要调查分析各类业态的特征及其运行状态；再次要预测零售业态的发展趋势。

2. 对零售业态数量的调查

了解在一定市场范围内的零售业态数量（即通常所说的网点数），无论是对政府的宏观营销决策，还是对企业的市场营销决策都具有重要意义。对零售业态数量的调查包括对一定市场范围内的零售业态总量的历史演变和现有数量的调查，也包括对各类零售业态数量的历史演变和现有数量的调查，还包含对零售业态总量和各类数量发展趋势的预测。对总量和分类数量资料的掌握，可以为总量分析和结构分析提供依据和条件。

对零售业态数量即网点的调查，在某些情况下不是困难的。调查者可以通过查找有关的企业名录，或到有关商业主管部门或工商登记部门征询获得。如果通过上述途径不能获得必要的信息，就需依靠调查者自己搞统计调查获得。

3. 对零售业态分布的调查

零售业态的分布（基本与零售网点布局相当）是研究零售业的重要组成部分。零售业的分布有其自身的客观规律。一般而言，百货公司、专业商店、专卖店等设立在商业中心地区，特别是在城市的市一级和区一级商业中心；超级市场、便利店、综合商店、仓储式商店、折扣商店等设立在居民聚集地区或交通方便的地方。

对零售业态分布的调查，既包括对不同地区范围内零售网点数量类别的调查，也包括对各地区中各类零售业态的构成进行调查，还包括对其发展趋势的预测。调查人员可以通过查找资料、实地调查等手段进行，难度不大，但是对发展趋势的预测相对要复杂和困难。

（二）对零售业结构的调查

零售业是由不同性质和不同行业的企业构成的。调查零售业结构是了解零售业的基本条件。对零售业结构的调查主要包括以下几个方面。

1. 对零售业所有制结构的调查

目前，我国零售业中，除了国有企业以外，还有集体企业、股份制企业、私营企业、个体工商户、外资企业、中外合资企业、中外合作企业等类别。各种所有制零售业在体制、机制和经营业务等各个方面具有各自的特征，对零售业所有制结构的调查和预测，是零售业调查的必要部分。

对零售业所有制的调查主要可以通过查找有关的统计资料得到，难度不是很大，在此基础上做出预测也并不很难。

2. 对零售业行业结构的调查

我国习惯上把零售业大致分为以下几个主要行业。

工业品行业，具体又可以细分为日用百货行业、文化用品行业、纺织品行业、绸缎行业、针织品行业、服装鞋帽行业、五金机械行业、交通器材、家用电器行业、石油行业、煤炭行业、化工品行业、珠宝首饰行业、家具行业、劳防用品行业、旧货寄售和拍卖行业等。

粮、油、盐行业，主要包括粮食行业、油酱行业、食盐行业等。

副食品行业，主要包括肉食品行业、禽类蛋品行业、水产品行业、素菜行业、糖酒茶行业、烟草行业、乳制品行业等。

中西医药行业，主要包括中药行业、西药行业、医疗器械行业、化学试剂行业、玻璃仪器行业等。

供销合作社行业，主要包括果品行业、食品杂货行业、土特产品行业、日用杂品行业、物资回收利用行业、农业生产资料行业等。

饮食业，主要包括中菜业、西菜业、点心业等。

图书业，主要包括中文图书业、外文图书业、古旧图书业等。

上述各个子目还可以进行细分。对上述行业结构的调查比较烦琐，但资料的收集可以从有关的统计资料中获得。当然，要得到精确的数据，则要花费更多的劳动和使用科学的调查方法。

（三）对商品零售额的调查

零售业的基本功能是组织商品买卖，实现商品流通。对商品零售额的调查，是零售调查的重要组成部分。对零售额调查主要包括以下几个方面。

1. 对社会商品零售总额的调查

社会商品零售总额是国民经济各部门售给非农业居民及社会集团的消费品和售给农民的农业生产资料以及农民直接售给非农业居民的消费品总额，包括各种经济类型的商业零售额、饮食业零售额、工业零售额、其他行业零售额，以及农民直接售给非农业居民商品的零售额。至于农民之间的商品销售，售给国民经济各行各业企业、事业单位的生产资料不作为社会商品零售总额计算，它反映零售市场的总容量与动态，说明社会商品购买力的实现程度。

另一个相似的指标是社会商品零售额，它是指社会商品零售总额扣除农民直接售给非农业居民商品的数额所得到的零售额。

上述指标作为正式的统计指标，统计部门会予以公布，只要通过查找有关的统计资料即可获取。但是，如果调查的市场范围与统计公布的范围并不一致，就需要做相应的处理或重新调查，难度会大大增加。而对社会商品零售额的预测，则更为复杂和困难，必须给予充分重视。

2. 对不同零售部门零售额的调查

调查者除了要掌握社会商品零售总额，还要分别了解各类企业、各个行业的零售额。同样，统计部门会做这项工作，但是，往往会出现统计部门所做的统计范围或口径与调查部门的要求不符，此时需要市场调查人员自己展开调查工作。

（四）对零售业从业人员的调查

零售业从业人员是构成零售业的主体，对零售业从业人员的调查是零售业调查必不可少的部分，包括对一定市场范围内零售业从业人员的调查，对饮食业、服务业从业人员的调查，对有证个体商业、饮食业、服务业户数和人员的调查等方面。

对零售业从业人员的调查除了从上述各个方面的总体展开外，还应根据需要，分别对各自内部不同行业的从业人员数量进行调查。比如，服务业内部还应细分为旅店业、理发业、浴池业、照相业、洗染业、打字业、修理业等，如有必要，就应该对这些行业的从业人员进行调查。

在许多情况下，需要展开对零售网点与人口、零售额的对比情况调查，具体包括对平均每一机构服务的人口、平均每一商业人员服务的人口、平均每一商业人员的零售额、平均每万人拥有的商业人员等指标的调查。

对上述情况的调查，只要调查的范围与我国现行统计口径相吻合，一般可以通过查找统计资料获得，否则，就得通过专门调查获得。而对上述情况的预测则大多需要调查者通过自己的劳动获得。

三、为零售决策开展的调查

为零售决策开展的调查主要包括商圈调查和商店选址调查。

（一）商圈调查

商圈是指商店吸引顾客的地理区域，即在购买过程中优先选择到该店购物的顾客分布的地理范围。零售商店能吸引顾客的范围一般均有一定的地理界限，即以商店本身为中心，沿着一定的距离向四周扩展，形成一定的区域范围，这个范围就是商圈。它也反映了商店销售的辐射范围。一般来说，任何一个零售店或者服务性组织都有自己的商圈。

为了分析方便，可以将商圈视为同心圆形。实际上，由于各个零售商店的所在地区、经营规模、经营类型、商品种类、经营条件以及外部环境等因素的各不相同，商圈的形状并非同心圆形，而是表现为各不相同的不规则多角形。

商圈由三部分组成：一是邻近商圈，也称为主要商圈，是最接近商店的区域。通常邻近商圈中的顾客密度最高，每个顾客的平均购货额也最高。邻近商圈所占有的顾客数占商店顾客总数的55%~70%。二是外围商圈，也称为次要商圈，处在邻近商圈的外围区域，顾客较为分散。外围商圈拥有的顾客数占顾客总数的15%~25%。三是边际商圈，也称为边缘区，处在外围商圈以外，其顾客的密度最小，更为分散。

商圈调查是指对零售企业的商圈大小及其特征的基本状况的调查，以及对其发展变化趋势的预测。

1. 商圈调查的重要意义

（1）商圈调查是零售商业网点决策的重要依据

网点决策是商业决策中的重要内容，不但商业行政主管部门要对零售网点布局进行宏观管理，零售企业本身在企业开设之初和企业的扩张过程中都会面临选址问题。由于商圈的大小直接决定了零售企业的服务范围和业务量，因此，商圈调查成为零售网点决策的主要依据。调查了解商圈范围内的人口因素和各种环境因素，明确市场的容量和特征，评估其可能的经营效益，可以使网点决策建立在科学的基础上。

（2）商圈调查是零售企业市场定位的重要依据

零售企业进行市场定位首先需了解和掌握服务区域内的顾客数量及其特征。通过商圈调查，企业可以了解和掌握自身的业务服务范围，测算出该区域内的顾客数量及其特征，明确哪些可以作为自己的基本顾客群，哪些可能会成为自己的潜在顾客群，为市场定位提供决策依据。

（3）商圈调查是零售企业制定各种经营战略的依据

在经营过程中，零售企业必须制定各种经营战略，如发展战略、竞争战略、营销因素组合战略等，商圈调研可以为这些决策提供有效的信息依据。只有充分了解和掌握现有商圈的情况，零售企业才有可能做出进一步的扩张规划。竞争战略的制定，关键是要了解竞争对手的基本情况。商圈调研可使企业清楚地了解自己的竞争对手有哪些，进而知己知彼，在竞争中处于有利地位。

2. 商圈划定的方法

商圈调查的首要任务是划定商圈的范围，影响其大小和形状的因素主要包括商店的业态、经营规模、经营商品结构、地理条件、人口分布、交通情况、商店经营情况、竞争状况等。此外，在划定商圈时，还应考虑城市规划、住宅建设、马路建设、消费行为等多种因素。通常上述诸因素往往综合起作用，需要综合考虑，系统分析。

已设商店和新设商店的商圈划定有些区别。已设商店的商圈划定可通过研究销售记录，以及对来店顾客进行调查等，测算出顾客的分布范围，进而确定邻近商圈、外围商圈和边际商圈的大致范围。

新设商店的商圈划定相对比较复杂，需要在综合考虑影响商圈的各种因素的基础上，进行充分调查，取得信息，并运用趋势预测的方法，对商店的潜在顾客进行测定。

3. 获取划定商圈所需信息的方法

（1）随机问询法

调查人员在零售现场，随机抽取来店购买商品的顾客，面对面地询问其有关问题，进而得到各种可以据此做出商圈决策的有关信息，这就是随机问询法。应该注意的是，必须事先做好充分的询问准备，询问时尽量缩短时间，以取得顾客的配合。

（2）销售记录法

销售记录法结合现代零售中的扫描技术、计算机网络和信用卡使用，在顾客用信用卡结算时，获得销售信息和顾客的背景信息，从而为确定商圈提供依据。

（3）电话访问法

电话访问法是指调查者在电话中对拟议的潜在顾客进行问询，了解其购买情况。采用电话访问法，关键是要预先做出假设，估计商店商圈的可能范围，然后对预计区域内的居民进行调查，在调查过程中要不断进行必要的调整，直至最终确认商圈范围。

（4）提供服务法

提供服务法是指调查者充分利用商店向顾客提供各种服务的机会，获取顾客的各种有关信息，为划定商圈提供依据。

（二）商店选址调查

店址选择是指零售企业对经营场所地点的决策，包括选择商店设立的地区和选择商店设立的地点两个方面。商店设立地区的决策，主要是决定把商店设立在市一级商业中心、区一级商业中心、街道一级商业中心，还是孤立设立。商店设立地点的决策，主要是决定具体的设立地点，即设立在哪一个位置。

店址选择是零售商店最为重要的经营决策之一。从性质上看，店址选择是一项长期的投资，关系着企业经营发展的前途。与其他经营要素的决策不同，店址决策具有长期效应，店址一旦确定，其变动相对比较困难，将会增加较大的成本支出。

店址选择关系到能否有效满足消费者需要，合理的店址有利于顾客就近和方便地购物，否则会给消费者带来不便。另外，店址选择也是影响企业经济效益的决定性因素。合理的店址会广泛吸引顾客，使企业花费较小的资源取得较大的效益。

对店址选择主要因素的调查包括以下几个方面。

1. 客流调查

客流是指某一地区各种人员流动的数量及其规律。客流构成零售企业现实的或潜在的顾客。一个零售企业要使自己的经营得以维持和发展，必须具有足够的客流。为此，选址前必须进行客流的调查。

客流的调查可以采用观察法或询问法，具体操作虽然不太复杂，但需要花费较多的人力。客流分析在客流调查中占有重要地位，主要包括对客流类型的分析和对客流规律的分析。

客流类型分析一般分为三种类型。一是本身客流。它指客流中专门到本商店购买商品的顾客流。本身客流的多少，是影响商店的重要因素。一般，商店的形象越好，本身客流越大。二是派生客流。它指客流中出于其他目的到达商店所在地区，而顺便进店的顾客流。派生客流的大小，主要取决于商店周围的环境，交通枢纽、旅游点往往有较大的派生客流。当然，派生客流是否能真正成为商店的顾客，还要靠商店本身的努力。三是分享客流。它指客流中邻近其他商店的顾客分流到本商店的部分。如果在同一地区设有经营同类商品的商店，客流往往会在商店之间分流，特别是处在大店或门店周围的中小商店，大多可以得到一些分享客流。

对客流规律的分析主要进行的是对不同客流和不同地点的客流的行为规律的分析。不同的客流有不同的行为规律。一般而言，不同客流在购买目的、购买商品的类别、流动速度、停留时间等方面都会有所区别。比如，本身客流往往有明确的购买目的，停留时间相对较长，购买的商品以日常用品为主。流动人口往往无明确的购买目的，进店主要是处于浏览状态，流动速度快，停留时间短。不同地点的客流也会有不同的行为规律。一般而言，街道两边的客流是有差别的。南北走向的街道，其东西两侧的客流是不同的。同样，东西走向的街道，其南北两侧的客流也有差异。一条较长的街道，其两端的客流也会不同。对此，只有通过调查分析，才能掌握其规律。

2. 服务区人口的调查

商店服务区的人口一般可以分为特点不同的三类。一是居住人口。它指居住在商店服务区内的人口。居住人口构成商店顾客的主要部分，尤其是对经营日用品的商店更是如此。二是工作人口。它指居住在外区但工作单位在服务区内的人口。这类顾客通常也会成为某些商店的顾客，但其购买频率、购买范围、购买数量要少于居住人口。三是流动人口。它指既不居住在本区，也不在本区工作， 仅仅是由于某种原因临时到达该区域的人口，这类顾客到该商店购物具有偶然性和不确定性。

上述三类人口数据可以通过对二手资料的调查分析获得，有时还要收集必要的一手资料作为补充。需要注意的是，服务区人口是一个动态的概念，由于这三类人口呈现不断发展变化的态势，有必要对这三类人口进行预测。

3. 交通条件调查

便捷的交通条件，会带来大量的人流，为顾客上店购物带来方便，也为顾客节省时间和交通费用，还会给商店的货物运输带来便利，减少经营费用。因此，交通条件是否便利是选择店址的一个重要因素。

交通条件的好坏取决于道路条件、公交线路、站点设置、交通工具、交通管理等多种因素。对交通条件的分析，需要从上述方面给予全面分析。道路条件的分析，要考虑到道路网络是否合理畅通、道路的路况和通行能力等。公交线路要考虑公交的类型，是地铁、轻轨还是公交，要考虑公交线路的连接和营运状况。公交站点的设置，会影响人流的变化，也必须加以分析。交通工具的状况也会在一定程度上影响到客流的状况。交通管理同样是应加以考虑的重要因素，如单线行驶的规定或禁止机动车辆行驶的规定，均会影响人流。

4. 地形特点调查

地形特点是影响客流的重要因素之一，是商店选址所必须考虑的因素。在城市中，地形特点取决于多种因素。重点应加以考虑的包括坐落、能见度、区位等方面。一般而言，马路两旁的位置价值是不同的，特别是处于十字路口的四个不同地块的位置价值差异更大。能见度受周边建筑设施和环境的影响很大，在高楼林立且密集的地段，能见度必然不高。区位则是受到城市整体布局的影响，通常可以分为居民居住区、商务中心、市级商业中心、区级商业中心、休闲区、厂矿区、学校区等，不同地区对于零售商来说区位价值不同。

5. 商业环境调查

商业环境调查主要包括对拟选店址附近的商店数量、类型、布局等的分析，对竞争状况的分析，对所在区内商业配套设施的分析，对所在区内其他服务、娱乐、休闲等设施的分析。调查要了解其现状，预测其发展趋势，既要了解其存在的情况，还要分析其对可能开设的商店所带来的影响。

6. 城市规划调查

城市规划是一个城市发展的蓝图，影响和制约着城市的长远发展，从而是店址选择应考虑的十分重要的因素。调查包括近期规划、中远期规划、商业设施规划、市政、交通、社区、绿化、住宅、公共设施等方面的规划。

第四节　广告调查

一、广告与广告调查

（一）含义

"广告"一词源于拉丁文 advertuce，是"吸引人心"或"注意与诱导"的意思。英语 advertise 的含义是"引起别人的注意，通知别人某件事"。美国市场营销协会（AMA）对广告的定义是"由特定广告主以付费方式对于构思货物和劳务的非人员介绍及推广"。广告的概念有广义和狭义之分。广义的广告即广而告之；狭义的广告是指为了某种特定的目标，通过一定的媒体，公开而广泛地向社会传递商品、服务等有关信息的宣传手段。本书所说的广告是指狭义的广告。

广告调查是指对广告活动以及影响广告决策的因素所进行的调查，包括为企业营销决策需要所展开的广告调查和为企业其他营销决策所需而开展的广告调查。本书着重从广告决策的角度进行探讨。

（二）广告调查内容

广告调查范围一般包括对广告文案、对各种广告媒体状况以及对广告效果三个方面的调查。

（1）对广告文案的调查，主要指对广告宣传的内容，包括广告主题、广告词等进行的调查，其目的是为广告内容决策提供依据。

（2）对各种广告媒体状况的调查，包括对媒体的数量、媒体的质量、媒体的特征、收费标准、媒体的信誉等方面的调查。

（3）广告效果调查包括对广告设计效果的调查（即对媒体本身效果的调查），以及对广告宣传效果的调查。

广告调查是市场营销调查的重要组成部分，在企业的市场营销行为中具有十分重要的地位和作用。广告调查的重要性与广告在市场营销中的作用直接相关，同时，广告调查与广告决策密切相关。在当今市场经济条件下，越来越多的企业开始认识到广告对企业营销的重要性，大多数企业都在广告上投入大量的费用，以求得在激烈的市场竞争中取胜，但并不是所有的广告都能够达到预期的效果。究竟广告的效果如何以及如何使广告达到最佳效果，成为企业最为关心的问题之一，因此，对广告效果以及与广告效果有关的因素进行调查就成为必然。广告决策的科学性和正确性是影响和制约广告效果的主要因素，为了提高广告的效果，必须切实做好广告调查工作。

二、广告文案调查

（一）广告文案调查内容

广告文案调查是在广告正式投入使用以前进行的对其传递信息能力的评价，以便企业对广告进行改进并决定是否最终使用。

调查的主要内容包括广告引起注意的能力、顾客回忆的程度、顾客的可信度、广告的说服力，等等。

（二）广告文案调查的方法

1. 按调查地点分类

（1）实验室调查法

这是指调查人员邀请被调查者进入实验室，给其播放广告，并测试其反应。因这种调查法可以有效地控制广告之外的影响因素，所以其适用于纯粹测验广告表现因素的影响的调查。但是被调查者并非在现实情形中观看广告，所以他们的反应与实际情况有一定的偏差。

（2）实地访问法

这是指调查人员入户访问被调查者，让其填写对所接触广告的反应。这种方法不加入人为控制因素，比较符合现实情形。但是被调查者对广告的反应会受到其接触广告的程度等其他因素的影响，不利于测试广告文案的真实效果。

2. 按调查方法分类

（1）小组评价

调查者邀请一组消费者，将几个备选方案分别让他们熟悉，然后通过个别询问或小型座谈，请他们根据自己的偏好、兴趣、购买产品的意向等对各方案进行评价。评价前调查者要先建立评价标准及相应的数值尺度，用来帮助被调查者评价广告的吸引程度、可读性、认知力、影响力和行为力，使其对每一种情况都给予若干分析。一则广告必须在上述特性评价中均得高分，才能激发出消费者的购买行为。

（2）组合测试

主持测试人员请消费者观看一组备选广告，而且他们愿看多久就看多久，然后请他们回忆看过的广告，能记住多少内容就回忆多少内容，主持测试人员可以提示也可以不提示，最终的结果将表明一则广告突出的地方以及哪些信息是易懂易记的。

（3）仪器测试

研究人员利用仪器来测量消费者对于广告的心理反应，如心跳、血压、瞳孔放大以及流汗情况。这类测试方法包括视向测验、瞬间显露器测验、皮肤电流反射测验等。这类测试只能测量广告的吸引力，而无法测试消费者的信任度、态度或者意图。

三、广告媒体调查

（一）广告媒体调查的含义

广告媒体是指传递广告信息的载体，凡能在广告主与广告对象之间起媒介作用的物质，都可以称为广告媒体。传统的四大广告媒体为报纸、杂志、电台、电视；现代广告媒体还包括店铺媒体、户外广告媒体、交通广告媒体、邮寄信函广告媒体等。被称为“新媒体”的广告媒体主要有网络新媒体、户外新媒体、电子菜谱新媒体、移动新媒体和手机新媒体。网络新媒体广告包括网幅广告（包含Banner、Button、通栏、竖边、巨幅等）、文本链接广告、电子邮件广告、插播式广告（弹出式广告）、RichMedia、EDM直投、定向广告、视频广告、路演广告、巨幅连播广告、翻页广告、祝贺广告、论坛版块广告等；户外新媒体广告，包括户外视频、户外投影、户外触摸等；电子菜谱新媒体广告，包括平板电脑、Pad、iPad电子菜谱为媒体的广告；移动新媒体广告，包括以移动电视、车载电视、地铁电视等为媒体的广告；而手机新媒体广告则是一种发展最为迅猛、使用最为普遍和方便的新媒体，有着十分巨大的发展潜力。

广告媒体调查通过研究媒体的各种特点，为企业的媒体选择提供决策参考，从而使广告目标能顺利实现。

企业要做广告，必须要用一定的媒体，所以，媒体选择是广告决策的重要内容。

（二）广告媒体调查的内容

1. 媒体的传播范围与对象

任何媒体都有特定的传播范围与对象。一般用媒体的质量参数来评价媒体的优劣。媒体的质量参数等于广告目标人数除以媒体传播对象人数。当媒体质量参数小于1时，就是好媒体，如果大于1，一般不采用该媒体。媒体的传播范围与对象的分析在广告媒体调查中具有特殊的重要意义，若这项分析错误将会造成极大的浪费。

2. 媒体被收听、收看情况

媒体传播范围广，但收听、收看率低也是无效的。评定媒体的收听、收看效果可从以下四个方面着手：

（1）反复性，即媒体反复被收听、收看情况；

（2）注意率，即广告被注意的程度；

（3）传阅性，即读者之间相互传阅情况；

（4）保存性，即媒体对广告的保存情况，如杂志、年历广告等具有一定保存性。

3. 媒体的费用

媒体费用分绝对费用和相对费用两类。绝对费用是指使用媒体的费用总额。不同媒体的绝对费用是不同的。在传统的四大媒体中，电视最高，其次是杂志、电台和报纸。相对费用是指媒体向每千人传播广告信息所支付的费用。

4. 媒体的威信

媒体的威信对广告内容有很大影响，也即具有光环效应。一般不宜选择那些在树立信誉过程中的媒体。同时，还应注意媒体的威信是有范围的，如对某一类读者群有威信的杂志，对另一类读者群可能是一堆废纸。

（三）广告媒体调查的方法

广告媒体调查可以采用的方法很多，随着科学技术的发展，广告媒体调查的方法正在不断丰富，一些新的仪器在不断被发明出来。常用的方法主要有以下几种。

1. 日记式调查法

这是固定样本连续调查的一种常用方法。基本过程是：调查员选择一批固定的调查对象，由他们将每天所看的或所听的节目，一一填入调查问卷中，调查员定期收回问卷，经过统计分析，得出所需的结果。

2. 记忆式调查法

记忆式调查法采用随机抽样方式抽取调查对象，由调查员上门访问，询问其所看所听的节目。因依赖于被调查者的记忆，所以这种调查法被称为记忆式调查法。该方法得出的视听率可以家庭为单位，也可以个人为单位，两者所得的视听率是不同的。近年来，用后者的较多。

对比日记式调查法，记忆式调查法所得的视听率有可能偏低，因为从被调查者接触媒体到接受调查中间有一段时间，被调查者可能记忆淡漠了。

3. 电话调查法

电话调查法是指调查者通过电话询问调查对象正在看什么节目的调查方法。这种方法对样本的调查比较准确，费用少，时间较快，但也存在被调查者拒绝率较高、控制程度较低、调查面受电话普及率制约等缺陷。

4. 仪器记录法

该法是调查电视节目收视率最常用的方法。调查者在调查对象的家庭安置自动记录装置，装置用电话线与专业调查机构的计算机相连，并按预先设计的时间自动记录电视节目的收视情况，最后，计算机汇总统计。调查对象按社区家户的比例投取，样本数根据需要确定。

四、广告效果调查

（一）含义与分类

广告效果是企业进行广告宣传最为关注的焦点之一，同时也是确定广告内容和选择广告媒体的依据。对于企业来讲，广告的效果在于它对产品销售的贡献。其积极的作用是使产品迅速地进入市场并扩大市场占有率，附带防止销售量下降和市场占有率降低。竞争越激烈，广告的作用就越明显。

广告效果调查分为广告心理效果调查和广告经济效果调查。广告心理效果调查指测定广告经过特定媒体传播之后对消费者心理活动的影响程度。广告经济效果调查指测定广告经媒体传播之后广告商品销售额和利润额的变化情况。

（二）广告心理效果调查方法

广告心理效果调查方法主要有认知测定法、广告视听率和态度测定法。

比较有名的认知测定方法是斯塔夫阅读率调查法，即广告刊载后，在报纸发行次日或杂志下期发行之前的规定日期，调查人员对读者进行抽样调查。调查人员出示报纸或杂志，询问被调查者是否看过广告，从而将被调查者分为三类。A类：看过该广告，即被调查者能够辨认出曾看过该广告。B类：认真看过该广告，即被调查者不但知道该商品和该企业，而且能够记得广告的标题或插图。C类：被调查者浏览过并能够记得该广告50%以上的内容。在此基础上，调查员统计各类被调查者人数，分别计算注目率、阅读率、精读率。

广告视听率也称为广告到达率，这种方法主要用于测定广播和电视的广告效果。

态度测定法常用问卷的形式，具体常用语义差别法测定。例如，测定消费者对广告作品中的人物的印象，调查者可以让消费者在系列各具差异的评语中进行选择，并让消费者尽可能选择最合己意的词语：美丽、丑恶，健康、衰弱，快乐、忧伤等。调查者也可事先将回答分成等级并排列好，让消费者进行选择，最后调查者据所选答案进行统计处理，从而得出消费者对广告的态度。

（三）广告经济效果调查方法

广告经济效果调查是衡量广告活动的中心环节，它集中反映出企业在广告促销活动中的投入产出状况。该调查包括事前调查、事中调查和事后调查三部分。

1. 广告经济效果的事前调查

通过事前调查，调查者可以了解广告信息在传播过程中可能引起消费者什么样的反应，并据此采取相应的行动。事前调查主要采用销售实验法，即模拟一个销售环境，通过实验法来检验广告的效果，有两种方法。

（1）销售人员或导购员在商店或走家串巷进行商品宣传活动，散发商品使用说明书，免费赠送小包装商品等，并记录商品的销售情况。

（2）调查者将同类商品的包装及商标去掉，在每种商品后安放一则宣传广告和说明卡片，观察每种商品的销售状况。

销售实验法的优点在于顾客有目的地购买，因而数据可反映出真实的广告效果。缺点是评价方法和结果比较粗糙、笼统。

2. 广告经济效果的事中调查

事中调查，可以检验广告战略、广告策划执行后的情况与执行前的情况的吻合程度，以便调查者能够及时地发现问题，随时予以纠正。事中调查常用销售地区实验法。销售地区实验法是将销售地区分为实验城市与控制城市，调查者在实验城市进行新的广告活动，在控制城市不进行新的广告活动，经过一段时间后，将实验城市与控制城市实验前后的销售量加以统计比较，便可以测定进行广告活动与不进行广告活动的相对比较效果。

3. 广告经济效果的事后调查

事后调查是调查者对广告经济效果的综合评定，以便总结经验，纠正错误，为下一次广告活动打好基础。事后调查主要采用实地调查法，即调查者根据广告商品的销售额、利润以及使用状况等数据与同期广告投入量进行比较分析。在实际中应用较广的是事前事后测定法和小组比较法。事前事后测定法是指以事前、事后的销售额和利润额并结合广告费等因素来计算衡量广告经济效果的指标。常用的指标有广告费用比率、广告效果比率和广告效益等。 小组比较法是调查者在广告推出之后进行消费者调查：是否看过广告；是否购买过广告商品；计算广告效果指数。

第五节 国际市场调查

一、国际市场调查的含义及其意义

国际市场调查，是指从事国际市场营销的企业利用科学的方法，有目的地、系统地收集、记录、整理和分析有关国际市场的各种信息资料，研究国际市场实际情况，预测其发展趋势，为正确制定国际市场营销战略和营销组合决策提供依据。

国际市场调查在国际市场营销的不同阶段发挥着重要作用。无论是对最初的市场进入决策、产品定位或市场营销组合决策，还是对随后的市场扩张决策，国际市场调查都是必需的，调查能使企业避免错失国际市场良机、防止代价高的战略错误。国际市场调查帮助国际市场营销者及时认知和准确把握市场需求特征和变化趋势、竞争动态，以及环境特点，从而帮助企业提高市场反应速度和能力，使其获得和维持竞争优势。

二、国际市场调查的特征

国际市场调查的方法、形式、程序与国内市场调查大体相同，但由于国际市场的特点有别于国内市场，国际市场调查与国内市场调查也有着鲜明的差异。

（1）调查的主体不同。国际市场调查的主体是从事或有志于从事国际化经营的企业、组织或个人。

（2）调查的目的不同。国际市场调查的目的是通过收集、整理、分析和利用国际市场信息，客观认识国际市场特点与趋势，为企业成功进入国际市场探路，为正确制定国际市场营销决策、协调跨国经营发挥协同作用提供依据。

（3）市场调查的范围不同。国际市场调查较国内市场调查而言范围要大得多，涉及国际、区域、国家、地区、企业等各个层次，包括政治、经济、文化、自然资源、市场模式、消费者状况等多种因素。

（4）市场调查的信息内容不同。国际市场调查涉及反映国际市场现状与趋势的各种信息， 其中有许多是国内市场调查不涉及的信息内容。例如，因为要考虑国际市场的进入方式，必须对东道国市场规模、竞争结构、外汇、外资及关税政策、政治动态、经济走势进行详细了解；为了规避金融风险，要了解国际货币体系、外汇市场、股票市场、国际收支、通货膨胀等知识与信息。

（5）市场调查的信息处理方法不同。国际市场调查所涉及的信息处理统计方法、统计指标等往往因国家不同而需要区别对待，信息的加工、处理工作量大且复杂。国外大企业纷纷建立完善的信息系统，利用最新的信息技术。

（6）市场调查的成本不同。国际市场调查成本受到目标国家市场营销基础设施、可获得性、效率和市场调查组织的经验等多项因素的影响，取决于所收集资料的质量和特点，以及资料收集的难度。与同等规模的国内市场调查相比，国际市场调查的成本往往更高，风险更大，克服文化差异造成的困难就会增加信息获得、翻译、加工的费用，同时，由于影响国际市场的因素多且动荡不定、关系复杂，因而调查的风险更大。

三、国际市场调查面临的挑战

由于在多个市场收集信息和执行调查，涉及不同的国家、语言、文化，国际市场调查充满了挑战。

1. 调查设计更加复杂

尽管国家是最方便和最常用的分析单位，国际市场调查在确定调查单位和分析层次上，往往涉及全球、国际区域市场、国家、地区等多个层次，还可能有相似需求、兴趣和反应的跨国细分市场，如青少年市场。另外，在确定问题时，由于结构和参数上不同国家各异，调查方法和调查工具都可能会不同。

2. 信息的可比性问题

国际市场调查往往涉及多个国家或相异的文化背景，信息的可比性是影响调查效果的关键因素。由于对调查问题或目标的定义及理解不同，信息收集技术水平不同，国际市场信息的可比性值得重视。

3. 国际市场营销决策的跨职能性特点增加了国际市场调查的难度

国际市场营销决策往往涉及不同的职能部门，尤其是在选择进入哪个国家市场、在哪一个城市扩张或用什么方法经营时更是如此。例如，在选择目标国家市场时，调查者不仅要考虑市场机会和市场潜力，还要考虑可能的资源供给，因此，营销调查就应该将市场机会的评价与确定和评价可选择的供应商相协调。但企业内部各个职能部门所关心的调查信息和要求各不相同，会计或财务部门更关心对盈利性的评价，如现金流和投资回报；营销和销售部门更关心市场份额和销售额。为国际市场营销决策服务的国际市场调查因此面临挑战。

4. 较高的调查成本

较高的调查成本也会成为一种心理障碍，使一些企业，尤其是中小企业在国际市场扩张的早期望而却步。

四、国际市场调查的组织与管理

1. 对国际市场调查人员的要求

组织国际市场调查工作需要一批能全面掌握调查目标和任务，并能熟练运用调查方法和技巧的调查人员，还要有一套高效的组织机构和制度进行沟通协调和管理。

国际市场调查人员是企业重要的人力资源，他们的素质和能力是国际市场调查工作成败的关键。调查人员有初级、中级和高级之分，对他们的要求因调查工作的性质、目标和责任不同会有差异。但总的来说，他们必须具有一定的专门知识和经验，并能灵活运用这些知识和技巧，还必须有踏实、正直、勤勉的品质以及善于学习、善于思考、善于创新的能力。

美国一项研究认为，中级市场调查者应具有以下知识和技能。

（1）调查者对企业的经营方针、生产能力、市场计划、产品特点、产品使用等有所了解，并了解国内外市场上同类企业及同类产品的行情。

（2）调查者掌握心理学和社会学的基础知识，能充分了解调查对象的文化水平、社会地位、风俗习惯、爱好与忌讳等，并能根据这些特点，灵活地采取相应的调查方法，以取得被调查者的合作。

（3）调查者具有收集、分析、鉴别、综合利用各种信息资料的能力，并能利用有效的方式把调查结果介绍给有关部门供决策使用。

（4）调查者有一定的语言能力和表达能力，能阅读有关贸易等信息的报纸、杂志、年鉴、统计资料，能及时分析市场现状和销售动向，具备通过图解、书面报告和口授等不同形式表达和介绍调查结果的能力。

（5）调查者具有高度的热情与良好的个性，举止谈吐适当，平易近人，谨慎机敏，善于沟通，言而有信，值得信赖。

（6）调查者能对本企业的经营管理、产品开发、销售方式和促销活动进行分析，提出改进方法和具体措施，并能进行可行性分析。

（7）调查者能研究竞争者的广告、促销活动和销售方式，能提出发展本企业竞争优势的意见和建议。

对国际市场调查人员的客观要求，引发了对不同层次的调查人员的培训问题。对国际市场调查人员培训的内容涉及多方面知识和技能，如企业管理学、市场营销学、统计学、心理学、社会学等基础知识以及提问技巧、表格设计技术、抽样技术、资料分析技术、计算机处理技术等技能，同时，还有培养调查者热情、坦率、礼仪适合等个性修养的内容。

2. 国际市场调查机构的职责

国际市场调查机构有两种：一是规模较大的国际企业所设的市场调查部门；二是国际上专门从事市场调查的咨询机构、广告公司、市场调查公司等专业性机构。两种机构的基本职责大体相似，主要有以下几点：

（1）针对企业发展规划和发展目标，广泛收集国际市场信息，把握国际市场整体状况和变化趋势，为企业制定目标和战略决策服务；

（2）针对企业管理中的具体问题，开展专项研究工作，找出问题及其原因之所在，并提出相应的改进意见和建议；

（3）随时收集国际市场信息，监测并评估国际市场营销活动执行的进度和效果，并及时向决策人员反馈相关信息，保证国际营销活动中的偏差能得到及时修正；

（4）对国际市场调查过程进行有效控制与管理，包括对信息来源、获得方法、经费分配、时间进度、调查人员的选择及培训、分工协调等方面的控制和管理，保证调查活动高效率地顺利完成。

（5）与企业其他部门协调合作，参与制订国际市场营销活动的实施计划和制作具体实施方案的工作。

（6）对专业性市场调查机构来说，其职责还应包括接受用户委托，为用户进行特殊专题的市场调查工作，保持与用户的良好合作关系。

3. 国际市场调查单位的组织结构

优良的结构创造效率。一个良好的市场调查部门或机构，必须具备一套良好的组织结构，确保所有层次的调查人员为共同目标高效地工作。调查单位的组织结构因其所在的企业的特色、调查目标、调查领域不同而有差异，但在设计上大多遵循一些基本原则：明确目标和职责，据此将调查活动分类，成立任务小组；每一小组有专人负责处理；设定沟通制度，协调各小组的活动。企业一般从调查内容、职能等角度设计其市场调查部门的组织结构。

4. 多国市场调查的组织与协调

对多元化的国际市场展开调查，企业总部必须对多国（多个子市场）市场调查进行组织与协调，以实现全球经营最优化的根本目的。依据组织方式和控制程度的不同，企业对多国市场调查的组织与协调可分为集权式、分权式和分工式三种类型。

集权式的组织方式将控制权绝大部分归属总部。总部几乎囊括诸如确定市场调查主题、划定市场调查范围、设计市场调查方案等所有具体事项。当地的分支机构只负责依照总部计划执行市场调查任务，并将所有收集到的信息都汇总到总部统一进行分析、处理，得出市场调查结果后总部再向下传达。

分权式的组织方式给予各地分支机构计划权和操作权，从计划到执行，从确定整体的市场调查方向到具体的市场调查工具和数据分析方法，各分支机构都可自主选择，总部只负责制定市场调查活动的整体目标和最终接收、评价市场调查报告。

分工式的组织方式利用一个中介把总部与各地的分支机构联系在一起，该中介可以是企业的地区性总部或企业以外的市场调查机构。总部负责问题的界定，由中介拟订详细计划，各地分支机构执行。中介负责将收集到的信息进行检查、处理、分析，最后将结果报告总部。

这三种国际市场调查的组织方式各有特点。集权式控制程度最高，保证了所有子市场之间的可比性，当市场调查活动关系到企业的大政方针时这种调查类型尤显重要。但由于总部的独裁与国际市场的复杂性相冲突，难免出现问题，如由于不熟悉当地市场状况和文化特点，总部拟定的市场调查形式也许不合适，影响市场调查结果的科学性。分权式与集权式截然相反，特别适用于各地市场差异很大的情况。但由于没有统一安排，这种调查可能造成不必要的重复调查，或市场调查结果缺少可比性，企业内部沟通困难。分工式较中庸，是一个适用性较强、有助于企业发挥潜能和内外资源合璧的方式。中介的市场调查计划兼顾统一性和多样性，对企业整体战略和地方利益都有所顾及，确保企业实现整体市场调查目标，又尊重各地市场差异。通过中介，企业总部与各地市场上下沟通、磋商的机会增加，避免了总部“独裁”，又增强了各地信息的可比性和基础信息的共享性，减少了重复调查。

5. 利用国际市场调查机构

对许多中小企业而言，国际市场调查难度大、成本高、限制多，仅仅依靠自身的市场调查力量难以胜任。即使是大公司，也难免遇到对当地市场不了解、市场调查规模太大，或需要特殊市场调查技术的难题，不可能拥有专门技术和力量对其所有的目标或潜在目标市场进行国际性市场调查。因此，企业正确评估自身的财力、人力和技术等方面的约束条件，合理利用外部资源，将调查工作外包给市场所在国或国际知名的专业市场调查代理机构是明智之举。

市场调查代理机构具有以下专业优势，能更迅速、准确、有效地为企业获取国际市场信息。

（1）人员优势。市场调查代理机构一般拥有大量的专门调查人员，他们一般都受过系统化训练，有的还是市场调查活动和分析方法的专家。专业人员往往具备各个产业部门和产品方面的基础知识，拥有市场所在国的全面知识，包括当地的风俗习惯、文化和地理特征、消费者的需求状况、当地的商业惯例及市场竞争状况等，还熟练掌握市场调查技术和技巧。

（2）经验优势。由于长期专门从事市场调查活动，市场调查代理机构通常具备畅通的调查渠道、熟练的工作技巧、丰富的市场调查经验。

（3）设备优势。市场调查代理机构往往配有先进而完备的市场调查工具和设备，有的大型市场调查公司甚至建立起全球信息网络和资料库，有极强的信息收集和传递能力。

（4）身份优势。因为是企业外部的中立者，市场调查代理机构可以不受企业和市场等方面情绪的感染，较少夹杂个人感情色彩，能比较客观、公正地认识市场机会和竞争状况，从而减少主观性带来的偏差和错误，能做到理性、理智地判断和建议。

（5）成本优势。企业委托市场调查代理机构自然要支付一定费用，而且有时费用不菲，但与企业派遣考察小组出国实际调查所消耗的费用，和因为不熟悉国际市场情况造成的损失相比，选用专业的市场调查代理机构，在时间和资金上都可能更节约。

选择合适的市场调查代理机构是企业的一项慎重决策，应从业务能力、经验、信誉、规模、工作条件等方面考察比较，仔细评估，严格筛选。

五、国际市场调查的信息来源

国际市场调查的信息来源有直接信息来源与间接信息来源两类，它们各有长短，需取长补短，默契配合。

1. 间接信息来源

间接信息（即第二手资料），一般可以提供与特定国家或行业相关的背景信息，其因方便获得，与原始信息相比成本较低，已经成为国际市场调查的重要信息来源。尤其在管理者不熟悉的国家，间接信息在调查者评价市场机会和在市场发展早期阶段的产品市场时非常有价值。

（1）间接信息的形式

间接信息来源多种多样，从印刷出版物、CD-ROM 到网络，为适应信息使用者的偏好和需要，信息可以以多种形式获得，每一种信息渠道各有利弊。印刷形式的间接信息最常见、最易获得，但储存较麻烦。CD-ROM 能压缩存储大量资料，运用恰当的软件包，使用者可以根据所选择的标准寻找相关信息，制作各种图表进行计算，并下载以作他用。同样，网上资源使用者可以利用恰当的软件收集和处理信息，根据不同的需要传递信息，并能整合企业内部信息系统和其他数据库。网络信息的基本优势是可以随时更新、补充新信息，因而最适合随时收集的信息，如销售或产品的市场数据，但随时更新以适应组织使用需要大量成本。

（2）间接信息获得的渠道

国际市场调查中，间接信息获得的渠道主要有联合国的有关组织机构、国际性或区域性集团组织、各国政府机构、商业化的信息来源和国际电子数据库。其中商业化的信息来源包括大型企业、商业组织调查、咨询机构、学术团体、著名报刊等，它们在信息的范围、准确性、时效性和可获得性上各有所长。

2. 直接信息来源

通过调查人员实际调查所得到的直接信息，及时准确，可靠程度高，往往可以弥补间接信息的不足。但国际市场直接信息的获得也往往因文化差异等原因造成高成本、大风险。国际市场的直接信息主要通过以下几种方式获得：

（1）直接参与各类国际展览会、展销会、交易会；

（2）赴国外实地考察，观察市场动态；

（3）驻外销售人员直接走访客户或经销商；

（4）组织国外市场实地调查，了解客户或消费者的要求；

（5）在与外商的直接谈判中获得有关信息；

（6）购买国外竞争对手的产品，进行对比、分析和试验。

一般来讲，直接信息针对性强、真实及时；间接信息则范围广、信息量大、成本低，尤其在通信和出版业非常发达的今天，国际市场调查的绝大部分信息仍属间接信息，能使企业做到足不出户了解最新动态。两类信息来源在实际运用中应取长补短，默契配合，其中每种具体的信息来源也各有所长。例如，联合国及其组织机构所发表的信息通常种类齐全、范围广，在研究国际贸易、世界经济的总体状况和发展态势时，特别是在对不同国家或地区进行比较分析时，极具参考价值。

总之，上述各种国际市场信息来源特点各异，企业在从事经营实践时不可能也没有必要使用所有的信息来源。对信息来源的正确选择往往可使调查工作达到事半功倍的效果，而选择信息来源是国际市场调查人员的基本素质之一。调查人员首先要熟悉各种信息来源的特点，了解各种信息来源所提供信息的种类及特征，然后根据市场调查的目标和主题确定信息来源。

本章小结

市场体系由各类基本的市场要素组成。市场体系的内涵和结构分析主要分析市场主体和客体，其中市场主体包括商品生产供应者、商品消费需求者、商业经营者和市场管理者等；市场客体包括在市场上交易的各种商品和服务等；市场载体包括商品交易的空间地点、物质技术设施等；市场媒体包括货币、价格、信息等。各种市场主体在市场中从事的各种商品买卖活动、媒介服务活动、市场管理活动、市场竞争活动等，构成市场的实际运行。市场运行过程中又必然反映出各种市场关系，比如，供求关系、买卖关系、竞争关系、协作关系，而供求关系在市场关系中有着重要意义。

企业需认真研究消费者的需求、欲望、偏好以及购买行为，以便了解各类消费者对不同形式的产品、价格、渠道、促销、服务方式的真实反应，把握消费者的购买行为，保持企业自身竞争优势。市场调查研究可以帮助企业厘清各种营销活动与消费者反应之间的关系，进而为制定各种有效的营销策略、开发适合需求的新产品提供依据。消费者调查可以分别从消费主体调查、消费结构调查、消费者使用与态度调查以及顾客满意度调查几个方面展开。

零售市场的调查一般包括对零售业态的调查、对零售业结构的调查、对商品零售额的调查以及对零售从业人员的调查。为零售决策开展的调查主要包括商圈调查和商店选址调查。

广告调查的重要性与广告在市场营销中的作用直接相关，同时，广告调查与广告决策密切相关。广告决策的科学性和正确性是影响和制约广告效果的主要因素，为了提高广告的效果，必须切实做好广告调查工作。

国际市场调查是指从事国际市场营销的企业利用科学的方法，有目的地、系统地收集、记录、整理和分析有关国际市场的各种信息资料，研究国际市场实际情况，预测其发展趋势，为正确制定国际市场营销战略和营销组合决策提供依据。国际市场调查帮助国际市场营销者及时认知和准确把握市场需求特征和变化趋势、竞争动态以及环境特点，从而帮助企业提高市场反应速度和能力，使其获得和维持竞争优势。

思考题

1. 如何分析市场体系的结构？
2. 市场供求分析应该包括哪些内容？
3. 市场竞争分析应包括哪些内容？
4. 消费主体调查应包含哪些内容？
5. 什么是消费者使用与态度调查？
6. 如何开展顾客满意度调查？
7. 零售调查包括哪些内容？
8. 如何做好商圈调查？
9. 如何做好商店选址调查？
10. 广告调查包括哪些内容？
11. 广告经济效果调查包括哪些内容？
12. 与国内市场调查相比，国际市场调查有哪些不同之处？
13. 国际市场调查面临哪些挑战？
14. 国际市场调查的直接信息和间接信息会有何特点？

案例分析

快餐发展趋势

快餐公司每年花费 10 多亿美元的促销费来吸引消费者。有关快餐销售的理论有很多，TacoBell 公司将其认为最重要的影响销售的因素缩写成 FACT：Fast food（快餐食品）、Accurate orders（准确无误）、Cleanliness（清洁）和 Temperature（食品温度适当）。

消费者声称，餐馆的方便程度要比快捷的服务更重要。密苏里州芬顿（Fenton）的 Maritz 市场调查公司调查了许多消费者，其中 26% 的成年人说在选择餐馆时，地理位置是最重要的因素。男性比女性更注重方便，他们的比率分别为 31% 和 23%，65 岁以上的老年人并不像年轻人那样注重方便。

在餐馆地理位置之后，美国人认为最重要的是快餐本身的质量。25% 的被调查者说，在选择餐馆时食物的质量是决定性因素。这可能意味着他们认为食物更为重要，但也可能意味着他们更注重在不同时间、不同地点得到品质相同的食物。妇女、年轻人、老年人比其他人更注重食物的品质。

只有 12% 的成年人说他们根据服务的速度来选择快餐，只有 8% 的成年人认为价格是决定性因素。25 岁以下的成年人的收入低于平均收入，所以他们比一般消费者更注重价格，价格是他们选择餐馆最重要的因素。

中年人不太关注菜单上的内容，这可能是因为他们经常带着孩子，而孩子在任何时候要的食物基本上是一样的。35—44 岁的成年人中有 3% 的人声称他们的选择主要是受孩子偏好的影响。这或许可以解释为什么他们不像其他年龄段的人那样关注食品的品质和菜单的内容。不过，他们非常关注价格和时间，这一年龄段的人对价格的关注程度仅次于年轻人，对快捷服务的关注程度仅次于 55—64 岁的中年人。中年人最有可能根据品牌名称做出决策，这可能也是因为他们孩子的缘故。

问题讨论

（1）汉堡王（Burger King）对消费者调查想要获得哪些方面的信息？

（2）汉堡王（Burger King）将会怎样利用以上信息？

参考文献

[1] 王德章 . 市场调查与预测：第 1 版 [M]. 北京：高等教育出版社，2013.
[2] 陈启杰，江晓东 . 市场调研与预测：第 4 版 [M]. 上海：上海财经大学出版社，2014.
[3] 景奉杰，曾伏娥 . 市场营销调研：第 2 版 [M]. 北京：高等教育出版社，2012.
[4] 闫秀荣 . 市场调查与预测：第 2 版 [M]. 上海：上海财经大学出版社，2013.
[5] 王秀娥，夏冬 . 市场调查与预测 [M]. 北京：清华大学出版社，2012.
[6] 庄小将 . 市场调查与分析 [M]. 上海：上海交通大学出版社，2016.
[7] 宋思根 . 市场调研：第 2 版 [M]. 北京：电子工业出版社，2012.
[8] 刘常宝 . 市场调查与预测 [M]. 北京：机械工业出版社，2017.
[9] 林根祥 . 市场调查与预测：第 4 版 [M]. 北京：人民邮电出版社，2014.
[10] 刘玉捕，周鹏 . 市场调研与预测：第 2 版 [M]. 大连：大连理工大学出版社，2004.
[11] 陈启杰 . 市场调查：第 2 版 [M]. 北京：高等教育出版社，2009.
[12] 肖丹桂 . 季节变动分析与预测的教学探讨 [J]. 统计与决策，2006（8）.
[13] 王文才，曹广地 . 指数曲线预测模型在国内铁矿石产量预测中的应用 [J]. 西部探矿工程，2012（4）.
[14] 王君锋，孙振杰 . 基于历史销售数据的预测分析 [J]. 电子专用设备研究，2016（8）.
[15] 柯林 . 基于趋势外推法的 B2C 总体发展趋势预测 [J].E_business journal，2013（9）.
[16] CHATTERRJEE S，HADI A S，PRICE B. 例解回归分析：第 3 版 [M]. 郑明，译 . 北京：中国统计出版社， 2004.
[17] 国家统计局网站：http：//www.stats.gov.cn/。
[18] 胡平，崔文田，徐青川 . 应用统计分析教学实践案例集 [M]. 北京：清华大学出版社，2007.
[19] 王黎明，陈颖，杨楠 . 应用回归分析 [M]. 上海：复旦大学出版社，2008.
[20] https：//wenku.baidu.com/view/89c56e68da38376bae1fae4.html？ from=search
[21] http：//www.docin.com/p-1342121161.html
[22] 刘玉捕，周鹏 . 市场调研与预测：第二版 [M]. 大连：大连理工大学出版社，2004.
[23] 苗东利，邢晓娜，鲁春阳 . 收入水平对居民旅游消费影响的城乡对比 [J]. 农学学报，2016，6（5）：92-95.
[24] 何晓群，刘文卿 . 应用回归分析：第四版 [M]. 北京：中国人民大学出版社，2015.

[25] 陈文沛，张挺．市场营销研究与应用：基于 SPSS[M]. 北京：电子工业出版社，2013.
[26] 朱星宇，陈永强 .SPSS 多元统计分析方法及应用 [M]. 北京：清华大学出版社，2011.
[27] 赵姗姗．基于 SPSS 中系统聚类的 CPI 分析 [D]. 新乡：河南师范大学，2013.
[28] 付春梅．基于聚类分析法的脑电图数据分析的研究 [D]. 大连：大连交通大学，2008.
[29] 冯超 .K-means 聚类算法的研究 [D]. 大连：大连理工大学，2007.
[30] 孔杏．聚类分析在学生学习行为分析中的应用 [J]. 职业教育，2018（9）：170-181.
[31] 蒙黄林，李敬维．基于 SPSS 软件对教育调查问卷分析中的相关应用 [J]. 智能计算机与应用，2013（2）：81-83.
[32] 肖白，聂鹏，穆钢，等．基于多级聚类分析和支持向量机的空间负荷预测方法 [J]. 电力系统自动化，2015，39（12）：56-61.
[33] 李春晓．复杂设备故障预测可拓聚类分析模型 [J]. 计算机工程与应用，2015，51（11）：129-134.
[34] 郝春旭．基于聚类分析法的省级环境绩效动态评估与分析 [J]. 生态经济，2015（1）：154-157.
[35] 陈玉玲．基于实例的系统聚类分析法在环境空气质量评价中的应用 [J]. 环境科学与管理，2010（8）：159-162.
[36] 孙吉贵，刘杰，赵连宇．聚类算法研究 [J]. 软件学报，2008，19（1）：48-61.
[37] 赵法信，王国业．数据挖掘中聚类分析算法研究 [J]. 通化师范学院学报，2005，26（2）：11-13.
[38] 陈付幸，王润生．基础矩阵估计的聚类分析算法 [J]. 计算机辅助设计与图形学学报，2005，17（10）：2251-2256.
[39] 胡泱，陈刚．一种有效的基于网格和密度的聚类分析算法 [J]. 计算机应用，2003，23（12）：64-67.
[40] 吴健安．市场营销学：第 5 版 [M]. 北京：高等教育出版社，2014.
[41] 简明，金勇进，蒋妍．市场调查方法与技术：第 3 版 [M]. 北京：中国人民大学出版社，2012.
[42] 沈渊，董永茂，熊明华，等. 市场调研与分析 [M]. 杭州：浙江人民出版社，2007.
[43] 薛云建．市场营销学 [M]. 北京：北京大学出版社，2018.
[44] 普罗科特．营销调研精要 [M]. 吴冠之，译．北京：机械工业出版社，2004.
[45] 帕拉苏拉曼，格留沃，克里希南．市场调研 [M]. 王佳芥，应斌，译. 北京：中国市场出版社，2009.
[46] 黄丹. 市场调研与预测 [M]. 北京：北京师范大学出版社，2008.
[47] 马连福. 市场调查与预测：第 2 版 [M]. 北京：机械工业出版社，2018.
[48] 杨勇. 市场调查与预测 [M]. 北京：机械工业出版社，2018.
[49] 徐映梅. 市场调查理论与方法 [M]. 北京：高等教育出版社，2018.
[50] 罗洪群，王青华，董春. 市场调查与预测：第 2 版 [M]. 北京：清华大学出版社，2016.
[51] 麦克丹尼尔，盖茨. 当代市场调研 [M]. 李世华，译．北京：清华大学出版社，2016.

[52] 陈启杰 . 市场调查 [M]. 北京：高等教育出版社，2001.
[53] 张梦霞 . 市场调研方法与应用 [M]. 北京：经济管理出版社，2011.
[54] 陈友玲. 市场调查预测与决策 [M]. 北京：机械工业出版社，2017.